Alexander Kulpok

SFB mon amour

Die Geschichte des Senders Freies Berlin 1954–2003

IMPRESSUM

Bibliografische Informationen der Deutschen Nationalbibliothek
Die Deutsche Nationalbibliothek verzeichnet diese Publikation in der Deutschen Nationalbibliografie; detaillierte bibliografische Daten sind im Internet über http://dnb.d-nb.de abrufbar.

ISBN: 978-3-86408-245-0

KORREKTORAT: Achim Klede

COVER FOTO: Aad van der Drift
https://commons.wikimedia.org/wiki/
File:0597_1989_Berlin_(28_dec)_(14122001720).jpg, CC-BY-2.0

ALLE BILDER: Privatarchiv Alexander Kulpok.
Außer: S. 30, Bundesarchiv, B 145 Bild-F003013-0010 / Brodde / CC-BY-SA 3.0,
S. 54 unten, Bundesarchiv, B 145 Bild-P101340 / CC-BY-SA 3.0,
S. 230, Saarländischer Rundfunk, Fotograf Oettinger

Sollten Ansprüche Dritter trotz aller Versuche nicht geklärt worden sein, bitten wir um Kontaktaufnahme mit dem Autor.

Inhalt

Prolog

Ein kluger Autor schreibt das Vorwort erst, wenn sein Werk vollendet ist. Denn dann bemerkt er, was er alles vergessen, wen er nicht erwähnt und wo ihn der gute Geist verlassen hat. Oder wie der verhinderte Literaturnobelpreis-Träger Graham Greene eingestand: „Die schlimmsten Fehler in meinen Texten bemerkt kein Kritiker – die kenne nur ich!“ Bei der fast 50-jährigen Geschichte des Senders Freies Berlin kommt hinzu, dass zahllose Menschen unendlich viele Eindrücke und Erinnerungen an Tausende von Sendungen und Personen aus Hörfunk und Fernsehen haben – dass sie meinen, diese oder jenen zu „kennen“, weil sie ihn oder sie ständig hörten oder sahen und lieb gewonnen hatten. Radio und TV sollen – wenn sie öffentlich-rechtlich daherkommen – Information, Bildung und Unterhaltung bieten. Eine Komponente wird in Rundfunkgesetzen und Staatsverträgen verständlicherweise nicht erwähnt: die Emotion, die nur auf Gefühlen beruhende Publikumsbindung. Einschaltquoten und die Akzeptanzforschung geben da nur lückenhaft Auskunft. Auch beim SFB hatten die Rezipienten und Konsumenten je und je ihre Lieblinge und ihre Antihelden – das galt für Personen genauso wie für einzelne Sendungen. Ein Spruch des Moderators im *Echo am Morgen* wie „Was kommt heute auf uns zu?“, die Worte am Ende der *Berliner Abendschau* „Macht's gut, Nachbarn!“ oder schlicht die Melodie *Durch Berlin fließt immer noch die Spree* haben über Jahre Vertrauensverhältnisse und Bindungen geschaffen, die uns sonst nur in Partnerbeziehungen oder in verschworenen Gemeinschaften begegnen.

Nicht alle und alles aus der fast 50-jährigen Geschichte des SFB kann hier erwähnt werden. Dafür muss ich gleich am Anfang bei denen um Verständnis bitten, die diesen oder jenes vermissen. Der Schwerpunkt liegt auf zwei Bereichen – einem programmlichen und einem zeitlichen. Zum einen soll die Gleichstellung des Hörfunks (der zu Unrecht gegenüber dem Fernsehen meist hintansteht) mit dem Fernsehen deutlich werden. Zum anderen konzentriert sich dieses Buch erkennbar auf die Glanzzeit des Senders Freies Berlin, deren Beginn etwa mit dem Mauerbau 1961 einsetzte und bis in die Mitte der 80er-Jahre reichte. (Die vom rbb 2018 in der Amtszeit von Intendantin Patricia Schlesinger und Programmdirektor Jan Schulte-Kellinghaus im TV-Programm ausgestrahlte Berlin-Chronik *Schicksalsjahre einer Stadt* beginnt daher folgerichtig im Jahr 1961.) In dieser Zeit weckte das Pausenzeichen mit den Tonleitertönen „Es – F – B“ jedes Mal die Aussicht auf ein anspruchsvolles und unterhaltsames Rundfunkprogramm. Für mich hat der Mauerbau 1961 mein Berufs- und Privatleben bestimmt. Ein Amerikanistik-Student, der Diplomat werden wollte und sich das Studium als Radioreporter verdiente, gerät in den Sog von 400 Neueinstellungen, die der SFB nach dem Mauerbau als „Sender des freien Berlin“ auf den Weg bringt. Studium ade – und ans Werk mit dem Motto, das mein Mentor Friedrich Luft im Februar 1946 in seiner ersten RIAS-Sendung ausgegeben hatte: „Voll Neugier in die Welt hinaus!“

Nun ist Skepsis gegenüber der Berichterstattung der Medien – obwohl die einst nur als Gebirgszug irgendwo in Persien bekannt waren – nicht neu. Das reicht vom alten Goethe („Der Irrtum ist immer obenauf“) über Reichskanzler Bismarck (der zur Bestechung von Journalisten seinen „Reptilienfonds“ erfand und einsetzte) bis zu Curt Goetz, der in seiner Komödie *Hokuspokus* den kompromisslosen Satz fallen ließ: „Er lügt wie eine Zeitung.“ Nur war die Skepsis bis in die 80er-Jahre weit geringer, bevor hierzulande der Privatfunk und das Internet die berüchtigte „Reizüberflutung“ einleiteten. *Fake News* kam später – aber nur als Begriff, denn die Falschmeldung existierte lange zuvor vom angeblichen Thesenanschlag Luthers in Wittenberg bis zum frei erfundenen Sturm auf die Bastille von 1789 in Paris.

Radiohören und Fernsehen passieren heute – besonders bei Jugendlichen und jungen Erwachsenen – übers Internet. Bis in die 80er-Jahre des vorigen Jahrhunderts war das technisch überhaupt nicht möglich. Bei der Europäischen Rundfunkunion (EBU) in Genf haben wir erst seit Mitte der 80er-Jahre in Gemeinschaft mit den Geräteherstellern ernsthaft und Schritt für Schritt erfolgreich daran gearbeitet, Fernsehen und Internet sinnvoll zusammenzuführen.

Politische Parteien gehen heute sogar dazu über, die Berichte über ihre Arbeit selbst zu fertigen und zu verbreiten, weil ihnen das demokratische Risiko, das Kritik an ihrem Tun einschließt, nicht in den Kram passt. Und der verzweifelte Ruf nach Integration und gesellschaftlichem Zusammenhalt ist von eben diesen Ruferinnen und Rufern seit Jahrzehnten untergraben worden, indem sie – angefangen bei Jung und Alt bis hin zu Fleischessern und Vegetariern – alles Erdenkliche parzellieren und in Gruppen und Untergruppen aufteilen. Der zweifelhafte Erfolg: Hinter vielen Initiativen und gesellschaftlichen Vorgängen steht nunmehr eine verknöcherte Gesinnung oder eine Ideologie, die Deutungshoheit und Alleinvertretungsanspruch erhebt. Ein fundamentaler Unterschied zu den Zeiten des überschaubaren Ost-West-Gegensatzes, als der SFB im Ringen der Systeme zu einem *Helden der westlichen Welt* (frei nach J. M. Synge) wurde und der Streit lediglich darum ging, ob jemand für oder gegen die „Neue Ostpolitik“ von Willy Brandt ist.

Was ist Rundfunk? Wer ist Moderator?

Jemand, der hierzulande über Fernsehen und Hörfunk schreibt, tut gut daran, einige Denkfehler und Missverständnisse gleich auf den ersten Seiten auszuräumen. Wirklich ausräumen? Was ein Medienmensch so wichtig findet, interessiert die Allgemeinheit nach aller Erfahrung nur bedingt. Und so werden Fehlinformationen und Denkfehler in vielen Fällen von Leserbriefen bis Facebook weiter durch die Gegend geistern. Fernsehen, Radio, Fußball und Außenpolitik sind schließlich die Themen, bei denen alle sich für fachkundig halten und ihre Meinungen weit über die Stammtische hinaus in die Welt trompeten. In zwei Punkten bleibt ein deutscher Medien-Don-Quijote jedoch unermüdlich, selbst wenn er jämmerlich an den Windmühlenflügeln scheitert. Der eine ist der Begriff *Rundfunk*. Seit 1961 hat das Bundesverfassungsgericht in seinen Urteilen festgestellt: *Rundfunk* ist Fernsehen und Hörfunk. Am 3. Oktober 1990 ist die DDR bekanntlich der Bundesrepublik Deutschland beigetreten. In der DDR war die Definition, die mit dem Beitritt endete, anders. *Rundfunk* wurde mit Hörfunk/Radio gleichgesetzt. Daneben gab es den „Fernsehfunk der DDR". In diesem Buch wird der Begriff *Rundfunk* selbstverständlich korrekt – also für die Gesamtheit von Fernsehen und Hörfunk – verwendet.

Eine andere, weitverbreitete Begriffsverwirrung bringt fast jeden Insider auf die Palme. Die Zuschauer- und Hörerschaft lässt es hingegen weitgehend kalt. Die Definition von Sprecher/Ansager, Moderator oder Studio-Redakteur (weibliche Formen eingeschlossen) wird in diesem Buch konsequent ohne jede Verfälschung verwendet. Beispiel: In der 20-Uhr-*Tagesschau* der ARD gibt es nichts zu „moderieren". Da sitzt seit Karl-Heinz Köpckes Zeiten ein Sprecher oder eine Sprecherin, der/die Texte (vom Teleprompter) abliest, die von anderen in der *Tagesschau*-Redaktion geschrieben wurden. Anders bei den *Tagesthemen*, der *Abendschau* oder in den Magazin-Sendungen des Hörfunks (zu SFB-Zeiten im *Echo am Morgen* oder *Echo am Mittag*). Hier muss der/die Moderator/in formulieren und spontan reagieren – auch wenn die Redaktion die Themen vorab bestimmt hat, die in der Sendung behandelt werden. Daher ist und war es kein Zufall, dass wahre Könner wie Alexander von Bentheim und Heinz Deutschendorf sowohl im SFB-Fernsehen als auch im SFB-Hörfunk moderierten, während andere sich auf die Moderation der *Berliner Abendschau* beschränkten, bei der die sogenannte *Anmoderation* auf ihrem Papier stand und in einem Fall sogar stets vom Autor oder der Autorin des jeweiligen Beitrags für den Moderator vorgeschrieben wurde. (*I won't mention names* – wie der Brite voller Diskretion sagt. Also: Schwamm drüber.) Der Begriff des/der *Studio-Redakteur/in* ist heutzutage kaum noch gebräuchlich. Er kam gegen Ende der 60er-Jahre auf, als die Mitarbeiter bei Radio und Fernsehen aus ihren Redaktionsstuben gejagt wurden, um die Beiträge in ihren Sendungen selbst vor Mikrofon und Kamera anzukündigen und diese Arbeit nicht mehr Sprechern oder Schauspielern zu überlassen. Übrigens eine Veränderung, die damals vielen den Angstschweiß auf die Stirn trieb, sofern sie nicht aus dem Reporterlager kamen.

Der Irrtum vom Radio als „Begleitmedium"

Bei einer Rückschau auf die SFB-Geschichte stoßen wir fast immer auf die aus heutiger Sicht zwar verständliche, aber widersinnige Konzentration auf das Fernsehen. Wer googelt oder Wikipedia konsultiert, erhält einen völlig falschen Eindruck. Etwa, wenn mit unverhohlenem Stolz berichtet wird, dass der SFB die erste Pressekonferenz des neu gewählten US-Präsidenten Kennedy nur mit geringer Zeitverzögerung im Fernsehen übertragen hat, oder wenn die 36 elektronischen Kameras erwähnt werden, die am 26. Juni 1963 live sechs Stunden lang vom Kennedy-Besuch in Berlin berichteten. Besonders der Kennedy-Besuch war – wie auch der erste Berlin-Besuch von Königin Elizabeth II. im Jahr 1965 – ein Musterbeispiel gelungener und begeistert aufgenommener Live-Übertragungen im Hörfunk. Die Radioprogramme von RIAS und SFB beherrschten die elektronischen Medien in Berlin und Umgebung. Für diese beiden Staatsbesuche bildeten RIAS und SFB jeweils ein gemeinsames Hörfunkteam, das mit einer für Europa neuen Technik, dem *Funkstreckenwagen*, von allen Stationen der prominenten Gäste berichtete. Das Fernsehen spielte in Berlin – und darüber hinaus in der gesamten Bundesrepublik – bis Ende der 60er-Jahre eine untergeordnete Rolle. Der Fernsehboom startete peu à peu mit der Fußball-WM 1966 in England –leider mit einer unglücklichen Niederlage der DFB-Elf im Finale durch das „Wembley-Tor" von Geoff Hurst, das keines war. Beim SFB, der 1958 mit der *Berliner Abendschau* sein TV-Regionalprogramm startete, begann die Reportage oder das Interview für den Hörfunk noch mit einem Kommando aus der Wachsplattenzeit: „Bitte schneiden – bitte schneiden!", das der Reporter oder die Reporterin an den Technikus im Übertragungswagen gab. Die Geschwindigkeit des Magnetbandes, das sich um den „Bobby" schlängelte, betrug 1954 noch 76 Zentimeter pro Sekunde und wurde erst beim Einzug in das „Haus des Rundfunks" (HdR) auf 38 Zentimeter pro Sekunde umgestellt. Auf dem schweren, tragbaren Maihak-Gerät bewegte sich das kleine Tonband mit 19 Zentimetern in der Sekunde.

Der Berufsweg eines TV-Journalisten begann in jenen Jahren fast immer bei einem Printmedium, meist bei einer Tageszeitung, und führte über den Hörfunk zum Fernsehen. Regelmäßig wurden im Sender Sprechproben und Castings veranstaltet. Kandidaten ohne Hochdeutsch oder mit Sprachfehlern hatten keine Chance. Ich erinnere mich an die niederschmetternde Kritik, die mein Chef einem Bewerber nach einer Sprechprobe entgegenschleuderte: „Sie haben eine zu lange Zunge!“ Inzwischen ist bei vielen der Eindruck entstanden: *Heute darf jede/r.* Doch es gibt nach wie vor renommierte Journalisten-Schulen und Lehrbücher für Fernsehen und Radio, zu denen ich selbst (vergeblich?) Beiträge geliefert habe. Zweifellos ist durch das Internet bei der Meinungsäußerung so viel Demokratie entstanden, dass Chaos und Anarchie drohen. Nicht nur Präsidenten, auch Blogger/innen dürfen ihren Blödsinn ungestraft verbreiten. Weil aber Sprache tatsächlich Wirklichkeit schafft – und dies war immer ein Warnsignal im oft gescholtenen öffentlich-rechtlichen Rundfunk –, kann sprachliche Verrohung der gesellschaftlichen Verrohung den Weg bereiten. Die Rolle und die Verantwortung von Radio und Fernsehen können in diesem Zusammenhang gar nicht groß genug eingeschätzt werden. In den Zeiten von RIAS und SFB hatten wir in Berlin ein fast kurioses Radio-Beispiel, dass einer fürchtete, Sprache könne eine für ihn unliebsame Wirklichkeit schaffen: Der RIAS-Nachrichtensprecher Heinz Petruo sprach die Anführungszeichen bei der Abkürzung „DDR“ beharrlich und hörbar mit, nachdem man sich im Zuge der „Neuen Ostpolitik“ in unseren Medien darauf geeinigt hatte, die Begriffe „Sowjetzone“ oder „DDR“ in Anführungsstrichen nicht mehr zu verwenden.

Jedem halbwegs Empfindsamen fällt beim Streben nach journalistischer TV-Popularität allerdings sehr bald auf, wie viel anspruchsvoller als das oft oberflächliche Fernsehen das Schreiben und der Hörfunk sind. Selbst wenn die Kamera die Eitelkeit befriedigt und den Bekanntheitsgrad steigert – die erste (und lebenslange) Liebe bleibt – zumindest für mich – der Hörfunk. Das Radio weckt und fördert die Fantasie. Beim Hören entstehen die Bilder im Kopf. Daran ändert die in einem kommerzialisierten Rundfunkbetrieb von der Werbewirtschaft propagierte These, das Radio sei ein „Begleitmedium“, nichts. Freilich sitzt heute kaum noch, wie in den Anfangszeiten, eine „Lagerfeuer-Runde“ rund um das Radiogerät, um einem Hörspiel oder der Übertragung eines Sportereignisses zuzuhören. Radio wird natürlich beim Autofahren, beim Bügeln oder Reinemachen gehört. Doch die Behauptung vom Radio als „klassischem Begleitmedium“ ist – inzwischen leider auch akademischer – Schwachsinn. Dokumentiert in einer Bachelor-Arbeit aus dem Jahr 2013 an der Fakultät für Wirtschaft und Soziales der „Hochschule für angewandte Wissenschaften“ in Hamburg. Dahinter verbirgt sich nichts weiter als ein dünner Leitfaden für Werbetreibende. Dass derartige Kuriosa allerdings Eingang in die Grundsätze von Kulturradio-Angeboten des öffentlich-rechtlichen Rundfunks finden, stimmt bedenklich. Dazu zählt ebenso die offenkundig aus dem Zeitgeist geborene Schnapsidee, die Texte im Hörfunk „barrierefrei" zu machen – soll wohl heißen, sie sollen für alle und jeden verständlich sein. Nicht nur Innovationen wie Facebook beweisen tagtäglich, dass Hörfunk und Fernsehen für alle Zeiten den unabänderlichen Makel mit sich herumtragen, dass nicht alle alles verstehen. Die in solchen Zusammenhängen gern erwähnte Nachrichtensprache (zum Beispiel der *Tagesschau*) ist vor allem deshalb scheinbar unverständlich, weil das Fernsehpublikum mehr auf Kleidung und die Frisur des Sprechers oder der Sprecherin achtet als auf den gesprochenen Text (sofern nicht gerade Jan Hofer vor laufender Kamera zusammenbricht).

Für den Hörfunk bleibt der stolze, eherne Grundsatz: Mit dem Radio macht der Mensch sich wieder und wieder auf die Suche nach dem Menschen, auch wenn Woody Allens wehmütige Reminiszenzen an einstige Radiotage mit einem Eingeständnis enden: „Ich habe keinen dieser Menschen vergessen, keine dieser Stimmen, denen wir früher im Radio zuhörten. Aber um die Wahrheit zu sagen: Mit jedem Silvesterabend werden diese Stimmen schwächer und schwächer."

„SFB – mon amour"

Unerlässlich bei einem Streifzug durch die bewegte Geschichte des Senders Freies Berlin sind selbstverständlich die historischen Zusammenhänge und das politische Umfeld des Ost-West-Konflikts, in dem diese Rundfunkanstalt ihr Zuhause hatte. Die Geschichte des Senders Freies Berlin ist ein wichtiges Stück der Geschichte Berlins in Ost und West. RIAS-Direktor Herbert Kundler hat das großartige Buch über seinen *Rundfunk im amerikanischen Sektor* 1994 mit dem Untertitel versehen *Eine Radio-Station in einer geteilten Stadt – Programme und Menschen*. Der begnadete Wortschöpfer Kundler trifft hier den Kern der Rundfunkarbeit in den Zeiten von Kaltem Krieg und deutscher Teilung. Es war eine aufregende und dramatische Zeit – für Journalisten und Chronisten die herrlichste Zeit, die sich denken lässt. Und ein Buch über die Geschichte des SFB muss ein Gegenstück sein zu dem nie ganz widerlegten kulturpessimistischen Satz: „Über alles Gewesene legt sich das Leben und macht es ganz tot." Die Gefahr, dass Leistungen und Wirkungen des SFB und der an ihm beteiligten Menschen in Vergessenheit geraten, gehört zu den Alltäglichkeiten von Historie. Wie bei vielen anderen Vorgängen und Institutionen wird die Zahl der Zeitzeugen von Jahr zu Jahr geringer und neue Ereignisse verdrängen die Erinnerung an Vergangenes. Bereits das Gedenken an „50 Jahre SFB" im Jahr 2004 – ein Jahr nach seinem Ende – war ein Event der Versäumnisse und des Vergessens. Solche Entwicklungen liegen freilich in der Natur der Sache. Seither treibt mich die Sorge um, dass eines Tages, wenn alles im Strom der Geschichte, der Neuerungen und der Vergesslichkeit zermahlen ist, kaum noch etwas übrig bleibt von einer Sendeanstalt, die den Menschen in und um Berlin im Verlauf eines halben Jahrhunderts ans Herz gewachsen war. Eine Institution, die mein Leben beruflich und privat geprägt und bestimmt hat. Denn hier schreibt kein Unparteiischer mit Zurückhaltung und Distanz. Dies ist auch keine wissenschaftliche Arbeit mit Fußnoten und Querverweisen. Der Autor war 49 Jahre lang – vom Sendestart des SFB am 1. Juni 1954 bis zu seinem Ende am 30. April 2003 – mittendrin dabei. Nicht als nüchterner Beobachter oder mit dem Fernglas aus dem Elfenbeinturm, sondern direkt und aktiv beteiligt. Meine erste Sendung machte ich für zehn D-Mark Honorar 1954 im SFB-Jugendfunk (damals noch als Schüler). Am Ende im April 2003 leitete ich die im SFB angesiedelte Gemeinschaftseinrichtung ARD-Text, die wir 1980 als gemeinsame Videotext-Zentrale von ARD und ZDF nach Berlin geholt hatten und deren ARD-Teilstück dann vom rbb übernommen wurde. Zunächst dachte ich, eine Abendveranstaltung zu „60 Jahre SFB" im Juli 2014 sei im Sinne einer angemessenen Erinnerungskultur völlig ausreichend. Wer jahrzehntelang als Journalist ganz nah bei den Großen und Wichtigen dieser Welt war, aus vier Kontinenten berichtete, mitreden durfte in den Spitzengremien des SFB, der ARD, des ZDF und der Europäischen Rundfunkunion in Genf und in seiner Heimatstadt zeitweise bekannt war wie der sprichwörtliche „bunte Hund", der muss all diese Besonderheiten ja wirklich nicht Jahre später auf einem Transparent vor sich hertragen. Bis mir – ziemlich spät – einfiel oder, besser: auffiel, dass ich einer der Letzten bin mit Wäschekörben voller Erinnerungen und einem funktionierenden Gedächtnis, der berichten kann, was war und wie es war in diesen 49 Jahren. Denn das Berührendste beim Schreiben dieses Buches war für mich die endlos lange Liste derjenigen, die inzwischen verstorben sind oder mit denen Gespräche über die Zeit beim SFB leider nicht mehr möglich sind. So habe ich dieses SFB-Buch schließlich als Verpflichtung und als notwendigen Dank eines Übriggebliebenen verstanden, dem eigene Dokumente und umfangreiches Fotomaterial, flankiert von seinen Erinnerungen, für solch ein Unterfangen zur Verfügung standen. Wie erwähnt: kein wissenschaftliches Werk, sondern ein Erlebnisbericht vom Standpunkt eines durch und durch Betroffenen. Neben den Schilderungen von Menschen und Programmen, Ereignissen und Entwicklungen findet sich am Ende des Buches eine Chronik der Jahre 1954 bis 2003 mit Daten, Zahlen und Fakten. Dennoch soll diese kleine Rundfunkgeschichte aus meiner Sicht getrost den Titel tragen *SFB – mon amour*.

Verloren im weltweiten Korrespondenten-Netz

„Voll Neugier in die Welt hinaus" – dazu gehört natürlich auch die Teilhabe des SFB am weltweiten Korrespondenten-Netz der ARD. Für eine Acht-Prozent-Anstalt immer ein Raufen und Ringen. Zudem harrten – anders als heute – auch die Personen an ihren Korrespondenten-Plätzen über Jahre und Jahrzehnte aus. Das hatte den Vorteil, dass sie ihr Berichtsgebiet gut kannten und viele Informationsquellen abschöpfen konnten. Die Strategie der Beständigkeit wurde abgelöst von einer Philosophie des Wechsels, um dem Personal aus den Mutterhäusern die Chance zu geben, den internationalen Erfahrungsschatz zu erweitern, und vor allen Dingen: um Korrespondenten-Nachwuchs heranzuziehen. So wurde der Begriff des „Junior-Korrespondenten" geboren. Beide Methoden haben ihre Vor- und Nachteile. Der Sender Freies Berlin musste unter diesen Rahmenbedingungen für die Besetzung eines Korrespondenten-Platzes stets Verbündete suchen. Auch hier bewies Intendant Franz Barsig mit seinem Chefredakteur Peter Pechel großes Geschick. Darin ändert die Tatsache nichts, dass ich in den 70er-Jahren bei der Bewerbung um den Korrespondenten-Platz Caracas für Südamerika als SFB-Bewerber scheiterte. Den Zuschlag erhielt der Kandidat des in der ARD stärkeren Bayerischen Rundfunks. Es blieb auch danach meine Überzeugung, dass zu dieser Zeit in der ARD immer nur die Besten aus den Funkhäusern auf Korrespondenten-Plätze entsandt wurden.

Leichter war es da für den Sender Freies Berlin, ab und an für einige Tage oder Wochen einen Reisekorrespondenten in die weite Welt zu schicken, meist zu aktuellen Brennpunkten oder als „Grün"-Reporter für das Randgeschehen bei internationalen Sportereignissen. So erlebte ich als junger Hörfunk-Reporter die Olympischen Sommerspiele 1964 in Tokio und die Fußball-WM 1970 in Mexiko (mit dem „Jahrhundertspiel" im Halbfinale Deutschland gegen Italien, das für die DFB-Elf im Aztekenstadion nach Verlängerung unter dramatischen Umständen 3:4 verloren ging). Auf die Reise geschickt als Radiokorrespondent, hetzte ich durch die letzten Tage des Mau-Mau-Aufstandes in Kenia – im Hintergrund ein junger Sänger britischer Herkunft namens Roger Whittaker, der sich damals besonders als Kunstpfeifer hervortat. Im sibirischen Chabarowsk inspizierten wir die Grenze zu China, auf Haiti verschreckten der Vodoo-Kult und die mörderische Diktatur des „Papa Doc" Duvalier selbst hartgesottene Reporterseelen und in Stockholm brachten wir 1967 mit Schwedens Verkehrsminister Olaf Palme den Rechtsverkehr auf den Weg. Aufenthalte und Erinnerungen, die Weltsicht und Lebenseinstellung prägten.

Für Hörer und Zuschauer waren es die fast vergessenen „Dinosaurier“ von Radio und Fernsehen, die von ihren ARD-Stammplätzen die Welt erklärten. Allen voran der Nestor und Primus internationaler Berichterstattung Peter Scholl-Latour (1924–2014) – aus dem Saarland kommend, für die ARD nach Paris entsandt, zum ZDF gewechselt, wieder bei der ARD als Fernsehdirektor des WDR, auf allen Kontinenten zu Hause, schließlich noch beim Magazin *stern* und fürs Privatfernsehen aktiv. Was hat Peter Scholl-Latour mit dem SFB zu tun? Abgesehen von den Reportagen und Berichten, die er selbstverständlich auch für den SFB lieferte, war und ist er bis heute mit seiner Arbeit Vorbild für das Journalisten-Gewerbe („Es gibt keine Wahrheit, nur die Wirklichkeit“). Noch heute vermisse ich die Frühstücksgespräche, die man mit ihm bis in seine letzten Tage morgens in dem kleinen Café in der Brandenburgischen Straße gegenüber der Berliner Lotto-Zentrale führen konnte.

Dem SFB gelang es, sich die ARD-Korrespondentenplätze in Mexiko-Stadt und Peking zu sichern. In Mexiko residierte am Anfang und dann für längere Zeit Armin Beth (zuvor wie ich im SFB-Zeitfunk, dann in Bonn, danach in Ostberlin als Korrespondent), der eine Mexikanerin heiratete. Und wenn es um die „Dinosaurier“ unter den Korrespondenten geht, dann sind – durch ihre Stimme oder die Art ihrer Berichterstattung – Männer wie Erwin Behrens in Moskau, der Allerweltskerl Lothar Loewe, Peter von Zahn und Werner Baecker aus den USA, Hans Wilhelm Vahlefeld aus Asien oder der spätere WDR-Intendant Fritz Pleitgen aus Ostberlin, Washington und Moskau (übrigens auch über Jahre als Gast im FSZ des SFB) in Erinnerung geblieben. Und die Frauen? Sie hatten ihren respektablen Anteil mit hervorragenden Leistungen und Persönlichkeiten. Da war Franca Magnani in Rom, die Südtirolerin Lilli Gruber, Gabriele Krone-Schmalz in Moskau oder Gisela Mahlmann in Peking (die auch die *Tagesthemen* moderierte). Der SFB zeigte erst in späteren Jahren ein Interesse daran, Frauen als ARD-Korrespondentinnen zu platzieren.

Was war früher besser?

Ohne jede nostalgische Schwärmerei wissen wir: Die Tage von heute sind die guten alten Zeiten von morgen. Anbetung des Vergangenen bringt nicht viel. Alles hat seine Zeit – und immer ist sie für die einen wundervoll und für andere weniger erfreulich. Wenn ältere Herrschaften die Frage, was denn früher angeblich alles besser war, ehrlich beantworten, dann bleibt ihnen meist nur das Eingeständnis: „Die Augen waren besser und die Gelenke funktionierten schmerzfrei.“ Die Briten haben für solcherart rückschauende Nachforschungen eine bedenkenswerte

Warnung: *Past is a foreign country*! Ja – die Vergangenheit ist für jeden von uns ein gefährliches Pflaster, ein Terrain mit vielen Versuchungen und Verklärungen. Jeder Zeitzeuge hat seine eigene Wahrnehmung und Wahrheit (das ist so nicht nur in der Philosophie). Im Glücksfall wird ein Puzzle aus zahlreichen Wahrnehmungen verschiedener Personen zusammengesetzt, das dann der Wirklichkeit am nächsten kommt. Aus der *Generation Golf* des Florian Illies ist bei uns die *Generation Rolator* geworden.

Die Wirklichkeit war in den Jahren 1954 bis 2003 in Berlin und der Welt erregend und wechselvoll. Eine Zeit des Umbruchs nach einem Weltenbrand. Eine Epoche, die tief bis in unsere Tage wirkt, in denen diese Welt aus den Fugen zu geraten scheint. Das erste Lied, das wir 1945 in der Schule lernten, war *Die Gedanken sind frei*. Der wichtigste Satz, der sich einem Schüler im amerikanischen Sektor von Berlin einprägte, stammte aus der Unabhängigkeitserklärung der USA: „Ich glaube an die Würde und die Unantastbarkeit jedes einzelnen Menschen". Nach der Blockade Westberlins 1948/49 meißelten die Amerikaner diesen Satz in die Freiheitsglocke, die im Turm des Rathauses Schöneberg ihren Platz fand, und der RIAS ließ ihn als Mahnung mittags mit dem Geläut der Freiheitsglocke ertönen. Ein Satz, der Eingang ins Grundgesetz der Bundesrepublik Deutschland fand.

1954 – im Gründungsjahr des SFB – gab es kein Internet, kein Twitter und kein Facebook. (Eine Aufstellung von dem, was wir hatten und was wir entbehrten, habe ich ans Ende dieses Vorworts gestellt.) Die Nachrichtensendungen im Hörfunk dauerten bis zu 15 Minuten. Der Luftdruck wurde einer erwartungsfrohen Hörerschaft in Millibar mitgeteilt. Es gab 15-Minuten-Sendungen des Suchdienstes und endlose Wasserstandsmeldungen. Ziemlich früh rief Gretl Vetter zur Morgengymnastik. Zum SFB-Hörfunkprogramm gehörten die katholische Morgenandacht, die evangelische Christvesper und am Freitagabend die Sabbat-Feier. Sinfonien oder Konzerte wurden nur komplett gespielt. (Die Besonderheit, nur einen Satz eines Orchesterwerkes zu senden, blieb dem französischen Soldatensender FFB vorbehalten.) Hörspiel und Fernsehen widmeten sich den klassischen Dramen – später kamen die „Straßenfeger" eines Francis Durbridge im TV oder die Kriminalfälle von Paul Temple im Radio hinzu.

Wir sahen voller Begeisterung die Theaterstücke von Tennessee Williams und Truman Capote (*Die Katze auf dem heißen Blechdach* oder *Die Grasharfe*) und wären nie auf die Idee gekommen, über die sexuelle Orientierung dieser beiden Autoren zu debattieren. In Vergessenheit geraten sind Offenheit und Toleranz, die seit dem Kaiserreich in Berlin gegenüber Homosexuellen herrschten. Erst der

US-Historiker Robert Beachy musste in seinem 2015 erschienenen Buch *Das andere Berlin* daran erinnern, dass Berlin bis zur NS-Zeit und danach wieder das Eldorado der Schwulenbewegung war. Mit Beachys überraschender These: „Homosexualität ist eine deutsche Erfindung!" In den Westberliner Funkhäusern von SFB und RIAS – wie in allen Künstlerkreisen – sowieso. Nicht von ungefähr fand im Sommer 1969 der erste deutsche *Christopher Street Day* (CSD) in Westberlin statt. Selbst in der NS-Zeit war von dieser Haltung zu spüren – auch im „Haus des Rundfunks" an der Masurenallee. Denn die homoerotischen Neigungen des HdR-Chefs Hans Fritzsche (im Nürnberger Kriegsverbrecherprozess 1946 freigesprochen) waren bekannt und Denunzianten versuchten mehrmals, ihn mit „Enthüllungen" gegenüber der NS-Führung zu stürzen. Die von den heimlichen Anklägern erhoffte Reaktion blieb jedoch aus. Das Regime hielt bis Kriegsende eine schützende Hand über Fritzsche. In ähnlicher Weise hatte bekanntlich Hermann Göring als preußischer Ministerpräsident reagiert, der seinem Schützling, dem Schauspieler Gustaf Gründgens, eine Eheschließung mit der Kollegin Marianne Hoppe verordnete, um allen Gerüchten um die Homosexualität von Gründgens den Boden zu entziehen.

Wir hatten ein Kofferradio und keine KI-Technologie (KI = künstliche Intelligenz). Wir hatten keinen Frauenfußball, dafür aber Damen-Catchen in der „Neuen Welt" an der Hasenheide. Wir sagten „Dufte" oder „Knorke", wenn wir etwas gut fanden – „Cool" war unbekannt. Überhaupt fehlte es an kleinlichen Aufregern – die Weltpolitik bestimmte den Alltag. Daher wohl auch der Sieg von Nicole beim *European Song Contest* 1982 mit *Ein bisschen Frieden*. Also: Dümmliche Debatten nur am Stammtisch und keine verhaltensauffälligen Personen mit *Conduct Disorder* in den öffentlichen Verkehrsmitteln, die einigermaßen pünktlich ihre Ziele erreichten. Und natürlich auch keine tätlichen Angriffe auf Feuerwehrleute, Sanitäter oder Polizisten. (Der Straßenkampf von Studenten gegen ihre Zielgruppe „Bullen" kam erst mit den 68ern.) Radfahren war ein Vergnügen und keine Extremsportart mit Helm und der Lizenz zum *Bashing*. Betrug oder Unregelmäßigkeiten beim ADAC oder bei Automobilherstellern waren undenkbar. Der 2019 verstorbene Politologe Arnulf Baring – einst eng an der Seite von Willy Brandt, dann ganz in seinem Konservativismus befangen – kam für Berlin am Anfang der Jahrtausendwende in einer Runde mit dem damaligen Regierenden Bürgermeister Klaus Wowereit zu der vorwurfsvollen Schlussfolgerung: „Unsere Gesellschaft ist verwahrlost!" Die Entgegnung auf solch pessimistische Analysen war stets: „*Such is life* – die Zeiten ändern sich. Das Leben geht weiter." Besonders ein Journalist darf nicht in Pessimismus oder Selbstmitleid versinken – trotz Klimakatastrophe (die der *Club of Rome* schon 1972 prognostizierte) und einer nicht enden wollenden Kette von Kriegen und Konflikten. Für Journalisten bleibt es lebenslang bei dem Postulat des Philosophen Ludwig Wittgenstein, „der Fliege den Ausweg aus dem Fliegenglas zu zeigen". Ob dies in den Jahren von 1954 bis 2003 bei der Arbeit im Sender Freies Berlin immer gelang oder nicht – es war in allen Programmbereichen zumindest im ersten Vierteljahrhundert oberstes Gebot. Ein Grund, den Blick zurück mit Stolz zu verzieren.

Anders als heute war es fraglos eine *einfache Welt.* Die Fronten waren sehr bald nach 1945 klar – allerdings auch zwischen den beiden Großmächten USA und UdSSR. Für beide waren Interventionen im Einflussgebiet der Gegenseite ausgeschlossen. Das zeigte sich beim Aufstand am 17. Juni 1953 in Berlin, beim Putschversuch vom Oktober 1956 in Ungarn und auf besonders tragische Weise beim „Prager Frühling" 1968 in der CSSR. Allesamt wichtige Ereignisse der Berichterstattung für eine westliche Rundfunkanstalt. Für Berlin und den SFB ging es dabei immer auch um das Verhältnis zur DDR und zu den Staaten des Warschauer Pakts. Erst Gorbatschow und die „friedliche Revolution" 1989 in der DDR und in den COMECON-Ländern beendeten die Situation. Einige im SFB ahnten diese Entwicklung seit Herbst 1987 und versuchten, sich darauf in der Programmgestaltung einzustellen. Die Tatsache, dass ich „so nebenbei" genau zu diesem Zeitpunkt für ein Dreivierteljahr die Leitung des TV-Vorabendprogramms und der *Berliner Abendschau* übernahm, schuf eine großartige – zu diesem Zeitpunkt von den meisten kaum erkannte – Gelegenheit zur Vorbereitung des späteren Umschwungs.

Die Schatten der NS-Vergangenheit waren lang, auch in Berlin und für den SFB. Diesem Thema ist ein besonderes Kapitel gewidmet. Bis heute liefert Heinrich Bölls Satire *Doktor Murkes gesammeltes Schweigen* von 1955 (als Hörspiel adaptiert und 1963/64 mit Dieter Hildebrandt verfilmt) den wirkungsvollsten Einblick in den Radiobetrieb der Bundesrepublik nach 1945 – umweht von einem Hauch der Kontinuität von NS-Ideologie. Böll hat 1955 – ein Jahr nach dem Start des SFB – vorweggenommen, was uns bis heute in Kultur und Medien plagt: „Eine Welt, die dauernd schreit – die laut ist und schon damals laut war." Offenbar sind die Worte Bölls im Lärm dieser Welt verhallt. Um die Stimmung und die Entscheidungen jener Zeit – vom Rassegesetz-Kommentator Globke als Adenauers Staatssekretär bis zum *Jud-Süß*-Filmer Alfred Braun als erstem SFB-Intendanten – besser zu verstehen, helfen Sätze aus dem unter Mitarbeit von Erich Maria Remarque 1961 entstandenen, mehrfach preisgekrönten US-Film *Das Urteil von Nürnberg*. Da heißt es: „Wir müssen vergessen, wenn wir weiterleben wollen", und an anderer Stelle angesichts des aufkommenden Ost-West-Konfikts: „Wir brauchen die

Deutschen – wir dürfen sie nicht verärgern." Das beschreibt genau die Haltung der USA als bestimmender Macht nach Blockade-Zeit und vollzogener Teilung. Eine Haltung, die sich mit der vorherrschenden Meinung der Deutschen in der Bundesrepublik und in Westberlin deckte: den Blick nach vorn, die Einbindung ehemals prominenter Nazis in den Prozess der Umerziehung und Demokratisierung, eine enge West-Allianz in der Zeit des Korea-Krieges von 1950 und mit der NATO in den Folgejahren. Jede Woche erklärte uns anfangs ein deutsch-amerikanischer Kommentator namens Alfred Boerner im RIAS, wie das funktionierte mit der Demokratie. Die deutschsprachigen Sendungen der „Stimme Amerikas" taten ein Übriges. Kurt Schumachers Schmähung gegen Adenauer als „Kanzler der Alliierten" oder die Verzweiflung des FDP-nahen Journalisten und Geisteswissenschaftlers Paul Sethe, der sich als „Gewissen der Nation" empfand und an der Politik Adenauers regelrecht zerbrach, verhallten weitgehend ungehört.

Der Sender Freies Berlin entstand aus der Eitelkeit der Politiker Westberlins, die für die Teilstadt auf einen eigenen Sender im 1950 ins Leben gerufenen Konzert der ARD-Anstalten zielte. Unter schmerzhaften Geburtswehen gewährten die Alliierten den Westsektoren diese Bitte. Die Folge war nicht nur, dass der Nordwestdeutsche Rundfunk (NWDR) sein Berliner Studio am Heidelberger Platz verlor, sondern dass die von Sir Hugh Carleton Greene, dem früheren BBC-Generaldirektor, konzipierte Sendeanstalt NWDR 1954 ausgelöscht wurde und in den Norddeutschen (NDR) und den Westdeutschen Rundfunk (WDR) zerfiel. Sir Hugh, der Bruder von Graham Greene, den ich bei einem seiner zahlreichen Berlin-Aufenthalte im damaligen „Hotel Gehrhus" im Berliner Grunewald interviewte, sagte mir – wie auch anderen Gesprächspartnern –, dass er beim Aufbau des öffentlich-rechtlichen Rundfunks im Nachkriegsdeutschland einen wesentlichen Denkfehler gemacht habe: Er habe die Rolle der politischen Parteien in Deutschland nicht hinreichend bedacht. Die zuweilen berechtigte Kritik an deren Rolle im öffentlich-rechtlichen Rundfunkbetrieb hierzulande ist hinreichend bekannt. Die Rolle der Parteien in der Geschichte des SFB wird in diesem Buch ausführlich behandelt.

SFB – ein Frontstadtsender?

Zweifellos und in allen Sendungen erkennbar gehörte es zu den Aufgaben des SFB, für die westlichen Werte der Demokratie zu werben und im ideologischen Ringen mit dem anderen System in Ostberlin und Moskau Flagge zu zeigen. Das geschah fast immer in einem Rahmen, der sich von den meist plumpen Verbalattacken der DDR-Medien wohltuend unterschied. (Dass der SFB nicht über den Scharfsinn und die Genialität eines Günter Neumann verfügte, mit dem der RIAS das einzigartige Funkkabarett der „Insulaner" im ideologischen Wettstreit einsetzte, zählte freilich bis in die 60er-Jahre zu den Nachteilen der nach 1945 zweitgeborenen Rundfunkanstalt Westberlins.) Das *Mitteldeutsche Tagebuch* mit Günter Lincke (der später die Studioleitung des Deutschlandfunks in Berlin übernahm) oder die Beiträge des SFB-Chefkommentators Matthias Walden (der als Otto Freiherr von Sass die DDR verlassen hatte) und von Herbert Hausen (als Georg Groos ebenfalls aus der DDR nach Westberlin gekommen) setzten deutliche antikommunistische Zeichen, die nach dem Mauerbau von 1961 in noch härtere Töne umschlugen. Immer aber ging es darum, mit den SFB-Programmen die Bevölkerung in der DDR aus westlicher Sicht möglichst umfassend übers Weltgeschehen zu informieren und den Kontakt zu den „Brüdern und Schwestern" (damals westliche Standardbezeichnung für die DDR-Bevölkerung) so intensiv wie möglich zu gestalten. Die bedeutungsvolle Rolle des West-Fernsehens für das Ende der DDR 1989/90 ist unbestritten und allgemein bekannt. Dem setzte Karl-Eduard von Schnitzler („Sudel-Ede" – 1918–2001) im DDR-Fernsehfunk seinen *Schwarzen Kanal* entgegen. Eine Sendung, in der er Beiträge von SFB, ARD oder ZDF in Ausschnitten wiederholte und mit seinen meist von triefendem Zynismus getragenen Kommentaren versah. Wer das allzu ernst nahm, folgte dem westlichen Spitznamen „Schnitz": die witzig gemeinte Zeiteinheit für das schnelle Abschalten, wenn Karl-Eduard von Schnitzler auf dem Bildschirm erschien. Mir wurde die zweifelhafte Ehre zuteil, des Öfteren ungekürzt im *Schwarzen Kanal* aufzutauchen (jetzt anzuschauen auf der DVD *Der schwarze Kanal* von Telepool 2018), was wohl in meinem kritischen, aber fairen Umgang mit dem SED-Regime begründet war – anders bei Gerhard Löwenthal *(Kennzeichen D)* oder Giselher Suhr (1945–2018) aus dem Berliner ZDF-Studio. Der Kommunistenjäger Suhr erfreute sich bei „Sudel-Ede" besonderer Beliebtheit. Nach seiner Pensionierung 2010 trat Suhr in die AfD ein. Schnitzler hatte seine Rundfunkkarriere im Westen begonnen und wurde in Köln beim WDR sogar Ressortleiter Politik und stellvertretender Intendant. Hugh Carleton Greene bezeichnete ihn als „gescheiten Kopf", bis er ihm zum 1. Januar 1948 im NWDR den Laufpass gen Osten gab (was Schnitzler nicht daran hinderte, regelmäßig in Westberlin einzukaufen). Zuweilen eine verrückte und scheinbar verkehrte Welt.

„Süßer Vogel Jugend" – ein Blick zurück in Zuckerwatte? Weit gefehlt – vielmehr das Dokument einer Zeit, die außergewöhnlich war und so nie mehr wiederkehrt. Ein Dokument, das belegen soll, dass es in jenen Jahren um viel mehr ging als um „Macht's gut, Nachbarn!" oder um den „Sender Franz Barsig". Eine kurze Aufstellung der Dinge, die wir in all diesen Jahren hatten und die wir entbehrten oder (noch) nicht kannten, mag zum besseren Verständnis der Zeit beitragen, in der der Sender Freies Berlin existierte und zum Alltag der Menschen gehörte.

Was wir hatten und was wir entbehrten

Wir hatten die Beatles, Frank Sinatra, Johnny Mathis, Mario Lanza und Elvis Presley – und es gab kein *Heavy Metal* und keine Rapper, die ihre Produkte als Musik verkauften. (Ist es nicht so, dass wir an der Musik die Stimmung der Zeit erkennen?)

Wir hatten einen Schulsenator (Carl-Heinz Evers) und einen Kultursenator (Werner Stein) von Weltruf und mit Klaus Hübner (der aus der SPD austrat, als Klaus Wowereit 2002 mit der PDS koalierte) einen vorbildlichen Polizeipräsidenten, jedoch keine Unzufriedenheit bei Lehrern, Pflegern und Erziehern, Polizei und Feuerwehr.

Westberliner hatten bei einer sommerlichen Fahrt über die Interzonen-Autobahn die Windschutzscheibe noch voll zahlloser toter Insekten und durften mit „Plaste und Elaste aus Schkopau" und mit „Piecks Hopfenplantage" Bekanntschaft machen, mussten aber bei einer Höchstgeschwindigkeit von 100 km/h auf jede Art von Raserei verzichten.

Wir hatten keine *Influencer* (das machten die Klementine von *Ariel* oder das *HB*-Männchen) und keine Hedgefonds-Manager, dafür aber einen Geldbriefträger und Paketzusteller, die ihren Namen – im Gegensatz zu Zitronenfaltern – alle Ehre machten. Wir hatten eine Interzonen-Autobahn und Sektoren-Übergänge, jedoch keine Möglichkeit zum freien Meinungsaustausch im anderen Teil der Stadt.

Wir hatten Willy Brandt und Klaus Schütz und einen rührigen CDU-Landesvorsitzenden Peter Lorenz mit seinem jungen Adlatus Eberhard Diepgen und wir konnten in der politischen Debatte auf Vulgarismen und Fäkalsprache verzichten. Es gab in Berlin-West zwei deutschsprachige (SFB und RIAS), einen amerikanischen (AFN), einen britischen (BFBS) und einen französischen (FFB) Sender – ein privater Kommerzfunk oder ein Dudelfunk mit Häppchen-Journalismus waren nicht zu hören.

Es gab keine Digital-Giganten (die weitgehend steuerfrei bleiben) und kein Wikipedia – wir hantierten mit Schallplatten, Tonbandgeräten, Kassettenrekordern, dem *Großen Brockhaus* oder *Meyers Konversationslexikon*.

Berlin-West verfügte nach den Erfahrungen der Blockade von 1948/49 über eine Senatsreserve aus nicht verderblichen Lebensmitteln, Kohle und Rohstoffen, um die Versorgung der Teilstadt für mindestens sechzig Tage sicherzustellen. Preiserhöhungen bei Lebensmitteln wurden auf diese Weise vermieden.

Wir hatten keine Sperrstunde und keine Wehrpflicht, dafür aber die heißesten Karnevalsfeten: die „Laterna Magica", den „Schrägen Zinnober", den „Wolkenball" der Karikaturisten, den „Mardi Gras" in der „Eierschale" am Breitenbachplatz und die „Badewanne" mit dem Rediske-Quintett in der Nürnberger Straße. Die Lebensfreude schien keine Grenzen zu kennen.

Wir stellten zu Weihnachten Kerzen in die Fenster und uns kam es nicht in den Sinn, gegen Tierquälerei oder für Luftreinhaltung zu demonstrieren. Wir hatten Spione und Agenten an jeder Straßenecke – aber keinen, der es sich zum Ziel gesetzt hatte, auf einen Schlag im öffentlichen Raum möglichst viele Menschen umzubringen.

Wir hatten noch viel überkommenen Sinn für Ordnung, Disziplin und Sekundärtugenden und niemanden, der sich „Fuck the rules!" auf die jugendfrische Haut tätowieren ließ.

Für Westberlin war der Flughafen Tempelhof das Tor zur Welt und für DDR-Flüchtlinge der Startplatz in Richtung Westdeutschland und niemand wartete auf den BER.

Wir hatten keine „Alexa", die ganz von selbst in der Privatwohnung einen Lauschangriff startete – alles beruhte auf der ganz natürlichen, ungleich verteilten Intelligenz der Menschenkinder und der Rundfunk konnte daraus so manchen Gewinn ziehen. Zudem hatten wir die warnenden Worte im Ohr, die angeblich von Albert Einstein stammen: „Ich fürchte mich vor dem Tag, an dem die Technologie unsere Menschlichkeit übertrifft. Auf der Welt wird es dann nur noch eine Generation von Idioten geben."

Der öffentlich-rechtliche Rundfunk war der strahlende Hüter der deutschen Sprache, ab 1980 mit dem Videotext sogar in der Rechtschreibung.

Wir aßen Froschschenkel im „BouBou" am Ku'damm und tranken an Winterabenden die Feuerzangenbowle von Lilo Ruschin in ihrem „Historischen Weinkeller", aber wir hatten keinen Zugriff auf die Fettsäuren der Whopper von McDonald's und Burger King.

Wir lasen Albert Camus, Max Frisch, Saul Bellow, Tennessee Williams, Bert Brecht, Graham Greene, Thomas Bernhard oder Eugène Ionesco. Die *Feuchtgebiete* von Charlotte Roche oder die *Fifty Shades of Grey* der E. L. James waren unerforscht.

Wir sangen *Jerusalem of Gold* und hielten es für müßig, über den unheilbaren Antisemitismus von ewigen Hohlköpfen zu diskutieren. Für den Umgang mit dem NS-Nachlass und mit rechtsextremen Tendenzen lieferten Sebastian Haffner *(Anmerkungen zu Hitler)* und Joachim C. Fest *(Das Gesicht des Dritten Reiches)* einen hilfreichen Kompass, auch wenn sich Fest bei seiner Speer-Biografie vom Charme und der Erzählkunst des NS-Baumeisters einlullen ließ.

Wir hatten in Berlin-West Anne-Sophie Mutter, Günter Grass, Friedrich Luft, C. A. Bünte, Herbert von Karajan, Edith Clever, Hermine Körner, Yehudi Menuhin, Tilla Durieux, Elsa Wagner, Uta Sax, Erich Schellow, Horst Caspar, Klaus Kammer, Werner Finck, Samuel Beckett, James Mason und Emil Gilels – uns fehlten Dieter Bohlen, die *Rettungsflieger* und nervtötende Rapper wie Kollegah und Farid Bang.

Wir hatten Wolfgang Rademann als *Traumschiff*-Produzenten – ohne Florian Silbereisen als Kapitän.

Diese Liste lässt sich beliebig fortsetzen und jedermann mag nach eigenem Gusto auswählen, was er oder sie gern bewahrt oder in den Müll befördert hätte. Chronisten, Politiker und besonders Journalisten, die nach Auffassung des Heinrich von Kleist (der mit seinen *Abendblättern* die erste Boulevard-Zeitung in Berlin herausgab) ja nur das zu berichten haben, „was in der Welt vorfällt", mussten sich unter solchen Umständen bewegen und zurechtfinden. Wer als *Abendschau*-Moderator an einem brütend heißen Sommertag um 19.25 Uhr nicht mit Schlips und Jackett im Studio erschien, sondern es wagte, im luftigen Hemd vor die Kamera zu treten, oder wer einen ordentlichen Professor beim Interview nicht mit „Herr Professor", sondern lediglich mit dessen Familiennamen anredete, erlebte von seinem „sehr verehrten" Publikum, den Zuschauerinnen und Zuschauern, einen Sturm der Entrüstung. *O tempora – o mores!* Die Zeiten ändern sich – immer und ständig. Und die Ansichten darüber, was besser und was schlechter ist, gehen weit auseinander. Das sollte jede/r auch beim Lesen dieses Buches bedenken. Der Baum, auf dem die Eule Minerva sitzt, hat viele Zweige.

Das Telebärchen –
über Jahrzehnte Markenzeichen
für die *Berliner Abendschau*

Schnitzlers *Schwarzer Kanal* liebte das „Westfernsehen"

Sir Hugh Carleton Greene, Begründer des öffentlich-rechtlichen Rundfunks in der Bundesrepublik Deutschland

„Texas-Willy" Kressmann (l.), von 1949 bis 1962 Bürgermeister von Kreuzberg, als erster Befürworter des Privatfunks im Interview

1. Kein „senderfreies" Berlin

Berlin-West erhält seine ARD-Anstalt

„Die Vorgeschichte dieses Senders ist ein trübes Kapitel der an Skandalen reichen Nachkriegsgeschichte Berlins. Hintergründige Kulissenkämpfe und Kompetenzstreitigkeiten sorgen dafür, dass die Spannungen nicht abreißen." Die Tageszeitung *DIE WELT* formulierte ihre Ablehnung gegenüber der „landeseigenen Rundfunkanstalt Sender Freies Berlin" in ihrer Ausgabe vom 29. März 1954 – zwei Monate vor Beginn des SFB-Programmbetriebs – recht deutlich. Wenn öffentlich-rechtliche Rundfunkanstalten in Deutschland gegründet werden, dann geht es hoch her – vor und hinter den Kulissen. Westberlins Politiker hatten in Zielrichtung ARD unisono die Parole ausgegeben: „Berlin braucht einen eigenen Sender!"

Die Idee einer Westberliner Rundfunkanstalt – neben dem amerikanischen Sender RIAS und dem kommunistischen „Berliner Rundfunk", der 1954 das „Haus des Rundfunks" (HdR) im britischen Sektor an der Masurenallee noch durch Sowjetsoldaten okkupierte – entstand Anfang 1949, in den Tagen der sowjetischen Berlin-Blockade. Westberlins Politiker wollten eine eigenständige, aus dem Westen großzügig unterstützte Rundfunkanstalt. Diese Forderung sollte nur aufgegeben werden, wenn die Generaldirektion des Nordwestdeutschen Rundfunks (NWDR) von Hamburg nach Berlin umzog. Ein aussichtsloses Verlangen.

Sympathie fanden die Berliner Forderungen in Nordrhein-Westfalen und bei den südlichen Bundesländern. NRW-Ministerpräsident Karl Arnold (CDU) meldete zur Funkausstellung 1950 in Düsseldorf den Anspruch seines Landes auf eine eigene Rundfunkanstalt an. Südlich der Mainlinie wurde das Übergewicht des NWDR ohnehin als ungerecht und lästig empfunden.

Westberlin ernannte einen Rundfunkbeauftragten, den Funkpionier Herbert Antoine. Im Mai 1951 wurde das Gesetzgebungsverfahren zur Gründung des SFB eingeleitet. Doch der Weg in den Äther gestaltete sich schwieriger als erwartet. Noch lag die Funkhoheit in Deutschland-West bei den Alliierten. In Westberlin galten die Vorbehaltsrechte der drei Mächte. Ein erster Gesetzentwurf aus dem Berliner Rathaus Schöneberg wurde am 31. Juli 1952 von der Alliierten Kommandantur zurückgewiesen – mit der formalen Begründung, dass für das SFB-Programm keine Frequenz verfügbar sei. Ein zweiter Entwurf musste auf Drängen der Alliierten abgeändert werden. Die Möglichkeiten staatlicher Einflussnahme – etwa bei der Bestellung der Rundfunkratsmitglieder – schienen den Westalliierten zu groß. Erst am 20. Juli 1953 kam von der Alliierten Kommandantur die Zustimmung zu dem vorliegenden Gesetzentwurf. Den Namen der neuen Rundfunkanstalt hatten Westberlins Politiker übrigens nicht per Gesetz, sondern durch ein Preisausschreiben ermittelt.

Zeitgleich mit den Bemühungen zur Gründung einer öffentlich-rechtlichen Sendeanstalt wurde in Westberlin die Zulassung privater Rundfunkveranstalter diskutiert, die – wie der Rundfunkbeauftragte Antoine schrieb – „nach amerikanischem Vorbild Reklamesendungen mit einwandfreiem künstlerischem Programm verbinden wollen". Einmal mehr mischte sich an dieser heiklen Stelle Kreuzbergs umtriebiger Bezirksbürgermeister Willy Kressmann, bekannt als „Texas-Willy", ein. Er kündigte am 3. Juni 1950 ein kommerzielles „Radio Berlin" an – mit Sendungen über Drahtfunk (also nichts anderes als Kabel), finanziert von der Westberliner Industrie. In dieser privaten Rundfunkanstalt sollte es nach Kressmanns Worten „keine Verbonzung geben" – nur die Realität der Wirtschaft" sei in ihr gefragt. Ein Projekt, das dreißig Jahre – nämlich bis 1980 – auf sich warten ließ.

Die Finanzierung einer öffentlich-rechtlichen Rundfunkanstalt in Westberlin war in jenen Tagen ebenso ungeregelt wie die Rechtsnachfolge der „Funk-Stunde AG" und der „Reichs-Rundfunk-Gesellschaft" (RRG). Der NWDR erhielt aus Westberlin keine Rundfunkgebühren, obwohl die Berliner Post fleißig kassierte. Der Gebührenanteil sollte erst abgeführt werden, wenn die Landespostdirektion Berlin (West) organisatorisch zur Deutschen Bundespost gehörte. Zwischen NWDR, Berliner Post und entstehendem SFB wurde vereinbart, dass dem Nordwestdeutschen Rundfunk die Hälfte der von April 1951 bis Juni 1954 in Berlin eingenommenen Rundfunkgebühren zufiel. Der nur auf dem Papier existierende SFB durfte von Januar bis Juni 1954 aus dem Gebührenaufkommen die Summe von 350.000 D-Mark einstreichen, um die Vorbereitungsarbeiten zu finanzieren. Denn der 34-köpfige Rundfunkrat, der neunköpfige Verwaltungsrat und die dreiköpfige „kollegiale Geschäftsführung" waren seit Dezember 1953 gewählt und mit Vergütungen im Amt. Die offizielle Adresse der neuen Sendeanstalt war nicht die des bisherigen NWDR-Studios am Heidelberger Platz in Berlin-Wilmersdorf und schon gar nicht das mit Stacheldraht umzäunte, von der Roten Armee besetzte „Haus des Rundfunks" an der Masurenallee, sondern ein Haus in der Fregestraße in Berlin-Friedenau.

Für einen Sendestart bereiteten die meisten Probleme die fehlenden Sendefrequenzen auf den damals international zur Verfügung stehenden Bereichen der Lang-, Mittel- oder Kurzwelle und die mit dem NWDR zu treffende Vereinbarung über die Rechtsnachfolge durch den SFB in Berlin. Erst am 29. Mai 1954 erteilten die Alliierten dem SFB die Genehmigung, gleichfalls auf der bisher vom NWDR-Berlin genutzten Mittelwellenfrequenz des irischen Senders „Athlone" sein erstes Programm auszustrahlen. Die erwünschte Reichweite ins DDR-Umland war damit garantiert. Befürchtungen um ein „senderfreies“ Berlin hatten sich erledigt.

NWDR-Chef Adolf Grimme (Namensgeber für die alljährlich verliehenen Medienpreise) hatte von Anbeginn erklärt, eine Loslösung vom NWDR käme nur infrage, wenn die neue Berliner Rundfunkanstalt die Rechtsnachfolge des NWDR-Studios antrete und sämtliche 230 fest angestellten Mitarbeiterinnen und Mitarbeiter übernehme. Die Rechtsnachfolge – im juristischen Sprachgebrauch die „Sukzession“ – kann heißen, dass nur einzelne Rechte (und sich daraus ergebende Pflichten) auf den Nachfolger übergehen oder dass eine Gesamtrechtsnachfolge, eine „Universalsukzession“, wirksam wird – wie sie etwa bei einer Erbschaft üblich ist. Sofern die Erbschaft nicht ausgeschlagen wird, übernimmt der Erbe dann auch die Schulden des Erblassers einschließlich der Nachlassverbindlichkeiten bis zu den Beerdigungskosten. Ähnlich wurde bei der Auflösung des NWDR in Westberlin verfahren. Trotz anfänglicher Bedenken wurde das gesamte NWDR-Personal bis auf drei Spitzenkräfte vom SFB übernommen – einschließlich der Pensionsverpflichtungen. Eine Regelung, die gleich bei SFB-Gründung die zu jener Zeit recht stattliche Summe von zwei Millionen D-Mark verschlang. Zugleich trat der SFB die Rechtsnachfolge der RRG an.

Altlasten vom Reichsrundfunk

Die Frage, wer vom „Großdeutschen Rundfunk“ vom SFB übernommen werden sollte oder weiterarbeiten durfte, war nicht sonderlich problematisiert worden. Hatten die NWDR-Angestellten noch einen Fragebogen zu ihrer Vergangenheit ausfüllen müssen, so war neben anderen der einstige RRG-Chefsprecher Christian Rau, der in den Kriegstagen die „Sondermeldungen“ verkündete und an jedem Freitagabend den Kommentar von Propagandaminister Goebbels in der NS-Zeitschrift *Das Reich* verlesen hatte, wie selbstverständlich auch beim neu gegründeten SFB wieder in dieser Funktion. Erst Intendant Walter Steigner, der sein Amt im Oktober 1960 antrat, löste Rau in dieser Funktion ab. Allerdings nur in der Funktion und nicht als Sprecher und markante Stimme des Senders Freies Berlin. Dass Franz Grothe – beim „Großdeutschen Rundfunk“ Leiter der Gruppe „Gehobenere U-Musik“ und Komponist von Erfolgstiteln wie *In der Nacht ist der Mensch nicht gern alleine* oder *Ich zähl' mir's an den Knöpfen ab* – oder der Sportchef Rolf Wernicke nicht arbeitslos wurden, mag ihren Tätigkeitsbereichen zugeschrieben werden. Hausintern spielten sich allerdings zahlreiche Konflikte ab – etwa, wenn der zur NS-Zeit rassisch verfolgte Walther Harth in der Musikabteilung mit dem Ex-Nazi Dr. Jungk zusammenarbeiten musste. Auch gab es viele Widerstände gegen den im SFB amtierenden Chef der Hörfunktechnik, der nach dem Attentat auf Hitler am 20. Juli 1944 dem Kommandeur des Wachbataillons „Großdeutschland“, Major Remer, Zugang gewährte und damit die geplante Besetzung des HdR verhinderte. Viele kritische Fragen musste sich der vom RIAS gekommene, erste Programmdirektor des SFB Gerhard Löwenthal (vom NS-Regime verfolgt, später Leiter des *ZDF-Magazins* und in den 70er-Jahren als Gegner der Brandt'schen Entspannungspolitik Begründer des rechtslastigen *Bundes Freies Deutschland*) gefallen lassen, weil er in das SFB-Führungsgremium unter dem ersten Intendanten, dem Rundfunkpionier Alfred Braun, einstieg. Braun war als Reporter, Programmgestalter und Hörspielleiter des Rundfunks der Weimarer Zeit 1933 von den Nazis für kurze Zeit interniert, angeklagt, dann aber freigesprochen worden und in die Schweiz, später in die Türkei emigriert. Goebbels holte ihn jedoch „heim ins Reich“ (bei Marlene Dietrich misslang dieser Versuch kläglich) und Alfred Braun arbeitete bis Kriegsende mit dem NS-Starregisseur Veit Harlan zusammen – auch bei dem antisemitischen Hetzfilm *Jud Süß*. Für den aufwendigen Durchhalte-Schinken *Kolberg*, einem Lieblingsprojekt von Goebbels, schrieb Braun sogar das Drehbuch. 1945 arbeitete er sogleich für den kommunistisch orientierten „Berliner Rundfunk“ als Reporter. All das wurde Braun und Löwenthal 1954 beim Start des SFB vorgehalten. Löwenthal sagte, er habe eine Aussprache mit dem Intendanten gehabt und dabei festgestellt, dass Braun „ein völlig unpolitischer Mensch“ sei, was ihm die Zusammenarbeit in einer demokratischen, öffentlich-rechtlichen Rundfunkanstalt sehr erleichtert habe. Selbst Hugh Carleton Greene, der im Westen Deutschlands nach 1945 den öffentlich-rechtlichen Rundfunk organisierte, nannte ehemalige Nazis, die er nach 1945 entlassen musste, „wertvolle Kollegen“ und meinte später: „Ich bedauere diese Beschreibung nicht.“ Einen Fehler beim Aufbau des öffentlich-rechtlichen Rundfunksystems gestand Greene jedoch nachträglich immer wieder ein: Er habe den politischen Parteien eine allzu starke Rolle zuerkannt. Der Grund dafür lag nach seinen Worten darin, dass er das britische Parteiengefüge als Vorbild genommen habe. „Ein kleiner Denkfehler“, lautete Greenes freimütiges Eingeständnis.

Nur zwei Jahre, nachdem Alfred Braun am frühen Morgen des 1. Juni 1954 mit seinem historischen „Achtung, Achtung – hier ist Berlin!“ das SFB-Programm eingeläutet hatte, musste das Westberliner Parlament das SFB-Gesetz novellieren. Zu groß waren die Reibungsverluste, die durch die gar nicht so „kollegiale Führung“ und das Gegeneinander von Rundfunk- und Verwaltungsrat entstanden waren. Als der SFB – nach der Räumung durch die Sowjets – im Dezember 1957 in das „Haus des Rundfunks“ an der Masurenallee einziehen konnte, waren die Anfangsschwierigkeiten bald überwunden. Sogar dem bis dahin allseits beliebten RIAS entstand nach und nach eine ernsthafte Konkurrenz in der Publikumsgunst und namhafte Mitarbeiter verlagerten ihren Arbeitsplatz von der Kufsteiner

Straße in die Masurenallee. In den schwierigen politischen Zeiten des Kalten Krieges und gesellschaftlicher Veränderungen ging die neue Westberliner Rundfunkanstalt auf Radio- und Fernsehwellen einer Zukunft mit Programmprofil entgegen.

Bis zum Sommer 1956 hielten die Sowjets das „Haus des Rundfunks" elf Jahre lang besetzt

Der *Spreekieker* – Berliner Denkmal für den Rundfunkpionier Alfred Braun

Walter Geerdes – von 1957 bis 1960 zweiter Intendant des SFB

Der kulturbeflissene Walter Steigner, der den SFB von 1961 bis 1968 in seine Glanzzeit führte

2. Der lange Weg zum Ziel

Der SFB lässt auf sich warten

„Es gibt auch Frühlinge", sagte Sendeleiter Peter Teichmann und strich nachdenklich über meinen handgeschriebenen Brief. Ganz offensichtlich hatte ihn die Schlusspassage vor der Grußformel beeindruckt. Dafür hatte ich meine Kenntnisse der griechischen Sagenwelt bemüht – ein Leichtes für einen 15-jährigen in der 8. Klasse eines Neuköllner Gymnasiums – und mit einem Hauch von Philosophie formuliert: „Die Götter nahmen den Menschen die Gabe, in die Zukunft zu sehen, und schenkten ihnen dafür die Hoffnung." Für mich hatten sich alle Hoffnungen fürs Erste erfüllt: Der Hörfunk-Sendeleiter des gerade in den Äther gestarteten Senders Freies Berlin, des SFB, hatte mich an diesem Junitag des Jahres 1954 in sein Büro am Heidelberger Platz in Berlin-Wilmersdorf gebeten. Bis zum 1. Juni 1954 firmierte diese Radiostation als Berliner Büro des Nordwestdeutschen Rundfunks (NWDR). Früh um 5.00 Uhr am 1. Juni hatte dann Alfred Braun, der erste Intendant des SFB, mit seiner Ansage die Geburtsstunde der neuen ARD-Anstalt verkündet, die seit Jahren ein Herzenswunsch der politischen Parteien in Westberlin war.

Obwohl zu diesem Zeitpunkt noch der von den Amerikanern etablierte und kontrollierte RIAS (Rundfunk im amerikanischen Sektor) unbestritten die Nummer eins in der Hörergunst war – mit seinen Star-Reportern Jürgen Graf, Sammy Drechsel und Peter Schultze, mit den Kommentaren von Egon Bahr aus Bonn, mit dem Hörspielchef Erik Ode, den Nachrichtensprechern Knut Kucharski, Gerhard Heydebreck und Eberhard Matusch, der „Stimme der Kritik" Friedrich Luft, dem Politikexperten Klaus Bölling und dem Hörspielsprecher Horst Buchholz –, obwohl diese „Freie Stimme der freien Welt" ein Radioprogramm auf höchstem Niveau anbot, richtete sich mein naives jugendliches Streben darauf, Nachrichtensprecher beim neu gegründeten SFB zu werden. Diese Überlegung schien mir vollkommen logisch, denn etliche Bekannte verdienten sich beim RIAS und bei anderen Sendern das Geld für ihr Studium mit Nachrichtensprechen: Gerd Haucke (später berühmt durch die Hörfunkreihe *Papa, Charly hat gesagt...*) unter dem Pseudonym *Gerd Walter* oder Ruprecht Kurzrock (später mit einem Doktortitel Abteilungsleiter im RIAS) als *Stefan Kupfer*. Randbemerkung nach mehr als sechzig Jahren Radioerfahrung: Dieser *Stefan Kupfer* war der beste Nachrichtensprecher, dessen Stimme jemals in mein Ohr drang.

Doch zurück ins Büro von Sendeleiter Teichmann an jenem Junitag des Jahres 1954. Er war derjenige, der entschied, wer als Nachrichtensprecher ans

Mikrofon durfte. (Diese Tätigkeit war damals nur Männern vorbehalten – Frauen kamen erst in den 70er-Jahren hinzu.) Kaum vorstellbar, dass ein 15-Jähriger beim neuen Sender der Berliner Westsektoren die Weltnachrichten – damals noch mit einer Dauer von zehn bis fünfzehn Minuten – verlesen sollte. Doch „Es gibt auch Frühlinge" – und so rief Teichmann die Chefansagerin Nicola Greiff und ging mit uns zur Probeaufnahme in ein Studio. Das Ergebnis war für mich einigermaßen ernüchternd. Zwar hatte ich seit einigen Jahren tagtäglich mit einem Packen Berliner Tageszeitungen das Verlesen von Nachrichten geübt, doch der Tonmitschnitt des geprobten Ernstfalls offenbarte schonungslos meine berlinische Herkunft (wenige Tage später nahm ich sogleich Sprechunterricht). Aber Teichmann war gnädig. Er reichte mich an den SFB-Jugendfunk weiter. Dort hatte ich am 14. Juni 1954 meinen ersten Radioauftritt in einer Diskussionsrunde, die sich mit Kriminalliteratur beschäftigte. „Wenn du drei Krimis gelesen hast, kannst du den vierten selber schreiben", war das Fazit dieser Runde. Eine Erkenntnis fürs Leben. Honorar: 15 D-Mark – eine stattliche Summe zur Aufbesserung meines Taschengeldes.

Der lange Weg ans Mikrofon

Mit der nun erhofften steilen Radiokarriere wurde es allerdings vorerst nichts, auch wenn mein Ehrgeiz und meine Hartnäckigkeit unerbittlich blieben. In einem Anflug von Verzweiflung kam ich – noch als Schüler – auf eine ebenso naheliegende wie zu jener Zeit politisch abwegige Idee: einen Job beim Berliner Rundfunk, der 1952 von der Masurenallee im britischen Sektor in die Nalepastraße im Sowjetsektor umgezogen war. Dieser Einfall hatte allerdings gute Gründe, die eine wichtige Rolle in meinem Leben spielen sollten. Daher ein kleiner Einschub unter der Überschrift „Vorgeschichte des SFB": Meine Mutter hatte seit Ende 1944 den jüdischen Geiger Max Michailow – eigentlicher Name: Mordechaj Finkelstein – und dessen Mutter bei uns in der Neuköllner Allerstraße, in der Flughafenstraße und in der Britzer Kleingartenkolonie „Goldregen" versteckt. Und das kam so: Unser umtriebiger Onkel Hans, ein militanter NS-Gegner, hatte während eines Fronturlaubs das kirchliche Zwangsarbeiterlager auf dem Thomas-Friedhof in Neukölln entdeckt. Dort griff er sich den Zwangsarbeiter Max und brachte ihn wenige Hundert Meter weiter zu uns nach Hause. Max Michailow und seine Mutter überlebten und Max bekam nach Kriegsende eine Anstellung als Konzertmeister beim Berliner Rundfunk, wo er im Großen Sendesaal an der Masurenallee 1945 mit Tschaikowskys Violinkonzert sein umjubeltes Comeback feierte. Ab 1949 gehörte er mit seinem Michailow-Quartett zu den klassischen Vorzeigemusikern der DDR. Zweifellos hat Max während seiner Zeit im Untergrund mit seinen Schallplatten die lebenslange Liebe zur klassischen

Musik in mir geweckt. „Die Musik als Schlüssel zum Verständnis des Universums." Musik schwingt immer mit als Herzstück – bei jeder kreativen Arbeit, auch bei politischen und literarischen Sendungen. Daher also die Idee, Max in Adlershof anzusprechen – und die positive Antwort kam sofort: „Wir würden dich als Nachrichtensprecher engagieren – du musst dann allerdings deinen Wohnsitz in Berlin-Ost nehmen." Diese Bedingung verhagelte meine Karriere im Osten. So weit wollte ich als einer, der im amerikanischen Sektor Berlins aufgewachsen war, nun doch nicht gehen. Der gute Max war übrigens Kommunist – zumindest noch beim Einmarsch der Roten Armee 1945, was uns viele Vorteile verschaffte. Doch nach dem Mauerbau 1961 verließ er die DDR und ging nach München, wo ihn der Bayerische Rundfunk als Ersten Konzertmeister beschäftigte.

„Du kannst, wenn du willst" – ich hatte gehört, dass die Schulkinder in Österreich diesen Satz in ihre Hefte schreiben mussten, und daran wollte ich mich halten. Also kaufte ich mir von dem Geld, das ich mit Nachhilfestunden verdiente, ein Philips-Tonbandgerät mit einem Tauchspulmikrofon (der Himmel oder der Teufel weiß, was das für ein Mikrofon war) und übte tagtäglich zungenbrecherische Texte. Ja, ich nahm sogar bei der Sprecherzieherin, die alle Nachrichtensprecher des RIAS betreute, bei der Leipzigerin Hanna-Eva Stürmer in der Potsdamer Straße, intensiven Sprechunterricht. Die wollte mich allerdings lieber beim Film sehen, telefonierte mit Wolfgang Liebeneiner, ihrem Freund und Regisseur aus vergangenen, nicht ganz so seligen Zeiten, und schickte mich nach Spandau in die CCC-Studios von Artur Brauner. Das Ergebnis war die bedeutungslose Mitwirkung im Film *Das indische Grabmal.* Immerhin – eine unvergessliche Zeit unter dem Regieriesen Fritz Lang mit seinem Kameramann Richard Angst und die Bekanntschaft mit Paul Hubschmid und der 15-jährigen Cornelia Froboess, die sich gerade mit Peter Kraus und Rex Gildo auf den Weg in den deutschen Schlagerhimmel machte. Nur – vom SFB keine Spur und kein Angebot. Dafür druckte die damals in Berlin marktbeherrschende Tageszeitung *Telegraf* eine Geschichte von mir und der RIAS sendete meine Manuskript-Beiträge. Der Auftritt am Mikrofon blieb mir auch in der Kufsteiner Straße verwehrt – bis Hans Rosenthal, der Unterhaltungschef des RIAS, mir eine Chance in seinem monatlichen Hörmagazin *Die Rückblende* gab. Inzwischen hatte mich Heinz Ullstein gleich nach meinem Abitur im April 1958 als Redaktionsvolontär in sein Haus nach Tempelhof geholt. Eine glückliche Fügung, denn für eine meiner Nachhilfeschülerinnen hatte Ullstein eine Patenschaft übernommen. So lernten wir uns kennen. Erst Jahre später wurde mir klar, welches Glück diese Begegnung mit einem von den Nazis vertriebenen Verleger bedeutete, der noch Kurt Tucholsky zu seinen Freunden zählen durfte.

Das halbe Jahr Lehrzeit im Hause Ullstein, bevor ich im Wintersemester 1958/59 mein Studium der Amerikanistik und Romanistik an der Freien Universität Berlin begann, war prägend für mein Berufsleben und hinterließ – zunächst wohl nur im Unterbewusstsein – tiefe Spuren. Die täglichen Redaktionssitzungen mit Chefredakteur Karl-Heinz Hagen, der sein Handwerk beim *Daily Mirror* in London gelernt hatte, der Austausch und die Zusammenarbeit mit dem späteren Springer-Chef Günter Prinz, an dessen Seite ich an einem Mini-Schreibtisch sitzen durfte, mit Wolfgang Rademann, noch weit vor seiner *Traumschiff*-Zeit, mit Oswalt Kolle aus der Feuilleton-Redaktion oder dem unvergessenen und unvergleichlichen Berlin-Reporter Ekkehart Reinke hinterließen Spuren und Spätfolgen. Journalistische Krönung dieser Zeit war mein Einsatz beim Berlin-Besuch von Walt Disney zu den Filmfestspielen im Juli 1958. Bis heute frage ich mich, ob ich mich an jenem Tag falsch verhalten habe – zumindest was meinen beruflichen Werdegang anbelangt. Denn als ich mit jugendlicher Dynamik auf Disney zustürzte und seine Bodyguards mich gewaltsam zurückhielten, schaltete der Micky-Maus-Vater sich ein und rief mir – natürlich auf Englisch – zu: „Kommen Sie her. Sie sind bestimmt ein Schauspieler und möchten eine Rolle in einem meiner Filme haben. Wollen mal sehen, was sich machen lässt." Die Weltkarriere in Hollywood habe ich mir dann selbst verbaut, als ich zur Enttäuschung von Disney gestehen musste, dass ich Zeitungsreporter sei und von ihm nur ein kurzes Interview mit einer kleinen Zeichnung haben wollte. Das klappte problemlos. An die Filmkarriere dachte ich nicht. Denn in meinem Hinterkopf spukte weiter der inzwischen hoffnungslos scheinende Wunsch nach einem Job beim Rundfunk. Und um die Realität nicht ganz aus den Augen zu verlieren, immatrikulierte ich mich an der Freien Universität – mit dem Berufsziel Diplomat/Höherer Dienst.

Der von mir von Sprechprobe zu Sprechprobe weiterhin heiß umworbene SFB blieb stur und stumm. Die neue ARD-Anstalt etablierte sich im „Haus des Rundfunks" an der Masurenallee, nachdem die Sowjets das Gebäude 1956 in einem jämmerlichen Zustand verlassen hatten. Das SFB-Fernsehen nistete sich im Deutschlandhaus am damaligen Reichskanzlerplatz (heute Theodor-Heuss-Platz) ein. Doch ich blieb außen vor und verdiente mein Studium neben der RIAS-Mitarbeit als Reporter bei *BRAVO*, *Telegraf* und *nacht-depesche*. Hier durfte ich den Startenor Mario Lanza bei seinen Berliner Dreharbeiten mit Johanna von Koczian und beim Bockwurst-Essen am Kurfürstendamm begleiten, Maria Callas, Horst Buchholz, Nat „King" Cole, die vom Broadway zurückgekehrte Hildegard Knef mit ihrem künftigen Ehemann David Cameron und O. W. Fischer interviewen und – ein Treffen, das Langzeitwirkung hatte – Marlene Dietrich bei ihrer Rückkehr nach Berlin am 30. April 1960 empfangen. Alles übrigens in Gemeinschaftsarbeit mit dem gleichaltrigen Fotografen Klaus Bier, der sich von den Einnahmen bei unserem Coup mit Marlene Dietrich seinen ersten

Porsche kaufte. Später wechselte er das Metier und wurde ein bis heute erfolgreicher Currywurst-Anbieter am Kurfürstendamm.

Die verschmähte Liebe zum Sender Freies Berlin fand ihren bizarren Höhepunkt – bis heute immer wieder ein Grund zum Schmunzeln – in einem Brief von SFB-Sendeleiter Teichmann, dem der aufdringliche Bewerber mit den Jahren wohl lästig geworden war. Da stand zu lesen: „Leider hat sich herausgestellt, dass Ihr Ihr Organ für das Mikrofon nicht geeignet ist." Das Ende aller Radioträume? Keineswegs. Im Oktober 1960 machte ich, der fleißige Student, auf der Industrieausstellung unterm Funkturm im Marshall-Haus dann doch eine Probereportage für den SFB-Zeitfunk. Als Betreuer hatte der SFB mir einen Praktikanten namens Lutz Krieger zur Seite gestellt. Mit ihm sollte ich fast vierzig Jahre später bei ganz anderer Gelegenheit zusammentreffen: im Mai 1998 in einer Kampfabstimmung um den Vorsitz des Berliner Journalisten-Verbandes, bei der er deutlich unterlag, was unseren jahrzehntelangen Kontakt urplötzlich beendete. Ja – nicht erst Helmut Kohl wusste, dass man sich im Leben immer mindestens zwei Mal begegnet. Doch die Probereportage von 1960 wurde damals sogleich ins Programm übernommen und gesendet – Schulterklopfen rundum. Später durfte ich den Sendeleiter Peter Teichmann alle zwei Jahre bei der Funkausstellung zu den Hörfunk-Aktivitäten des SFB interviewen. Ihm war anzumerken, dass er jedes Mal die Peinlichkeit meiner Nachfrage zu seiner vormals harschen Absage befürchtete. Doch Teichmann war ein hervorragender Sendeleiter und ein äußerst angenehmer Kollege. Wir haben uns nie wieder mit meiner organischen Eignung für eine Rundfunklaufbahn beschäftigt.

SENDER FREIES BERLIN

Herrn
Bernhard Kulpok
Berlin-Neukölln
Allerstr. 16

Konto-Nr. 4600
MW / 25

Verpflichtungsschein

Berlin, den 13.8.54/Dw.

Ständiger Wohnsitz: B.O.

Betr. Sendung bzw. Aufnahme
Junge Generation: Neues von Bühne und Film

11.8.54 19.00 – 19.10

Art der Mitwirkung: Sprechen

Für die Mitwirkung ist ein Honorar von DM 10.-- in Worten DM Zehn ------ vereinbart.

Sender Freies Berlin

1954: Der erste Honorarschein vom SFB-Jugendfunk

SENDER FREIES BERLIN
ANSTALT DES ÖFFENTLICHEN RECHTS

Herrn
Bernhard Kulpok
Berlin-Neukölln
Allerstr. 16.

Abteilung
Sendeleitung Hz.

18.9.57

Sehr geehrter Herr Kulpok,
da ich erst jetzt aus dem Urlaub zurückgekommen bin, konnte ich Ihnen nicht früher das Ergebnis Ihrer Mikrofonprobe, auf das Sie sicher schon warten, mitteilen.
Leider hat sich herausgestellt, dass sich Ihr Organ nicht für das Mikrofon eignet, so dass ich zurzeit keine Möglichkeit sehe, Sie bei uns zu beschäftigen.
Es tut mir sehr leid, dass ich Ihnen dies mitteilen muss, vielleicht aber findet sich später einmal ein anderer Weg zu einer Tätigkeit beim Rundfunk für Sie.

Mit freundlichen Grüssen
SENDER FREIES BERLIN
Sendeleitung

(Dr. Teichmann)

Fürs Radio ungeeignet – ein Brief, der zum Kuriosum wurde

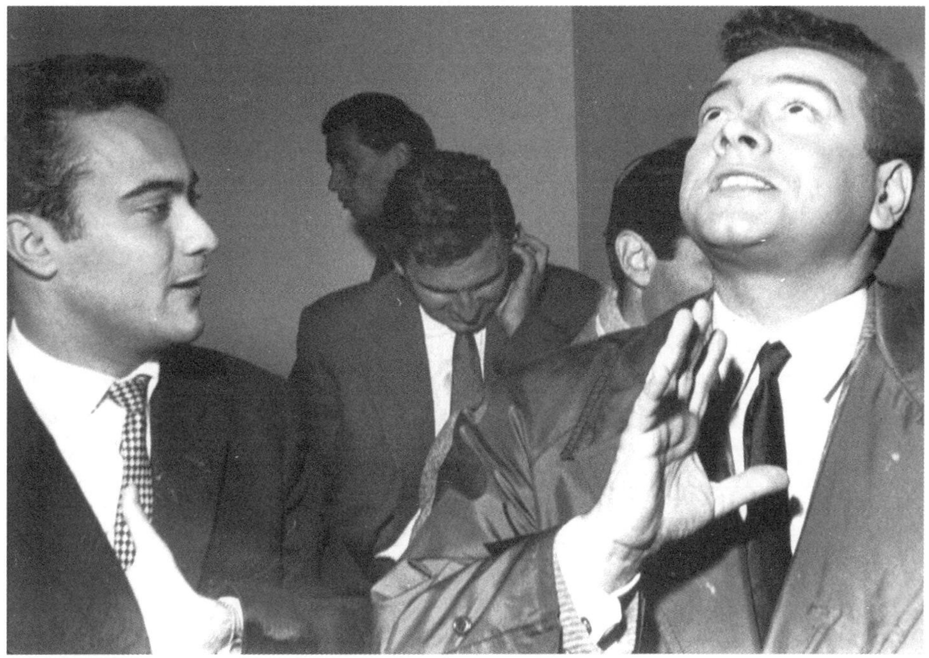

Ein Plausch mit dem temperamentvollen Startenor Mario Lanza

Als Jung-Reporter auf dem Weg zum Journalisten

Bauhaus-Schöpfer Walter Gropius war 1961 wieder in Berlin

3. 1954 – ein schwieriger Start ins erste Jahr

Jedem Anfang wohnt ein Zauber inne ...

„Es ist 4 Uhr 57 – Dienstag, der 1. Juni 1954". Mit diesen Worten hatte Intendant Alfred Braun unter dem Geläut der Freiheitsglocke das (Hörfunk-)Programm des SFB im Haus am Heidelberger Platz eingeleitet. Das Jahr 1954 war für den Sender Freies Berlin zwangsläufig ein Radio-Jahr. Denn das von der Post seit November 1938 für Fernsehübertragungen genutzte Deutschlandhaus am heutigen Theodor-Heuss-Platz (1954 noch Reichskanzlerplatz) wurde zwar sofort vom SFB erworben, konnte aber erst 1955 genutzt werden. (Der Fernsehboom in westdeutschen und Westberliner Haushalten setzte ohnehin erst mit der Fußball-WM 1966 ein.) Und so sind die sieben Monate des Anfangsjahres 1954 ein buntes Kaleidoskop im Bemühen, dem Status einer Sendeanstalt der alten Hauptstadt im geteilten Deutschland gerecht zu werden und zugleich gegenüber dem etablierten RIAS, der „Freien Stimme der freien Welt", bestehen zu können. (RIAS-Programmdirektor Eberhard Schütz hatte beim SFB-Sendestart die gemeinsamen Aufgaben von SFB und RIAS und die erhoffte gute Zusammenarbeit beschworen – nicht ahnend, dass er ein Jahrzehnt später Chefredakteur und Programmdirektor im Sender Freies Berlin sein würde.) Das SFB-Hörfunkprogramm der ersten sieben Monate liefert ein heute weitgehend vergessenes, aber beeindruckendes Stück Stadtgeschichte und Sendergeschichte, denn die Ereignisse schienen sich ab Sommer 1954 in Berlin zu überschlagen.

Der Zeitfunk-Chef Hannes Borckmann – und mit ihm die gesamte aktuelle Redaktion – erachtete Erich Carow und seine „Lachbühne" an der Gatower Havel für so bedeutend, dass er ihn gleich am 5. Juni 1954 fürs SFB-Programm interviewte. Carows „Lachbühne" und auch „Remdes St. Pauli" in Ku'damm-Nähe waren bis in die 60er-Jahre die Hochburgen von Westberliner Kabarett und Kleinkunst. Ihre Premieren-Einladungen waren in Journalistenkreisen überaus begehrt. Und wenn Waltraud Panzer bei „Remdes" ihren Hit *Auf meiner kleinen Hazienda* sang oder Mario Tuala (der bei Carow am Havelufer auf tragische Weise ums Leben kam) sein *Mexico! Mexico!* schmetterte, blieb kaum ein Auge der musikalisch nicht verwöhnten Nachkriegsgeneration trocken. Der SFB-Zeitfunk hatte das Ohr am Zeitgeschmack und erfüllte die Erwartungen seiner Hörerschaft.

Hörernähe und Hörerbindung standen auch obenan, als im Juni 1954 vom 11. Landesparteitag der Berliner SPD berichtet wurde, wo ein junger stellvertretender Landesvorsitzender namens Willy Brandt sich vehement für die Verlegung von mehr Bundesbehörden aus Bonn nach Berlin einsetzte. Es war ein andauernder Kampf gegen östliche Einsprüche. Als das Bundesumweltamt 1974 in Berlin-West seine Tätigkeit aufnehmen sollte, bewirkten massive Proteste aus Moskau und Ostberlin, dass die Behördenbezeichnung in *Umweltbundesamt* geändert wurde. Der Name hatte Bestand. Politisch nicht minder brisant in der Auseinandersetzung zwischen Ost und West war die erste, dann alljährliche Live-Übertragung von der Gedenkveranstaltung zum Aufstand am 17. Juni 1953 in der DDR vor dem Rathaus Schöneberg. Kanzler Adenauer und der SPD-Vorsitzende Erich Ollenhauer erschienen und redeten am ersten Jahrestag. Später kamen die Ehrengäste auch aus anderen Bereichen. Mir ist als permanenter Live-Reporter dieser Veranstaltung besonders die Anwesenheit von Sidney Poitier am 17. Juni 1964 in lebhafter Erinnerung geblieben.

Frohe Feste und illustre Gäste

Filmfestspiele (im Juni) und Festwochen (im September) waren für den SFB und für Berlin von Anbeginn die kulturellen Highlights des Jahres. Zumal die Berlinale im Sommer die Gelegenheit zu wundervollen Gartenfesten bei Produzenten und Agenten bot, angereichert mit Empfängen im „Hotel Gehrhus" im Grunewald (heute Schloss-Hotel) und dem Filmball, zu dem alles erschien und vor die Mikrofone und Kameras des SFB trat, was in der Welt des Films einen Namen hatte. Alfred Bauer – Berlinale-Chef von 1951 bis 1976 – setzte auf unnachahmliche Weise den Grundstein für die Erneuerung der Filmstadt Berlin. Hans Borgelt, der an Sachkunde kaum zu übertreffende Filmjournalist, kümmerte sich über Jahre erfolgreich um die Medienwelt. Dass ein Mann wie Walter Schmieding, der beim ZDF nicht nur *aspekte*, sondern auch das *Aktuelle Sportstudio* moderierte, 1968 Intendant der Berliner Festspiele wurde, war der Höhepunkt einer Berliner Kulturzeit, die zu SFB-Zeiten in den 50er-Jahren begann. Die Berlinale 1954 wurde am 18. Juni im Gloria-Palast von Bundesinnenminister Gerhard Schröder (CDU) eröffnet – nicht zu verwechseln mit seinem Kanzler-Namensvetter. Dieser hier war noch Mitglied der NSDAP. Der SFB übertrug die Eröffnungsveranstaltung mit der Verleihung des Deutschen Filmpreises an *Weg ohne Umkehr* mit Ruth Niehaus, Ivan Desny und René Deltgen.

Während der SFB mit Wolfgang Neuss in seinen spätabendlichen *Hafersstengels* die Annäherung ans Funkkabarett versuchte (die „Insulaner" vom RIAS blieben dennoch unübertroffen), stellte Herbert Zimmermanns Live-Reportage vom deutschen 3:2-Sieg bei der Fußball-Weltmeisterschaft am 4. Juli 1954 in Bern auf den Radiowellen alles in den Schatten, was bis dahin nach Kriegsende zu hören war. Zimmermanns „Toooor! Tooor! Toor!" hallte lange nach und übertönte in jenen Tagen sogar die heftig entbrannte Ost-West-Diskussion um die Abhaltung der Bundesversammlung und die damit verbundene Wahl des Bundespräsidenten in Westberlin.

Am 16. Juli erschien der amtierende Bundespräsident Theodor Heuss in Berlin. Einen Tag später wurde er in der Ostpreußenhalle unterm Funkturm wiedergewählt. Und am Abend des Wahltages diskutierte der spätere SFB-Intendant Walter Steigner mit Heinz Kühn (SPD, 1966–1978 NRW-Ministerpräsident), Erich Mende (FDP, 1963–1966 Vizekanzler) und Kurt Georg Kiesinger (CDU, 1966–1969 Bundeskanzler) über die Bedeutung dieses Vorgangs. Derweil erhielt Konrad Adenauer zwei Tage später den Ehrendoktortitel der Technischen Universität Berlin – die SFB-Hörer/innen waren dabei.

In sieben Monaten war der Rückstand in der Akzeptanz gegenüber dem in Berlin und Umgebung etablierten RIAS nicht aufzuholen. Der Sender in der Kufsteiner Straße 69 war den Berlinerinnen und Berlinern bis 1954 als hilfreicher Begleiter (nicht im Sinne von „Begleitmedium") ans Herz gewachsen und der SFB musste sich den ersten Platz als Landesrundfunkanstalt nach und nach erkämpfen. Das ging nur mit nachweisbaren Leistungen gegenüber einer am politischen und kulturellen Geschehen stark interessierten und kenntnisreichen Hörerschaft. Die Querelen innerhalb der ersten SFB-Führungsspitze und die offenkundig fehlenden Management-Qualitäten des Rundfunkpioniers Alfred Braun als Intendant veranlassten das Westberliner Landesparlament sehr bald zu einer Satzungsänderung und den danach konstituierten SFB-Rundfunkrat 1957 zur Neuwahl eines Intendanten, des von Radio Bremen abgeworbenen Walter Geerdes.

Diese Entwicklung war im Laufe des Jahres 1954 natürlich noch nicht in allen Einzelheiten absehbar. Das gesamte SFB-Team am Heidelberger Platz ging mit viel Elan an die Arbeit. Als Reporter taten sich Eberhard Kruppa (hernach SFB-Vorsitzender der Radio-Fernseh-Film-Union/RFFU), Harald Karas (vier Jahre vor seiner *Abendschau*-Zeit), Heinz Riek, Heinz Deutschendorf, Kurt Hoffmann, Joachim Bölke (später Chefredakteur der Zeitung *Der Tagesspiegel*), Peter Schmidt, Frank Pechstein und Kasimir Wagner hervor. Die Frage nach den Frauen lässt sich mit drei Namen aus dem Jahr 1954 beantworten: Sigrid Schenkenberger (Ehefrau von Eberhard Kruppa), Magda Wengiel und Astrid Limberger.

Zu den Berliner Großereignissen des SFB-Anfangsjahres 1954 gehörte die Affäre um Otto John, den Chef des Verfassungsschutzes, der auf ungeklärte Weise plötzlich in Ostberlin die DDR hofierte. John, der im Widerstand gegen das NS-Regime eine wichtige Rolle gespielt hatte, kam später zurück in den Westen und behauptete, er sei unter Drogen gesetzt worden – erst in West-, dann in Ostberlin. Jahrelang kämpfte er um seine Rehabilitierung – vergebens. Böse Zungen behaupten bis heute, es sei ein Racheakt von Alt-Nazis in der Bundesrepublik gewesen. Der SFB-Hörfunk widmete sich der Causa John im Juli und August 1954, mit der Ausstrahlung einer Erklärung von Bundeskanzler Adenauer, der sich am 6. August 1954 dafür verbürgte, dass Rechtsradikalismus und Nationalsozialismus in der Bundesrepublik nie wieder entstehen werden.

Der 70. Geburtstag der Kabarett-Ikone Willi Schaeffers, der Berlin-Abstecher von Äthiopiens Kaiser Haile Selassie und die Eröffnung der Amerika-Gedenkbibliothek mit dem Ehrengast Pulitzer-Preisträger Thornton Wilder waren in 1954 weitere Prüfsteine für Technik und Programm des ARD-Frischlings SFB. Thornton Wilder erweckte mit seinen Werken in jenen Jahren in Deutschland die größte Resonanz – mehr noch als in den USA und anderen englischsprachigen Ländern. Die Sätze aus seinem Menschheitsdrama von 1942 *Wir sind noch einmal davongekommen* trafen den Nerv und die Hoffnung der Nachkriegszeit: „Die Welt ist für uns geschaffen worden. Das Ende der Welt ist noch nicht gekommen." Gleiche Töne schlug er in seinem 1967 erschienenen Roman *Der achte Schöpfungstag* an: „Wir sind Kinder des achten Tages ... Die Entwicklung des Lebens steht nie still. Die Schöpfung ist noch nicht zu Ende." Mit solchen Sätzen hatte Wilder den Westberlinern bereits bei einem Besuch 1948 während der Blockade Mut zugesprochen. Sein Roman *Dem Himmel bin ich auserkoren* – ein Satz, den Schüler/innen in den USA früher im Sinne von „America first" in ihre Hefte schreiben mussten – änderte nichts an Wilders Aufmunterung „Tief atmen – der Krieg ist aus!" und der Zuneigung der Teil- und Frontstadt Berlin-/est zu ihm und den Amerikanern. Und so stellten die Westberliner an Heiligabend 1954 wieder Kerzen in die Fenster und der Wirtschaftsdirektor des SFB, Otto Bach, plädierte in seiner Silvester-Ansprache für ein geeintes Europa unter Zurückstellung nationaler Interessen.

Alfred Braun bei der SFB-Eröffnungsansage am 1. Juni 1954

Emil Dovifat, Doyen der SFB-Aufsichtsgremien in den Anfangstagen

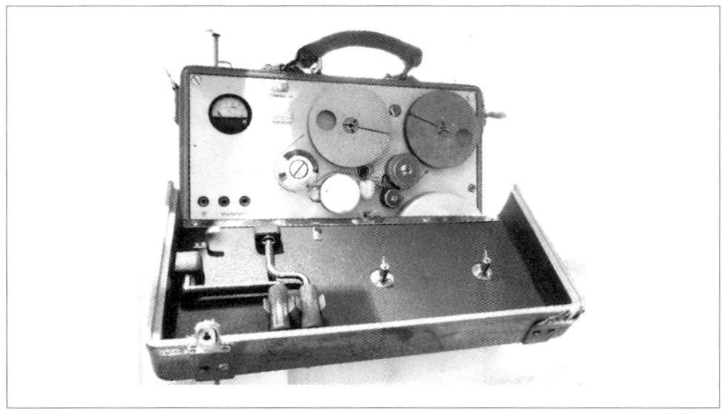

Das Maihak-Ungetüm – schwere Last als Aufnahmegerät bei Reportagen

Gemütlicher Zeitfunk-Chef zwischen Borckmann und Schallon: Dr. Berthold Anft, ganz links im Bild

4. HdR, Deutschlandhaus und FSZ

Die Heimstätten aller SFB-Progamme

Hinter Pappeln ragt der sachliche Klinkerbau an der Masurenallee in den Berliner Himmel – gegenüber auf dem Messegelände der Funkturm, an der Seite seit 1970 das Fernsehzentrum (FSZ). Das „Haus des Rundfunks“ (HdR) – ein markanter Radiotempel in der Geschichte des deutschen Hörfunks. Und das beliebte Klischee passt natürlich auch beim HdR: eine bewegte Geschichte seit dem 22. Januar 1931.

Der neu gegründete Sender Freies Berlin konnte am 4. Dezember 1957 vom Heidelberger Platz 3 in Wilmersdorf in das von den Sowjets in der Vier-Sektoren-Stadt freigegebene HdR einziehen. Den Komplex am Heidelberger Platz übernahm 1958 der internationale Springer-Verlag – ein Wissenschaftsverlag, der nix mit Axel Cäsar zu tun hat. Die letzten Einrichtungsgegenstände aus dem ehemaligen NWDR-Studio wanderten am 29. Mai 1958 von Wilmersdorf nach Charlottenburg ins „Haus des Rundfunks“.

Die Rundfunkgeschichte in Berlin ist unverkennbar eine Geschichte der Umzüge. Aus dem – am 22. März 1971 abgerissenen – Vox-Haus in der Potsdamer Straße 10 wurde am 29. Oktober 1923 von 20 bis 21 Uhr die erste Radiosendung ausgestrahlt. Die Geburtsstunde des deutschen Rundfunks – mit Musik und zeitgemäßen Ansagen („Wir bringen Ihnen einen Foxtrott zu Gehör!“). Innerhalb von drei Tagen zogen die Funkleute im Januar 1931 vom Vox-Haus ins HdR um. Der Berliner Architekt Hans Poelzig hatte mit kräftiger Unterstützung des SPD-Stadtbaurats Martin Wagner eines der bis heute schönsten und zweckmäßigsten Funkhäuser errichtet. Beide – Poelzig und Wagner – sind historische Figuren, deren Bedeutung weit über Berlin und über ihre Zeit hinausgeht. Hans Poelzig wurde am 30. April 1869 in Berlin geboren und machte sich als Städtebauer, Bühnenbildner und Filmarchitekt einen Namen. Für Max Reinhardt besorgte er 1918/19 den – im Krieg zerstörten – Umbau des Großen Schauspielhauses. In den Horrorfilmen *Der Golem* und *Die schwarze Katze* (mit Boris Karloff) war Poelzig der Kulissengestalter. Die Nazis entfernten ihn im April 1933 aus allen Funktionen. Kurz bevor Poelzig eine Professur in der Türkei annehmen konnte, starb er am 14. Juni 1936 in Berlin. Poelzigs Freund und Weggefährte Martin Wagner (1885–1957), zu dessen Schöpfungen das Berliner Messegelände, das Strandbad Wannsee und der Ausbau des U-Bahn-Netzes zählen, wurde im März 1933 vom NS-Regime „beurlaubt“ und emigrierte 1935 in die USA. 1957 nahm Wagner die Internationale Bauausstellung in Berlin und die Gestaltung des Hansaviertels zum Anlass, die Baupolitik und einzelne Protagonisten wie den

Hitler-Verehrer Le Corbusier heftig zu kritisieren. In seinem Pamphlet *Potemkin in Westberlin* verwarf er – erfolglos – die Planung des Hansaviertels als zu teuer und nicht den sozialen Bedürfnissen entsprechend. Bevor Wagner zur Bauausstellung nach Berlin kommen konnte, starb er am 28. Mai 1957 im Exil in Cambridge (Massachusetts).

Poelzigs „Haus des Rundfunks" musste allerdings in Etappen vollendet werden. Bei der Inbetriebnahme im Januar 1931 war der Große Sendesaal mit seinen fast tausend Plätzen noch eine Baustelle. Die Experten wollten zunächst die Akustik prüfen, die Baupolizei zögerte mit der Freigabe. So kam es zur baupolizeilichen Abnahme und der Betriebsgenehmigung erst am 30. Oktober 1933. Zu diesem Zeitpunkt hatten sich die politischen Verhältnisse in Deutschland dramatisch gewandelt. Die Rundfunkpioniere der Weimarer Zeit – voran Kurt Magnus (Direktor der Reichs-Rundfunk-Gesellschaft/RRG) und Alfred Braun – wurden ihrer Ämter enthoben und ins Lager Oranienburg verschleppt. Im RRG-Prozess wurden ihnen Korruption und andere öffentlichkeitswirksame Verfehlungen vorgeworfen. Doch die NS-Führung scheiterte. Nach fast fünfjähriger Dauer wurde das Verfahren im März 1938 eingestellt. Für die Betroffenen war es dennoch der berufliche und private Ruin.

Die Nationalsozialisten zogen gleich nach ihrer Machtergreifung vom 30. Januar 1933 mit SS-Wachen an den HdR-Eingang. Zwölf Jahre lang war an der Masurenallee die Zentrale des „Großdeutschen Rundfunks". In den Kriegsjahren wurde neben dem Klinkerbau ein massiver Hochbunker errichtet, den der SFB später als Archiv nutzte. Eigentlich sollte das HdR im April 1945 auf Befehl Hitlers gesprengt werden. Doch angeblich widersetzte sich der schuldbeladene Rüstungsminister Albert Speer der Vernichtungsanweisung seines Führers. Jedenfalls blieb der Klinkerbau nahezu unbeschädigt erhalten und die Rote Armee ließ am 13. Mai 1945 unter Leitung des KPD-Journalisten Hans Mahle (1911–1999), der am 30. April 1945 mit der „Gruppe Ulbricht" aus Moskau nach Berlin gekommen war, den Hörfunkbetrieb aufnehmen. Die erste Ansage dieses *Berliner Rundfunks* machte ein 18-Jähriger namens Jürgen Graf, den Mahle im Krieg kennengelernt hatte und der später beim Westberliner Sender RIAS zum Chefreporter wurde. Mahle hatte nicht nur Jürgen Graf entdeckt, sondern auch den jungen Rumänen Sergiu Celibidache, der das HdR noch 1945 als Dirigent zu einem viel besuchten Konzertort machte. Bis zur Rückkehr von Wilhelm Furtwängler im Jahr 1952 war Celibidache Chefdirigent der Berliner Philharmoniker. Er überwarf sich jedoch total mit Westberlins Kulturpolitik, als nicht er, sondern Herbert von Karajan 1956 zum Nachfolger des verstorbenen Furtwängler gekürt wurde. Vierzig Jahre lang mied Celibidache die Berliner Philharmoniker. Hans Mahle, der in Westberlin wohnte, fiel übrigens 1947 unter angeblichem Spionageverdacht vorübergehend in Ungnade und musste den Rundfunkbetrieb verlassen. Nach der Wende kandidierte er 1995 bei der Bundestagswahl in Berlin-Steglitz für die PDS.

Der Kalte Krieg und die Teilung Berlins nach Gründung der beiden deutschen Staaten im Jahr 1949 hatten ihre Folgen für die Rundfunklandschaft der Stadt. Die DDR baute ein neues Rundfunkzentrum in Berlin-Adlershof und begann 1950 schrittweise mit dem Auszug aus dem HdR im britischen Sektor Berlins. 1951 wurde die Nachricht verbreitet, dass die Stasi im HdR eine Dienststelle eingerichtet habe, um Besucher aus der DDR, die das HdR in dem Glauben betraten, einen Westberliner Sender zu betreten, zu verhören und auch in Gewahrsam zu nehmen. Daraufhin warnten Plakate an der Masurenallee: „Dies ist kein Westberliner Sender".

Als die DDR-Behörden im Juni 1952 die Westberliner Exklaven Steinstücken, Papebucht, Erlengrund und Fichteberg abriegelten, griff der britische Stadtkommandant zu einer drastischen Maßnahme: Er ließ das in seinem Sektor gelegene HdR umstellen und mit Stacheldraht einzäunen. Die Beschäftigten des *Berliner Rundfunks* durften das Haus nur noch mit einem Passierschein betreten. Als Folge stellte der *Berliner Rundfunk* den Betrieb an der Masurenallee ein und räumte das Gebäude am 9. Juli 1952. Genau vier Jahre lang residierte die Sowjetarmee in dem Poelzig-Bau – mit Wachablösungen im 14-Tage-Rhythmus, ähnlich wie beim Kriegsverbrechergefängnis in Berlin-Spandau.

Für die Öffentlichkeit überraschend machte sich der Regierende Bürgermeister Otto Suhr am 5. Juli 1956 nach Karlshorst ins sowjetische Hauptquartier auf den Weg und erhielt vom Stadtkommandanten Generalmajor Tschamow die Übergabeurkunde und die Schlüssel für das „Haus des Rundfunks". Beim Betreten des HdR bot sich den SFB-Vertretern ein trauriger Anblick: Poelzigs Schmuckstück war verrottet und vermüllt. Der Große Sendesaal war als Feuerstätte benutzt worden. Im Lichthof standen Wasserlachen. Die Instandsetzung kostete rund 10 Millionen D-Mark, von denen der Bund 7,5 Millionen beisteuerte. Am 4. Dezember 1957 konnte die Wiedereröffnung in Anwesenheit des einstigen Rundfunkkommissars Hans Bredow gefeiert werden, dem zu Ehren künftig die Bredow-Medaille an verdienstvolle Rundfunkschaffende verliehen wurde. Der vollständige Ausbau des HdR und die Beseitigung aller Schäden dauerte freilich bis in den Herbst 1959. Anfangs zahlte der SFB für den Poelzig-Bau eine monatliche Nutzungsgebühr an den Bund, leitete aber aus der Tatsache, dass das Vermögen der früheren RRG an sämtliche ARD-Anstalten übertragen wurde, einen uneingeschränkten und zu keiner Zeit bestrittenen Eigentumsanspruch am „Haus des Rundfunks" ab.

In den Folgejahren wurde das HdR zu einem gesellschaftlichen und politischen Leuchtturm in Berlin-West, Sinnbild für die Haltung des Westens im Kalten

Krieg und im Ringen um die Lebensfähigkeit ihrer unter alliiertem Recht stehenden Teilstadt. Im ersten Stock mit Blick auf Pappeln, Masurenallee, Messegelände und Funkturm hatte der SFB-Intendant seinen Sitz. Der Große Sendesaal wurde zum Schauplatz bedeutender Konzertereignisse der klassischen und leichten Musik – keine „Wunschkonzerte" wie zur NS-Zeit mit Heinz Rühmann und *Das kann doch einen Seemann nicht erschüttern*, sondern Sinfonien, Jamsessions, Nana Mouskuri und Caterina Valente oder ARD-weit übertragene Veranstaltungen wie die Feier zum 1. Mai im Jahr 1972. Ein offenes Haus, das vor allem die Intendanten Barsig und Haus in ihren Amtszeiten von 1968 bis 1983 zu einer Stätte des Austauschs und der Begegnung machten, nachdem Barsig bei seinem Amtsantritt im April 1968 aus Angst vor anstürmenden Studenten am HdR-Eingang wieder die Stahlgitter der NS-Zeit herunterlassen musste. Intendant Wolfgang Haus bezog das „Haus des Rundfunks" und sogar die Masurenallee mit ein, als er im April 1979 mit dem SFB den „Radio-Frühling" zelebrierte. Im HdR fanden der *Prix Futura* und der *Prix Europa* mit überwältigendem Medieninteresse statt. Dort erfreute der SFB-Kinderfunk in der Weihnachtszeit die Mitarbeiterschaft an jedem Freitagnachmittag im Lichthof mit dem Adventssingen – eine Tradition, die vom SFB-Nachfolger rbb unter der Intendantin Patricia Schlesinger wieder aufgenommen wurde. Im HdR-Lichthof fand zu Zeiten der Intendanten Barsig und Haus auch die alljährliche Kinderweihnachtsfeier für die Sprösslinge der Angestellten statt – ein gutes Zeichen der Zusammenarbeit von Intendanz und SFB-Personalrat. Und schließlich war der SFB-Fasching noch bis in die Ära Barsig ein karnevalistisches Großereignis in Berlin, bei dem die SFB Big Band unter Paul Kuhn und die großartigen Solisten des Orchesters niemals fehlten.

Im HdR des Senders Freies Berlin schlug darüber hinaus die Geburtsstunde der Stereofonie (neben dem Videotext die Innovation, mit der der SFB in die Rundfunkgeschichte einging). Stereofonie sorgt beim Hörer für einen räumlichen Klangeindruck und galt damit seit den 30er-Jahren als eine erstrebenswerte Verbesserung bei Hörfunksendungen. Bereits in den 40er-Jahren war im „Haus des Rundfunks" mit der Stereofonie experimentiert worden. Fast 400 Stereoaufnahmen sollen von 1942 bis 1944 produziert worden sein. Die meisten davon gingen jedoch in den Kriegswirren verloren. Mit der Einführung der Ultrakurzwelle erhielten Experimente mit stereofonen Sendungen einen kräftigen Schub. Es wurde auf zwei getrennten UKW-Frequenzen gesendet, die Hörer benötigten daheim zwei UKW-Empfangsgeräte. Am zweiten Weihnachtsfeiertag 1958 schenkte uns der SFB auf diese Weise die erste Stereoübertragung. Etwas umständlich hatten wir die beiden Radioapparate im Wohnzimmer aufgebaut – doch es war ein ungetrübtes Klangerlebnis unterm Weihnachtsbaum. Die Stereoanlage wurde in den 60er-Jahren zum Statussymbol.

Mit der Stereofonie aufs Engste verbunden und vom SFB von Anfang an einbezogen war der *Kunstkopf*, die „Kopfhörer-Stereofonie". Zumindest war bei dieser ab 1973 eingeführten Aufnahmetechnik die Rechts-links-Lokalisation beim Zuhören gesichert. In Zusammenarbeit mit der Technischen Universität Berlin hatte der SFB dieses Verfahren für seine Programme entwickelt. Das erste Hörspiel in Kunstkopf-Stereofonie wurde zur Funkausstellung 1973 vom SFB in Kooperation mit RIAS, Bayerischem Rundfunk und Westdeutschem Rundfunk ausgestrahlt: *Demolition* – eine Adaption des Romans von Alfred Bester. Zeitgleich entstand übrigens in Berlin-Adlershof mit *Blues* das erste DDR-Hörspiel in Kunstkopf-Stereofonie.

Ein Ort fürs Fernsehen: Deutschlandhaus und FSZ

Am 22. März 1935 strahlte der Fernsehsender „Paul Nipkow" für Deutschland das erste regelmäßige TV-Programm aus. Bis heute schwelt ein Streit mit der BBC, ob dies das erste Fernsehprogramm der Welt war. Berlin war die Fernsehstadt – mit „Fernsehstuben", betrieben von der Reichspost. Die Eröffnung der Olympischen Spiele 1936 wurde aus Berlin live übertragen – mit dem in Nürnberg als Kriegsverbrecher verurteilten damaligen Reichsjugendführer Baldur von Schirach als Reporter. Ab November 1938 nutzte die Reichspost das 1930 fertiggestellte Deutschlandhaus unweit des HdR für den regelmäßigen Studiobetrieb. Der Weltkrieg setzte allen deutschen Fernsehplanungen ein Ende.

Nach Kriegsende und bis weit in die 60er-Jahre war der Hörfunk das beherrschende elektronische Medium. Erst die Fußball-Weltmeisterschaft 1966 in England mit der unglücklichen Niederlage der DFB-Elf löste in der Bundesrepublik Deutschland einen Fernsehboom aus. Die ARD war als *Arbeitsgemeinschaft* 1950 gegründet worden. Doch erst zur Funkausstellung 1953 startete ein gemeinsames bundesweites Fernsehprogramm. Zur Industrieausstellung im Oktober 1951 in Berlin wagte der NWDR eine Nachkriegspremiere des Fernsehens, immer unter Hinweis auf die TV-Fortschritte, die von der BBC auf der britischen Insel bereits erreicht waren. Doch die Bemühungen des NWDR um ein Gemeinschaftsprogramm blieben zunächst erfolglos. Die einzige Ausnahme war die bundesweite Live-Übertragung der Krönung von Elizabeth II. am 2. Juni 1953, die als ein Vorläufer der Eurovisions-Sendungen zu empfangen war. Die DDR hatte die ersten Schritte ihres Fernsehfunks zum 73. Geburtstag von Josef Stalin am 21. Dezember 1951 unternommen.

Am Heidelberger Platz hatte der NWDR ein TV-Versuchsstudio voller Vasen und Forsythien eingerichtet, das vom SFB 1954 zunächst übernommen wurde. Im gleichen Jahr erwarb der Sender Freies Berlin für 4,2 Millionen

D-Mark das mit einigem Fernseh-Equipment ausgestattete Deutschlandhaus am Reichskanzlerplatz (später Theodor-Heuss-Platz), forcierte den Ausbau auf einer Nutzfläche von mehr als 15.000 Quadratmetern und konnte am 19. Februar 1955 aus dem Deutschlandhaus seine erste TV-Operettensendung *Premiere im Metropol* unter der Regie von Hans-Waldemar Bublitz ausstrahlen. Es war eine Zusammenstellung bekannter Szenen und Melodien mit einer illustren Mitwirkenden-Schar von Anneliese Rothenberger und Grethe Weiser über Joe Furtner und Lonny Kellner bis zu Mario Tuala *(Mexiko, Mexiko!)* und Bruno W. Pantel. Texter war der einstige Berliner Operettenkönig Heinz Hentschke, der in den 60er-Jahren mit der Gründung eines Operetten-Vereins und der Schöpfung eines neuen Bühnenwerkes mit dem Titel *Die rote Isabel* versuchte, an alte Glanzzeiten anzuknüpfen. Doch das Musical war – aus den USA kommend – längst auf dem Vormarsch.

Das Fernsehspiel im Deutschlandhaus wurde vom SFB einem Mann übertragen, der beim RIAS als Hörspielchef erfolgreiche Arbeit leistete: Hanns Korngiebel (1902–1969). Eine ähnliche Kooperation zum Nutzen des (West-)Berliner Musiklebens gab es ab 1958, als der SFB Wolfgang Geiseler (1914–2002), den Leiter der Hauptabteilung Musik beim RIAS, in die gleiche Position beim SFB berief. Aus dem Deutschlandhaus wurde ab September 1958 bis zur Inbetriebnahme eines Aktualitätenstudios im neuen Fernsehzentrum auch die *Berliner Abendschau* ausgestrahlt. Dort waren gemütliche, fast plüschige Redaktionsräume mit einem ebensolchen Studio, das für alle Beteiligten schon vor Sendungsbeginn viel Wärme ausstrahlte. Meinen ersten Live-Auftritt als Hörfunkreporter hatte ich dort im Frühjahr 1964, als Heinz Deutschendorf mich zu meinen Eindrücken von der Leipziger Messe befragte. Das SFB-Fernsehen wurde damals von den DDR-Behörden in Leipzig (noch) nicht zugelassen. Als Radiomann durfte ich mich an der Pleiße scheinbar ungehindert tummeln und in einer eiskalten Privatunterkunft übernachten. Regelmäßige Auftritte im *Abendschau*-Studio im Deutschlandhaus hatte ich in Vorankündigung meiner Fernseharbeit, als ich ab November 1967 an jedem Verhandlungstag live über den ersten Prozess gegen den Polizeibeamten (und – was wir damals noch nicht wussten: Stasi-Spitzel) Karl-Heinz Kurras berichtete, der zur Überraschung und zum Entsetzen vieler Prozessbeobachter freigesprochen wurde. Das Deutschlandhaus wurde bis zum Verkauf intensiv weiter vom SFB genutzt. Der Kinderfunk mit Karla Krause, der Nachfolgerin der legendären Ilse Obrig als Leiterin, hatte dort seinen Sitz. Räume wurden vom SFB für die Geschäftsstelle von Hertha BSC vermietet. Und im Oktober 1970 zog ins Deutschlandhaus die *Ausbildungsstätte für Fernsehfachkräfte aus den Entwicklungsländern ein*. Eine der sinnvollsten Einrichtungen in Zusammenarbeit mit dem Deutschen Entwicklungsdienst (DED), die mehr als jede monetäre Entwicklungshilfe zum Verständnis zwischen Deutschland, Europa und den Ländern der sogenannten *Dritten Welt* mit ihren unterschiedlichen Kulturen und Religionen beigetragen hat. Zweifellos ein Verdienst des SFB-Intendanten Barsig, der früher als andere in enger Zusammenarbeit mit der Regierung Brandt die Zeichen der Zeit erkannt hatte. 1996 kündigte der SFB allen Mietern im Deutschlandhaus und verkaufte das denkmalgeschützte Gebäude im Jahr 2000 für angeblich 23 Millionen D-Mark an eine amerikanische Internet-Firma. Heute ist das Deutschlandhaus ein Ort der Supermärkte und der Kommerzialität.

Der Feuerteufel im Fernseh-Paradies

Das war eine Nachricht, die am 6. Februar 1970 zwischen Elbe und Oder Aufsehen erregte: „Das Aktualitäten-Studio E der *Berliner Abendschau* im neuen Fernsehzentrum (FSZ) des Senders Freies Berlin ist abgebrannt!" Kein Sabotageakt, keine Brandstiftung – ein Schweißer sollte als Routinearbeit den Stahlrahmen einer Tür einschweißen. Seine Ungeschicklichkeit löste ein Großfeuer aus. Die *Abendschau* musste nach der offiziellen Einweihung des FSZ am 19. März 1970 aus dem provisorisch hergerichteten Studio B senden. Von dort kam auch die erste Farbausgabe der Berliner Kultsendung am 1. April 1970, die zu dieser Zeit noch auf den Frequenzen des Ersten Programms ausgestrahlt wurde. Fehl eingeschätzte Neuerung hinter den Kulissen war das Großraumbüro der *Berliner Abendschau*. Nach aktuellem amerikanischem Vorbild gab es freie Sicht und ungehindertes Mithören aller Gespräche – ein Horror für kreative Naturen, die in Ruhe arbeiten wollen. Inzwischen herrscht Einigkeit, dass eine Arbeitslandschaft zum Wohlfühlen – einschließlich aller der Möglichkeit zum Rückzug – notwendig ist, um beste Ergebnisse zu erzielen. In dieser Hinsicht war die Großraum-Euphorie der *Berliner Abendschau* eine von der Öffentlichkeit unbemerkte „Aktion Wasserschlag".

In vier Jahren Bauzeit war der Wolkenkratzer, dessen Dachplattform 136 Meter über dem Meeresspiegel liegt, in die Höhe geschossen – im 13. Stockwerk die Intendanz, im 14. Stockwerk der Große Sitzungssaal, Domizil des SFB-Rundfunkrats. Am 15. Juli 1965 hatte Bundespräsident Heinrich Lübke auf dem „Zipfel-Gelände" am Theodor-Heuss-Platz den Grundstein gelegt – bis dahin ein von der Belegschaft gern genutzter Parkplatz. SFB-Intendant Walter Steigner warb vehement für den Neubau. Nach dem Mauerbau waren Aufgaben und Ansehen des SFB im Fernsehbereich überproportional gewachsen. Die Personalstärke wurde erheblich erweitert. Das bundesweite ARD-Vormittagsprogramm mit einer speziell für die DDR-Bevölkerung gedachten Presseschau und mit der dreimal pro Woche gesendeten *Umschau* – deren Leitung Alexander von Bentheim übernahm – wurde beim SFB produziert. Berlins Wirtschaftssenator (und späterer Bundesminister für Wirtschaft) Karl Schiller war aus kameralistischen Gründen ebenso gegen den 67,5- Millionen-Bau wie CCC-Boss Artur Brauner, der mit dem FSZ gar das Ende der Filmstadt Berlin kommen sah. Brauner hatte dem SFB seine CCC-Studios in Berlin-Spandau für acht Millionen zum Kauf angeboten. Der SFB lehnte kategorisch ab – zu groß schien die Entfernung zwischen Masurenallee in Charlottenburg und verlängerter Daumstraße in Spandau, zu lärmbelästigend die Nähe des Flughafens Tegel und allzu hinderlich die Tatsache, dass „Atze“ Brauner Altbauten zum Kauf anbot.

So wurden – nicht unumstritten – neun Architekten zum Wettbewerb für das FSZ aufgerufen. Darunter Frei Otto, der keine Chance hatte. Die Jury unter Vorsitz von Senatsbaudirektor Werner Düttmann (Inspirator des Märkischen Viertels und der Großsiedlung am Glockenturm in Berlin-Westend) wählte drei Entwürfe aus. Der Zweitplatzierte Robert Tepez erhielt auf Empfehlung von Sir Hugh Carleton Greene und von BBC-Experten, die Intendant Steigner eingeschaltet hatte, den Auftrag für den Neubau. Das Tepez-Büro an der Heerstraße 21 – heute Sitz des türkischen Generalkonsulats in Berlin – befand sich damals genau gegenüber meiner Wohnung, sodass ich, wenn ich wollte, die Abläufe bei Tepez Tag und Nacht beobachten konnte. Wie sich erst später herausstellte, hatte der Tepez-Bau zwei gravierende, kostenträchtige Nachteile: Er war mit dem krebserregenden Asbest errichtet worden, der für rund 60 Millionen D-Mark von 1993 bis 1996 entsorgt werden musste. Und: Tepez hatte eine seit dem Bau der ägyptischen Pyramiden bekannte Architekten-Weisheit außer Acht gelassen: die Wind-Entwicklung an Hochbauten – bis heute ein Ärgernis am Fernsehzentrum.

Als Steigner-Nachfolger Franz Barsig am 19. März 1970 den Neubau im Foyer des FSZ einweihte, konnte er wie Bundeskanzler Willy Brandt in seinem Glückwunsch-Telegramm (Brandt war an diesem Tag in Erfurt zu seinem historischen Treffen mit DDR-Ministerpräsident Willi Stoph) vor allem die bis heute essenzielle Integrationsfunktion des Mediums Fernsehen hervorheben: „Brücken schlagen mit dem Programm“. Das war zu jener Zeit gezielt auf die Rezipienten im anderen deutschen Staat. Die Rolle des Fernsehens bei der Überwindung der deutschen Teilung ist hinlänglich bekannt.

Berlin und der SFB hatten jetzt ein weiteres Vorzeigeprojekt. Eine Baukommission mit Mitgliedern aus allen SFB-Bereichen unter Vorsitz des SFB-Organisationschefs Gerhard Grunzke hatte die Arbeiten begleitet. Für die technische Planung war Dietrich Schwarze verantwortlich, der das Neubau-Projekt 1968 mit großem Erfolg bei einem Akustik-Kongress in Tokio vorgestellt hatte. Denn nicht nur die Vermeidung von Lärmbelästigung durch die am FSZ vorbeiführende Untergrundbahn war eine viel bestaunte Errungenschaft. Experten aus anderen

ARD-Anstalten und aus aller Welt kamen nach Berlin, um neue Erkenntnisse für den Bau moderner Sendeanstalten zu gewinnen. Als Intendant Barsig dem Technik-Experten Schwarze telefonisch eröffnete, dass nicht – wie allgemein erwartet – er, sondern der Chefingenieur des Saarländischen Rundfunks, Erich Böhnke, im Herbst 1969 neuer Technischer Direktor des SFB werden würde, kündigte Schwarze tief enttäuscht. Die Angebote für einen neuen Job waren zahlreich. Zunächst wurde Schwarze ab April 1970 Direktor bei RBT (heute ARGE), der Rundfunk-Betriebstechnik in Nürnberg. 1975 übernahm Schwarze den Posten des Technischen Direktors und Geschäftsführers beim Süddeutschen Rundfunk (SDR) in Stuttgart und 1990 wurde er stellvertretender SDR-Intendant. Ein liebenswerter und qualitätsbewusster Wegbegleiter, mit dem ich bis heute Kontakt halte. So wie der ARD-Programmdirektor Dietrich Schwarzkopf unser ehrgeiziges und rundfunkhistorisches Unternehmen *Videotext* inhaltlich unterstützte, so war Dietrich Schwarze bei ARD und ZDF im Technikbereich ein unermüdlicher *Videotext*-Helfer. Unvergesslich sind mir seine mutigen und oft unkonventionellen Hilfeleistungen bei der Europäischen Rundfunkunion (EBU) in Genf, bei den internationalen Geräteherstellern und bei so manchem der alljährlichen Fernseh-Symposien im schweizerischen Montreux.

Bei den gesteigerten Fernsehaktivitäten des SFB leistete das ZDF nach Inbetriebnahme des FSZ kräftig Aufbauhilfe und stellte zum Beispiel die beim Sender Freies Berlin im Frühjahr 1970 noch nicht vorhandenen Farb-Übertragungswagen zur Verfügung. Seit 1966 hatte sich das Zweite Deutsche Fernsehen bereits am bundesweiten TV-Vormittagsprogramm des SFB beteiligt.

TV at its best – das FSZ als Fernsehtempel

Es fällt schwer, nicht in Pathos zu verfallen, wenn es um die Fernseharbeit und um die Sendungen geht, die beim SFB ab 1970 bis etwa Mitte der 80er-Jahre unter besonders günstigen Umständen das Fernsehzentrum in den Blickpunkt rückten. Stets hatte der Sender Freies Berlin einen Anteil von nur acht Prozent am ARD-Gesamtprogramm und immer war er – wie die übrigen kleinen Anstalten Radio Bremen (RB) und Saarländischer Rundfunk (SR) – auf den ARD-Finanzausgleich angewiesen, mit dem der Jahresetat unterfüttert wurde. Was für RB und den SR galt, das traf über Jahrzehnte ebenso auf den SFB zu: Die „Kleinen" leisteten Großes mit bescheidenen Finanzmitteln. Für Berlin war es andererseits mehr als ein Zufall, dass mit der Einweihung des FSZ im Jahr 1970 der Wendepunkt markiert wurde, an dem der Hörfunk – was die Zahl der Geräte und das öffentliche Interesse angeht – in der Bundesrepublik Deutschland vom Fernsehen abgelöst wurde. War der SFB- Hörfunk noch beim Kennedy-Besuch im Juni 1963 die wesentliche Informationsquelle, so beherrschte das SFB-Fernsehen bei der politischen Berichterstattung im Ost-West-Konflikt, bei den Verhandlungen der Vier Mächte über Berlin, bei den Bahr-Kohl-Gesprächen über den Grundlagenvertrag beider deutscher Staaten oder im Unterhaltungsbereich mit Sendungen wie Dieter Hildebrandts *Scheibenwischer* oder der mit einem Grimme-Preis ausgezeichneten Talkshow *Leute* eindeutig das Feld der allgemeinen Akzeptanz. Gar nicht oft genug muss in solchen Zusammenhängen erwähnt werden, wer solche Erfolge – mitunter Sternstunden der deutschen Fernsehgeschichte – ermöglichte, initiierte und realisierte. Die Zeiten der SFB-Fernseherfolge waren fast ausschließlich die Epochen der beiden Intendanten Franz Barsig und Wolfgang Haus von 1968 bis 1983. Es war zugleich die Zeit des Chefredakteurs Peter Pechel und seines Stellvertreters Peter Schultze, des in jeder positiven Beziehung ungewöhnlichen Unterhaltungschefs Dieter Finnern, eines Programmdirektors vom Schlage eines Erich Proebster (der mit der Fernsehadaption der *Deutschstunde* von Siegfried Lenz einen Welterfolg erzielte) und eines oft zu Unrecht als „schwierig" beschriebenen Verwaltungsdirektors Herbert Koch, der das SFB-Schiff mit Augenmaß durch jedes finanzielle Sturmtief steuerte, ohne jemals die Qualität des Programms zu gefährden.

Nach einer Unachtsamkeit bei Zinsgeschäften, die dem Sender allerdings zum Vorteil gereichte, drängte ihn Intendant Barsig (der auf Sauberkeit in der Amtsführung stets übergroßen Wert legte) per 31. Dezember 1974 in den vorzeitigen Ruhestand und holte Hans-Joachim Lehmann vom Saarländischen Rundfunk als Nachfolger. Es war ein trauriger Anblick, den verdienstvollen Verwaltungsdirektor Koch an seinem letzten Arbeitstag zur Weihnachtszeit 1974 weinend an seinem Schreibtisch zu sehen. Noch 1973 hatte er mit geradezu kindlicher Freude – offenbar als Fan von Hans-Joachim Kulenkampff – die finanzielle Beteiligung des SFB an der neuen Spielshow *Acht nach 8* arrangiert, die am 20. Januar 1973 erstmals in Kooperation mit dem Hessischen Rundfunk auf Sendung ging, nachdem Kulenkampff seine Samstag-Show *Einer wird gewinnen* (Man beachte die rein männliche Form!) 1969 nach 89 Folgen beendet hatte. *Acht nach 8* war wieder Unterhaltung am Samstagabend im *Ersten*. Jede Folge hatte ein Jahrzehnt zum Inhalt. Es begann mit den 20er-Jahren und einer Prominenten aus jener Zeit: Josephine Baker (1906–1975), die gerade als 68-Jährige einen riesigen Erfolg in der New Yorker *Carnegie Hall* gefeiert hatte. Neben den Finanzen war eine wesentliche Beigabe des SFB sein Tanzorchester unter der Leitung von Paul Kuhn. Die erste Sendung kam aus der Rhein-Main-Halle in Wiesbaden. Gemeinsam mit Koch reisten die Gremienvorsitzenden von Rundfunkrat, Verwaltungsrat und Programmausschuss des SFB zur Premiere an. Nach dieser turbulenten Auftaktshow mit vier Paaren aus Deutschland, Österreich, der Schweiz und

Großbritannien plauderten wir mit Kulenkampff bei einer süffigen Rebsorte mit Kirchenfenster in die Nacht hinein. Wobei sich Gelegenheit bot, die Eloquenz und den hohen Bildungsgrad des neuen SFB-Mitarbeiters kennenzulernen, der ja weit mehr war als ein „Quizmaster". Weil offenbar kein Jahrzehnt mehr um *Acht nach 8* zu durchforsten war, wurde die Spielshow nach der sechsten Folge am 9. Juni 1973 eingestellt. Drei Sendungen waren live vom SFB aus der Halle 1 des Berliner Messegeländes unterm Funkturm ausgestrahlt worden.

Die Geschichte und die Geschichten rund um den „Koch-Topf" und seinen Hüter bleiben ein immerwährendes belebendes Element in der Historie des SFB, wenn es darum geht, die Behauptung schlagkräftig zu widerlegen, der SFB sei eine Verwaltung mit dem Appendix „Programm" gewesen.

Das von Hans Poelzig erbaute „Haus des Rundfunks" an der Masurenallee

Edith Grobleben – erste Fernsehansagerin des SFB, Abend für Abend aus dem Deutschlandhaus

Das SFB-Fernsehzentrum

5. Spuren des NS-Reichsrundfunks

Interviews mit unerkannten NSDAP-Größen

Die 60er-Jahre des vorigen Jahrhunderts erscheinen in der Rückschau wie ein pralles Kapitel Weltgeschichte, über dem mit einer Mischung aus Dankbarkeit und Erstaunen das Goethe-Wort steht: „Ihr könnt sagen, ihr seid dabei gewesen". Für einen politischen Journalisten waren es die schönsten und ereignisreichsten Jahre, voller tiefgreifender Erlebnisse und einschneidender Entwicklungen – der Mauerbau 1961, die Kuba-Krise 1962, der Amtsantritt des Hoffnungsträgers John F. Kennedy, sein Besuch in Berlin und seine Ermordung 1963, die Studentenbewegung und der verblichene „Prager Frühling"1968, die Mondlandung und der historische Satz von Willy Brandt bei seiner Regierungserklärung 1969: „Wir wollen mehr Demokratie wagen." Und immer war Berlin – oder soll ich sagen Westberlin? – direkt oder indirekt beteiligt oder betroffen. Es galt der zur Stereotype erstarrte Satz: „Der Schlüssel zur Lösung der Deutschlandfrage und zum Frieden in Europa liegt in Berlin." Die Westberliner ARD-Anstalt hat sich, eingebunden in die westlichen Vorstellungen und Ziele von Demokratie, diesem Thema fast ein halbes Jahrhundert lang gewidmet.

Schatten der Vergangenheit

Am Beginn der 60er-Jahre – inmitten des Wirtschaftswunders während der Regierung von Konrad Adenauer und in anhaltender Aufbruchstimmung nach der Katastrophe von 1945 – lagen die Schatten der NS-Vergangenheit noch schwer auf der jungen Bonner Demokratie und der Teilstadt Westberlin. Diese Schatten waren greifbar und ließen sich an Personen festmachen, die im öffentlichen Leben standen. Doch kaum jemand interessierte sich dafür. Ohne Arg ging der Blick nach vorn, auf die Westbindung, die Aussöhnung mit Frankreich, die durch Blockade und Berlin-Krisen gewonnene Freundschaft mit den USA. Nur die DDR – selbst nicht ganz frei von NS-Relikten – veröffentlichte Schwarz- und Braun-Bücher und prangerte die NS-Vergangenheit von führenden Politikern, Wirtschaftsbossen oder Medienmachern im Westen Deutschlands an. Die Namen reichten von Adenauers Chef des Bundeskanzleramtes Hans Globke (Gestalter und Kommentator der Nürnberger Rassegesetze), dem Bonner Vertriebenenminister Theodor Oberländer (in der DDR in Abwesenheit wegen Kriegsverbrechen an der Ostfront zu einer lebenslangen Zuchthausstrafe verurteilt) bis zum Bundespräsidenten Heinrich Lübke, dem vorgeworfen wurde, KZ-Baupläne entworfen und umgesetzt zu haben. Solche Anschuldigungen fanden allerdings mit Ausnahme des Falles Globke im Westen und bei uns Journalisten wenig Beachtung – war doch bekannt, dass die DDR eine ganze Stasi-Abteilung damit beschäftigte, inkriminierendes Material gegen westdeutsche Persönlichkeiten zu veröffentlichen. Im Westteil der Stadt waren von der moralischen Last einer früheren NSDAP-Mitgliedschaft Karl Schiller, der Wirtschaftssenator und spätere Bundeswirtschaftsminister in der Regierung Brandt, und der prominente CDU-Politiker und Vertriebenenminister in der Adenauer-Ära Ernst Lemmer sowie der Bezirksbürgermeister von Berlin-Zehlendorf, Willy Stiewe (ein wichtiger Theoretiker der NS-Bildpropaganda), betroffen.

Doch im Sender Freies Berlin und in seinen Programmen blieben solche Mitgliedschaften aus der Nazizeit weitgehend unerwähnt. Zumal der Vorsitzende des SFB-Rundfunkrats und Doyen der deutschen Publizistik, Emil Dovifat, selbst ein bedeutender Mitarbeiter im Propagandaministerium von Joseph Goebbels war (den er als „Glücksfall" bezeichnet hatte). Obendrein blieb wohl im hektischen und abwechslungsreichen Rundfunkalltag nicht ausreichend Zeit für den Blick zurück. Es galt daher schon als ungewöhnlich, dass SFB-Intendant Walter Steigner kurz nach seinem Amtsantritt 1962 den Chefsprecher des „Großdeutschen Rundfunks", Dr. Christian Rau, von seiner Funktion als Chefsprecher des SFB entband (ihn aber weiter beschäftigte). Die Zeit, da die Vergangenheit einstmals prominente NS-Helfer in der deutschen Medienlandschaft einholte, kam erst mit der 68er-Bewegung, die bohrende Fragen nach den Tätigkeiten während der Nazizeit stellte. Kriegsberichterstatter und *stern*-Begründer Henri Nannen, *Frühschoppen*-Legende Werner Höfer oder der WDR-Chefredakteur Theo M. Loch mussten mit Verspätung Farbe bekennen. In Berlin blieb bis zu seinem Tod 1978 nur das Kopfschütteln über Alfred Braun, der an der Seite von Veit Harlan der Nazipropaganda mit Filmen wie *Jud Süß* und *Kolberg* tatkräftig zur Seite gestanden hatte. Doch Braun war unbestrittener Rundfunkpionier, kein NSDAP-Mitglied und hatte mit seinem Patenkind Götz Kronburger im SFB einen ständigen Zeugen für lupenreines Demokratieverständnis.

Der Sitzungssaal im zweiten Stock

Für nachdenkliche Kolleginnen und Kollegen im SFB war es in jenen Jahren fast täglich eine besondere Erfahrung, sich um die Mittagszeit im Sitzungssaal im zweiten Stock des HdR (aus dem später eine Bibliothek wurde) zur Programmsitzung zu versammeln. Sie wurde je nach aktueller Lage mal vom Sendeleiter Peter Teichmann, mal vom Chefredakteur – erst Eberhard Schütz, danach Peter Pechel – geleitet. Teichmann beklagte in einer solchen Mittagsrunde, für uns alle erschütternd, den frühen Unfalltod des glanzvollen Tenors Fritz Wunderlich (1966). Pechel stellte dem Kollegenkreis den Doktorvater von Rudi Dutschke, Professor Hans-Joachim Lieber, vor oder Westberlins Polizeipräsidenten Erich Duensing, den „Erfinder" der berüchtigten „Leberwursttaktik" bei Polizeieinsätzen. Duensings Credo bei dieser Zusammenkunft mit SFB-Journalisten: „In dubio pro reo – das heißt: Der Kerl wird einjekloppt!" Er musste nach dem Tod des Studenten Benno Ohnesorg als Polizeipräsident zurücktreten. Als sein Nachfolger wurde der damalige Kommandeur der Schutzpolizei, Hans-Ulrich Werner, gehandelt. Bevor Duensing seinen Beamten am Abend des 2. Juni 1967 vor der Deutschen Oper das Kommando „Knüppel frei!" zurief, hatte Werner die Truppe zur Zurückhaltung aufgefordert, weil die Atmosphäre nicht mehr aufgeheizt war, nachdem der Schah mit Gefolge die Oper betreten hatte. Doch in der Personaldiskussion um den angeblich gemäßigten Kommandeur Werner kam seine Beteiligung an SS-Vernichtungsaktionen in der Sowjetunion und in Italien zur Sprache. Die DDR hatte Werners NS-Vergangenheit bereits 1965 in ihrem Braun-Buch *Kriegs- und Nazi-Verbrecher* aufgedeckt.

Für Nachdenkliche und Geschichtsbewusste schwang immer mit, dass in dem HdR-Sitzungssaal im zweiten Stock während der NS-Zeit Tag für Tag Hans Fritzsche, der Chef des „Großdeutschen Rundfunks" an der Masurenallee, seine Programmsitzungen abgehalten hatte. Die zahlreich erhaltenen Mitschnitte dieser Zusammenkünfte entwerfen ein beeindruckendes, bislang kaum beachtetes Bild der NS-Rundfunkpolitik. Fritzsche – im Nürnberger Prozess gegen die Hauptkriegsverbrecher in allen Anklagepunkten freigesprochen, danach von einem deutschen Gericht zu neun Jahren Arbeitslager verurteilt, aber 1950 vorzeitig entlassen und dann in der FDP aktiv – übertraf sich zuweilen in diesen Mittagsrunden mit defätistischen Äußerungen, die normalerweise in den letzten Kriegsjahren mit dem Tode bestraft wurden. Nach verheerenden Bombenangriffen resignierte er: „Wir können nicht viel geben." (Das Wort „geben" war in dieser Zeit im Journalismus der Begriff für „berichten".) Oder er riet zu dem Verhalten, das Nazis als „Feigheit vor dem Feind" bezeichnet hätten: Wer die Verantwortung für eine Sendeanlage hat, solle sich aus dem Staub machen, wenn „der Feind sichtbar vor ihm steht". Wenn es allzu systemkritisch wurde, gab Fritzsche regelmäßig die Anweisung, die Mikrofone – und damit den Mitschnitt – abzuschalten. Als Kind habe ich seine Kommentare („Es spricht Hans Fritzsche") recht aufmerksam gehört. Das Nürnberger Gericht bescheinigte ihm „Sachlichkeit" – mit ein Grund für seinen Freispruch. Doch er war – wie er selbst eingestand – in ebendieser Sachlichkeit, die Glaubwürdigkeit vermittelte, ein wichtiger Helfer des Nazi-Terrors. Er blieb mir gegenwärtig, jeden Tag, wenn wir uns im zweiten Stock des HdR versammelten.
NS-Vergangenheit wurde noch einmal für alle gegenwärtig, als am 1. Oktober

1966 um null Uhr die beiden in Nürnberg zu 25 Jahren Haft verurteilten Nazigrößen Albert Speer und Baldur von Schirach aus dem Spandauer Kriegsverbrechergefängnis entlassen wurden. Eine Nacht des Großeinsatzes für den SFB. Zunächst sollte ich live für den Hörfunk über dieses Ereignis berichten. Doch diesen Auftrag habe ich dann wohl selbst vereitelt. Denn in der redaktionellen Vorbesprechung für die Live-Übertragung meinte ein Kollege, die beiden hätte das Nürnberger Tribunal ebenfalls zum Tode verurteilen sollen. (Nach heutigen Erkenntnissen hat sich Speer – verantwortlich für die massenhafte Deportation Berliner Juden, für den Ausbau und die Finanzierung von Auschwitz und für den Tod Tausender Zwangsarbeiter – in Nürnberg trickreich vor dem Strang bewahrt.) Ich hatte 1966 jedoch meinen Albert Camus gelesen und verinnerlicht. Als entschiedener Gegner der Todesstrafe widersprach ich der nachträglichen Forderung des Kollegen. Fatal war offenkundig, dass mein Widerspruch im Kollegenkreis auf lebhafte Zustimmung stieß. Was die Ablehnung der Todesstrafe allerdings mit möglichen Sympathien für NS-Verbrechen zu tun hat, habe ich bis heute nicht begriffen. Doch die Verantwortlichen änderten die Planung radikal und kurzfristig: Der fürs Fernsehen eingesetzte Wolfgang Hanel musste das Radioprogramm mit versorgen. Von meiner Wohnung an der Heerstraße konnte ich dann die nächtliche Wagenkolonne mit den beiden Haftentlassenen verfolgen, die ihren Weg zum „Hotel Gehrhus" im Grunewald nahm. Dort erwartete sie ein Riesenaufgebot von Journalisten und Albert Speer, dem für seine Erzählungen sogleich hohe D-Mark-Honorare winkten, brüstete sich vor den Kameras mit seinem guten Aussehen nach 25 Jahren Haft.

Tief emotional und ganz direkt wurde der Sender Freies Berlin in seiner Berichterstattung von den Folgen des NS-Unrechts im Dezember 1968 betroffen. Zwar machte damals auch im Kollegenkreis bei einigen die inzwischen beliebte „Schlussstrich-Diskussion" die Runde, doch Unverständnis und Entsetzen herrschten vor. Denn am 6. Dezember 1968 dokumentierte eine Kammer des Landgerichts Berlin das Scheitern der Aufarbeitung von NS-Justizunrecht: Sie sprach Hans-Joachim Rehse, der als Freislers engster Mitarbeiter am NS-Volksgerichtshof 231 Todesurteile verhängt hatte, von der Anklage des Mordes frei. Vorangegangen war ein Verfahren (das erste gegen einen Richter des Volksgerichtshofes, der Kriegsgerichte oder NS-Sondergerichte), in dem sich Rehse für sieben Todesurteile verantworten musste. Im ersten Prozess wurde Rehse im Juli 1967 vom Landgericht Berlin zu fünf Jahren Zuchthaus verurteilt. Der Bundesgerichtshof hob dieses Urteil jedoch auf und verwies das Verfahren zur Neuverhandlung an eine andere Kammer des Westberliner Landgerichts, die das als „Freispruch für die Nazi-Justiz" gewertete Urteil fällte. (Die von der Staatsanwaltschaft dagegen eingelegte Revision erledigte sich durch Rehses Tod im September 1969.)

Am 6. Dezember 1968 holte ich Heinz Galinski, den Vorsitzenden der Jüdischen Gemeinde Berlins, zu einem Live-Interview für das *Echo am Mittag* ins SFB-Hörfunkstudio. Flankiert wurde dieses Gespräch durch eine telefonische Diskussion mit Robert Kempner, dem ehemaligen Stellvertreter des US-Chefanklägers beim Nürnberger Prozess gegen die Hauptkriegsverbrecher. Vorherrschend war Fassungslosigkeit. Wieder einmal fragten wir uns: „Wie konnte es geschehen?“ So absurd die Vorstellung für einen Laien war: Die Unrechtsordnung des NS-Regimes bewahrte einen jener „furchtbaren Juristen“ in der Bundesrepublik Deutschland noch 1968 vor der Strafverfolgung. Erst zehn Jahre später, als der Schriftsteller Rolf Hochhuth den einstigen NS-Marinerichter und damaligen Ministerpräsidenten Hans Filbinger anprangerte, war das Bewusstseins für die Terrorurteile von Nazi-Juristen gewachsen. Filbinger musste von seinem Amt als Regierungschef Baden-Württembergs zurücktreten.

Der Globetrotter aus Shanghai

Wer als junger Reporter durch die Weltgeschichte rast – zumal damals in den 60er-Jahren –, dem entgeht bei seiner engagierten Berichterstattung mitunter einiges. Zumindest musste ich das in der Rückschau feststellen. Ahnungslos habe ich in den bewegten 60er-Jahren etliche Herren für den Hörfunk interviewt, denen ich – zweifellos aus Unwissen – eine Frage nicht gestellt habe: die Frage nach ihrer Tätigkeit im Dritten Reich. Geblieben ist daher der Eindruck von gebildeten, weltgewandten und äußerst zuvorkommenden Männern mit hervorragenden Manieren. Einen muss ich sogar lobend erwähnen: Klaus Mehnert, der viel gereiste Journalist und Politikwissenschaftler, den die Amerikaner „globetrotting political scientist“ nannten (Mehnert war mit einer Amerikanerin verheiratet).
Was die NS-Vergangenheit angeht, war Professor Mehnert gewiss der Harmloseste unter den fünf Männern, die ich hier erwähne. Er verantwortete als Ostexperte von 1941 bis Kriegsende in Shanghai ein NS-Propagandablatt, wurde anschließend in China interniert und beriet nach seiner Rückkehr nach Deutschland von Adenauer bis Helmut Schmidt als Russland- und Fernost-Experte sämtliche Bundeskanzler in Fragen der Ostpolitik. Als Leiter der Zeitschrift *Osteuropa* sowie als Kolumnist und Kommentator für *Christ und Welt* und den Süddeutschen Rundfunk genoss Mehnert in den 60er-Jahren in der Bundesrepublik hohes Ansehen. Das Interview mit ihm in Berlin datiert in die Zeit seiner größten Erfolge. Gerade hatte er die Bücher *Der deutsche Standort* und *Peking und Moskau* veröffentlicht. Darum drehte sich unser Gespräch, an dem mich die überwältigende Bescheidenheit meines Interviewpartners und sein stupendes Wissen nachhaltig beeindruckten. Dieser Eindruck ist bis heute geblieben. Damals schon mahnte

Mehnert, Deutschland – womit er die Bundesrepublik meinte – müsse im europäischen Konzert einen klaren Standort beziehen, um für die Probleme der Zukunft gewappnet zu sein. Die Verbrechen der NS-Zeit sparte er dabei nicht aus: Nationale Tugenden wie Pflichttreue und Disziplin hätten sich in jenen zwölf Jahren zu „nationalen Lastern" gewandelt, meinte Mehnert und hielt eine strenge Haltung der Westalliierten gegenüber dem sich zur Demokratie entwickelnden ehemaligen Kriegsgegner für durchaus angebracht.

Drei Diplomaten und ein Raketenbastler

Die Namen von drei deutschen Diplomaten sind für mich mit wundervollen Erinnerungen verbunden – der Name eines deutschen Raketenpioniers mit den Träumen von einer Landung auf dem Mond. Der Nachteil: Alle vier waren prominente Nazis (was ich zu dem Zeitpunkt, als ich ihnen begegnete und sie interviewte – horribile dictu –, nicht wusste).

Horst Groepper traf ich 1964 in einer eiskalten Phase des Kalten Krieges als Botschafter der Bundesrepublik in Moskau. Herbert Dittmann war 1964 als Botschafter in Japan Gastgeber bei einem Journalisten-Empfang während der Olympischen Sommerspiele in Tokio. Otto Heipertz war vom Außenminister Willy Brandt 1968 in den hoffnungsvollen Tagen des „Prager Frühlings" als Leiter der Bonner Handelsmission in die CSSR entsandt worden. Kurt Debus stellte sich Ende der 60er-Jahre zu Zeiten des Wettlaufs zum Mond zwischen USA und UdSSR in Berlin für ein Radio-Interview zur Verfügung – *Public Relations* für das NASA-Programm.

NS-Raketenbastler Kurt H. Debus (l.) mit Wernher von Braun

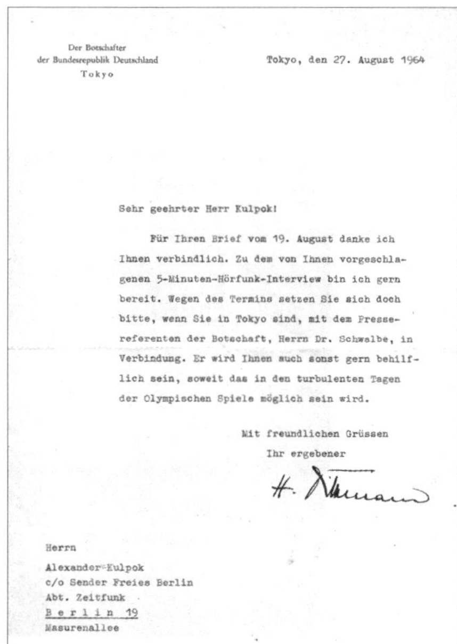

Der Botschafter
der Bundesrepublik Deutschland
Tokyo

Tokyo, den 27. August 1964

Sehr geehrter Herr Kulpok!

Für Ihren Brief vom 19. August danke ich Ihnen verbindlich. Zu dem von Ihnen vorgeschlagenen 5-Minuten-Hörfunk-Interview bin ich gern bereit. Wegen des Termins setzen Sie sich doch bitte, wenn Sie in Tokyo sind, mit dem Pressereferenten der Botschaft, Herrn Dr. Schwalbe, in Verbindung. Er wird Ihnen auch sonst gern behilflich sein, soweit das in den turbulenten Tagen der Olympischen Spiele möglich sein wird.

Mit freundlichen Grüssen
Ihr ergebener

H. Dittmann

Herrn
Alexander Kulpok
c/o Sender Freies Berlin
Abt. Zeitfunk
Berlin 19
Masurenallee

Botschafter Dittmann lässt bitten

Moskau-Botschafter Horst Groepper

6. „Rund um die Berolina"

Deutschlands älteste Hörfunk-Magazinsendung

Diese Radiosendung – montags bis freitags von 11.10 bis 11.45 Uhr (benannt nach einer Statue, die 1895 auf dem Alexanderplatz enthüllt und 1942 zu Kriegszwecken eingeschmolzen wurde) – galt als älteste Magazinsendung des deutschen Hörfunks. Das Berliner Studio des Nordwestdeutschen Rundfunks am Heidelberger Platz, das der NWDR-Generaldirektion in Hamburg direkt unterstellt war, hatte die *Berolina* 1948 gestartet. Eine Sendung für „Hausfrauen", die bügeln oder das Mittagessen vorbereiten. Anfangs hatte die *Berolina* gegen die *Müllerin* vom RIAS (mit Ilse Fürstenberg, Emil Surmann und Gerd Martienzen) einen schweren Stand. Mit steigender Beliebtheit fand die *Berolina* jedoch sogar Eingang in die zeitgenössische Literatur. Mein Neuköllner Schulkumpel Horst Bosetzky (-ky) widmete ihr in seinem Nachkriegsroman *Champagner und Kartoffelchips* mehrere Sätze: „Die liebe Tilly kam zurück, um in Ruhe *Rund um die Berolina* zu hören. Sie war in Lichtenberg zu Hause, also in Ostberlin, war aber total westlich eingestellt und liebte Werner Seibicke vom SFB, den Vater der *Berolina*-Sendung, in einem Maße, dass ihre Freundinnen schon spotteten, mit ihren 72 Jahren hätte sie nun endlich den Mann fürs Leben gefunden."

Es ist fraglich, ob -ky über Werner Seibicke ähnlich nett geschrieben hätte, wenn er ihn persönlich gekannt hätte. (Im Gespräch in späteren Jahren gelangte ich zu der Überzeugung, dass diese Sätze in Champagner und Kartoffelchips sogar eine kleine Gemeinheit von -ky waren, weil Seibicke ein Manuskript-Angebot von ihm ignoriert hatte.) Bis zu seiner Pensionierung war der *Berolina*-Chef als „harter Hund" verschrien, der nicht nur seine Sekretärin zum Tränenausbruch brachte, sondern in dessen Anfangszeiten selbst den als äußerst robust geltenden Alexander von Bentheim. Der Grund war ein Anzug, den Bentheim als nicht hoch bezahlter Anfänger regelmäßig trug. Seibicke erklärte ihm eines Tages überraschend: „Wenn du noch einmal mit diesem Anzug kommst, fliegst du raus!" Der Sage nach soll sich Bentheim gefügt haben.

Ich durfte nach gelungener Einarbeitung die Rahmentexte für die Sendung schreiben, die von zwei Stimmen (ein Mann, eine Frau) vorgetragen wurden. Zu dieser Sprecherreihe gehörten Namen wie Ruth Piepho, Ilse Fröhlich, Hermann Wagner, Joachim Cadenbach, Dietrich Frauboes, Cläre Rapmund, Hans Wiegner oder Hellmuth Vietor. Für das Schreiben des *Berolina*-Manuskripts hatte der Autor pünktlich um 8.00 Uhr morgens im Büro zu erscheinen. Der Text wurde einer Sekretärin diktiert – obwohl ich seit meinem neunten Lebensjahr mit vier

Fingern auf der Schreibmaschine schneller schrieb als die meisten Sekretärinnen. Hätte ich diese Aufgabe damals aber an mich gerissen, wäre die Sekretärin zutiefst beleidigt gewesen. So bildeten wir stets ein Team, was sogleich von Vorteil war. Denn auf meine Frage nach Papier für das Manuskript eröffnete mir Seibicke in schroffem Ton: „Papier? Du kriegst doch ein Honorar! Musste selber mitbringen." Die Gunst der Sekretärin half weiter. Ähnlich überraschend reagierte Seibicke in einer anderen Situation, die von mir Schnelligkeit und äußerste Konzentration erforderte, damit ein Beitrag noch innerhalb der Sendezeit ausgestrahlt werden konnte. Ich stürzte in die *Berolina*-Redaktion, legte meinen blauen Nylon-Sommermantel (der später nur noch in der DDR zu den Modehits gehörte) in aller Eile irgendwohin und vollendete alles mit heißer Nadel zur allgemeinen Zufriedenheit. Doch nach getaner Arbeit kam ich erst richtig ins Schwitzen: Der Mantel war weg! Wir suchten gemeinsam – bis eine Sekretärin einen Papierkorb in die Höhe hielt. Seibicke hatte das Nylonstück, das sich leicht zusammenknüllen ließ, in den Korb geworfen, weil es ihn offenbar an der Stelle, wo es lag, in seinem Ordnungssinn störte.

Seibicke hatte übrigens – wen wundert's – bei meinem Erstlingsstück, das ich für die *Berolina* ablieferte, eine besondere Rolle gespielt. Es war ein Beitrag über einen Film, den Japaner über den Bezirk Wedding gedreht hatten: *Wareware Weddinger* – „

Wir Weddinger". Als es am Vorabend darum ging, wer als Reporter angesagt werden sollte, polterte Seibicke: „Kullpock – kann sich doch keener merken!" Mein Vorschlag war: Bernhard Alexander (unter Verwendung meines zweiten Vornamens). Schien ihm aber auch nicht so recht zu passen, weil der Pressechef der Messe GmbH gegenüber unterm Funkturm *C. G. Alexander* hieß und weil er *Herbert Victor*, der als Reporter ebenfalls seine beiden Vornamen verwendete, nicht so recht leiden konnte. Ich ging im Glauben nach Hause, fortan als „Bernhard Alexander" für den SFB zu arbeiten und war einigermaßen erstaunt, am nächsten Morgen kurz nach elf die Ankündigung meines Beitrages mit dem Reporternamen „Alexander Kulpok" zu hören. Das war im Oktober 1960 – und so ist es geblieben.

„Auf der Luftbrücke der Herzen"

Dennoch gehört die *Berolina*-Zeit – vielleicht gerade wegen solcher Begebenheiten – zur schönsten, die ich im Sender Freies Berlin erleben durfte. Es waren die Anfangsjahre von 1960 bis 1962 während eines Studiums an der Freien Universität – Jahre, in denen der zunächst nicht als Ziel angepeilte Beruf des (Rundfunk-) Journalisten mir mehr und mehr ans Herz wuchs. Das lag zweifellos an den Kolleginnen und Kollegen, mit denen ich dort – und später in anderen Sendungen und Programmen – zusammenarbeiten durfte. Da waren Götz Kronburger, der auf Werner Seibicke als Leiter folgte, und Erich Bachmann, der Kronburger-Nachfolger, der vom *Spandauer Volksblatt* in den SFB gekommen war, und schließlich die ganze Reihe von Namen, von denen etliche heute in Vergessenheit geraten sind: Juliane Bartel, die ich als zeitweiliger Ausbilder der Reporter von der Sekretärin in der SFB-Nachrichtenabteilung auf den Pfad der Journalistinnen geleiten durfte. Gleiches galt für Rudolf Wagner (später Hessischer Rundfunk und Korrespondent in Bonn), für Gerd Nagel (nach der *Berolina*-Zeit Berlin-Reporter des Deutschlandfunks) oder für Uri Themal (heute Rabbiner in Queensland/ Australien). Selbstverständlich arbeiteten auch Heinz Deutschendorf, Horst Schallon, Alexander von Bentheim oder Hans-Werner Kock für die *Berolina*. Verständlicherweise sind die Aufnahmeleiter Peter Federmann, Klaus Sanders und Reimer Stührmann, die sich zu Redakteuren qualifizierten, weniger im öffentlichen Gedächtnis geblieben. Gleiches gilt für die Reporterin Brigitte Stiller, die vom *Mannheimer Morgen* gekommen war und nach kurzer SFB-Zeit bei der „Stiftung Warentest" landete. Sie alle sind – wie auch der Tischtennis-Crack Friedrich-Karl Brauns oder Rolf Voss, der gemeinsam mit mir beim SFB-Zeitfunk anfing – auf jenem historischen *Berolina*-Foto zu sehen, das aus dem Privat archiv von Norbert Paul Engel stammt. Engel gehörte im Jugendfunk zur *s-f-beat*-Generation und lernte dort seine Ehefrau kennen, mit der er heute in Kehl und Straßburg – nach einem Zwischenspiel beim damaligen Südwestfunk – den renommierten Engel-Verlag betreibt, der sich mit Periodika zu Entscheidungen des Europäischen Gerichtshofes (EuGH) weltweit einen Namen gemacht hat. Bis heute feiert Engel Jahr für Jahr am 31. Dezember seinen Geburtstag in Berlin. Schließlich wäre noch eine kurzzeitige *Berolina*-Reporterin zu erwähnen, deren berühmter Background erst später ans Licht kam: Lore Ditzen aus der weitverzweigten Fallada-Familie. Sie lieferte als Erstlingsstück eine Zoo-Reportage für die *Berolina*, wanderte aber in die Kulturredaktion ab und wurde 1981 mit dem Deutschen Preis für Denkmalschutz ausgezeichnet. Ein anderer machte auf recht verschlungenen Pfaden seinen Weg ins Rampenlicht: Als sehr junger Bursche saß er beim frischgebackenen *Berolina*-Chef Kronburger im Büro und bot Texte an – Glossen, die seine spätere Profession als Kabarettist ankündigten: Martin Buchholz, damals noch Mitarbeiter beim *Spandauer Volksblatt* am Rande Berlins. Als gealterter Zeitzeuge verkündet Buchholz zwar fast sechzig Jahre später das wohlfeile, unwahre Klischee von Westberlin als „Stadt unter einer Käseglocke" und der Langeweile im Westberliner Parlament, dem Abgeordnetenhaus, widerlegt sich aber selbst im nächsten Atemzug, wenn er von der „Großkotzigkeit" spricht, die damals in Westberlin herrschte. Ja – es war ein Lebensgefühl, das normalerweise wohl nur durch Drogenkonsum erreichbar ist. Alles überlebensgroß und für Außenstehende hatten die Bewohner dieser in aller Welt bewunderten und geförderten Teilstadt erkennbar einen Flitz. Einen anderen – ein etwas älterer Herr – behandelten wir in der *Berolina* der 60er-Jahre mit viel Respekt: Gerhard Wandel – er war ein Kulturexperte und fuhr stets mit dem Fahrrad. Doch damit nicht genug und für damalige Zeiten hierzulande sehr ungewöhnlich: Unübersehbar – besser: unüberriechbar – konservierte er seine Fitness mit Knoblauch. Und das Geheimnisvolle an ihm: Er galt als einer aus der Verwandtschaft von Paul Wandel, des ersten DDR-Volksbildungsministers, den die SED-Führung später nach einer strengen Rüge an seiner Amtsführung als Botschafter nach China schickte. Der *Berolina*-Redaktion zugeordnet war eine Glückwunsch-Sendung, in der aus der DDR Grüße zu Geburtstagen und anderen Familienfeiern „Auf der Luftbrücke der Herzen" zu Verwandten in den Westen gingen. In freier Mitarbeit schrieb der Rentner Erich Klages hier die Rahmentexte. In späteren Jahren saß ein *Berolina*-Kollege Tag für Tag in der SFB-Cafeteria, schaute nach draußen durch die Glaswand und wartete. Wir wussten nicht, worauf. Wir konnten das bei dem in die Jahre gekommenen Reporter Richard Kistenmacher nur ahnen. Seine Erwartungen lagen wohl in der Vergangenheit. Denn Kistenmacher war es, der als Leutnant beim Wehrmachtssender Belgrad 1941 die Schallplatte mit Lale Andersens *Lili Marleen* aufgelegt hatte und so einem Welt(kriegs)hit den Weg ebnete. Komponist von *Lili Marleen* war übrigens Norbert Schultze, Schöpfer so zackiger Lieder wie *Bomben auf Engelland*. Sein Sohn Norbert Schultze junior arbeitete erfolgreich als TV-Regisseur beim Sender Freies Berlin.

Noch kurz vor meinem Abschied aus dem Zeitfunk des SFB-Hörfunks konnte ich den *Berolina*-Chef Goetz Kronburger Ende der 60er-Jahre davon überzeugen, eine Interview-Serie von sozialpolitischer Brisanz ins Programm zu nehmen: *Gespräche mit Lebenslänglichen*. Das waren – dem über sie verhängten Urteilsspruch angemessen – durchweg Mörderinnen und Mörder. Aufnahmeorte waren die Strafanstalt Tegel und das Frauengefängnis in der Lehrter Straße. Bei den Interviews mit zu lebenslanger Haft verurteilten Frauen suchte ich mir kompetente weibliche Hilfe: eine Jura-Studentin namens Ingeborg Rakete (Schwester des Fotografen Jim Rakete). Sie war beim Schulfunk-Parlament aktiv und hatte Eltern, die beim RIAS zu Hause waren: die Reporterin Juliane Botor und den politischen Kommentator Friedrich Noppert. Es war damals nicht vorherzusehen, dass Ingeborg Rakete einmal Berlins gefragteste Scheidungsanwältin werden würde. Unsere Gesprächspartner hinter Gittern waren in den Medien zumeist als gefühllose Monster dargestellt worden, entpuppten sich bei näherem Kennenlernen jedoch als die gern zitierten „Menschen wie du und ich". Was einige Soziologen ja zu der Auffassung gebracht hat, einen Mord könne jede/r begehen – es müssten dazu nur besondere Umstände vorliegen. Der erste Lebenslängliche, der ans Mikrofon kam, hatte als Kriegsheimkehrer den Inhaber eines Tabakwarenladens wegen ein paar Zigaretten umgebracht. „Ich war im Feld das Töten gewöhnt", lautete sein Versuch einer Begründung. Ein anderer hatte im Streit mit seiner Frau das gemeinsame Kind aus dem Fenster geworfen. Ein alter Häftling, der seinen Chef und Förderer getötet hatte, weigerte sich unter Tränen, ein Gnadengesuch zu stellen: „Mir geht es gut hier. Ich habe Abwechslung, ausreichend zu essen und medizinische Versorgung. Ich will den Knast nicht verlassen!" Ein Ehepaar – dazu mussten wir zwischen Tegel und Lehrter Straße pendeln – hatte die Eltern der Frau heimtückisch umgebracht. Die Kindheitserlebnisse des Ehepaars gaben dazu einigen Aufschluss. Welche Wirkung diese Interview-Reihe auf die Hörerschaft hatte, blieb weitgehend im Dunkeln. Die Mehrheitsmeinung in der Gesellschaft war in den 60er-Jahren ohnehin, zu lebenslanger Haft Verurteilte gehörten hinter einer Mauer des Schweigens weggeschlossen. Mit der These, dass jede Gesellschaft die Verbrecher hat, die sie verdient, konnte sich kaum jemand anfreunden.

Es war wohl die in jeder Beziehung erkennbare bunte Mischung, die den Erfolg und die Popularität von *Rund um die Berolina* ausmachte – in den mitwirkenden Personen und mit den täglich behandelten Berliner Themen. Erst als sich beim Radio in den ausgehenden 70er-Jahren die strikte Zielgruppen-Politik durchsetzte und sich in der Konkurrenz zum 1980 hinzugekommenen Privatfunk das Hörfunkangebot bei den öffentlich-rechtlichen Sendeanstalten auf ein Wellenmeer verteilte, wurde auch *Rund um die Berolina* zu Grabe getragen. Bis dahin aber hatte diese einzigartige Magazinsendung im deutschen Rundfunk ein Musterbeispiel an Hörerbindung geliefert.

Sitzung der *Berolina*-Truppe mit Redaktionsleiter Erich Bachmann (l.) in den 60er-Jahren

Berolina-Urgestein Goetz Kronburger

Abi und Esther Ofarim beim „*Berolina*-Gästetag"

Kistenmachers Erinnerungen: Radio Belgrad sendet *Lili Marleen*

Mit Evelyn Lazar für die *Berolina* beim Bockbier-Fest in der „Neuen Welt"

7. „Durch Berlin fließt immer noch die Spree"

Leuchtturm des SFB: die „Berliner Abendschau"

Keine Sendung ist in den Augen des Fernsehpublikums in und um Berlin so eng mit dem SFB verbunden wie die *Berliner Abendschau*. (Seit Gründung des rbb heißt sie bekanntlich nur noch *Abendschau* – wohl, weil auch Brandenburg beteiligt ist.) In den Glanzzeiten des SFB – als die Regionalsendungen zwischen 18 und 20 Uhr noch im Ersten Programm ausgestrahlt wurden – hatte die *Berliner Abendschau* die höchsten Einschaltquoten aller regionalen Nachrichten- und Informationsprogramme der ARD. Stets dokumentierte die Sendezeit die Konkurrenz zum DDR-Fernsehen. Von ursprünglich 19 Uhr wurde der Beginn der *Berliner Abendschau* auf 19.25 Uhr verlegt, als die *Aktuelle Kamera* in Adlershof um 19.30 Uhr startete. Der Erfolg gab dieser Strategie recht. Bis ins berühmte „Tal der Ahnungslosen" im östlichen Sachsen, wo das Westfernsehen nur schwer oder gar nicht zu empfangen war, erstreckten sich Akzeptanz und Reichweite. Die DDR-Führung sah das Interesse der Bevölkerung für das Westfernsehen erst mit dem Beginn der Entspannungspolitik in den 70er-Jahren gelassener. Nur Karl-Eduard von Schnitzler versuchte, mit seinem *Schwarzen Kanal* beharrlich gegenzusteuern. In den Diensträumen von NVA, Polizei oder Feuerwehr der DDR war der SFB jedoch und mit ihm alle Sendungen von ARD und ZDF bis 1987 tabu. Der Popularität des SFB in der DDR taten derartige Maßnahmen allerdings keinen Abbruch. Bei Besuchen in Ostberlin und der DDR erhielten Mitarbeiterinnen und Mitarbeiter der *Berliner Abendschau* dafür jedes Mal nahezu überschwängliche Beweise.

Ganz selbstverständlich waren die Beliebtheit und die Kultqualität der *Berliner Abendschau* aufs Engste mit den Männern und – später hinzukommenden – Frauen verbunden, die die *Abendschau* moderierten. Das waren gleich am Anfang die ganz Großen des SFB-Regionalprogramms: „Mister Abendschau", der Leiter der Sendung Harald Karas, sowie die einzigartigen TV-Journalisten Alexander von Bentheim und Heinz Deutschendorf. Diesen beiden werde ich wegen ihres Könnens und wegen ihrer Art des kollegialen Umgangs fortwährend verbunden bleiben. Sie haben uns Jüngeren viel gegeben und viel beigebracht. Und sie haben den Sender Freies Berlin – gemeinsam mit Harald Karas – in der Öffentlichkeit zu hohem Ansehen verholfen. Zu den Moderatoren gehörten in den Anfangszeiten auch der spätere Moskau- und DDR-Korrespondent der ARD Lutz Lehmann sowie P. C. Schmidt und Wolfgang Hanel, der vom RIAS gekommen war. Nach diesen Männern der ersten Stunde gesellten sich Hans-Werner Kock (der durch seinen Abschiedsspruch „Macht's gut, Nachbarn!" Sympathie und Popularität erlangte), Gerhard Lenz, Arvid Wahl, Richard Schneider, Friedrich Moll und Jan Lerch hinzu. Eine der tragenden Säulen für die täglichen 30 Minuten *Abendschau* (der Sonntag blieb zunächst *Abendschau*-frei) war der Allerweltskerl und Tausendsassa Dietrich Bertram. Er sprach seine Beiträge zwar nicht selbst – das durften ohnehin nur die Reporter mit erlernter oder angeborener Sprechtechnik –, doch er nahm mit Mikrofon und Kamera ein späteres Berufsbild vorweg. Bertram war Tag und Nacht erreichbar und einsetzbar. In Kairo hatte er mit dem Journalisten-Handwerk begonnen – beim SFB wurde er unentbehrlich. Bertram war auch am 2. Juni 1967 zugegen, als Benno Ohnesorg unweit der Deutschen Oper hinterrücks erschossen wurde. Seine Bilder sehen wir in historischen Rückblicken bis heute.

„Mister Abendschau" Harald Karas

Alexander von Bentheim bei seiner Erfolgsserie *Berliner Straßen* in den 60ern

Abendschau-Mann für alle Fälle: Dietrich Bertram

Mann der ersten *Abendschau*-Stunde: Lutz Lehmann

„Grüezi wohl, Frau Stirnimaa!"

Anscheinend war der Ruf der *Berliner Abendschau* mit ihren legendären Einschaltquoten weit hinaus in die Lande gedrungen, bis ins Ausland, bis in die Schweiz. Jedenfalls kam eines schönen Tages im Sommer 1971 eine Anfrage der Schweizerischen Radio- und Fernsehgesellschaft (SRG), ich möge doch einmal die Abendsendung des Regionalfernsehens in Zürich moderieren und bei dieser Gelegenheit am besten einen kleinen Film über Zürich drehen, der dann ja in der Schweiz und in der *Abendschau* gesendet werden könnte.

Unsere Zusage aus Berlin ließ nicht lange auf sich warten. Herr Danuser von der SRG begrüßte mich herzlich und hatte wohl nicht mit meiner damals noch vorhandenen Bescheidenheit gerechnet, denn er fragte mich als Erstes unumwunden, wie viele Franken ich denn als Bewegungsgeld für meinen Aufenthalt benötigte. Meine Forderung war – besonders im Rückblick – äußerst zurückhaltend. Für die Dreharbeiten in der Heimatstadt von Max Frisch machte sich gerade ein beliebter Schlager der drei *Minstrels* besonders gut: *Grüezi wohl, Frau Stirnimaa!* 1,5 Millionen Schallplatten waren just von dem Song verkauft. Zehn Wochen lang hatte er sich ganz oben in den Charts gehalten.

Die erste Überraschung bei meiner Publikumsbefragung in der Bahnhofstraße lieferte ein junger Mann, der als Urteil über das altehrwürdige Zürich in Mikrofon und Kamera raunzte: „Ja – Zürich ist ein Vorort von Basel!" Natürlich war Zürich damals noch etwas beschaulicher als das quirlige Basel im Dreiländereck, aber schön war's doch an der Limmat. Bis auf einen kleinen Ausrutscher, den ich mir vor dem millionenfachen Schweizer Publikum bei der Moderation leistete. Da kam das Wort „Walliser" vor. Wahrscheinlich habe ich zuerst an Wales und nicht an den Schweizer Kanton Wallis gedacht. Jedenfalls betonte ich das Wort auf dem „i" – zum Gelächter oder zum Ärger der Schweizer Zuschauer/innen, ich weiß es nicht. Auf jeden Fall war die Betonung falsch. Max Frisch, den begeisterten Züricher, hat es jedenfalls nicht gehindert, zwei Jahre später mit seiner Frau eine Wohnung im Westberliner Ortsteil Friedenau anzumieten. Während seiner Berliner Zeit hatte Frisch zwar eine schriftstellerische Krise, aber die Friedenauer Umgebung mit den Kollegen Günter Grass und Uwe Johnson hat ihm sehr gutgetan.

Die *Berliner Abendschau* nährt ihre Kinder

Stets offen für Autogramme

„Egon-Bar" und frische Erdbeeren

Ins Kuriositätenkabinett der *Abendschau*-Erinnerungen gehören die Comic-Umfragen von Klaus Strebe. Etwa in der Zeit, als Egon Bahr im „Wandel durch Annäherung“ mit Michael Kohl (DDR) über den Grundlagenvertrag verhandelte und Strebe Passanten die Frage stellte: „Kennen Sie die *Egon-Bar*?“ Die Antworten waren erstaunlich. Fast alle glaubten, sich an diese Berliner Bar zu erinnern oder sie einmal besucht zu haben. Auch Ehen wurden in der *Abendschau* gestiftet – wenn auch nur kurzzeitig. Jedenfalls heirateten eines Tages Ulrike von Möllendorff und der junge Reporter Ernst Martin. Die Berliner Boulevardpresse hatte ihre mit Fotoleisten garnierten Schlagzeilen. Auffällig – nicht nur mit seinem Zopf – war im *Abendschau*-Getriebe ein junger hoch aufgeschossener Mann, der von sich reden machte: Cherno Jobatey. Besonders aber fiel mir 1987 ein 23-jähriger Praktikant auf, der bald in den Sportsendungen des SFB einen Platz hatte. Auf ihn war ich durch einen Hörfunkbeitrag aufmerksam geworden, bei dem er den Trubel ums kostenlose Erdbeeren-Pflücken im ländlichen Ortsteil Gatow schilderte. Ein Hörstück der Sonderklasse zu einem simplen Thema – mit Witz, Esprit und praller Lebendigkeit. Der junge Reporter hatte auf Anhieb das fertiggebracht, was wir scherzhaft und dennoch voller Ernst im Rundfunkjournalismus als Krönung betrachten: *Auf einer Glatze Locken drehen!* Der Name der jungen Spitzenkraft war Johannes B. Kerner. Meine Versuche, ihn im SFB in höhere Gefilde zu katapultieren, scheiterten an den Oberen. Einer wie Kerner konnte sich mit dieser Situation nicht zufriedengeben. Er ging zu SAT.1, dann zum ZDF und machte Fernsehen in Hamburg mit einer eigenen Firma. Natürlich war er nicht der Einzige, der die Karriere im SFB startete und erst andernorts zur Spitzenklasse aufstieg. Sogar eine veritable Erfolgsautorin gab in den 90er-Jahren bei der *Ber-*

liner Abendschau ein Gastspiel: die Kriminalschriftstellerin Elisabeth Herrmann *(Das Dorf der Mörder).* Zuvor war sie Moderatorin beim von Ulrich Schamoni mit Georg Gafron begründeten Privatradio „Hundert,6“, das dem SFB-Hörfunk zeitweilig einige Probleme bereitete. Eine andere Journalistin begann in der *Abendschau* in den 70ern als Renate Schmitz und stieg als Renate Bütow über Ostberlin, die Bundeshauptstadt Bonn bis zur ARD-Korrespondentin in Brüssel auf. Und wenn die Kultsendung des SFB als Talentschmiede erwähnt wird, darf der Kollege Robin Lautenbach nicht fehlen. Ihn entdeckte und förderte „Mister Abendschau“ Harald Karas.

Evelyn Lazar war in den 70ern die erste Frau im Moderatorenkreis, gefolgt von den im Beliebtheitsgrad ebenfalls hoch angesiedelten Ulrike von Möllendorff, Angelika Neumann und Marianne Beland, zu denen sich später Irene Collyer und Jeanette Schiemann gesellten. Am Ende des SFB war bis hinein in die rbb-Zeit Cathrin Böhme die Moderationsfrau der *Berliner Abendschau*. Alle sind sie der eindringliche Beweis dafür, wie die Moderation für Beliebtheit und Bekanntheit einer ganzen Sendung stehen kann.

Als ich im November 1987 in einer Notsituation des SFB (in der bis dahin so vorbildlichen *Abendschau* drohten nach dem Weggang von Harald Karas Chaos und sogar Schlägereien auszubrechen) für ein halbes Jahr im Nebenjob (neben der für den Sender Freies Berlin national und international weitaus bedeutenderen ARD/ZDF-Videotext-Zentrale) die Leitung des SFB-Regionalprogramms und der *Berliner Abendschau* übernahm, hielt ich mich an die Regel von der beherrschenden Wirkung der Moderation. Neben der Einführung des bis heute bestehenden Nachrichtenblocks (damals mit Ellen Arnhold von der *Tagesschau*, mit Renate Bauer, Ulli Herzog und Joachim Pukaß) holte ich noch zwei der besten und prägnantesten Köpfe des SFB zusätzlich für die Moderation ins *Abendschau*-Studio: den im Ersten Programm bewährten Wissenschaftsredakteur Winfried Göpfert und den SFB-Sportchef Jochen Sprentzel, der am 9. November 1989 das Journalisten-Glück hatte, den Regierenden Bürgermeister Walter Momper live in der *Berliner Abendschau* zum Mauerfall zu interviewen. Von bösen Zungen, die allerdings weder zu Berlin noch zum SFB jemals eine herzliche Bindung hatten, wurde die neue Riege von Moderatoren damals abwertend als „SFB-Betriebsversammlung“ bezeichnet. Was der Kompetenz und der Akzeptanz der so Gescholtenen jedoch in keiner Weise Abbruch tat. Dreißig Jahre später darf der rbb sich glücklich schätzen, mit Eva-Maria Lemke, Sarah Zerdick und Sascha Hingst ein Moderatorenteam zu haben, das in den Regionalsendungen der ARD-Anstalten seinesgleichen sucht. Sie verkörpern jede/r für sich die ideale Kombination von Sachkenntnis und TV-Charisma, die auch in den Anfangsjahren die besondere Stärke der *Abendschau* ausmachte.

Am Anfang war der SFB: Johannes B. Kerner

Abendschau-Moderatorin Marianne Beland

Moderatorin und Hobbymalerin
Ulrike von Möllendorff im trauten Heim

Kameramann und Reporter Peter Mohr
bei der Arbeit

Jeanette Schiemann und Hans-Werner Kock
bei der Doppelmoderation

„Reichlich müde" – aller Anfang ist schwer

Das Regionalfernsehen des Senders Freies Berlin und mit ihm die *Berliner Abendschau* ging am Montag, dem 1. September 1958, auf Sendung. Leiter war zunächst Günter Piecho – wenn auch nur für kurze Zeit, denn er folgte sehr schnell dem verlockenden Ruf des vom Bundesverfassungsgericht postwendend verbotenen „Adenauer-Fernsehens", aus dem schließlich das Zweite Deutsche Fernsehen als bundesweite Sendeanstalt neben den Länderanstalten der ARD wurde. Am ersten Tag war Harald Karas, der die *Abendschau* prägen sollte, Piechos Stellvertreter. Im Übrigen war es die Zeit, in der uns noch freundliche Fernsehansagerinnen mit der Programmfolge vertraut machten. Edith Grobleben war die erste im SFB, dann Helga Hesse (die den Sprung zur *Abendschau*-Reporterin machte), gefolgt von Renate Bauer, Ute Boy und Beate Menner.

Am 1. September 1958 um 19 Uhr erklang für die wenigen Tausend Berliner Fernsehhaushalte zum ersten Mal die von Jean und Robert Gilbert komponierte Melodie *Durch Berlin fließt immer noch die Spree* als Opening der *Berliner Abendschau*. Die Themen des Sonntags wurden an jenem September-Montag von den TV-Machern des SFB aufgearbeitet: die Polizeischau vor 100.000 Besuchern im Olympiastadion (ein alljährliches paramilitärisches Riesenereignis in Westberlin während der Zeit des Kalten Krieges), ein Interview mit dem Verkehrssenator zu aktuellen Flugpreiserhöhungen und ein wenig Wassersport. Nach fünfzehn Minuten war alles vorbei.

An der Seite meines damaligen Chefs im Ullstein-Haus, des späteren Springer-Vorstandsvorsitzenden Günter Prinz, erlebte ich diese Berliner TV-Premiere. Prinz ließ kein gutes Haar an dem 15-Minuten-Stück. Unser Fernsehkritiker Ekkehart Reinke, unbestrittener King unter den Westberliner Lokaljournalisten und für mich als Volontär Mentor und Lieblingskollege, fand das Ganze in seiner Kurzkritik „Reichlich müde!". Doch wir alle hofften – nicht nur im Interesse der noch kleinen Fernsehgemeinde – auf Besseres. Und wir wurden nicht enttäuscht. Sehr bald verlief der erwünschte und von vielen erträumte Weg eines erfolgreichen Berliner Journalisten vom Printmedium, der Zeitung, über den Hörfunk bis zum Fernsehen. Diese Laufbahn war viele Jahre lang als Qualitätssiegel die Voraussetzung für eine aussichtsreiche Journalisten-Karriere.

Reichlich müde!

Gestern abend um 19 Uhr sendete das SFB-Fernsehen zum erstenmal sein tägliches Regionalprogramm „Berliner Abendschau". Die Reporter mußten dazu schon sehr früh aufstehen. Vielleicht wirkte deshalb alles ein wenig müde.

Nach einem besonders langatmigen Interview staunte der Ansager über sein eigenes Tempo. Er blieb aber auch der einzige.

Die meisten Berichte stammten noch aus dem Sportgeschehen des Sonntags. Das war vergnüglich. Allerdings nur, weil ein Sprecher unfreiwillig mehrere Stilblüten von sich gab.

Aktuell und kurz war eigentlich nur die letzte Minute: der Wetterbericht.

Nun, es war der erste Versuch. Niemand hat ein Meisterwerk verlangt. Warten wir ab, ob die nächsten Sendungen besser gelingen!

ekke

„Reichlich müde!" – *B.Z.*-Kritik der ersten *Abendschau*-Sendung

Moderator und Hüter des *Abendschau*-Verkehrslexikons Wolfgang Hanel

Bericht von der Skandal-Berlinale 1970

Abendschau-Moderator Gerhard Lenz

Berliner *Abendschau*- und *Tagesschau*-Typ Hans-Joachim Lorenz

Von Gatow zu Barrault

Es ist wohl ganz normal und alltäglich, dass Ehrgeiz und Eitelkeit einen jungen Journalisten – zumal im zweiten Anfang der Berliner Fernsehgeschichte (der erste war bei den Olympischen Spielen 1936) – ins Fernsehen drängen. Nach dem Abitur war das Zeitungsvolontariat im Haus Ullstein nach dem Sommer 1958 vorüber, mit dem Wintersemester 1958/59 begann die Studienzeit an der Freien Universität Berlin. Der sozialdemokratische Verleger Arno Scholz und sein *nachtdepesche*-Chefredakteur Werner Nieke hatten mich in ihrem Verlagshaus am Bismarckplatz als freien Mitarbeiter mit offenen Armen empfangen, die Jugendzeitschrift *BRAVO* kaufte mir gerne Reportagen und Interviews mit Stars und Sternchen ab (von Horst Buchholz und Giulietta Masina bis Hildegard Knef und Hannelore Elsner), die Aktuelle Abteilung des RIAS mit Peter Schultze und Hans-Christoph Knebusch nahm mir Woche für Woche das Manuskript einer Glosse für die Morgensendungen ab und der SFB-Zeitfunk mit seinem Leiter Hannes Borckmann und den Leitenden Redakteuren Berthold Anft und Werner Seibicke ließ mich in der Art des Braun'schen *Spreekiekers* mit dem Mikrofon durch die Stadt rasen. Eine Traumsituation für einen 20-jährigen Anfänger. Was wollte ich mehr als Student, der gar keinen Job im Journalismus als Berufsziel anstrebte? Ich wollte mehr.

Ich wollte Fernsehen machen. Der Sprung vom Zeitfunk im HdR zum SFB-Fernsehen im Deutschlandhaus war kurz und einfach. Der erste Beitrag im schwarz-weißen Geflimmer der *Berliner Abendschau* war 1961 ein Bericht über die damalige Besonderheit einer Poststelle im ländlichen Ortsteil Gatow. Der großartige Kameramann Harald Ebers brachte mir bei, was eine „Aufblende" ist (die den Beitrag attraktiv machte), und ich lernte, wie wichtig es ist, beim Fernsehen vom Bild und Ton bis zum Schnitt auf einer viel längeren Strecke als beim Hörfunk kollegial im Team zu arbeiten. Ich war glücklich, Harald Ebers dreißig Jahre später mit der Goldenen Ehrennadel des Berliner Journalisten-Verbandes auszeichnen zu dürfen. „Illge-Schmalfilm, Gleich" war übrigens in jenen Tagen der Zauberspruch für alle TV-Reporter. Denn wir arbeiteten ja noch mit Film (erst in Schwarz-Weiß, dann in Farbe), der entwickelt werden musste. Das geschah bei Illge-Schmalfilm, einige hundert Meter vom SFB entfernt. Doch „Gleich" war nicht etwa die Mitteilung, dass alles Erforderliche sofort passieren würde. Es war der Name der Kollegin, die den Auftrag, die Wünsche und manchmal die Probleme und Besonderheiten zur Kenntnis nahm und für schnelle Erledigung und Filmentwicklung sorgte.

Meine TV-Karriere beim SFB war allerdings nach dem ersten Einsatz 1961 sehr schnell beendet. Der Hörfunk hatte mich – wie einleitend erwähnt – nach dem Mauerbau sofort mit Beschlag belegt. Die eher kostengünstige bimediale Mitarbeit für Hörfunk und Fernsehen blieb viele Jahre lang die Ausnahme. Nur einmal, als Bundeskanzler Erhard in der Nachfolge von Konrad Adenauer in Westberlin 1963 seinen Antrittsbesuch machte, kam ich zum Zuge. In der für mich selbstverständlichen Art hatte ich dem Regierungschef am Ernst-Reuter-Platz das Mikrofon unter die Nase gehalten und ihn gefragt, was er denn nun alles für Westberlin tun wolle. Der rundliche Wirtschaftswunder-Magier antwortete freundlich, ausführlich und erstaunlich konkret. Wolfgang Hanel, der über den Erhard'schen Antrittsbesuch für die *Berliner Abendschau* zu berichten hatte, verwendete dieses Kurzinterview in seinem Beitrag, denn sein Kameramann hatte die Szene am Ernst-Reuter-Platz mitbekommen und einfach „draufgehalten".

Es dauerte fast zehn Jahre, bis ich dem gemütlichen Kollegen Hanel (nun endlich) als fester *Abendschau*-Mitarbeiter wieder begegnete. Nach einigem Hin und Her war mein Wechsel vom Hörfunk zur *Berliner Abendschau* nach der Fußball-WM 1970 in Mexiko, von der ich als „grüner" Reporter übers Geschehen am Rande berichtete, perfekt. Der erste Auftrag war ein Sonntagseinsatz anlässlich des Berlin-Aufenthalts von Jean-Louis Barrault – französischer Autor und Schauspieler, der eng mit dem im Januar 1960 tödlich verunglückten Literatur-Nobelpreisträger Albert Camus zusammengearbeitet hatte. Camus war (und ist bis heute) mein Daseinserklärer und so war Barrault mein Mann. Allerdings wurde mir für die Dreharbeit lediglich ein Kameramann zugeteilt. Tontechniker waren an diesem Sonntag Mangelware. Daher packte ich mein Maihak-Gerät und machte mich fürs SFB-Fernsehen an die Arbeit. Bei der Fertigstellung des Barrault-Beitrages am darauffolgenden Montag wurde mir klar, was ohnehin zu vermuten war: So einfach mit dem Maihak aufgenommen, ist der Ton beim Gespräch mit Barrault natürlich nicht synchron. Also ließ ich Barrault einige Passagen lang aus dem Off und somit als Person unsichtbar über Schnittbildern sprechen. Heute eine Selbstverständlichkeit – 1970 im SFB völlig unüblich. Wer spricht, muss zu sehen sein. Das meinten auch Redakteur Hanel und der Moderator K. O. Fritsch. Meine kecke jugendfrische Antwort: „Ich mache das aber so!" Fritsch zuckte wie der Frosch, an dem Galvani die Elektrizität entdeckte, und Hanel guckte wie ein Lama, dem die Spucke ausgegangen war. Der Barrault-Beitrag wurde gesendet, wie von mir angeboten und zur Abnahme vorgeführt. Ich hatte natürlich nur frech geflunkert, bin seitdem aber äußerst zurückhaltend, wenn junge Menschen wegen vorlauter Bemerkungen oder ungewöhnlicher Vorschläge kritisiert werden.

Kaleidoskop der Berliner Geschichte

Intern hat die *Berliner Abendschau* gute und schlechte Zeiten erlebt. Nach außen war sie jedoch immer der tägliche Begleiter der Berlinerinnen und Berliner. Die Chronik der *Abendschau* ist die Chronik Westberlins – ein Spiegel des Stadtlebens. Was die Moderatoren und Reporter nicht ins Bild setzten, das erledigten zwei brillante Karikaturisten und Schnellzeichner: Ole Jensen und Oskar. An den Ereignissen, die zwischen 1958 und 2003 im Mittelpunkt der Berichterstattung standen, lässt sich die Historie der geteilten und 1990 wieder vereinten Hauptstadt ablesen. Das reicht vom Mauerbau 1961 über die Besuche John F. Kennedys, Jimmy Carters, Ronald Reagans und der Queen, die Zeit des RAF-Terrors mit der Lorenz-Entführung und der Drenkmann-Ermordung bis zur Entspannungspolitik und den euphorischen Tagen und Stunden, in denen vom 9. November 1989 an Angelika Neumann, Harald Karas und Chefredakteur Jürgen Engert live von der plötzlich offenen Grenze berichteten.

Die Frage, wie die *Abendschau* sein und worüber sie berichten soll, wird immer wieder neu gestellt. Im Sommer 1988 gaben in einer Studiorunde drei Fachleute Antworten, die bis heute gelten.

Marlies Menge, damals Korrespondentin der *ZEIT* in der DDR, Wolfgang Rademann, von Hause aus Journalist und Produzent von *Schwarzwaldklinik* und *Traumschiff*, und Horst Bosetzky, als -ky millionenfach gelesener Berliner Krimi-Autor und als Neuköllner immer am Puls der Zeit. Mit -ky bin ich in Neukölln zur Schule gegangen (da war er der schnellste 100-Meter-Läufer des

Bezirks). Rademann hat mir als Volontär bei Ullstein auf die Sprünge geholfen. Beider Meinung und Ratschlag waren mir immer wichtig.

Beinahe hellsichtig hat Marlies Menge vor mehr als dreißig Jahren in jener *Abendschau*-Runde gefordert, wir Journalisten sollten vor allem rational berichten angesichts einer mehr und mehr irrational werdenden Politik. Rademann forderte Aktualität – die „heiße Nadel", wie er sagte, den schnellen Zugriff aufs Geschehen. Und -ky meinte, die *Abendschau* müsse alle Berliner Winkel ausleuchten und den Menschen das Gefühl vermitteln, dass es sich lohnt, in dieser Stadt zu leben. Keine frommen Wünsche – alle drei haben sich als Realisten erwiesen. Und Rademann gab bei dieser Gelegenheit noch eine Anregung, die seit einiger Zeit umgesetzt ist: „Macht aus dem Wetterbericht 'ne kleine Show mit anschaulichen Erklärungen!". Die Zeiten ändern sich und mit ihnen auch die Fernsehprogramme.

Abendschau-Weihnachtsfeier in den 70er-Jahren – u. a. mit Ulrike von Möllendorff, Heinz Deutschendorf und Ole Jensen

Angelika Neumann bei der Maueröffnung 1989 am Brandenburger Tor

-ky und Wolfgang Rademann im *Abendschau*-Studio

8. Mauerbau und Kalter Krieg

Kennedy und die Queen – die Schutzmächte schützen die Teilstadt

Es war an einem Sonntag im August. Wir standen am Potsdamer Platz – ungläubig und kopfschüttelnd. „Die spinnen", sagte meine Kommilitonin. Niemand glaubte so recht, dass das ernst gemeint und auf Dauer angelegt sei, selbst wenn sie Stein auf Stein setzten und den Stacheldraht ausrollten, der aus Nordrhein-Westfalen geliefert worden war. Angesichts des massenhaften Flüchtlingsstroms aus der DDR wurde zwar vermutet, dass „irgendetwas" passieren würde. Vielleicht ein zeitlich begrenztes hartes Grenzregiment als Drohung – oder wieder mal ein paar Erschwernisse für Westberliner. Nicht einmal Karl-Eduard von Schnitzler glaubte am 13. August 1961 an einen brutalen Trennungsstrich. Westberliner „mit anständigem Benehmen" seien nach wie vor in der Hauptstadt der DDR willkommen, verkündete er im DDR-Fernsehen. Und er habe an diesem Sonntag bereits zahlreiche Kraftfahrzeuge mit Westkennzeichen im Ostteil der Stadt gesehen. Die gemauerte Teilung löste auf der Westseite zunächst Überraschung und Ungläubigkeit aus. Nicht nur, weil SED-Chef Walter Ulbricht noch im Juni bei einer internationalen Pressekonferenz auf eine entsprechende Frage der Kollegin Annemarie Doherr von der *Frankfurter Rundschau* sein „Niemand hat die Absicht, eine Mauer zu errichten!" geantwortet hatte.

Heute wissen wir: Willy Brandt war als Regierender Bürgermeister im Rathaus Schöneberg überrascht und wusste von nichts. Adenauer war informiert, US-Präsident Kennedy wusste mit ziemlicher Sicherheit alles, nachdem bei seinem Treffen mit Nikita Chruschtschow Anfang Juni Einigkeit darüber bestand, dass beide Seiten wegen der Berlin-Frage keinen Atomkrieg riskieren wollten. Brandt war an diesem 13. August verzweifelt und fühlte sich alleingelassen. In Bonn erreichte er am Telefon nur Außenminister Heinrich von Brentano, der ihn mit den Worten „Nun müssen wir noch enger zusammenarbeiten" tröstete. Schlimmer aus Sicht von Brandt: Die drei westalliierten Stadtkommandanten in Berlin spielten toter Mann. Kein Kontakt, keine Stellungnahme, keine Verurteilung des Mauerbaus. In den aktuellen Redaktionen des SFB herrschte neben der Überraschung weithin Ratlosigkeit. Einige Hörfunk-Reporter wurden wach geklingelt und mit einem tragbaren Aufnahmegerät an die Orte des Geschehens geschickt (wo der RIAS schon einige Zeit vor ihnen eingetroffen war).

Seltsam, dass Putzfrauen und andere Grenzgänger/innen, die aus dem Osten der Stadt zur Arbeit nach Westberlin kamen, schon Tage vor dem 13. August darüber informiert waren, dass mit dieser Art der Tätigkeit in Kürze Schluss sein würde. Otto Normalverbraucher in Westberlin aber wagte nicht an eine totale Abriegelung zu glauben, die dann das Leben vieler Menschen radikal veränderte. Zumeist waren es traurige Schicksale durch die Trennung von Familien, Freunden und Partnerschaften oder durch den Verlust des Arbeitsplatzes und durch Perspektivlosigkeit in der DDR. Bei der Frage nach den Ergebnissen, die der „antifaschistische Schutzwall" gebracht habe, belehrte mich einige Wochen nach dem 13. August ZK-Mitglied Paul Verner (SED) bei einer Pressekonferenz in Westberlin: „Was wollen Sie denn? Sie sind doch eingemauert!"

Erste Früchte der „Strategy of Peace"

Mich hat der Mauerbau gewissermaßen in den Journalisten-Beruf gezwungen. Bei der plötzlich total auf Berlin konzentrierten, weltweit angeforderten Berichterstattung und angesichts der Besuche von US-Vizepräsident Johnson, Außenminister Dean Rusk und der Kennedy-Brüder Robert und Edward gab es kein Ausweichen. Es ging Schlag auf Schlag. Hierfür vergrößerte der Sender Freies Berlin großzügig seinen Personalbestand. Der Student und freie Mitarbeiter wurde in diesem Automatismus einfach fest angestellt. Erst später, viel später begriff ich nach und nach, was da am 13. August 1961 in der Weltpolitik und in der scheinbar oder tatsächlich vom Ausbruch eines Atomkrieges bedrohten ideologischen Auseinandersetzung des Kalten Krieges geschehen war. Die Bewertung kann im Nachhinein nur zu der Schlussfolgerung kommen: ein taktisches Meisterstück von John F. Kennedy (an dessen Ende der 9. November 1989 stand).

Der Reihe nach – weil mit dem Mauerbau und Kennedys Berlin-Besuch vom 26. Juni 1963 („Ich bin ein Berliner!") so viele Traumgeschichten und Fehleinschätzungen verbunden sind. Wer wenige Tage zuvor – am 10. Juni 1963 – Kennedys Rede in der *American University* in Washington zur *„Strategy for Peace* – Strategie des Friedens" zur Kenntnis genommen hatte, der wusste, mit welchen Absichten der US-Präsident nach Westberlin kam. Er hatte im Herbst 1962 die Kuba-Krise geschickt bewältigt. Jetzt setzte er auf „Friedliche Koexistenz". In Berlin hatte der Mauerbau, so seltsam das auch heute noch klingen mag, die Voraussetzungen dafür geschaffen. Denn Kennedy hatte mit seiner Stillhalte-Taktik faktisch den Vier-Mächte-Status Berlins aufgegeben (was ihm einige kundige CDU-Politiker in der Stadt heute noch vorwerfen). Dafür blieben die drei Westsektoren unangetastet. Die seit dem 17. Juni 1953 in der DDR und dem Herbst 1956 in Ungarn bekannten Einflusssphären waren endgültig abgesteckt, was sich im „Prager Frühling" 1968 noch einmal auf tragische Weise bestätigte. Daher schaute Willy Brandt (der nach seiner Enttäuschung am 13. August und nach einem erzürnten Brief an Kennedy wieder mit den Plänen des US-Präsidenten auf einer Linie lag) etwas irritiert drein, als er die Rede Kennedys am Rathaus Schöneberg hörte. (Keiner hat diese Situation – das freudige Gesicht Adenauers und die unmutige Miene von Brandt – so treffend beschrieben wie Egon Bahr, der danebenstand.)

„Ich bin ein Berliner!" war die Rede eines Kalten Kriegers. Doch sie war vor allem dazu gedacht, die Bevölkerung Westberlins, die seit der Blockade so unerschütterlich zum Westen und zu den USA gehalten hatte, zu beruhigen. Die USA wollten diesen Leuchtturm westlicher Werte nicht preisgeben. Das stand fest – das konnte Kennedy guten Gewissens versichern. Den Satz mit dem „Berliner" hatte der bürgerlich gebildete und mit Lateinkenntnissen aufgewachsene Kennedy gewählt, um einen historischen Vergleich herzustellen. „*Civis romanus sum* – Ich bin ein Bürger Roms" war in der Antike ein Satz, der hohen Respekt abnötigte. Ähnlich erging es den Einwohnern Berlins in den Tagen des Kalten Krieges – auch wenn die Amerikaner in den Vereinigten Staaten oft nachfragten: „Aus Ost- oder aus Westberlin?" Bis der Satz „Ich bin ein Berliner!" über den Rathausplatz und hinaus in die Welt schallte, spielten sich im Amtszimmer des Regierenden Bürgermeisters Brandt Szenen ab, die an die Heißproben kurz vor einer Theaterpremiere erinnern. Bundeskanzler Adenauer hatte sich zurückgezogen und las das SED-Zentralorgan *Neues Deutschland*. Brandt wartete ungeduldig, bis der hohe Gast aus den USA startbereit war. RIAS-Direktor Robert H. Lochner, der neben Heinz Weber, dem Dolmetscher des Auswärtigen Amtes, als Übersetzer fungierte, und der spätere Bausenator Klaus Franke, bemühten sich, dem Präsidenten die korrekte Aussprache des einen deutschen Satzes beizubringen. Es wurde der erfolgreichste Satz eines amerikanischen Präsidenten. Weder Jimmy Carters „Berlin bleibt frei!" noch Ronald Reagans „Mister Gorbatschow, reißen Sie diese Mauer nieder!" reichten da heran.

Der wahre Kennedy zeigte sich am 26. Juni 1963 jedoch in der Freien Universität in Berlin-Dahlem, wo wir ihn gespannt erwarteten. Denn Dahlem war das Zentrum der US-Garnison in der Stadt. Hier sprach Kennedy zuerst zu seinen Staatsbürgern, bevor er wenige Meter weiter in der Universität seine Vorstellungen von einer friedlichen Welt skizzierte. Nach der Rede vor den in Westberlin stationierten US-Soldaten und ihren Angehörigen brach ein kleines Mädchen in Tränen aus. Es war Anita Lochner, in späteren Jahren eine erfolgreiche Schauspielerin, die Tochter von Robert H. Lochner. Als ihre Mutter nach dem Grund fragte, antwortete Anita: „I love him!" So erging es vielen Berlinerinnen und Berlinern – John F. Kennedy war und ist der Liebling Berlins.

In der Freien Universität Berlin waren die Reaktionen auf die Rede Kennedys, was Adenauer und Brandt angeht, im Vergleich zum Auftritt des Präsidenten am Rathaus Schöneberg genau umgekehrt: Adenauer blickte verstört und verärgert – Brandt strahlte. (Auch diese Situation hat Egon Bahr nicht ohne Schadenfreude beschrieben.) Kennedy hatte die „Verachtung von Krieg“ betont, in der sich die USA und die Sowjetunion einig seien. „Ich spreche von einer Art Frieden, die das Leben auf der Erde lebenswert macht.“ Das war seine *Strategy of Peace*. Ein erstes Ergebnis zeigte sich für Westberlin bereits einige Monate später: Zu Weihnachten 1963 – und zum 50. Geburtstag von Willy Brandt – gab es zum ersten Mal Passierscheine für Westberliner zum Verwandten-Besuch in Ostberlin.

Sowohl beim Kennedy-Besuch im Juni 1963 als auch bei der Visite von Queen Elizabeth II. am 18. Mai 1965 – dem Himmelfahrtstag – nutzten SFB und RIAS eine für die damalige Zeit fantastische Neuerung: den Funkstreckenwagen. In ihm fuhr RIAS-Chefreporter Jürgen Graf in der Kolonne des Staatsgastes und gab an die Reporter der jeweiligen Besuchsstationen in Berlin ab. Die Queen landete um 10.45 Uhr auf dem britischen Militärflughafen Gatow und verließ die Stadt vom Flugplatz Tempelhof aus um 16.20 Uhr. In diesen rund fünfeinhalb Stunden nahm sie zuerst eine Parade von 1.500 Soldaten auf dem Maifeld am Olympiastadion ab und ließ sich mit Salutschüssen begrüßen. (Eine Station im Besuchsprogramm, die wieder einmal mir übertragen wurde, weil ich – wie alljährlich auf der Straße des 17. Juni – als eingefleischter Pazifist angeblich die besten Reportagen ablieferte, wenn viel Tschingderassabum dabei war.) Eine Kranzniederlegung auf dem britischen Soldatenfriedhof an der Heerstraße, ein Essen mit Willy Brandt im Schloss Charlottenburg, eine Kurzvisite im Englischen Garten und am Potsdamer Platz, danach die Eintragung ins Goldene Buch im Rathaus Schöneberg und eine Unterredung mit Bundeskanzler Ludwig Erhard. Eine britische Königin hält im Ausland keine Ansprachen an Hunderttausende, die auf markige Worte warten. Anders als bei Kennedy blieb der Platz vor dem Rathaus fast leer, doch immerhin hatten etwa eine Million Westberliner die Straßen gesäumt, an denen die Queen und Prinz Philip zu Himmelfahrt entlangfuhren. Heute gehören solche Staatsbesuche zum Berliner Alltag und verursachen allenfalls bei Autofahrern einige Gefühlsaufwallungen wegen der Straßensperrungen. Damals wurde die Polizei-Eskorte der „Weißen Mäuse“ liebevoll bestaunt, wenn sie einen hohen Gast durch Westberlin geleitete.

Die Übertragungstechniker und wir Reporter saßen am 18. Mai 1965 abends auf Einladung des RIAS bei einem Essen in der RIAS-Stammkneipe gegenüber dem Funkhaus in der Kufsteiner Straße 69. RIAS-Programmdirektor Herbert Kundler bedankte sich herzlich bei allen Mitwirkenden. Mit ihm als Radioprofi machte die Zusammenarbeit immer viel Spaß. Noch erlebnisreicher waren allerdings Konferenzen der Hörfunkdirektoren der ARD, die Kundler im gemütlichen Teil stets mit einem selbst verfassten Gedicht bereicherte. Er war halt ein Multitalent und ein Sprachkünstler.

Die Intendanten Barsig und Haus, der Chefredakteur Peter Pechel, Programmdirektor Erich Proebster mit seinem luziden TV-Unterhaltungschef Dieter Finnern und dessen unermüdlichem Helfer Peter Lichtwitz pflegten besonders enge Beziehungen zu Britannien und zu den USA. Intendant Barsig konnte von solchen Kontakten allenfalls durch einen Besuch in Moskau oder einen Flug nach China abgelenkt werden. (Barsig hat in Peking für die ARD die Einrichtung eines Korrespondentenplatzes ausgehandelt und vorbereitet.) Diese Haltung schlug sich im SFB-Programm natürlich nieder. Zudem war Pechel Vorstandsmitglied der von John McCloy, dem ehemaligen Hohen Kommissar der USA für Deutschland, begründeten „Atlantik-Brücke" (2017 war Friedrich Merz deren Vorsitzender). Pechel und Finnern reisten regelmäßig in die Vereinigten Staaten und brachten von dort laufend Programmideen fürs Fernsehen mit. Frankreich kam in den SFB-Sendungen zwar vor, doch allein die weiter verbreitete englische Sprache verschaffte dem anglo-amerikanischen Zirkel in der Vier-Sektoren-Stadt erhebliche Vorteile.

So waren Paul Kuhn und die SFB Big Band 1974 als Randergebnis der Entspannungspolitik ins damalige Leningrad und nach Moskau gereist. In Richtung Westen war Dieter Finnern sehr aktiv und *very British*. Er schickte die Big Band zu einem romantischen Konzert auf die liebliche Kanalinsel Jersey und arrangierte im Juni 1975 die Teilnahme des SFB am „International Festival of Light Music" der BBC in der *Royal Festival Hall* in London. Ein denkwürdiges Gastspiel. Für mich aus vielerlei Gründen. Beim Einchecken im „Britannia Hotel" am Grosvenor Square wurde überdeutlich, wie konservativ die Briten 1975 noch waren. Die Dame an der Rezeption weigerte sich, unsere Star-Sopranistin Anneliese Rothenberger mit ihrem Lebensgefährten in einem Zimmer unterzubringen, da die beiden nicht miteinander verheiratet waren. Erst unsere nachdrücklichen Hinweise auf die diplomatischen und politischen Probleme, die daraus entstehen könnten, stimmten die auf Sitte bedachte Empfangsdame um. Wenig später wurde mir ein Telegramm aus Berlin in die Hand gedrückt. Absender: Intendant Franz Barsig. Er sei verhindert. „Bitte entschuldigen Sie mich bei der BBC." Das bedeutete: Plötzlich war ich als amtierender Vorsitzender des Verwaltungsrats die Nummer eins der SFB-Delegation – mit allen Reden und Pflichten. Neben Dieter Finnern und Peter Lichtwitz waren als Mitglieder des SFB-Rundfunkrats Heinz „Micky" Beinert (Landesjugendring) und Hans Gleisberg (Landessportbund) nach London mitgereist. Unser stolzes Künstlerteam bestand neben Anneliese Rothenberger, der SFB-Streichergruppe unter Hans-Georg Arlt und der Big Band mit Paul Kuhn aus dem Geigenvirtuosen Helmut Zacharias, der Trompeterin Carole Dawn Reinhart und dem Tenor Horst Laubenthal. Gemeinsam mit Robin Boyle von der BBC besorgte unsere Sprecherin Helga Bayertz in der *Royal Albert Hall* die Ansage. Es war – wenn ich ehrlich bin: zur allgemeinen Überraschung – ein

Riesenerfolg. In unserer Loge war der deutsche Botschafter Karl-Günter von Hase (ab 1977 als ZDF-Intendant einer meiner tatkräftigen Förderer und Unterstützer beim ARD/ZDF-Projekt *Videotext*) genauso begeistert wie die 3.000 Zuhörer im Saal. Der Abend begann mit der umjubelten Ouvertüre zu *Frau Luna* von Paul Lincke – etwas „Berliner Luft" inklusive – und endete mit dem Militärmarsch *Alte Kameraden* von 1889, der sich selbst nach dem Zweiten Weltkrieg im Ausland ungebrochener Beliebtheit erfreute.

Es tut diesem glanzvollen Konzertabend keinen Abbruch, wenn der ergiebigste und nachhaltigste Eindruck dieses London-Trips die Begegnung mit Douglas Muggeridge bei dem Lunch war, den die BBC für die SFB-Delegation gab (Lammkotelett mit neuen Kartoffeln). Muggeridge war der innovative Chef der Radiosender BBC 1 und BBC 2. Aber mehr noch: Er war ein Neffe von Malcolm Muggeridge (dem journalistischen Entdecker von Mutter Teresa) und dieser wiederum hatte sich im Zweiten Weltkrieg beim britischen Geheimdienst mit meiner Leitfigur Graham Greene angefreundet. So schließen sich die Kreise. Interessanten Gesprächsstoff gab es bei diesem Lunch genug. Zwei Jahre später wurden dann London und die BBC mit dem Beginn der deutschen Videotext/Teletext-Aktivitäten für mich erst einmal zum zweiten Wohnzimmer. Denn die Ratschläge der Teletext-Begründer bei der BBC erwiesen sich für jeden Anfänger als unentbehrlich.

„Dem Himmel bin ich auserkoren"

Durch Vermittlung von Chefredakteur und „Atlantik-Brücke"-Vorstand Pechel wurden SFB-Redakteure regelmäßig auf Einladung des US-Außenministeriums auf eine mehrwöchige Informationsreise durch die USA geschickt. Mein Trip von Küste zu Küste begann Ende August 1973 in Washington und endete vier Wochen später in New York. Am Anfang Gespräche im US-Außenministerium und mit Vertretern des kulturellen Lebens und der Rundfunkszene. Besuche in einem Indianer-Reservat und bei einer mexikanischen Gemeinde in New Mexico standen ebenso auf dem Programm wie ein Meinungsaustausch mit Umweltschützern, ein Trip zum Ausbildungscamp für Düsenjägerpiloten in Arizona und Aufenthalte in der Mormonen-Metropole Salt Lake City und der Kennedy-Stadt Boston. Es war jener September 1973 – der Monat, in dem die Bundesrepublik und die DDR in die Vereinten Nationen aufgenommen wurden. Willy Brandt hielt vor der UN-Vollversammlung eine Rede. Und es war der Monat, in dem mithilfe der CIA der sozialistische Staatspräsident Chiles, Salvador Allende, gestürzt und getötet wurde. Eine Rundreise, die tatsächlich ein Gesamtbild der Vereinigten Staaten vermittelte. Noch lastete die gesellschaftliche Spaltung des Landes während des Vietnam-Krieges auf den USA, da verleitete die traditionelle Angst vor Sozialismus und Kommunismus zu einer weiteren Intervention, die viel Leid über Lateinamerika gebracht hat.

Geblieben ist nicht nur für Berliner, die nach 1945 im amerikanischen Sektor aufgewachsen sind, oder für SFB-Mitarbeiter, die sich unbeirrt an *westlichen Werten* orientierten, die Richtschnur, die mehr als zwei Jahrzehnte später in meinem von der RIAS Berlin-Kommission mit *Besonderer Anerkennung* versehenen Radiofeature *Eine Kindheit im amerikanischen Sektor* das Leitmotiv blieb: *So sind wir geworden, was wir sind* – mit Schlagball, Kaugummi und Care-Paketen, mit dem ersten Wildwestfilm, mit Gershwin, Glenn Miller, Frank Sinatra, Elvis Presley, Thornton Wilder, William Faulkner und Tennessee Williams. Mit *Onkel Toms Hütte* bei Kerzenschein während einer Stromsperre in der Blockadezeit. Und mit einem Kopfschütteln bei der messianischen Auffassung eines ganzen Landes und seiner Bevölkerung, die Welt besser machen und vom Bösen befreien zu wollen, gipfelnd in dem Satz, den Thornton Wilder für einen Buchtitel gewählt hat: *Dem Himmel bin ich auserkoren*.

Medienauftrieb beim Kennedy-Besuch am 26. Juni 1963

SFB-Chefredakteur Peter Pechel

Interview mit US-Botschafter Richard Burt Weihnachten 1987

Erinnerungskultur mit Jürgen Graf vom RIAS

9. Nach Paris mit Willy Brandt und Karajan

Marlene, Romy und Malraux inklusive

1963 – das Jahr des Élysée-Vertrages zur deutsch-französischen Freundschaft – war das Jahr, in dem Berlin-West sich zum ersten Mal nach 1945 in Paris glanzvoll mit Kunst und Kultur präsentierte.

Für den April war die Visite des Regierenden Bürgermeisters Willy Brandt, inzwischen Kanzlerkandidat seiner Partei, angesagt – flankiert von den Berliner Philharmonikern mit Herbert von Karajan und einer Auswahl von Werken des französischen Rokoko-Malers Antoine Watteau, die von Friedrich dem Großen erworben wurden und im Schloss Charlottenburg und im Neuen Palais in Potsdam ihren Platz gefunden hatten.

Ein Kulturtrip, den Willy Brandt mit seiner Ehefrau Rut und seinem Freund Egon Bahr, dem Senatssprecher, äußerst gern absolvierte. Für die *Berliner Abendschau* schickte der SFB Wolfgang Hanel mit auf die Reise an die Seine. Zu mir sagte die Sekretärin in der Chefredaktion: „Sie müssen in der *Caravelle* bei Brandt in der ersten Klasse sitzen, falls Sie ein Interview machen." Für den Hörfunk wäre ein Interview im Flugzeug natürlich viel leichter, weil technisch weniger aufwendig, gewesen. Es kam trotzdem nicht dazu. Was sollte ich Brandt denn vorab fragen? Mehr als der übliche Reporter-Rhabarber („Wie fühlen Sie sich? Was haben Sie vor?") wäre dabei nicht herausgekommen. Dafür wurden die Tage nach der Landung in Paris umso interessanter.

An zwei Abenden dirigierte Karajan die vier Sinfonien von Johannes Brahms mit den Berliner Philharmonikern. Die Kompositionen von Brahms durchzogen französische Filme – *Lieben Sie Brahms?* (1961) nach dem Roman von Francoise Sagan mit dem 3. Satz aus der 3. Sinfonie oder *Die Liebenden* (1958) von Louis Malle mit dem Streichsextett opus 18. Brahms hatte versucht, Französisch zu lernen, und liebte Bizets *Carmen* und Chopins Klavierkompositionen. Aber er hatte nach dem Sieg im Krieg gegen Frankreich 1871 dem Kaiser ein *Triumphlied* gewidmet, das nach dem Ersten Weltkrieg in Vergessenheit geriet. 1961 in Paris war bei den Franzosen nur Liebe zu Brahms spürbar. Beide Konzerte waren ausverkauft. Mein Platz in einer Loge war allerdings besetzt – von einer jungen Dame, die ich erst höflich, dann mit einigem Nachdruck in Französisch über ihren Irrtum aufzuklären suchte. Im Verlauf des heftiger werdenden Dialogs stellten wir allerdings fest, dass Französisch nicht unser beider Muttersprache war, und verfielen lachend ins Deutsche. Die junge Dame war Romy Schneider. Sie hatte den klassischen Konzertbesucher-Fehler gemacht und auf dem Ticket ihren Platz auf der falschen Seite – rechts oder links – gesucht und eingenommen.

Nach dieser ersten Begegnung mit deutsch-französischer Prominenz brachte der nächste Tag das Geschenk eines Treffens mit einem der bedeutendsten französischen Intellektuellen des 20. Jahrhunderts – mit André Malraux, der als Kulturminister die Ausstellung mit den aus Berlin importierten Watteau-Gemälden im Louvre eröffnete. Malraux war Schriftsteller, Drehbuchautor, Regisseur und am Ende Politiker im Sog des Generals de Gaulle, der ihn 1959 zum Kulturminister ernannte. Politisch hatte sich Malraux im Spanischen Bürgerkrieg auf der Seite der Republikaner – wie Willy Brandt – hervorgetan (dort hatte Malraux ein gemeinsames Büro mit Ernest Hemingway und George Orwell) und als kämpferischer Links-Gaullist in der Résistance. Als Schriftsteller brillierte er mit *La Condition humaine – So lebt der Mensch* und in seinen späteren Jahren als Gegner von Jean-Paul Sartre. Das Radio-Interview mit Malraux im Louvre sah einen in Ehrfurcht vor der intellektuellen Größe des Gesprächspartners fast erstarrten SFB-Reporter. Im Nachruf auf den 1976 verstorbenen Malraux habe ich geschrieben: „Sein Epitaph könnte mit seinen eigenen Romanworten lauten: *Der Mensch ist, was er tut.*"

Der General ruft

Willy Brandt war nach der Berliner Abgeordnetenhaus-Wahl vom 17. Februar 1963 auf dem Höhepunkt seiner Popularität und seines politischen Einflusses in der Bundes-SPD. Seine Partei hatte in Berlin 61,9 Prozent der Stimmen und alle 80 Direktmandate errungen. Der CDU war negativ angelastet worden, dass sie im Januar 1963 ein Treffen von Brandt mit KPdSU-Chef Nikita Chruschtschow in der Sowjetbotschaft Unter den Linden als damaliger Berliner Koalitionspartner verhindert hatte. Brandts energisches Auftreten nach dem Mauerbau, sein nach anfänglicher Verstimmung erkennbarer Gleichklang mit der Kennedy-Administration, der auf Stabilität mit der anderen Supermacht zielte (und dabei – wie wir heute wissen – den Vier-Mächte-Status Berlins zugunsten der Sicherheit von Westberlin aufgab), hatten ihn schon 1963 nach der Berliner Februar-Wahl für den Bundesvorsitz der SPD und als SPD-Kanzlerkandidaten seiner Partei bei der Bundestagswahl 1965 prädestiniert. Der Berlin-Besuch von John F. Kennedy im Juni 1963 stand noch bevor. Und Egon Bahr hat in der Rückschau zufrieden feststellen können: „Danach gab es keine Krise mehr in Berlin, bis die Mauer fiel. Es gab auch keine Deutschland-Krise mehr."

Im Bewusstsein vergangener Erfolge und kommender Erfolge saßen wir mit Willy Brandt, seiner Ehefrau und wenigen Pressekollegen an einem dieser

Pariser Aprilabende in der Hotelbar – *Hennessy* war angesagt (seitdem auf Jahre mein Lieblingskognak), unsere Unterhaltung über Gott und die Weltpolitik wurde immer lockerer und angenehmer. Da stürzte Egon Bahr herein mit den Worten: „Willy, du musst nach Saint-Dizier in die Präfektur! Der General will dich sehen." Ein zunächst nicht vorgesehener, aber erhoffter Termin mit Staatspräsident Charles de Gaulle. 45 Minuten dauerte dieses Gespräch. Brandt sprach deutsch, de Gaulle französisch. Eigens für diesen Paris-Besuch hatte Brandt während seines Urlaubs in Tunesien Französisch gelernt und vor der begeisterten Presse in Paris eine Rede in der Landessprache abgelesen. De Gaulle hat Brandt später in seinen Reden stets respektvoll und wertschätzend erwähnt, wie Egon Bahr sich erinnerte: „Dem General verdankten wir die Idee eines Europa der Vaterländer und folgerten daraus, dass auch die Bundesrepublik ihren eigenen Willen und ihre eigenen Interessen verfolgen und trotzdem bündnistreu bleiben könnte. Noch weiter gehend: dass die Nation nicht in Europa untergehen würde und wir gegenüber dem unentbehrlichen Amerika keine Untertanen waren." Brandt verschwand an diesem Abend in aller Eile. Für mich war von diesem Zeitpunkt an die Nähe zu seiner Politik und seiner Partei klar, die mich nach seiner Kanzlerschaft als Freund des Ehepaars Brandt zu seinem Redenschreiber machte.

Abschied mit Marlene

Beim abschließenden Empfang des Regierenden Bürgermeisters in Paris, als Romy Schneider gerade auf Karajan und Brandt einredete, tauchte ganz überraschend, lebhaft und fröhlich, Marlene Dietrich auf. Genau drei Jahre zuvor – bei ihrem Berlin-Auftritt Ende April 1960 im Titania-Palast – hatten wir uns kennengelernt. Ihre Wiedersehensfreude gegenüber dem einstigen Zeitungsvolontär erleichterte die Suche nach verwertbaren Neuigkeiten ungemein. Diesmal also ein Radio-Interview mit Marlene. (Im SFB hielt sich die Begeisterung darüber in Grenzen – das Interview wurde einmal in *Rund um die Berolina* ausgestrahlt.) Nur ein Lächeln blieb da für Pressechef Egon Bahr, der von der Dietrich und ihrer Ausstrahlung überwältigt war und erst hernach feststellte, er habe an ihren Händen erkannt, dass er eine alte Frau vor sich hatte. „Die Hände waren nicht geliftet."

Ansonsten erinnerte die Dietrich auch 1963 in Paris an ihre Begegnung mit einem Verehrer, der ihr zugeraunt hatte: „Ich würde alles für Sie tun!" Ihm hatte sie entgegnet: „Wunderbar – dann gehen Sie mit meinem Hund spazieren." Wer aber kann schon von sich sagen, dass er Marlene Dietrich nach Hause begleitet hat, zu Fuß über die Champs Élysées, in die Avenue Montaigne Nummer 12? Zum Abschied zwei Küsse an der Haustür – der eine auf die rechte, der andere auf die linke Wange.

Marlene Dietrich wohnte in Paris, weil sie hoffte – so geht die Sage –, dass ihre große Liebe Jean Gabin (1904–1976) sich noch einmal an sie erinnern würde. Wer sie ein wenig näher kannte, wusste, dass Marlene unabhängig davon mit ganzem Herzen an Berlin hing. Ab und an telefonierte sie mit Friedrich Luft in Berlin. Auch dieser Kontakt verebbte gegen Ende der 80er-Jahre. Als am 6. Mai 1992 aus Paris die Nachricht von ihrem Tod kam, hielten sich Überraschung und Anteilnahme in Grenzen. In Berlin, an der Seite ihrer Mutter, wollte Marlene Dietrich begraben werden. Ein Wunsch, auf den ein letztes Mal neue Peinlichkeiten im schwierigen Nachkriegs-Verhältnis zwischen Marlene und ihren Berlinern folgten. Wieder kursierte das böse Wort von der „Vaterlandsverräterin", auch in seriösen Zeitungen. Zunächst kündigte der Senat 1992 eine Hommage an den Weltstar an. Doch *Adieu Marlene!* wurde abgesagt, nicht nur, weil der zuständige Kultursenator gerade bei den Filmfestspielen in Cannes war. Es war Wahlkampf in Berlin, da wollten die Stadtpolitiker offenbar lieber leisetreten. Den 400 akkreditierten Journalisten, für die bei der Beisetzung zwischen den Gräbern Pressetribünen aufgestellt waren, gesellten sich am Friedhofstor Dietrich-Gegner hinzu, die Schmähschriften verteilten. Ein Lichtblick die Kranzschleife der Europäischen Filmakademie mit der Aufschrift „Engel sterben nicht!". Und Maximilian Schell, der dem „Blauen Engel" mit einem letzten Film so nahe gekommen war wie selten einer, hielt am Grab die Trauerrede.

Es hat gedauert, bis ein Platz und eine Straße in Berlin und in Babelsberg (wo sie ihre Filme drehte) nach ihr benannt wurden, bis die „Marlene-Dietrich-Collection" mit all ihren Hinterlassenschaften an der Spree ihren Platz fand. Es brauchte seine Zeit, bis der Pakt, den sie bei ihrem Berlin-Besuch 1960 per Handschlag mit einer Berlinerin vor dem Rathaus Schöneberg geschlossen hatte, mit Leben erfüllt wurde. Damals hatte eine alte Dame ihr freundlich die Hand gereicht und gefragt: „Na, woll'n wir uns wieder vertragen?" Und die Dietrich hatte die Hand ergriffen und stumm genickt, den Tränen nahe. Im Gedenken an die „Fesche Lola" und tolle Berliner Tage. 1963 in Paris hatten alle, die dabei waren, das Glück, noch einmal einen Hauch vom „Liebling der Saison" zu erhaschen.

Mit Robert Kennedy an der Bernauer Straße bei dessen Berlin-Besuch im Februar 1962

Erste „Telstar"-Übertragung von der Berliner Mauer am 23. Juli 1962

Besprechung mit Willy Brandt

Willy Brandt – ziemlich privat

10. Die Passierscheinregelung 1963

Der SFB als Servicestation

Es war ein Tag vor dem 50. Geburtstag von Willy Brandt am 18. Dezember 1963 – und da saßen sie nun beide auf dem bequemen Sofa in der Hörfunk-Chefredaktion: der von seiner Polizei nicht sonderlich geschätzte Senator für Sicherheit und Ordnung, Heinrich Albertz (heute nennen wir das *Innensenator*), und der Freund und Ideengeber von Willy Brandt, Senatspressechef Egon Bahr, der Meister der salvatorischen Klauseln. Über Orts-, Behörden- und Amtsbezeichnungen hatten sich die Delegationen in sechstägigen Besprechungen (die nicht *Verhandlungen* genannt werden durften) nicht einigen können. Für die DDR hatte Bahr in Sachen Passierscheine die Bezeichnung *die andere Seite* geprägt, die wir im SFB-Hörfunk bereitwillig benutzten, um nicht Sowjetzone oder SBZ sagen zu müssen. (Als später im Zuge der Ost-West-Entspannung bei uns auch in den Rundfunksendungen die DDR Einzug hielt, intonierte Heinz Petruo als Nachrichtensprecher des RIAS die drei Buchstaben des zweiten deutschen Staates stets hörbar mit Anführungszeichen.)

Egon Bahr, Journalist und Politgenie, hatte am 15. Juli 1963 in der Evangelischen Akademie Tutzing seinen Vortrag *Wandel durch Annäherung* gehalten, der einen Strategiewechsel in der Ostpolitik postulierte und an John F. Kennedys „Strategy of Peace" vom Juni 1963, dem Monat seines Berlin-Besuchs, anknüpfte. Mit Bahr und Brandt war ich im Frühjahr 1963 als Hörfunk-Reporter bei einer offiziellen Paris-Reise näher bekannt geworden. Seitdem wusste oder ahnte ich (nicht ohne Begeisterung), welche Absichten, Ziele und Ideen Brandt zur Friedenssicherung in Europa hatte, die dann 1971 mit dem Friedensnobelpreis belohnt wurden. 1963 löste die Formel „Wandel durch Annäherung" besonders im Lager von CDU/CSU heftigen Widerspruch aus. Schnell kam von dort der Vorwurf „Wandel durch Anbiederung". Und selbst Willy Brandt sah das Wort „Annäherung" nicht gern, weil es zu Missverständnissen verleitete, die den Gegnern seiner Politik nur recht sein konnten.

Jetzt ging es als erstes greifbares Ergebnis um die *Ausgabe von Passierscheinen für Bewohner von Berlin (West) zum Besuch ihrer Verwandten in Berlin (Ost)/ Hauptstadt der DDR in der Zeit vom 18. Dezember 1963 bis 5. Januar 1964*. Allein an dieser Überschrift hatten die Unterhändler tagelang gefeilt. Die Bezeichnung *Hauptstadt der DDR* war für uns im West-Radio zu dieser Zeit eine Kröte, die kaum zu schlucken war. Doch ohne diese Formulierung im Schlussdokument hätte es keine Passierscheine gegeben. Bahr war Pragmatiker und erklärte den Text mit verbindlichen Worten auf dem SFB-Sofa, sodass der für den Hörfunk zuständige Chefredakteur Dieter Käufler und mein Zeitfunk-Chef Horst Schallon – beide große Skeptiker der Brandt'schen Ostpolitik – keine Einwände wagten.

Albertz und Bahr waren jedoch nicht – was ich anfangs befürchtete – in den SFB gekommen, um uns Anweisungen zu geben, wie und was wir zu berichten hatten. Beide waren hilfreiche Ratgeber – auch was die eine oder andere Hintergrundinformation betraf, mit der wir live am Mikrofon besser auf Hörerfragen antworten konnten. Neben den Tageszeitungen war der Hörfunk im Jahr 1963 das beherrschende Informationsmedium. Fernsehen steckte bis etwa 1966 in den Kinderschuhen. So kam uns als aktueller Hörfunk, der Tag und Nacht informieren konnte, zu Weihnachten/Neujahr 1963/64 eine besondere Aufgabe zu.

Mauer und Stacheldraht wurden durchlässig. Darüber herrschte in Westberlin unbeschreibliche Freude. Doch wie damit umgehen? Unter welchen Bedingungen und Voraussetzungen? Das musste den Menschen erklärt werden. Die beste Sendefrequenz des SFB wurde unverzüglich zur Tag-und-Nacht-Passierscheinwelle umfunktioniert. Wir mussten ja nicht nur erklären, wie und wo unter welchen Bedingungen die Passierscheine zum Besuch Ostberlins zu beantragen waren. Es kamen Tausende von Anfragen, meist ganz individuelle Fälle, die wir stundenlang live – zuweilen kurz von Musik unterbrochen – über den Sender zu klären versuchten. Neben den großartigen Dienstleistungen, die der RIAS in Westberlin während der Blockade-Zeit als Radiosender erbracht hat, war dies eine weitere historische Aktion des öffentlich-rechtlichen Rundfunks ganz im Dienste der Hörerschaft. Bis tief in die Nacht hinein saß ich mit meinem Kollegen Nikolaus Bora (später für den WDR Korrespondent in Singapur) an den Mikrofonen im SFB-Studio. Die Anfragen wurden uns vom Telefondienst auf Zetteln hereingereicht. Die Antworten gaben wir oder in Live-Interviews Experten vom Senat. Das ging so bis 2.00 oder 3.00 Uhr nachts. Doch um 5.00 Uhr war der Dienstort für die nächste Live-Sendung schon wieder die Oberbaumbrücke, denn ab 6.00 Uhr strömten die Westberliner in den Ostteil der Stadt. Schlaflose Nächte und endlose Freude – eine Stadt im Taumel.

Egon Bahr hat später nicht ohne einen Anflug von Stolz erzählt, dass die Passierschein-Regelung – nach dem Kennedy-Besuch in Berlin mit der historischen Kennedy-Rede zur friedlichen Koexistenz in der Freien Universität – der erste wichtige Schritt zur Entspannungspolitik war, die 25 Jahre später zur Beendigung des Kalten Krieges führte. Der Nachteil: Der Vier-Mächte-Status Berlins war stillschweigend ad acta gelegt worden. Der Vorteil: Die drei Westsektoren – also Westberlin – blieben unangetastet. Der Widerstreit und die Widersprüche dieser Zeit lieferten den Stoff für die Programme des Senders Freies Berlin.

Pro und contra Brandts Ostpolitik – Matthias Walden als entschiedener Kontrahent

Weg mit Euch! ihr roten
stinkende Brut! Weg mit
Kulpok u. Genossen!
Raus mit Euch! Anti deutsche,
Geistes schwache, Lumpen.
Raus nach Polen u. Russland.
ihr wahnsinnige Schweine.
ihr Bastarde!
Heil Moskau!

„Heil Moskau!" – anonyme Zuschauer-Reaktion auf den Pro-Kommentar

11. Liebesgrüße vom Klassenfeind

Agenten hüben und drüben

Im Kalten Krieg war Berlin, in Ost und West, ein beliebter und wichtiger Spielplatz der Geheimdienste. Auf dem Teufelsberg im Grunewald hatten die Amerikaner ihre Abhörstation installiert. In vielen Westberliner Postämtern saßen die Alliierten als Telefonkontrolleure. KGB und Stasi bemühten sich um Informanten aus den Westsektoren. Und ab und an wurde die Weltöffentlichkeit auf dieses Treiben aufmerksam, wenn wieder einmal auf der Glienicker Brücke Agenten beider Seiten ausgetauscht wurden – nicht immer Geheimdienstler und Kundschafter aus Ost- oder Westberlin, aber stets Kämpfer für eine bessere Sache, die angeblich hüben oder drüben lag.

Auch die beiden Westberliner Rundfunksender, der RIAS und der SFB, blieben von solchen Aktivitäten nicht verschont. Die Anwesenheit der CIA war beim amerikanisch kontrollierten RIAS gewissermaßen inhärent, ohne dass das ausgestrahlte Programm dadurch jemals Schaden genommen hätte. Doch vor einer möglichen Beschäftigung in der Kufsteiner Straße 69 meldeten sich in der Nachbarschaft des Bewerbers oder der Bewerberin immer zwei Herren, die sich intensiv nach dem Lebenswandel und den Gewohnheiten des Kandidaten erkundigten. Zumindest wurde auf diese Weise dem späteren Präsidenten des Verfassungsschutzes Günther Nollau (der keine rühmliche Rolle in der Guillaume-Affäre spielte) der Posten des Justitiars beim RIAS wegen seiner Rolle in der NS-Zeit verwehrt.

Wer und wie viele U-Boote der Stasi im Sender Freies Berlin aktiv waren, wird wohl für immer ein Geheimnis bleiben. Der Versuch einer Aufklärungsaktion nach Gründung des rbb hatte eher kabarettreife Züge. Nach der Wende waren selbst ehemalige Senatsmitglieder in Verdacht geraten. Der frühere Innensenator Erich Pätzold (SPD) und der ehemalige Regierende Bürgermeister Dietrich Stobbe (SPD) mussten ihren Senatskollegen und Ex-Bürgermeister Wolfgang Lüder (FDP) in Schutz nehmen, der beim Verfassungsschutz anhand der Stasi-Akten in Verdacht geriet. Stobbe musste aufklärerisch wirken mit dem Hinweis, dass Stasi-Akten „manipulierte Akten" und „prinzipiell nicht glaubhaft" seien. Alle Senatsmitglieder hatten Ost-Kontakte, ohne dafür die eigentlich vorgeschriebene Genehmigung der Westalliierten einzuholen. Stobbe: „Alle haben sich bemüht, Entspannungspolitik zu machen." Das war für nach 1990 zugereiste Führungskräfte in Berlin natürlich nicht so leicht zu verstehen. Zumal die verfügbaren Stasi-Unterlagen noch recht unvollkommen waren. Die von den USA zunächst verwahrte sogenannte „Rosenholz-Datei“ mit Klarnamen fehlte und als einziger Effekt blieb, dass unbescholtene Kollegen in ein schiefes Licht gerückt wurden. So musste der vormals beim SFB, im ARD-Büro Ostberlin und in Moskau tätige Lutz Lehmann durch eine Unterlassungsklage gegenüber dem NDR erwirken, dass keine weiteren unhaltbaren Gerüchte über seine Person verbreitet wurden. Unter der SFB-Belegschaft wurde nach der Wende lediglich ein recht unbedeutender IM in der Nachrichtenabteilung enttarnt. In die ARD/ZDF-Videotext-Zentrale hatte sich für mehrere Monate ein Hilfsredakteur eingeschlichen, der allerdings einen Wohnsitz im Saarland hatte und dort auch 1990 aufflog. Offiziell blieb im SFB trotz der bekannten permanenten Anwerbeversuche von Mielkes MfS („Ich liebe doch alle Menschen!“) 49 Jahre lang alles *clean* und Stasifrei. Hubertus Knabe hat in seinem viel diskutierten Buch *Der diskrete Charme der DDR* beklagt, dass weitaus mehr Stasi-Agenten unter den West-Journalisten hätten überführt werden können. Zudem kam er zu der recht kühnen Schlussfolgerung, in West-Medien sei zunehmend ein rosiges Bild von der DDR vermittelt worden, weil West-Journalisten aus Blauäugigkeit und Kumpanei der Stasi zugearbeitet hätten.

Maulwürfe an heiklen Stellen

Von hartem Kaliber sind jedoch zwei Fälle, die direkt oder indirekt mit dem Sender Freies Berlin verbunden sind: der IM „Komet“ und der Berliner SPD-Pressesprecher Heinrich Burger. „Komet“ hieß mit Klarnamen Karl-Heinz Maier und residierte als Leiter des Berliner Büros der Deutschen Welle im „Haus des Rundfunks“ an der Masurenallee. Heinrich Burger machte als Pressefotograf am 2. Juni 1967 die ersten Fotos vom erschossenen Studenten Benno Ohnesorg (bekanntlich war der Schütze Karl-Heinz Kurras als Westberliner Polizeibeamter ebenfalls Stasi-Agent). Maier entzog sich einer Strafverfolgung durch den Tod. Burger wurde 1976 verhaftet, zu sieben Jahren Gefängnis verurteilt, aber kurz danach auf der Glienicker Brücke ausgetauscht. Heute agiert er erfolgreich als Fernschach-Großmeister.

Die Story des Karl-Heinz Maier hat die Gemüter in Kollegenkreisen besonders erregt. Als Korrespondent der *Westfälischen Rundschau* und Chef des Berliner Büros der Deutschen Welle genoss er Anerkennung und war über Jahre Vorsitzender der Berliner Pressekonferenz in Westberlin, bei der sich unter seiner Leitung nationale und internationale Politprominenz den Fragen der Journalisten stellte. Hinzu kam, dass er als „Panzer-Maier“ und Kommandeur einer Panzereinheit der israelischen Armee 1948 und im Sechs-Tage-Krieg von 1967 über jeden Zweifel erhaben schien. Arabeske am Rande: Im zerstörten Berlin von 1945 war

Maier maßgeblich am Wiederaufbau der Berliner Polizei beteiligt. Er begegnete dem junge Hans Rosenthal und engagierte ihn für einige Wochen. „Geltungsdrang" lautete die Begründung, wenn nach Maiers Motivation für seine Dienste zugunsten der DDR-Staatssicherheit gefragt wurde.

Heinrich Burger hingegen war unbestritten ein Überzeugungstäter. Er war Mitglied im „Republikanischen Club", der als Teil der APO 1967 noch vor den Ereignissen des 2. Juni 1967 als Antwort auf die Große Koalition von CDU/CSU und SPD gegründet wurde. Ihm gehörten damals überwiegend Linksintellektuelle an – darunter Hans Magnus Enzensberger, Knut Nevermann, Wolfgang Neuss, Rechtsanwalt Horst Mahler, die RIAS-Journalisten Marianne Regensburger und Manfred Rexin, aber auch der Berliner FDP-Vorsitzende William Borm, der sich hernach als jahrelanger Stasi-IM entpuppte. Als Pressechef der Berliner SPD hatte Heinrich Burger Kontakt und Zugang zu allen prominenten Medienvertretern der Stadt. Gemeinsam mit dem für die Medienarbeit der Berliner SPD zuständigen Senator Klaus Riebschläger lud er die in verantwortlichen Positionen des SFB tätigen Journalisten regelmäßig zu vertraulichen Gesprächen ins Restaurant „Alexander" ein. Mein Eindruck von Burger war – stets an das Gute im Menschen glaubend – äußerst positiv. Als er 1976 nach Rückkehr von einer Urlaubsreise verhaftet wurde, geriet ich mit dem Innensenator Kurt Neubauer – bekannt für seine hemdsärmelige Verhaltensweise – in heftigen Streit, weil ich die Vorwürfe gegen Burger für haltlos hielt und dahinter zunächst eine Partei-Intrige vermutete. Doch ich musste mich eines Besseren belehren lassen. Burger war aufgeflogen, weil seine geschiedene Ehefrau Kathrin – gleichfalls Stasi-Agentin – ihn verraten hatte.

Ähnlich überraschend war die Stasi-Geschichte des Journalisten Stephen Laufer. Er wurde als Sohn jüdischer Flüchtlinge 1954 in Südafrika geboren – in einer kommunistischen Familie, die gegen die Apartheid kämpfte. Anfang der 70er-Jahre siedelten die Laufers nach Frankfurt am Main um. 1977 zogen die Eltern nach Ostberlin, weil sie die DDR für einen antifaschistischen Staat hielten. Dort stellte Laufers Vater seinem Sohn einen Bekannten namens „Gregor" vor, über den er den Stasi-Kontakt knüpfte. Die Agententätigkeit dauerte von 1977 bis 1990. Stephen Laufer hat diese Vorgeschichte ausführlich erzählt, als er sich1992 in Berlin vor Gericht wegen „geheimdienstlicher Tätigkeit" (die mildeste Form der Anklage gegen einen Landesverräter) verantworten musste. Er sei Spion für die DDR geworden, weil sein Vater es so wollte, und habe „ein Stück des Lebens meines Vaters gelebt". Laufer schrieb für amerikanische Zeitungen, arbeitete für den Berliner Senats und bis zur Wende für die Pressestelle der US-Mission in Berlin. In dieser Funktion besuchte er mich häufig im Sender Freies Berlin, als ich 1987/88 zusätzlich zum ARD/ZDF-Videotext-Job die Leitung des SFB-Vorabendprogramms und der *Berliner Abendschau* übernommen hatte. Ein freundlicher, hilfsbereiter Kollege. Es bleibt dabei: Agenten sind „Menschen wie du und ich". Oder ist Mark Twain glaubwürdiger, der meinte, wir Menschen seien wie der Mond und hätten alle eine dunkle Seite? Laufer zählte jedenfalls zu den wenigen, die sofort erwischt und recht milde abgeurteilt wurden.

In der Rückschau hat das gesamte Agententreiben während des Ost-West-Konflikts für mich bis heute die Anmutung von Graham Greenes Roman *Unser Mann in Havanna*: Ein harmloser Staubsaugervertreter wird auf der Herrentoilette als Agent angeworben und liefert seinem neuen Dienstherrn in seiner Not die Konstruktionsskizze eines Staubsaugers als angeblich entdeckten militärischen Komplex. Zunächst mit Erfolg – doch die Fälschung wird schließlich in der Geheimdienstzentrale entdeckt. Nur muss diese peinliche Entdeckung geheim bleiben, um sich nicht der Lächerlichkeit preiszugeben. Bestärkt wurde ich in meiner Ansicht über Geheimdienste und deren Tätigkeit bei einem 1994 vom Berliner Alliierten-Museum organisierten Treffen ehemaliger KGB- und CIA-Agenten, vor denen ich einen Vortrag halten durfte. Alles nette, umgängliche Herren, die nach einstmals getaner Arbeit nun fröhlich miteinander plauderten.

Freilich werden ehemalige Häftlinge, die durch Stasi- oder KGB-Aktivitäten in DDR-Zuchthäusern landeten, dem Agententreiben wenig Humor abgewinnen können. Gleiches gilt für Fälle wie den des 1952 aus Westberlin entführten und in Moskau hingerichteten Juristen Walter Linse oder des Westberliner Journalisten Karl Wilhelm Fricke, der in einer Wohnung im Westberliner Bezirk Schöneberg betäubt und in Ostberlin vom Obersten Gericht der DDR 1956 wegen „Kriegs- und Boykotthetze" verurteilt wurde. Die nicht nur von Hannah Arendt diagnostizierte *Banalität des Bösen* bleibt. Die Täter sind Wesen des Alltags. Oft allzu schlicht oder lächerlich. Zumal sie – wie die Stasi in der DDR – mit skurrilen, aber erfolgreichen Methoden arbeiten. Westberlins Innensenator und Parlamentspräsident Heinrich Lummer wurde ahnungsloses Opfer der Stasi-*Zuführung von Mädchen*. Die Geheimnisse, die dem MfS auf solche Weise offenbart wurden, hielten sich in ihrer Bedeutung mit Sicherheit in Grenzen und haben die westliche Allianz nicht destabilisiert. Ähnlich erging es dem im Dezember 1976 aus der DDR ausgewiesenen ARD-Korrespondenten und späteren kurzzeitigen SFB-Intendanten Lothar Loewe. Er hatte – meist in Leipzig bei der Messe – Kontakt zu einer gewissen Dorothee Heß. Doch die bestritt nach der Wende, ihn überhaupt zu kennen. In dieses Schema passt ebenso das zeitweilige Vorgehen westlicher Agenten vor dem Mauerbau, deren einzige Aufgabe es zum Beispiel war, von den Türen Ostberliner Behörden und Ministerien lediglich die Namen der dort Tätigen abzuschreiben. Eine lächerliche und im Zweifelsfall lebensgefährliche Arbeit.

Ein Mann mit vielen Talenten: der Schriftsteller und MI6-Mitarbeiter Graham Greene

Bleibt zu Berlin im Kalten Krieg mit seinen Medien und Agenten das Resümee eines Weisen und unerbittlichen Realisten, des Schriftstellers Graham Greene, während des Zweiten Weltkriegs selbst Mitarbeiter des britischen Geheimdienstes MI6. Er hielt engen Kontakt zum Doppelagenten Kim Philby, den er in Moskau besuchte, und er reiste 1963 zum Entsetzen der westlichen Welt nach Ostberlin. Warum? „Weil ich die Mauer von der anderen Seite sehen wollte", war seine schlagfertige Antwort. Ob Greene bei seinen Besuchen in Moskau und in der DDR weiterhin Agent des MI6 war, ist bis heute unklar. Eindrucksvoll und hinreißend wie viele seiner Werke ist jedoch der Brief, den er nach seinem DDR-Aufenthalt von 1963 an einen deutschen Freund schrieb. Da meint der Autor von *Unser Mann in Havanna*: „Ich wurde an meine unsichtbare Grenze erinnert, als ich mit Ihnen in Westberlin war. Abends im Dachgarten des Hilton-Hotels – einem Garten, in dem Blumen durch bunte Flaschen ersetzt werden – zeigten Sie mir den großen Lichterbogen um den Westen und den tiefen Raum der Finsternis auf der anderen Seite ... Aber es ist ein Kennzeichen von Grenzen – das Böse an Grenzen vielleicht –, dass alles ganz anders aussieht, wenn man sie einmal überschritten hat. Als ich vier Tage später, von Dresden über Potsdam kommend, nach Ostberlin hineinfuhr, erschien es mir gar nicht besonders finster – jedenfalls nicht finsterer als die Industrieviertel jeder Großstadt um zehn Uhr abends." Und weiter: „Es gibt eine Mauer-Neurose ... Ich erinnere mich, wie mir ein junger Mann in Westdeutschland, den ich gut kenne, einmal sagte: ‚Wie froh werde ich sein, wenn Butter und Fleisch auf beiden Seiten der Mauer das Gleiche kosten. Dann können wir uns über die Dinge unterhalten, um die es wirklich geht ...'" In einer kommerzialisierten Welt des Gewinns und Verlustes sehnen sich die Menschen oft nach dem Irrationalen." Eindrücke eines Autors im Jahr 1963 an einer Stelle, wo einst Kapitalismus und Kommunismus direkt aufeinanderprallten. Der SFB war 1963 erfolglos in dem Bemühen, Graham Greene für ein Interview zu gewinnen.

Ex-Stasi-Agent Heinrich Burger

12. Bayern-Wahl 1966

Ein plötzlicher Ausschlag nach rechts

Der neue Chefredakteur Peter Pechel, zuvor ARD-Hörfunkkorrespondent in Washington, hatte am 1. September 1966 sein Direktorenamt beim SFB angetreten. (Wegen der überragenden Bedeutung der politischen Berichterstattung gehörte der Chefredakteur stets zu dem dreiköpfigen Direktorium – neben Programmdirektor und Verwaltungsdirektor.) Pechel – Spross einer traditionsreichen Berliner Journalisten-Familie – ging mit viel Elan an seine neue Aufgabe, umtriebig und stets freundlich. Was ihm sehr bald den Spitznamen „Seine Heiterkeit der Chefredakteur" eintrug, obwohl er die erste Redaktionssitzung mit einem Handfeger in der Hand und dem Spruch „Neue Besen kehren gut" eröffnete. Zuständig für Fernsehen und Hörfunk, suchte er zunächst intensiv nach Talenten in seinem Direktionsbereich. Und er zielte auf sinnvolle Neuerungen in den Programmen. Nicht wegen des gut abgelagerten Fliegenfänger-Spruchs „Wir brauchen einen Neuanfang!", sondern weil die Rundfunkwelt sich allerorten im Wettbewerb zwischen den Großmächten erkennbar wandelte.

Fürs Fernsehen hatte er eine Idee aus den USA mitgebracht: die Sendung *Meet the Press*, bei der hochrangige Politiker sich den Fragen von Journalisten – nicht nur aus dem Pressebereich – stellten. Und weil Pechel ein „Atlantiker" war – Vorstandsmitglied der „Atlantik-Brücke" –, wurden die „Fernseh-Pressekonferenzen" des SFB in Washington, D. C. aufgezeichnet. Das zweite ehrgeizige Unternehmen des neuen Chefredakteurs war sein Ringen in den ARD-Gremien um eine abendliche Magazin-Sendungen für den SFB im Ersten Programm. Es war nicht leicht, neben *Panorama* und *Monitor* mit der Acht-Prozent-Anstalt SFB ein gleichwertiges Angebot ins Erste zu hieven. Pechel hatte das banale Glück des Tüchtigen: Mit den Vorboten des „Prager Frühlings" und der Wahl von Alexander Dubcek zum Chef der CSSR-Kommunisten gingen im Januar 1968 seine *Kontraste* an den Start. Wieder einmal hatte der SFB im ARD-Konzert kräftig gepunktet und an Prestige gewonnen.

„Besser ist der Ludwig"

Aktuelle politische Ereignisse bestimmten auch Pechels Blick auf belebende Programmelemente im Hörfunk. Am 20. November 1966 wurde in Bayern ein neuer Landtag gewählt. Die CSU verfügte über die absolute Mehrheit der Mandate und regierte mit Ministerpräsident Alfons Goppel ziemlich unangefochten. Doch es war die Zeit des schwächelnden Bundeskabinetts unter Adenauers Nachfolger Ludwig Erhard, Repräsentant des Wirtschaftswunders und der sozialen Marktwirtschaft. Noch im Wahlkampf 1965 hatte die Union gegen den SPD-Kanzlerkandidaten erfolgreich mit dem Slogan und dem Liedchen „Der Willy ist so gut nicht – besser ist der Ludwig" geworben. 47,6 Prozent für CDU/CSU und 39,3 Prozent für die SPD mit ihrem Kandidaten Willy Brandt. Der Bonus des Wirtschaftswunders war stärker als Brandts Ankündigung einer „Politik der kleinen Schritte" gegenüber Moskau und der DDR – auch stärker als die Verärgerung darüber, dass Erhard eine Gruppe von 25 deutschen Schriftstellern als „Pinscher" und „Banausen" bezeichnet hatte. Doch im Gestrüpp der Strippenzieher und der Weltkonflikte machte der Mann mit der dicken Zigarre keine gute Figur. Einmal mehr ließ die Unfähigkeit und Uneinsichtigkeit von etablierten Parteien und Verantwortungsträgern das Unkraut an den politischen Rändern wachsen.

Das Bonner Szenario von 1965/66 weist erstaunliche Ähnlichkeiten zu späteren Konstellationen auf. In der Bundesregierung war ein ernsthafter Gegensatz zwischen „Atlantikern" (zu denen der Außenminister Gerhard Schröder und Kanzler Erhard gehörten) und „Gaullisten" (zu denen Konrad Adenauer zählte) entbrannt. Das von de Gaulle und Adenauer im Januar 1963 mit dem Élysée-Vertrag besiegelte deutsch-französische Freundschaftsverhältnis war seit 1964 auf einem Tiefpunkt. Vorherrschende Meinung war, dass sich Bonn zwischen den USA und Frankreich entscheiden müsse. Bundespräsident Lübke lehnte es als „Gaullist" sogar zunächst ab, den „Atlantiker" Schröder nach der Wahl vom September 1965 erneut zum Außenminister zu ernennen. Bereits in diesen Auseinandersetzungen zeigte Erhard keine Führungsstärke. Als unter den „Maßhalte"-Appellen des Bundeskanzlers und bei sichtbaren Preissteigerungen – flankiert von Streitereien mit dem Koalitionspartner FDP über die Steuerpolitik – der Etatentwurf für 1967 eine Milliardenlücke aufwies, entstanden auch in den Reihen der Union Zweifel an den Fähigkeiten des Bundeskanzlers. Das Ende seiner Amtszeit kam dann ziemlich schnell. Die FDP stimmte einem Kompromiss in der Steuerpolitik zu. Die öffentliche Reaktion war verheerend. Der FDP mit Minister Erich Mende an der Spitze wurde das über Jahre wirkende Etikett der „Umfallpartei" angeheftet, obwohl die FDP die Regierungskoalition am 27. Oktober 1966 beendete. Einen Tag später lehnte der Bundesrat den Haushaltsentwurf der Bundesregierung ab. Am 2. November 1966 trat Ludwig Erhard vom Amt des Bundeskanzlers zurück.

18 Tage später fanden in Bayern Landtagswahlen statt. Die rechtslastige NPD kam – zum ersten und seither einzigen Mal – auf 7,42 Prozent und zog mit 15 Abgeordneten ins bayerische Parlament ein. Die als im Land verwurzelt geltende Bayernpartei blieb ebenso draußen wie die FDP. Die Reaktionen reichten von totaler Überraschung bis zu blankem Entsetzen. Auf dem kurzen Dienstweg

entschied Chefredakteur Pechel in einem Telefonat: „Da fahren Sie hin und forschen nach den Ursachen." Das Zentrum der NPD-Gewinne lag in Franken – in Nürnberg, dem einstigen Ort der *Reichsparteitage,* und in Neustadt an der Aisch zwischen Steigerwald und Frankenhöhe. Im malerischen mittelfränkischen Roth hatte der Bundeswehr-Hauptmann Wolfgang Roß (1935–1994) sein Domizil. Er war erst 1966 in die NPD eingetreten, wurde zum Vorsitzenden des Ortsverbandes Roth gewählt und war über Nacht die fränkische Galionsfigur der NPD, die maßgeblich zu ihrem Wahlerfolg beitrug.

Trotz erkennbarer antidemokratischer und rassistischer Tendenzen versuchte Roß beharrlich, die NPD als verfassungskonforme bürgerliche Partei darzustellen. Ein Besuch beim Ehepaar Roß hätte diesen Eindruck am Kaffeetisch verstärken können. Roß präsentierte sich als einer aus der damals lautstarken „Schlussstrich-Generation". Wegen des Fehlens individueller Schuld (Roß war bei Kriegsende zehn Jahre alt) wollten Roß und seine Leute nicht mehr ständig an die NS-Verbrechen erinnert werden und lehnten überdies jede persönliche Verantwortung für Deutschlands schwierigen Platz in der Geschichte ab. Eine Haltung, die sich später in dem Satz von der „Gnade der späten Geburt" und mit aller Härte in den „Vogelschiss"-Überlegungen einer neuen Generation von Deutschnationalen widerspiegelte. Die freundliche Kaffeestunde mit Hauptmann Roß Ende November 1966 bestätigte die sich wiederholende Erkenntnis: Hier war einer, der die aktuelle Verärgerung und Verstimmung über die politische Klasse geschickt aufgegriffen hatte, der zweifellos sympathisch wirkte und durch seine Zugehörigkeit zu den Führungskräften der Bundeswehr vollauf integer schien. Ob Roß alles durchschaute, wofür er eintrat, sei dahingestellt. Jedenfalls hätten ihn Äußerungen, die mir in einer Wirtsstube in Neustadt um die Ohren flogen, aufschrecken müssen: „Ich bereue nicht, Nationalsozialist gewesen zu sein!", skandierte dort der NPD-Spitzenmann in mein SFB-Mikrofon und machte seine Haltung an der Zahl der NS-Minister im Vergleich zum Umfang des Bundeskabinetts fest. Viel simpler wurde meine Ursachenforschung zum Wählerverhalten dann in Frankens Metropole Nürnberg. Nicht immer begreift die Politik, dass Wahlergebnisse und Wählerverhalten zumeist mit 08/15-Psychologie zu erklären sind. In der Stadt von Hans Sachs lautete die schlichte Begründung: „Wir Nürnberger sind sowieso immer im Nachteil." Es war einmal mehr die Konkurrenz zu Bayerns Hauptstadt München, die in Franken für Unmut und einige Kreuze auf dem Stimmzettel an ungewohnter Stelle gesorgt hatte. Nach vier Jahren, bei der Landtagswahl 1970, war der bayerische NPD-Erfolg ein Zwischenspiel. CSU und auch die FDP stärkten ihre Positionen und holten NPD-Stimmen zurück. Darüber hinaus hatte sich das politische Klima in der Bundesrepublik nach dem Bonner Regierungswechsel von 1969 vorübergehend beruhigt. Wer den Zielen des Kabinetts Brandt/Scheel in Bonn nicht zustimmte, wartete häufig ab, wie die Dinge sich entwickeln würden.

NPD und MI6

Aus meiner „Forschungsreise“ in einen vermeintlich braunen fränkischen Landstrich wurde eine viel beachtete Halbstunden-Sendung im SFB-Hörfunk, die bei den Soziologen der Freien Universität Berlin besonderes Interesse erweckte. Hauptmann Roß aus Roth verschwand sehr bald in der politischen Versenkung. Sein Mentor Adolf von Thadden aus der weitverzweigten Thadden-Familie (Adolfs Halbschwester Elisabeth war 1944 als Verschwörerin von den Nazis hingerichtet worden, sein Halbbruder Reinold war Begründer des Deutschen Evangelischen Kirchentages, seine Schwester Maria Wellershoff war Schriftstellerin) wurde ein Jahr nach der Bayern-Wahl von 1966 Bundesvorsitzender der NPD, die er 1964 mitbegründet hatte. Thaddens Politik-Vorstellungen bildeten einen wesentlichen Teil des NPD-Features – sie fußten auf deutschnationalen Überlegungen, die 1949 die NSDAP-nahe Deutsche Reichspartei (DRP) nach Gründung der Bundesrepublik ins erste Kabinett Adenauer gebracht hatten. 1975 verließ Adolf von Thadden, längst in der politischen Bedeutungslosigkeit, die NPD. Die eigentliche Überraschung (die viel zu spät ans Tageslicht kam und nun bei Wikipedia nachzulesen ist) war, dass Adolf von Thadden jahrelang Mitarbeiter des britischen Auslandsgeheimdienstes MI6 war. Ob Graham Greene das wusste, der von seiner Schwester Elizabeth für den MI6 angeworben wurde? Zu gern hätte ich ihn das gefragt – hier in Berlin oder an Greenes letztem Wohnsitz in Antibes.

Graham Greenes Tochter Caroline Bourget präsentiert das Ölporträt ihres Vaters

13. Voll Neugier in die Welt hinaus

Olympia in Tokio 1964 – „Prager Frühling" 1968 – Nixon in Bukarest 1969 – zwei Mal Albanien – „Papa Docs" Haiti

1964: Tokio ruft die Jugend der Welt – Olympische Sommerspiele im Oktober. Der (Reise-)Weg dorthin war ungewöhnlich. Fast alle Kollegen aus der ARD – auch aus der Sportredaktion des SFB, voran Herbert Schmidt – hatten aus unterschiedlichen Gründen einen Flug über Bangkok oder Seoul in die japanische Hauptstadt gewählt. Mich lockte das Angebot des sowjetisch gelenkten Reiseunternehmens „Intourist“ am Olivaer Platz in Berlin-Wilmersdorf. Ein Jahr zuvor war ich mit „Intourist“ bereits zu den Feiern der Oktober-Revolution nach Moskau gereist. Viel Wodka, viel Krimsekt, ein Zimmer ohne Dusche oder Bad, aber der Reiseleiter Hutschenreuter vom Olivaer Platz hielt sich zurück – wir wussten, was Sache war. Und ich hatte das Vergnügen, die Schriftstellerin Geno Hartlaub *(Unterwegs nach Samarkand)* und eine spätere Grünen-Politikerin aus Hamburg kennenzulernen. Das war 1963 ein äußerst fröhlicher und bildungsreicher Trip. Daher wagte ich es, 1964 das ungewöhnliche „Intouist“-Package für Olympia zu buchen – mit der ersten Station Moskau, Weiterflug nach Chabarowsk nahe der chinesischen Grenze in Sibirien, Fahrt mit der Transsibirischen Eisenbahn zur fernöstlichen Hafenstadt Nachodka am Japanischen Meer, von dort mit dem Schiff bis Yokohama/Tokio.

Während des Aufenthalts in Yokohama stand die Schiffskabine als Quartier zur Verfügung. Doch um das japanische Erlebnis möglichst echt zu gestalten, wählte ich die Unterkunft in einem Ryokan, einem traditionell eingerichteten japanischen Hotel. Keine Möbelstücke, Matten auf dem Fußboden, der Gast schläft auf einem Futon und über die konkrete Bedeutung der allabendlichen Frage des Zimmermädchens „Anything else?“ grüble ich bis heute nach.

Moskau first

Die erste Station Moskau konnte einen erlebnishungrigen jungen Radiojournalisten aus dem Westteil Berlins 1964 nicht inaktiv lassen. Dass die sowjetischen Kontrolleure mit meinem tragbaren Tonbandgerät nicht viel anzufangen wussten (ich vermute, sie kannten eine solche Apparatur gar nicht), war mein Reporterglück.

Einem Interview mit dem Bonner Botschafter Horst Groepper (1909–2002) stand somit nichts im Wege – zumal Groepper den KPdSU-Chef Nikita

Chruschtschow kurz zuvor im Auftrag der Bundesregierung zu einem Besuch der Bundesrepublik eingeladen hatte. (Groepper war ein Konservativer, auch ehemaliges Mitglied der NSDAP, der jedoch stets den Wert guter und friedlicher Beziehungen zu Russland betonte. Hier fand er einen Kronzeugen in Bismarck, dessen Rückversicherungsvertrag mit Russland einen Nichtangriffspakt besiegelte. Groeppers Studie *Bismarcks Sturz und die Preisgabe des Rückversicherungsvertrages* wurde 2008 von seiner Tochter veröffentlicht.)

Nach dem historischen Moskau-Besuch von Konrad Adenauer und der Freilassung der letzten deutschen Kriegsgefangenen hatte die Sowjetunion am 25. Januar 1955 den Kriegszustand mit Deutschland für beendet erklärt und im September 1955 auch mit Bonn diplomatische Beziehungen aufgenommen. Nach Walter Haas und Hans Kroll war der Berufsdiplomat Groepper seit Oktober 1962 Geschäftsträger in Moskau. In einer Gründerzeitvilla an der Uliza Bolschaja Grusinskaja 17, die zur Zarenzeit einem Zuckerbaron gehörte, empfing Groepper mich zu einem nach der Kuba-Krise von 1962 und dem Berlin-Besuch Kennedys von 1963 äußerst optimistischen Interview. Denn obwohl Chruschtschow äußerst ungehalten reagiert hatte, als Groepper ihm im Juni 1964 die Einladung nach Bonn überbrachte und zugleich umstrittene Fragen der Deutschland- und Berlin-Politik ansprach, wurde die Einladung angenommen und in Bonn eine Arbeitsgruppe zur Vorbereitung des Besuchs gebildet. Mich ermutigte diese Entwicklung, sogleich eine Anfrage mit dem Ersuchen um ein Radio-Interview mit Nikita Chruschtschow an den Kreml zu richten. Doch die Olympiatage im Oktober ließen alle Blütenträume welken: Am 14. und 15. Oktober wurde Chruschtschow bei der Plenarsitzung des Zentralkomitees der KPdSU aller Ämter enthoben. Sein Nachfolger wurde Leonid Breschnew. Unsere spontane Reaktion war Enttäuschung – und die war groß.

„Doitsno Schumann"

Der Regen, der rann in Tokio, reichlich. Die Olympischen Ringe und Regenschirme bestimmten das Bild der Stadt. Selbst der „Kodama“, der nagelneue blau-weiße Super-Expresszug, der die 514 Kilometer lange Strecke zwischen Tokio und Kyoto in dreieinhalb Stunden bewältigte, musste auf die Höchstgeschwindigkeit verzichten, weil der Regen die Gleisanlagen beschädigt hatte. Der japanischen Olympia-Begeisterung konnte das allerdings keinen Abbruch tun. Die Straßen, die Häuserfronten, die exklusiven Bars, selbst kleine Esslokale und Coffeeshops waren mit der Olympia-Flagge und den Fahnen der teilnehmenden Nationen geschmückt. In meinem Hörfunkbericht aus Tokio vom 18. Oktober 1964 heißt es: „*Welcome Olympic Visitors, Welcome to the Tokyo Olympics* – wird der Besucher allerorten mit Spruchbändern begrüßt. Und wie sehr sich die Millionenstadt am olympischen Feuer entzündet, mag daran zu erkennen sein, dass selbst die Massage-Girls in den viel gerühmten Türkischen Bädern von Tokio ihre Arbeit und die Kundschaft vernachlässigen, weil sie aus dem Kofferradio Olympia-Berichte hören."

Mir bleibt von der japanischen Olympia-Berichterstattung immer nur eine Phrase im Ohr: „Doitsno Schumann, Doitsno Schumann!" Gemeint war Heinz Schumann – zu jener Zeit Deutschlands schnellster 100-Meter-Läufer, der im Endlauf in 10,4 Sekunden weit hinter der US-„Dampfwalze" Bob Hayes (10,0 Sekunden) einen achtbaren fünften Platz belegte. Erfolgreicher, aber absolut nervenaufreibend war der Sieg von Karin Balzer über 80 Meter Hürden. Wir warteten lange, bis das Zielfoto ergab: Gold für Karin Balzer in der gleichen Zeit von 10,5 Sekunden mit zwei anderen Läuferinnen. Die erste Leichtathletik-Goldmedaille für die gesamtdeutsche Mannschaft in Tokio. Die sechs kommerziellen und das eine öffentlich-rechtliche Fernsehprogramm übertrugen alles, was sich im Nationalstadion, im Eispalast oder auf Sagami-See ereignete. Damals noch ungewohnt und deshalb störend für einen TV-Zuschauer aus Deutschland mit seinen öffentlich-rechtlichen Programmen, dass selbst der Siegeszug des Ratzeburger Achters von Werbespots unterbrochen wurde.

Dass bei einem Hausbesuch die Schuhe abgelegt werden, dass man ein Bad vor der Wanne einnimmt, um dann sauber gewaschen ins heiße Wasser zu steigen, und dass das Glas Wasser, das einem zu jeder Mahlzeit gereicht wurde, stärker nach Chlor roch als das Wasser in der saubersten deutschen Badeanstalt – all das blieb Nebensache in den regenreichen Tokioter Tagen mit den Olympia-Krawatten, den Olympia-Vasen und Olympia-Tellern. Bis die Chinesen an einem Sonntag einen oberirdischen Atombomben-Versuch starteten und über Japan radioaktiver Regen niederging. Daneben konnten nur die britischen Unterhauswahlen und die Entmachtung Chruschtschows Olympia von den ersten Seiten der japanischen Zeitungen verdrängen. Ein amerikanischer Athlet im Olympischen Dorf meinte in vollem Ernst: „Hätte Chruschtschow nicht bis nach den Spielen warten können?"

Derweil lud Bonns Botschafter Herbert Dittmann (1904–1965) in seine Residenz zu einem Empfang für die in Tokio akkreditierten deutschen Journalisten. 22.000 Kilometer von Berlin entfernt erlebte ich eine freudige Berliner Überraschung: Ein Wiedersehen mit meinem alten Kumpel und Helfer aus Volontär-Zeiten im Haus Ullstein, dem *B.Z.*-Redakteur und Lokalpapst Ekkehart Reinke. Er pflegte stets gute Beziehungen zur Ehefrau des Schauspielers Victor de Kowa, der japanischen Artistin Michiko Tanaka. Sie hatte ihm alle notwendigen Kontakte für dieses Olympia-Abenteuer verschafft. Mit Botschafter Dittmann hatte es – wie ich erst viel später erfuhr – eine besondere Bewandtnis. Als Diplomat war er offenkundig in NS-Untaten verstrickt, sodass ein Untersuchungsausschuss des Bundestages empfohlen hatte, ihn nicht erneut im Auswärtigen Dienst zu beschäftigen. (Adenauer hatte Alt-Nazis – schlimmstes Beispiel Staatssekretär Globke – mit Gründung der Bundesrepublik in reicher Zahl zurück in den öffentlichen Dienst geholt. Aus Mangel an erfahrenem Personal, wie selbst Egon Bahr bescheinigte.) Dittmann war in den Jahren 1951 und 1952 sogar Personalchef im Auswärtigen Amt und sorgte nachweislich für die Wiederbeschäftigung ehemaliger Parteigenossen. Adenauers Außenminister Heinrich von Brentano holte Dittmann schließlich trotz der Brandmarkung durch den Untersuchungsausschuss als Botschafter – zuerst nach Rio de Janeiro, dann nach Tokio, wo er den Vorzug genoss, uns einen äußerst angenehmen Abend zu bereiten.

Albanien, Rumänien und die CSSR

Der Staaten des Warschauer Paktes und des 1949 von Stalin gegründeten Rates für gegenseitige Wirtschaftshilfe (COMECON) waren jenes Gebilde, das bis 1990 den Herrschafts- und Einflussbereich der Sowjetunion sicherte und von uns West-Journalisten kurzerhand als *Ostblock* bezeichnet wurde. Albanien hatte sich unter Enver Hoxha bereits 1961 in Richtung Peking von Moskau abgewandt und war 1968 nach der Intervention der Truppen des Warschauer Paktes in der Tschechoslowakei aus dem Verteidigungsbündnis ausgetreten. Rumänien unter seinem Diktator Nicolae Ceaucescu wahrte Distanz zu Moskau und stand dem Warschauer Pakt mit seinen acht Divisionen offiziell nur „begrenzt“ – das hieß im konkreten Fall: gar nicht – zur Verfügung. Das Land stand nach innen unter der harten Knute des Geheimdienstes Securitate, zeigte sich nach außen jedoch offen für westliche Offerten und wurde als offenkundig Abtrünniger des sozialistischen Lagers von Washington bis Paris heftig umworben. (Was für Ceaucescu allerdings Weihnachten 1989 von geringem Nutzen war, als seine eigenen Leute ihn und seine Frau Elena brutal liquidierten.)

Beide Länder konnte ich zwei Mal zur Berichterstattung mit Mikrofon und Kamera besuchen. Rumänien 1967, nachdem Bonn mit Außenminister Willy Brandt zu Bukarest diplomatische Beziehungen aufgenommen hatte, und Ende Juli 1969, als US-Präsident Richard Nixon Bukarest für einen Tag besuchte. Albanien 1968 und 1981 – als erster und einziger nicht kommunistischer Journalist aus der Bundesrepublik Deutschland. Ein Arbeitsergebnis war 1981 das im Ullstein-Verlag erschienene Buch *Europas letztes Geheimnis – Albanien*. Eine mit Fotodokumenten garnierte Reportage über ein Land ohne Beziehungen zu Nachbarstaaten, ohne private Kraftfahrzeuge, ohne Steuern, ohne Hunde und offiziell ohne Religion (aus Kirchen und Moscheen hatte das Hoxha-Regime oftmals Marmeladenfabriken gemacht). Albanien rühmte sich, der „erste atheistische" und der „einzige sozialistische" Staat der Erde zu sein. Fremde Hilfe wurde in jeder Weise abgelehnt. Die albanische Verfassung von 1976 untersagte die Aufnahme ausländischer Kredite und bedrohte Zuwiderhandlungen als Landesverrat mit der Todesstrafe.

Die Besuche in Albanien – mit der Einreise stets auf dem Landweg via Jugoslawien über den Grenzübergang Han i Hotit – waren zu jener Zeit eines der letzten Abenteuer, das einem Journalisten auf Reisen in Europa widerfahren konnte. Die Einwohner – vor allem die Kinder – blieben am Straßenrand stehen und betrachteten den Fremdling, oft mit ängstlichem Blick, wie ein Geschöpf von einem anderen Stern. Das Land war systematisch von allen Informationen abgeschnitten. Die Radiostation der Hauptstadt Tirana verbreitete deutschsprachige Propaganda-Sendungen, doch Ätherwellen mit Nachrichten aus dem Ausland wurden vom Regime blockiert. Das Fernsehen steckte in den Kinderschuhen. Als sich das ab Mitte der 80er-Jahre änderte, war der Boden für Umsturz und Veränderungen bereitet. Dazu gehört ein bis heute belächeltes Kuriosum: Albaniens junge Männer konnten aus Italien von der gegenüberliegenden Adria-Küste die beliebte TV-Sendung *Tutti Frutti* empfangen, die optisch von leicht bekleideten Mädchen lebte. Naiv glaubten viele Albaner, das sei der italienische Lebensstil, und suchten, als sich die Gelegenheit wenige Jahre später bot, italienisches Festland zu erreichen. Tatsächlich mit der Begründung gegenüber den italienischen Behörden, *Tutti Frutti* habe sie ans andere Ufer gelockt. Die im Hörfunk und in diversen Publikationsorganen geschilderten Eindrücke aus dem Land der Skipetaren fanden reges Interesse und reißenden Absatz.

Ein Aufenthalt als Journalist in Rumäniens Hauptstadt Bukarest hatte viel angenehmere Begleitumstände. Schon bei der Ankunft wurde der Westberliner Personalausweis anerkannt und prompt mit einem Stempel versehen (Ceaucescus Rumänien kannte keine deutsche Drei-Staaten-Theorie), kein ständiger Begleiter, der – wie in Albanien – jeden Schritt lächelnd observierte, und überwiegend freundliche Menschen, die nach wenigen Minuten mit Sicherheit die Frage stellten, welche Möglichkeiten sich für Gastarbeiter in Westdeutschland bieten. Der Botschafteraustausch zwischen Bonn und Bukarest war am 31. Januar 1967 zwischen Willy Brandt und seinem rumänischen Amtskollegen Corneliu Manescu vereinbart worden. Die bisherige Bonner Handelsvertretung, ganz in der Nähe des rumänischen Außenministeriums, war somit in den Rang einer „Ambasada" erhoben. Lange Zeit trug das weiß getünchte Villengebäude in Bukarest keinen Bundesadler und Erich Strätling, der bisherige Leiter der bundesdeutschen Handelsmission, musste einige Zeit warten, bis er sein Agrément als Botschafter erhielt.

In die Diplomatengeschichte der Bundesrepublik ist Strätling mit tiefschwarzer Weste eingegangen. Als er 1976 bis 1979 Botschafter in Chile war, wurde er von der Bundesregierung beauftragt, die in Verruf geratene *Colonia Dignidad* unter die Lupe zu nehmen. Nach einem mehrtägigen Besuch in der *Colonia* meldete Strätling, er gebe sein Ehrenwort, dass sämtliche Vorwürfe – darunter Folter und Kindermissbrauch – völlig haltlos seien. 1967 in Bukarest blickten noch alle bei den ersten zarten Anzeichen Brandt'scher Ostpolitik gemeinsam mit dem Diplomaten Strätling optimistisch in die Zukunft. Der Besuch von US-Präsident Nixon am 2. August 1969 dauerte nur wenig länger als 27 Stunden. Als Zeichen einer neuen Entspannungspolitik hatte die Visite jedoch historische Ausmaße. „Rumänien genoss noch nie so große Achtung und hatte noch nie so viele Freunde in der Welt wie heute", jubelte Ceaucescu. Die CSSR-Invasion Moskaus und seiner Satelliten im August 1968 hatte er als „flagrante Verletzung der Unabhängigkeit und der nationalen Souveränität der Tschechoslowakei" gebrandmarkt.

Der Versuch, in der CSSR unter Alexander Dubcek einen „Sozialismus mit menschlichem Antlitz" zu begründen, stützte sich zu einem Gutteil auch auf die Erfahrungen in Rumänien, dessen staatliche Souveränität ungeachtet der Breschnew-Doktrin von der Sowjetunion nicht angetastet wurde, und mit dem *Gulasch-Kommunismus* in Ungarn, dessen gelegentliche Abweichungen vom sozialistischen Weg von Moskau geduldet wurden. Die Stimmung in der CSSR – etwa in Prag und Marienbad – im Frühjahr 1968 war allenfalls mit der Euphorie der Wendezeit in der DDR 1989/90 zu vergleichen. „Seid Ihr mit uns – wir sind mit Euch!" bat die neue KP-Führung auf Plakaten, in Zeitungen und Radiosendungen. Als Bundesbankpräsident Karl Blessing (von 1939 bis 1945 Mitglied im „Freundeskreis Reichsführer SS") offiziell der Führung in Prag seine Aufwartung machte, kräuselten zumindest im Auswärtigen Amt von Willy Brandt einige die Stirn. Würde Moskau derart unverhohlen vorgetragene kapitalistische Wirtschafts- und Finanzavancen arglos hinnehmen? Die Entwicklung der darauffolgenden Wochen gab ihnen recht.

Todesangst und Grausamkeiten

Der Reportertrip zur Fußball-Weltmeisterschaft im Juni 1970 in Mexiko (Torschützenkönig: Gerd Müller) war verbunden mit Zwischenstopps in den Hauptstädten der Dominikanischen Republik und Haitis, Santo Domingo und Port-au-Prince. In der Dominikanischen Republik gab es seit dem Sturz des ersten frei gewählten Präsidenten Juan Bosch im April 1963 nur blutige Auseinandersetzungen und Revolutionsversuche. Mit Unterstützung der USA hatte der Schriftsteller Joaquín Balaguer 1966 die Präsidentschaftswahl gewonnen und bemühte sich im Juni 1970, mit seiner Privatarmee „La Banda" sein Amt zu verteidigen. Seit 1966 wurde das Land von anhaltender Guerillatätigkeit beherrscht. Menschen wurden wahllos erschossen. Jeder Schritt in der Öffentlichkeit war ein Wagnis. Meine Maschine landete gegen 1.30 Uhr nachts in tiefer Dunkelheit auf dem Flugplatz von Santo Domingo. Der erste Weg führte nach jeder Ankunft an einen Zeitungsstand, wo die Regionalpresse den Mord an einem harmlosen Lotterie-Verkäufer verkündete, der auf einem öffentlichen Gehweg erschossen worden war. Durchaus beeindruckt von solcher Neuigkeit, bestieg ich ein Taxi und hatte während der nächsten halben Stunde (in der Rückschau) das erste und einzige Mal veritable Todesangst. Denn nach wenigen Metern Fahrt war eine zweite dunkle Gestalt zugestiegen. Würden die beiden sich mit meinen Reiseschecks, die in einem Lederbeutel um meinen Hals hingen, zufriedengeben und von einer Erschießung absehen? Wortlos ging die Taxifahrt über die nächtliche Insel, nur die vorbeihuschenden Palmen begleiteten mein Herzrasen. Aber nichts geschah. Wir erreichten die Hauptstadt und das Hotel. Am nächsten Morgen erhielt ich die Auflösung meines Angsträtsels. Der des Nachts zugestiegene Mann war ebenfalls ein Taxifahrer. Aus Vorsorge wegen der zahlreichen Überfälle und Tötungsdelikte fuhren sie in den Nachtstunden nur noch zu zweit.

Balaguer gewann wieder einmal die Wahl. In meinem Sendemanuskript berichtete ich am Morgen nach der Wahl nach Berlin zum SFB: „Noch immer patrouillieren Militär und Polizei in Gruppen durch die Straßen von Santo Domingo, nehmen Leibesvisitationen an Passanten vor. Denn es ist durchaus üblich, in der unruhigen Metropole eine Waffe zu tragen. Seit Tagen sind Verkauf und Ausschank berauschender Getränke von 6.00 Uhr abends bis 9.00 Uhr morgens verboten. Diese Kette der nach Juan Bosch institutionalisierten Gewalt wird nicht abreißen." Joaquín Balaguer blieb bis zu seinem Tod im Jahr 2002 eine politisch beherrschende Figur in der Dominikanischen Republik. Halb blind schaffte er es 1994 im Alter von 88 Jahren noch einmal, eine Präsidentschaftswahl für sich zu entscheiden. Sein Wahlbetrug war diesmal jedoch so offensichtlich, dass die Opposition ihn zwang, nach zwei Jahren Amtszeit zurückzutreten.

Gewissermaßen nebenan und zumeist bei geschlossener Grenze trieb 1970 einer der grausamsten Diktatoren des vorigen Jahrhunderts sein Unwesen: François „Papa Doc" Duvalier. Reihenweise ließ er politische Gegner in seinem Land, das sich bereits 1804 vom Sklavenjoch befreit hatte, umbringen und stellte, je nach Laune, deren abgetrennte Köpfe auf seinen Schreibtisch im Präsidentenpalast. 14 Jahre lang hat er Haiti terrorisiert – von 1957 bis zu seinem Tod im April 1971. Am 22. Juni 1964 ließ er sich zum Präsidenten auf Lebenszeit küren. Seine abartige Grausamkeit wird zuweilen damit begründet, dass er eine Zeit lang ohne medizinische Versorgung in einem Koma gelegen habe. Denn bis zur Übernahme des Präsidentenamtes war er als Arzt, der gegen Typhus und andere schwere Krankheiten erfolgreich kämpfte, recht beliebt im Land. Daher sein Spitzname „Papa Doc“. Dennoch betrachtete er den Staat als sein Privateigentum. Präsident John F. Kennedy wollte dem korrupten und blutrünstigen Treiben des Diktators auf Haiti ein Ende setzen – was die Ermordung Kennedys im November 1969 verhinderte. An diesem Tag beging „Papa Doc“ in Port-au-Prince ein Freudenfest und ließ zur Feier seines Tages die Champagnerkorken knallen. Er behauptete sogar, Kennedy mit einem Vodoo-Fluch belegt zu haben, denn Vodoo ist der von François Duvalier eingeführte Nationalkult, wahres Opium für das arme Volk Haitis. Die Vodoo-Zeremonie ist für jeden Fremden schaurig-schön. Die Tonaufnahmen belegten die Einzigartigkeit: der Tanz mit Alkoholeinfluss bis zur Trance, ein Tänzer nach dem anderen muss hinausgetragen werden, und der Höhepunkt der Vodoo-Tänzerin, die als krönenden Abschluss einem Hahn den Kopf abbeißt und das Blut trinkt. Eine Zeremonie, die 1970 der Grausamkeit des Regimes entsprach. Doch Haiti blieb das Armenhaus Amerikas. Die US-Administrationen nach Kennedy stützten weiter die Duvalier-Clique – bis der Sohn Jean-Claude 1986 das Land verlassen musste und in Frankreich Asyl fand. 2011 kehrte er nach Port-au-Prince zurück, wo der ständig übergewichtige „Baby Doc“ – unter Hausarrest – einem Herzinfarkt erlag.

Graham Greene hat das Grauen und den politischen Unrat der Duvalier-Zeit 1966 in seinem Roman *Die Stunde der Komödianten* (verfilmt mit Liz Taylor, Richard Burton, Peter Ustinov und Alec Guinness) glänzend beschrieben. Die letzten Worte des Romans gelten für das jammervollste Land Amerikas bis heute: „Vergessen Sie nicht unser armes Haiti!“

14. „Freundschaft mit Tieren"

Horst Schallon bei „Knautschke" und „Knorke"

Zoodirektor Heinz-Georg Klös (1926–2014) hat den Titel dieser sonntäglichen SFB-Sendung für das Buch seiner Erinnerungen gewählt. Doch *Freundschaft mit Tieren* war der Sonntagshit von Horst Schallon, solange er in Diensten des Senders Freies Berlin stand. Wenn Schallon Urlaub machte, wurden die Sendungen vorproduziert. Und wenn die Zeit wirklich zu knapp und alles tatsächlich zu kurzfristig war, durften Hans-Werner Kock oder ich in den Zoo spazieren und Direktor Klös interviewen.

Schallon war die Inkarnation der Berliner Tierliebe. Wie Professor Grzimek, der einst Klös als Nachfolger von Katharina Heinroth empfohlen hatte, holte er besonders gern Affen ins SFB-Studio, die sich vor dem Mikrofon allerdings nicht immer den Regeln und Gepflogenheiten eines geordneten Radiobetriebes anpassten. Schallon hatte bereits Direktorin Heinroth für seine Tiersendungen interviewt. Er begrüßte 1965 den aus Kamerun eingeflogenen Gorilla „Knorke", der endlich ein würdiger Nachfolger des legendären Berliner Gorillas „Bobby" werden sollte. Bobby hatte den Komponisten Walter Jurmann zu dem Song *Mein Gorilla hat 'ne Villa im Zoo* inspiriert, den Hans Albers aus der Taufe hob. Max Raabe machte daraus einen Evergreen. Doch Schallon erreichte mit dem Gesprächspartner Klös mit Sicherheit den Höhepunkt aller damals noch nicht gemessenen Einschaltquoten im Hörfunk. Als Klös 2014 starb, hat der Regierende Bürgermeister Klaus Wowereit ausdrücklich auf die Sendung *Freundschaft mit Tieren* verwiesen, die nicht zuletzt die Popularität von Direktor Klös in Westberlin begründete.

Dabei war 1957 aller Anfang auch für Klös als mit seinen 30 Jahren als jüngstem Zoodirektor Deutschlands schwer. Ich erinnere mich, wie Zeitungskollegen bei *Telegraf* und *nacht-depesche* im Verlagshaus von Arno Scholz überhaupt nicht mit der Arbeit von Klös zufrieden waren und auf seine Ablösung durch „Wegschreiben" zielten. Doch nach Anfangs- oder Anfängerfehlern erwies sich Klös als geschickter Zoomanager, der selbst bei knapper Kasse den Tierbestand erstaunlich erweitern konnte. Ein Beispiel aus den 50er-Jahren erwähnt er in seinen Erinnerungen. Er wollte und brauchte zwei neue Nashörner im Zoo, hatte im Etat aber nur Geld für eines. „Was tun?", schreibt Klös. „Nun gab es ja jeden Sonntag meine SFB-Sendung *Freundschaft mit Tieren*, dort sprach ich ganz offen über das finanzielle Problem." Und siehe da: Die Sendung war an diesem Sonntag noch nicht zu Ende, da klingelte bei Klös das Telefon. Am anderen Ende der Leitung ein Nachbar, der Kaufmann Willi Ebbinghaus, Inhaber vom „Haus für gute Kleidung". Der verkündete dem perplexen Zoodirektor: „Herr Klös, die eine Hälfte bezahlt meine Frau, die andere Hälfte ich!" Das zweite Nashorn war gesichert. Um das Maß vollzumachen, spendete das Ehepaar Ebbinghaus auch noch das Geld für den Kauf eines dritten weiblichen Jungtiers. *Freundschaft mit Tieren* – die Sendung, die Klös als *seine* bezeichnete (was Schallon nicht widerspruchslos hingenommen hätte), hatte ein kleines Finanzwunder bewirkt.

Ansonsten war Horst Schallon – bis nach seiner Pensionierung Goetz Kronburger die redaktionelle Verantwortung übernahm – immer mit dem Mikrofon dabei, wenn im Zoologischen Garten die Publikumslieblinge von sich reden machten. Er begleitete den 1943 im Zoo geborenen Flusspferd-Bullen „Knautschke" durch sein bewegtes Zoo-Leben. „Knautschke" gehörte zu den 91 Tieren, die alle Luftangriffe im Zweiten Weltkrieg überlebt hatten. Der Leipziger Zoo schickte ihm die Flusspferd-Kuh Grete. Aus dieser Verbindung ging „Bulette" hervor, die mit 53 Jahren in Berlin ein für Flusspferde ungewöhnlich hohes Lebensalter erreichte.

Immer wenn neue Tiere für den Zoo in Westberlin eintrafen, war Schallon als Reporter dabei. Lange vor dem „Knut"-Hype von 2006/07 hat er zu SFB-Zeiten die Freundschaft mit Tieren gepflegt. Als Robert Kennedy bei seinem Berlin-Besuch im Februar 1962 als Geschenk aus den USA einen Adler mitbrachte oder als Bundeskanzler Helmut Schmidt dem Zoo die ersten beiden Pandabären überließ, die ihm der chinesische Staatschef bei einem Besuch in Peking geschenkt hatte. Von Heinroth über Klös bis zu Direktor Bernhard Blaskiewitz (der ab 1991 die schwierige Aufgabe übernahm, den Zoo im Westteil mit dem Tierpark in Friedrichsfelde zu integrieren) hat Horst Schallon als Redakteur und Reporter des SFB der Tierwelt eine Stimme gegeben. Eine Leistung, die angesichts des noch weitverbreiteten und längst nicht beseitigten unmenschlichen Umgangs mit Tieren höchste Anerkennung verdient.

Zeitfunk-Chef Horst Schallon beim Interview

Horst Schallon (Mitte) im Ruhestand
an der Seite von Rolf Voss (l.)

15. Stimmen bestimmen den guten Ton

Wie ein programmprägender Mythos ins Wanken gerät

Bevor das Fernsehen die Wohnstuben eroberte, entstanden die Bilder im Kopf. Das war von den Anfängen des Radios 1923 bis gegen Ende der 60er-Jahre. Der SFB und vor ihm bereits der RIAS faszinierten ihr Publikum nicht allein mit Inhalten, sondern durch unverwechselbare Stimmen. Die Sprecher/innen waren Magnet und Markenzeichen – in den Nachrichten, bei Reportagen, in Hörspielen und Lesungen und selbst bei simplen Programmansagen. Das Radiopublikum kann meist nicht unterscheiden zwischen Sprecher, Ansager, Moderator oder Reporter. Die meisten wissen nicht, dass Jan Hofer oder Susanne Daubner bei der *Tagesschau* im *Ersten* Texte vom Teleprompter ablesen, die andere in der Nachrichtenredaktion geschrieben haben, und dass Caren Miosga oder Claus Kleber ihre Magazin-Sendungen weitgehend selbst gestalten und texten. So beweist die im Internet nach dem Prinzip „Jede/r darf sich ein Urteil erlauben“ zustande gekommene kuriose Auflistung mit den angeblich besten Sprecher/innen und Stimmen, dass gar nicht die Stimme, sondern dass die Aussagen oder das Verhalten am Mikrofon beurteilt wurden. Hilfreich ist da ein Essay von Jurek Becker, dem aus Ostberlin nach Riehmers Hofgarten in Kreuzberg gewechselten Schreiber der SFB-Serie *Liebling Kreuzberg* und Autor des poetisch-tragischen Romans *Jakob der Lügner* (der zuerst ein Drehbuch war). Der 1997 verstorbene Becker hat sein Verhältnis zum Radio 1995 im *SPIEGEL* skizziert. Es war die Einstellung einer bildungshungrigen Nachkriegsgeneration:

„Seit meiner Kindheit war mir Radio ein wichtiges Ding ... Ich war mit Amundsen im ewigen Eis und mit der Stadtreporterin bei Taubenzüchter-Vereinen. Ich war dabei, als Max Schmeling in der Berliner Waldbühne boxte, zusammen mit einem Reporter, dessen Stimme ich heute noch, nach 47 Jahren, unter Hunderten erkennen würde. (Anm.: Becker meinte Herbert Schmidt, der beim *Reichsrundfunk*, beim *Berliner Rundfunk* der Sowjets und schließlich beim Sender Freies Berlin als Reporter und Sportchef arbeitete.) Ich erinnere mich an Radiogeschichten von Jules Verne, an den unglaublichen Tonfall von Pelz von Felinau, den ich monatelang zu imitieren versuchte.

Eine Zeit lang war ich süchtig nach Hörspielen. Ich habe mir die Anfangszeiten in Schulhefte geschrieben und bin selbst vom Fußballplatz nach Hause gelaufen, um bloß keinen Anfang zu verpassen.“ Und Becker kam zu dem traurigen Schluss: „Die Institution Radio verwahrlost.“ Ihm schien es, als würde in den Funkhäusern der Grundsatz gelten, dass Sprechen dem Sender schadet. 1995 war jene Zeit, als der öffentlich-rechtliche Rundfunk in der Konkurrenz zu den Privaten auf der Suche nach neuen Formaten war, die Einschaltquoten garantierten. So kam der Intellektuelle und vom Schöpfergeist besessene Schriftsteller Becker damals zu der bitteren Erkenntnis, dass sich auch der Charakter dessen, was gesprochen werden darf, verändert: „Es muss kurz sein, es darf keine Kenntnisse voraussetzen, es darf keine Anstrengung verursachen ... Die Redaktionen sind besessen von der Furcht, ihr Publikum zu überfordern." Wenn wir uns daran erinnern, dass eine Nachrichtensendung im Hörfunk noch in den 60er-Jahren eine Länge von zehn oder fünfzehn Minuten hatte und eine Radio-Presseschau mit zwanzig Minuten über den Äther ging, wird Beckers Kritik durchaus verständlich. Das Wort vom „Häppchen-Journalismus" kursierte, als die Öffentlich-Rechtlichen mit der Einführung des dualen Rundfunksystems ihre Programmangebote den Wünschen des Publikums anpassen wollten. Kein Zweifel – die Stimme, die Sprecherinnen und Sprecher traten dabei in den Hintergrund. Dabei hatte alles – wie von Jurek Becker beschrieben – nach 1945 und auch bei Gründung des SFB 1954 so zauberhaft und faszinierend angefangen.

Schöne Stimmen – markante Stimmen

Der Rundfunkpionier, Erfinder der *Sendespiele* (die später zu *Hörspielen* wurden) und erste SFB-Intendant Alfred Braun hatte – anders als sein Patenkind Goetz Kronburger (Sprecher und Abteilungsleiter im SFB) – keine *schöne* Stimme, wohl aber ein markantes und unverwechselbares Organ. Das galt für die von Jurek Becker erwähnten Pelz von Felinau und Herbert Schmidt genauso wie für die in SFB-Hörspielen und bei Lesungen mitwirkenden O. E. Hasse, Sigrid Lagemann, Max Grothusen, Günter Pfitzmann, Joana Maria Gorvin, Friedrich Schönfelder, Joachim Nottke oder Thomas Holtzmann.

Für alle Sprecher/innen galten als zwingend und selbstverständlich die von Theodor Siebs einst festgeschriebenen Regeln der deutschen Aussprache, 1969 in einer Neuauflage in der Bundesrepublik bekräftigt. Doch auch hier schuf die deutsche Teilung ebenfalls zweierlei Maß. Die DDR veröffentlichte ihr eigenes Werk der deutschen Aussprache und die Duden-Redaktion im Westen legte nach. Unverrückbar blieb erstaunlicherweise die heutzutage bei den zahllosen Amateursprechern in Radio und Fernsehen unbekannte Siebs-Regel zum „ig" am Wortende. (Lediglich den Bayern und Österreichern war von Siebs in Ausnahmefällen gestattet, dieses „ig" nicht – korrekt - als „ich", sondern als hartes „ick" zu artikulieren.) Nur in der Zusammensetzung mit dem majestätischen Wort „König" wurde daraus auch bei Siebs ein „ick" – also bei „Königreich" oder „königlich". Ein heute fast vergessener Grundsatz aus dem Knigge der guten Aussprache.

Der Zahn der Zeit hat da vieles abgenagt ... Die Nachkriegsjahre waren ja die Zeit der Klassikerpflege. Saladin Schmitt gab an seinem Schauspielhaus Bochum den Ton an und alle – auch die Rundfunksender – folgten ihm. Der Sender Freies Berlin konnte auf dem Fundament aufbauen und von den Hörgewohnheiten profitieren, die der RIAS geliefert hatte. Nicht von ungefähr war Hanns Korngiebel, der Hörspielchef des RIAS, in Personalunion verantwortlich für das Fernsehspiel des SFB. Korngiebel hatte 1952 die Titelrolle des RIAS-Hörspiels *Der Graue* mit einem 19-jährigen Nachwuchsschauspieler namens Horst Buchholz besetzt und einem begabten Sprecher damit den ersten Schritt in eine Weltkarriere ermöglicht. Überdies war der RIAS als Vorbild des SFB in Berlin der Begründer eines einzigartigen Stimmen-Universums. Den Grundstein legten seine Nachrichtensprecher: der junge Knut Kucharski, der leider bald nach Kanada auswanderte. Daneben Gerhard Heydebreck, Eberhard Matusch, Gerd Haucke und später Andreas Berg, der dann auch für die *Berliner Abendschau* des SFB Filme synchronisierte. Glanzpunkt aller Sprechkunst – Stichwort: Klassikerpflege – war jedoch der 1952 mit 39 Jahren verstorbene Horst Caspar, nach NS-Inkriminierung „Halbjude“ und dennoch „Schiller“-Darsteller im Ufa-Film von 1940 und Gneisenau im Durchhalteschinken *Kolberg* von 1945. Wenn Caspar sprach und deklamierte, verschlug es selbst altgedienten Theaterkritikern jener Zeit die Sprache und den Atem. „Bestürzende Natürlichkeit“ lautete das zurückhaltende Lob. Friedrich Luft – in seiner unnachahmlichen Hast als „Stimme der Kritik“ im RIAS selbst ein Stimmenunikat – rückte Horst Caspar gar in die Nähe der „Göttlichkeit“. Der RIAS sendete Horst Caspars Lesung des Lukas-Evangeliums („Es begab sich aber zu jener Zeit ...) an jedem Heiligabend bis weit in die 80er-Jahre hinein.

Nachrichtensprecher und Publikumslieblinge

Machen wir einmal die Unterschiede, die das Publikum gemeinhin nicht kennt. Da wären die Nachrichten- und Programmsprecher – Letztere meist despektierlich als *Ansager* bezeichnet. Erster SFB-Chefsprecher im täglichen Nachrichtengeschäft war neben Rolf Ritschel, Werner Krause und Horst Schondelmaier (dem späteren Personalchef) Rudolf-Günter Wagner, der vom RIAS an den Heidelberger Platz gekommen war. Wagner war in der Nähe von Kalkutta zur Welt gekommen und hat sich seinen kosmopolitischen Geist lebenslang bewahrt. Zeitweilig engagierte er sich als Berliner Vorsitzender der RFFU, der Gewerkschaft für Rundfunk- und Filmschaffende, war die Synchronstimme von Clark Gable und präsentierte im SFB-Hörfunk gemeinsam mit Nicola Greiff (der Stiefschwester von Westberlins Ex-Senatorin Cornelia Schmalz-Jacobsen) zwei Kultsendungen:

am Sonntagnachmittag ein Wunschkonzert, bei dem die *Cavatine* von Joachim Raff, das Zwischenspiel aus *Notre Dame* und *Sieh, mein Herz erschließet sich* aus *Samson und Dalila* von Saint-Saëns vorherrschten, und im ARD-Nachtprogramm die *Musik bis zum frühen Morgen*. In seinem 1961 erschienenen Büchlein *Dinge gibt's, die gibt's gar nicht* hat Wagner uns ein buntes Kaleidoskop an Radioanekdoten hinterlassen, das kaum einen der in Rundfunkkreisen kursierenden Versprecher auslässt. Etwa die immer wieder gern gehörte (wahre) Geschichte um Peter Tschaikowskys Nussknacker-Suite. Wenn das „N" fehlt, hat jeder Sprecher reichlich Spott neben dem Schaden. Daher versuchten die lieben Kollegen auch in Wagners Story, den zur Ansage bereiten Sprecher vorab ohne „N" zu verunsichern: „Nusskacker, Nusskacker!" Doch der sprach keck und korrekt drauflos: „Die Nussknacker-Suite" (zwischendurch ein schadenfrohes Lächeln zu den gescheiterten Kollegen), und endete mit dem Paukenschlag „von Peter Tscheißkowsky"! Sigmund Freud ist halt überall.

Zähne im Papierkorb und ungesunder Mittagsschlaf

In den 70er-Jahren gab es einen nicht immer angenehmen Konkurrenzkampf um die neu zu besetzende Position des Ersten Sprechers. Zu Recht machte sich Werner Krause als Dienstältester große Hoffnungen auf die Nachfolge. Doch sein Mitbewerber war Helmut Gipser, den die Nachrichtenabteilung favorisierte. Wieder einmal schaute Intendant Barsig, dem der ganze Vorgang sichtlich unangenehm war, auf den Personalrat und erwartete ein salomonisches Urteil. Kunststück – wo doch nur einer die Position besetzen konnte. Die Nachrichtenredaktion bedrängte uns Personalvertreter und forderte Gipser als Nachfolger, Krause ließ den 13 am Personalratstisch ebenfalls keine Ruhe. Gipser galt als zuverlässiger, nahezu unfehlbarer Nachrichtensprecher. Sehr zum Gefallen der Nachrichtenredaktion verzichtete er – anders als andere – auf eigenmächtige Korrekturen im Nachrichtenmanuskript und las nur vor, was dort stand. Seine Höchstleistung erbrachte Gipser, als er wortgetreu am Ende der Nachrichten sagte: „Sie hörten Nachrichten vom Sender Freies Berlin – gesprochen von Ruth Diehl." Böse Zungen behaupteten, dies habe den Ausschlag für die Stellenbesetzung gegeben, was jedoch in keiner Weise zutraf. Gipser wurde wegen seiner Qualifikation Erster Sprecher im SFB – zudem war er schwerbehindert. Ein Umstand, der heute von vornherein bei gleicher Qualifikation zweier Bewerber für klare Verhältnisse sorgen würde.

Wir hatten in den 70er-Jahren im SFB auch einen engagierten Programmansager, der Gebissträger war. Ähnlich wie die TV-Legende Gerd Ruge entledigte sich der Kollege in den Pausen zwischen den Ansagen seines Gebisses und legte es inmitten der Stapel von Manuskripten und Zeitungen auf den Sprechertisch. Als die nächste Ansage an der Reihe war, überfiel ihn allerdings eine mittelschwere Panik. Das Gebiss war verschwunden! Hilflose Gesten zur Technik – keine Ansage, der Sprecher blieb stumm. Wie sich herausstellte, waren des Kollegen zweite Zähne in den Papierkorb gefallen und zunächst unauffindbar. Weit unangenehmer war jedoch die fristlose Kündigung, die unverzüglich ausgesprochen wurde und die wir als Personalrat bei Franz Barsig, dem Intendanten mit der sozialen Ader, mit einigen Mühen rückgängig machen konnten.

Weitaus aufregender ist die tragikomische Geschichte des zweifellos besten Nachrichten- und Programmsprechers, den der Sender Freies Berlin in den 60er-Jahren hatte: Günter E. Bein. In jenen Jahren gehörte der Alkoholkonsum in Redaktionsstuben und Radiokantinen zur Alltäglichkeit. Wer dazugehören wollte, musste mittrinken. Es ist nur zu vermuten, dass eine Gesellschaft, die Gewaltbereitschaft und Depressionen kaum kannte, diese Zustände mühelos verkraftet hat. Es war jedenfalls fast jeder (ja – es waren die Männer!) irgendwann einmal sturzbetrunken. Geschadet hat es nicht – weder dem Teamgeist noch dem Programm. Günter E. Bein war ein liebenswerter Kollege, der besonders häufig einen tiefen Schluck tat. Seine Vorgesetzten und Dienstplangestalter wussten das natürlich und setzten ihn als Sprecher an besonders heiklen Tagen ein – zum Beispiel am Neujahrsmorgen. Programmbeginn wie seit dem 1. Juni 1954 um 5.00 Uhr.

Bein hub also an zur Eröffnungsansage am Neujahrsmorgen: „Guten Morgen, meine Damen und Herren. Hier ist der Sender Freies Berlin. Es ist 5.00 Uhr. Heute ist Dienstag, der 1. Januar 1967." Der Tontechniker reißt entsetzt den Regler runter und ruft zu Bein in den Sprecherraum: „Günter – heute ist der 1. Januar 1968!" Regler wieder hoch – Rotlicht an. Bein: „Entschuldigung, meine Damen und Herren. Heute ist Dienstag, der 1. Januar 1969." Totenstille. Noch einmal der aufgeregte Technikus: „Günter – 1968! 1968!" Daraufhin Günter E. Bein mit unnachahmlicher Lässigkeit: „Meine Damen und Herren – wie wir soeben erfahren: Heute ist Dienstag, der 1. Januar 1968." Dieser Vorfall blieb ohne nennenswerte Folgen für Bein. Sein Rauswurf war jedoch unvermeidlich, als er mittags nach zehn Minuten Weltnachrichten bei der zwanzigminütigen Presseschau einschlief. Wer es nicht mitgehört und miterlebt hat, kann es kaum glauben: zwischendurch immer wieder ein hörbares Aufbäumen gegen den Sekundenschlaf „Bundeskanzler Adenauer ... hmmm" oder „Die *Frankfurter Rundddd...*". Der Sendeleiter eilte Hals über Kopf ins Studio und übernahm recht und schlecht den Rest. Die Sprecherkarriere von Günter E. Bein beim SFB war beendet. Wenig später traf ich ihn zum Glück wohlauf und auskömmlich beschäftigt beim Südwestfunk in Baden-Baden. „Der Teufel hat den Schnaps gemacht" – hat schon Udo Jürgens gesungen ...

Beate Bach, Dagmar Späth und Werner Bruhns

Es mag sein, dass ein Kognak hilft, die Aufregung oder das Lampenfieber zu überwinden. Empfehlenswert ist diese Methode mit Blick auf mögliche Folgen nicht – obwohl sie sich bis heute in Kreativitätskreisen großer Beliebtheit erfreut und sogar Gefahr läuft, von härteren Rauschmitteln abgelöst zu werden. Der in seinen Anfängen hochbegabte Sprecher Harald Juhnke (Synchronstimme von Richard Burton), der zum Entertainer von Weltrang wurde, ist ein anderes Beispiel für erfolglose Problemlösungen mittels Alkohols. Hohe Sensibilität der Menschen in Kunst und Kultur mag andere Maßstäbe für die Beurteilung setzen – das gilt von Elvis Presley bis Whitney Houston. Im Genist der Sprecherinnen und Sprecher haben solche Schicksale immer wieder große Bestürzung ausgelöst. Etwa wenn Werner Bruhns, der Ehemann der Journalistin Wibke Bruhns, sich 1977 das Leben nahm. Auch seine Stimme war für viele „göttlich" und es gab in den Radiogefilden kaum jemanden, der deutsche Liebesgedichte mit solcher Intensität und Anrührung vortragen konnte wie Werner Bruhns.

Der SFB hatte mit seinem Sprecherstamm (von denen viele aus den Zeiten des Reichsrundfunks kamen) eine ordentliche Grundlage, die es auszubauen galt. Ilse Fröhlich und Ruth Piepho, die auch beim RIAS tätig war, wurden schnell zu akustischen Erkennungszeichen. Ebenso wie Georgia Holl, die an Sonntagen gemeinsam mit Cornelius Kornfeld die *Klingende Filmillustrierte* präsentierte. Ähnlich wie Beate Bach vom RIAS – die mit 38 Jahren früh verstorbene Ehefrau von Gert Fröbe – hatte der SFB in der hoch talentierten Dagmar Späth eine Radiomacherin, die 1963 durch einen tödlichen Autounfall bei Montabaur viel zu früh aus dem Kollegenkreis gerissen wurde.

Von Cadenbach bis Miedel

Ein kleines Sonderkapitel im SFB-Sprecher-Universum ist der Autor dieses Buches dem gelernten Schauspieler Joachim Cadenbach schuldig, der seine Karriere in Willi Roses Berliner „Rose-Theater" begann. Eine Postkarte des *Rose-Theaters* mit Cadenbachs Porträtfoto lag während meiner Kindheit in Berlin-Neukölln jahrelang unter meinen Schulsachen. Denn Cadenbach hatte für sich im April 1945 zusammen mit einem Onkel und einem weiteren Wehrmachtsangehörigen den mörderischen Krieg für beendet erklärt. Auf dem nahe gelegenen Tempelhofer Feld hatten sie ihr Versteck und kamen regelmäßig in unsere Wohnung, um zu essen und ein wenig Körperpflege zu betreiben. Andere, die in jenen Tagen erwischt wurden, hingen mit dem Schild „Verräter" an Laternenpfählen. Im SFB habe ich Cadenbach wiedergetroffen, ihn aber nie auf das Kriegsende angesprochen. Seine sonore Stimme ist bis heute vielen in Erinnerung. Und es gab Zeiten, da spöttelten missgünstige Kollegen, wenn man Cadenbach höre, wisse man nicht, ob das *Kobra, übernehmen Sie*, *Rund um die Berolina* und das ARD-*Magazin der Woche* sei. Cadenbach war hervorragend im Geschäft und wollte den Rest seiner Lebenszeit nur nach eigenen Vorstellungen genießen. Als er 65 wurde, veräußerte er sein Berliner Haus an der Pacelliallee und kaufte sich eine Yacht, mit der er das Mittelmeer durchkreuzte. Bei einem Stopp in Izmir verunglückte er dort tödlich bei einem Verkehrsunfall am 12. April 1992. Joachim Cadenbach wurde 67 Jahre alt.

Die Stimmen und das Zeitzeichen waren in den Glanzzeiten des Radios die Erkennungsmelodien eines Senders. Die einzig veritable Kunstgattung, die das Radio hervorgebracht hat – das Hörspiel (dem Fernsehspiel ist dieser Erfolg nie gelungen) –, hatte dabei zentrale Bedeutung. Hörspielregisseure wie Oswald Döpke, Heinz von Cramer oder Ulrich Gerhardt (der in späteren Jahren dem SFB-Rundfunkrat angehörte und wie Jurek Becker und andere Linksintellektuelle in Berlin zähneknirschend mit ansah, wie Günther von Lojewski 1989 zum SFB-Intendanten gewählt wurde) haben dafür gesorgt, dass der SFB neben dem Feature ebenso mit Hörspielen Anerkennung und Preise einheimste. Sie setzten die Stimmen ein, die literarische Botschaften hinaus in den Äther und in die Welt trugen: Klaus Miedel, der gleich nach der Besetzung durch die Sowjets ab Mai 1945 im „Haus des Rundfunks“ mit seiner Kaminzimmerstimme in jeder Sendung die Aufmerksamkeit auf sich zog. Günther Schwerkolt, erster Leiter der Hörfunk-Unterhaltung, erkannte das sehr bald und setzte Miedel als Allzweckwaffe ein – darunter als Moderator (freilich gab es diesen Begriff in den ersten SFB-Jahren nicht – man beschränkte sich auf „verbindende Worte“) in einer beliebten Quiz-Sendung, in der von Achim Strietzel bis Jo Herbst alle Westberliner Komiker ihren Platz hatten.

Sprecher besonderer Qualität waren auch Erich Dunskus, der nach dem Mauerbau 1961 Berlin verließ, Max Grothusen, Walter Franck, Wilhelm Borchert, Walter Bluhm oder Alfred Balthoff. Alles Könner frei Haus von den staatlichen Bühnen Schiller- und Schlosspark-Theater, die unter Boleslaw Barlog das deutsche Theaterleben bestimmten. Berlin-West war kulturelles Zentrum in jeder Beziehung. Alfred Balthoff hatte in dem DEFA-Film *Ehe im Schatten* (der das gern gebrauchte Argument, nach 1945 seien die Verbrechen des Nationalsozialismus kein Thema gewesen, eindrucksvoll widerlegt) seinen ersten Schauspielerfolg. Danach sprach er in SFB-Produktionen, synchronisierte Charlie Chaplin, Alec Guinness und – als Krönung – Fernandel in seinen *Don Camillo und Peppone*-Filmen. Ähnlich war es mit Eduard Wandrey, damals ein enger Freund der Nachwuchskraft Johanna von Koczian. Wandreys knarziges Organ war gut für

Charles Laughton oder Orson Welles – am allerbesten aber für Fred Feuerstein, dem er im deutschen Fernsehen seine Stimme lieh.

Die Stimmen und der SFB – Namen, die durch den Ton in Erinnerung bleiben oder durch Aufzeichnung für die Nachwelt erhalten werden. Viele beneiden noch heute jene, die wie Jurek Becker sagen konnten: „Seit meiner Kindheit war mir Radio ein wichtiges Ding."

MO 9. JUNI

Sender Freies Berlin

SFB I Mittelwelle 530 m / 566 kHz, UKW 88,75 MHz / Kanal 6. – SFB II Mittelwelle 202 m / 1484 kHz, UKW 96,3 MHz / Kanal 31 und 92,4 MHz / Kanal 18

20.05 (II.) Helga Bayertz freut sich über ihren galanten Kollegen Joachim Cadenbach und ihr gemeinsames Jubiläum: Beide präsentieren zum 175. Mal »Musik international«

Helga Bayertz und Joachim Cadenbach – zwei wichtige Stimmen des SFB

Joachim Pukaß – bekannt und markant als SFB-Sprecher

Sportchef Herbert Schmidt – für Jurek Becker eine unverwechselbare Radiostimme

16. Kinder, Kinder – „Ein Platz an der Sonne"

SFB-Kinderfunk und Familien-Feriendörfer

Der RIAS war mit seinem *Onkel Tobias* („Besser essen, besser essen!") über Jahre im Berliner Kinderfunk die unangefochtene Nummer eins. Zwar hatte das NWDR-Studio am Heidelberger Platz ab 1954 den zweifelhaften Vorteil, dass die Kinderfunk-Päpstin Ilse Obrig (1908–1978) noch aus den Zeiten des Reichsrundfunks bekannt war. Doch es brauchte einige Zeit, bis Obrig mit ihren Sendungen über den sowjetisch gelenkten *Berliner Rundfunk*, den RIAS, den NWDR und schließlich den SFB zum eigenen Markenzeichen fand.

Schon Anfang der 50er-Jahre entwarf Obrig das Konzept für eine *Kinderstunde* im Fernsehen, die dann ab 1952 mehrmals in der Woche ausgestrahlt wurde. Diese *Kinderstunde* im SFB war ganz dem Zeitgeist verpflichtet – mit allen Vor- und Nachteilen. Die Kinderfunk-Leiterin saß in einer braven Runde von Kindern, las ihnen Geschichten vor oder bastelte mit ihnen. Die Kinder wurden angehalten zu hochdeutscher Sprache, Respekt vor dem Alter und zu Bescheidenheit. Der zwangsläufige Nachteil war, dass für Spontaneität wenig bis gar kein Raum blieb. Die kam dann Ende der 60er-Jahre mit der Hinwendung zu „antiautoritärer Erziehung" im Übermaß. Doch mit *Moskito* („Nichts sticht besser") fand der SFB in den 80er-Jahren eine Sendeform für 10- bis 14-Jährige, die sogar den Weg ins Erste Programm der ARD fand. Die Rockband „Die Ärzte" schrieb „*Moskito*-Songs" und die Themenpalette reichte von Liebe und Tod bis zu Drogenproblemen. Kein veritabler Kinderfunk, aber eine Reaktion auf Entwicklungen, die in den 70ern bei dieser Zielgruppe oft in die falsche Richtung gegangen waren.

Ilse Obrig, die ja vom Hörfunk kam, hatte dort auch ihre größten Erfolge und besten Sendungen. Dafür stand „Das klingende Haus" (zuerst am Wannsee, später am Rupenhorn gegenüber dem Wohnblock der SFB-Prominenz). Max Specht profilierte sich dort als Musiklehrer, von dem „seine Kinder" noch heute schwärmen. Es waren – wie immer bei Obrig – harmlose, völlig unpolitische Kinderspiele, mit denen Obrig in ihren Sendungen glänzte. Ausdruck einer heilen Welt mit Scherenschnitten und Kartoffelmännchen. Ihren größten Coup hätte sie landen können, als sie 1959 im SFB die Idee für das „Sandmännchen" hatte. Doch der DDR-Fernsehfunk hatte überall seine Lauscher und kam dem Westfernsehen mit seiner ersten Ausstrahlung von *Unser Sandmännchen* zuvor.

Als Ilse Obrig 1973 in Pension ging, übernahm Karla Krause ihre Position. Keine Kinderfunk-Expertin, aber gestählt durch die harte Schule von *s-f-beat* und

Wir um Zwanzig bei Susanne Fijal im Jugendfunk. Das Besondere an dem neuen SFB-Kinderfunk nach Obrig war der Sitz in der Villa an der Pommernallee neben dem Deutschlandhaus, wo zeitweilig auch die Geschäftsstelle von Hertha BSC beheimatet war. Nicht nur, weil Karla Krause den SFB-Kinderfunk sehr bald wieder verließ, um selbstständig als Film-Produzentin und -Dramaturgin sowie als Autorin von Radiofeatures tätig zu werden, sondern weil Anschauungen und Programmformen sich ändern, verschwand der Kinderfunk à la *Onkel Tobias* & Obrig aus dem Programmangebot des SFB.

Jochen Richert, der Vater der „ARD-Fernsehlotterie"

Politischen Entwicklungen geschuldet, hat sich 1998, Jahre vor dem Ende des SFB, auch eine viel geliebte Einrichtung verabschiedet, die in enger Kooperation mit dem Fernsehen den Berliner Kindern und ihren Familien unbeschwerte und erholsame Tage bescherte: das Hilfswerk Berlin. Als Lehre aus der Berlin-Blockade 1948/49 gründete der Deutsche Städtetag das Hilfswerk, um Westberliner Kindern erholsame Ferien im Bundesgebiet zu ermöglichen. Kurios war die Wahl des Mottos für dieses Hilfsprojekt *Ein Platz an der Sonne*. Es stammte aus einer Reichstagsdebatte des Jahres 1897, bei der es um die deutsche Kolonialpolitik ging. Damals sagte der Staatssekretär des Auswärtigen Amtes Bernhard von Bülow mit Blick auf das von China gepachtete Kiautschou: „Mit einem Wort: Wir wollen niemand in den Schatten stellen, aber wir verlangen auch unseren Platz an der Sonne." Seit diesem Tag hat die deutsche Sprache ein neues geflügeltes Wort.

Jochen Richert (1915–1984), der Pressereferent des Hilfswerks, erkannte sofort die Chancen einer Zusammenarbeit mit dem Fernsehen. Er ist der Begründer der *ARD-Fernsehlotterie*. Unter dem Motto „Mit fünf Mark sind Sie dabei" startete Ende April 1956 die erste Lotterie. Fortan wurden im bayerischen Grafenau, in Nadenberg/Lindenberg im Allgäu und in Eisenärzt in Oberbayern Feriendörfer errichtet, in die vom Bahnhof Zoo die Sonderzüge mit Familien aus Westberlin fuhren. Bei jeder Feriendorf-Eröffnung war der SFB live dabei. 1960 wurde die Deutsche Fernsehlotterie GmbH gegründet. 1961 nahm das Hilfswerk die größte Lostrommel der Welt in Betrieb, den „Glückswirbel", der einen Umsatz von 14 Millionen D-Mark zu bewältigen hatte. Die Auftaktveranstaltungen zu jeder Lotterie hielt Jochen Richert in Berlin ab – zum Beispiel in der „Neuen Welt" in der Hasenheide, wo er für den SFB ein gern gesehener Interviewpartner als Repräsentant einer außerordentlich beliebten und guten Sache war. Beim *Platz an der Sonne* hat der Sender Freies Berlin jedes Jahr seinen eigenen Anteil zum Gelingen beigetragen. Die *ARD-Fernsehlotterie* heißt jetzt *Deutsche Fernsehlotterie* und wirkt weiter für einen guten Zweck.

„Nichts sticht besser" – *Moskito* vom SFB

Jochen Richert (l.), der Vater der *ARD-Fernsehlotterie*

17. Die Bilder entstehen im Kopf

Das Hörspiel im SFB

Als „arteigenes Spiel des Rundfunks“ ist das Hörspiel zu einem literarischen Formbegriff geworden. Ein Ruhmesblatt, das dem Fernsehspiel versagt blieb. Das erste, 1922 von der BBC ausgestrahlte Hörspiel verdeutlichte sogleich die Sinnhaftigkeit dieses neuen Radioformats: Es war die dramatische Geschichte eines Grubenunglücks – gesendet aus der totalen Finsternis eines Bergwerksschachts. Hörerinnen und Hörer sind „blind“. Die Bilder entstehen in ihren Köpfen.

Daher wird verständlich, dass die „Funk-Stunde“ im Berliner Vox-Haus an der Potsdamer Straße in den Anfängen des deutschen Rundfunks 1923 zunächst die Bezeichnung „akustischer Film“ für diese Sendeform verwendete, bevor der Rundfunkpionier Alfred Braun dort seine „Sendespiele“ inszenierte. „Sendespiel“ bedeutete, dass die Sprecherinnen und Sprecher live und in voller Montur – bei Schillers *Wallenstein* oder *Figaros Hochzeit* von Mozart in aufwendigen Bühnenkostümen – an die Mikrofone traten. Oft dauerten Brauns „Sendespiele“ mehr als zwei Stunden – bis der Pionier selbst zu der Erkenntnis gelangte: „Selbstverständlich darf kein Hörspiel – auch dann nicht, wenn es ein Dichter schreibt – auch nur annähernd so lange dauern. Wir waren damals so unerfahren, wie wir jung und wagemutig waren.“

Die „Sendespiele“ der Radio-Kultur in der Weimarer Republik blieben nach 1945 Vorbild und Richtschnur für die Hörspiel-Produktionen deutscher Sendeanstalten (freilich ohne Kostümzwang für die Mitwirkenden), in Berlin-West für den RIAS, das NWDR-Studio und ab 1954 für den SFB. Neben dem Hörspiel entwickelte sich das Radio-Feature – eine akustische Reportage, zuweilen mit seinen literarischen Einschlägen vom Hörspiel nicht ganz zu trennen. Neben Peter Leonhard Braun (dessen *Hyänen* an anderer Stelle erwähnt sind) verhalfen Autoren wie Klaus Lindemann (der außerdem bei rund 300 Features die Regie hatte), Horst Krüger (Ernst-Reuter-Preis 1975), Horst Eliseit oder Wolf Jobst Siedler dem Sender Freies Berlin zu internationaler Anerkennung.

In seinen Hörspielbemühungen konnte der SFB an den Erfahrungen und Erfolgen des Berliner NWDR-Studios und den an höchsten Qualitätsansprüchen orientierten Produktionen des RIAS anknüpfen. Immerhin hatte der RIAS bereits im Sommer 1946 mit *Agamemnons Tod* nach Gerhart Hauptmann – in der Hauptrolle Walter Franck und in der Regie von Hanns Korngiebel – sowie im Januar 1952 mit *Der Graue* – in der Titelrolle Horst Buchholz, flankiert von Hilde Körber, Albert Johannes, Fritz Genschow und wiederum in der Regie von Hanns

Korngiebel – zwei Meisterwerke der deutschen Hörspielgeschichte gesendet. Hinzu kam für den RIAS 1953, ein Jahr vor SFB-Gründung, der Hörspielpreis der Kriegsblinden für *Nachtwache* von Heinz Oskar Wuttig (mit Horst Niendorf und Günter Pfitzmann). Gegenüber derart anspruchsvollen Vorgaben hatte der SFB das Glück, für seine Produktionen ab 1954 Curt Goetz-Pflug (1919–1967) als Leiter der Hörspielabteilung und den Regisseur Rolf von Goth (1906–1981) aus dem NWDR-Studio übernehmen zu können. Hinzu kamen in den Jahren von 1954 bis 1980 etliche Regisseure bei literarischen Produktionen, deren Namen allgemein mit anderen Radioaktivitäten verbunden waren – wie Ulrich Herzog (*s-f-beat* und *Benjamin Blümchen*) oder Siegfried Niemann, den die Hörerschaft stets als „Friedel mit den Funkkindern" im SFB-Kinderfunk ortete.

In die Ära von Goetz-Pflug fallen viele erfolgreiche Produktionen und Koproduktionen des SFB, darunter 1958 *Jeden Abend Kammermusik* von Richard Hey oder 1965 *Die Ermittlung* von Peter Weiss. Rolf von Goth hatte bereits 1952 Peter Ustinovs *Die Liebe der vier Obersten* in der Bearbeitung von Thilo Koch für den Funk inszeniert und war in den Folgejahren für mehr als zweihundert SFB-Produktionen verantwortlich. *Vernichtete Vergangenheit* (1956), *Der Fall Dr. Sorge* (1959), *Tür an Tür* (von Horst Pillau, 1963) oder *Gaslicht* (1967) sind Beispiele aus der umfangreichen Arbeit des Hörspielregisseurs Rolf von Goth.

Einer im Kreis der Hörspielregisseure des SFB, dem die Klassiker, aber auch der in den Anfangsjahren überaus bedeutende Schulfunk am Herzen lagen, war Carlheinz Riepenhausen. Bis 1960 drückte er dem Hörspielangebot des Senders Freies Berlin einen ganz besonderen Stempel auf. Zu den Absonderlichkeiten gehört, dass sich die Spur von Carlheinz Riepenhausen ab 1960 völlig verliert. Niemand weiß, wo er abgeblieben und wann er verstorben ist. Bis 1960 hatte er mehr als zweihundert Schulfunksendungen für den SFB inszeniert und aus dem Klassikerbereich von Schillers *Räube*r über den *Zerbrochenen Krug* von Kleist bis zu Goethes *Faust* mit seiner Hörspielregie alles getan, damit die deutschen Dramatiker nicht in Vergessenheit gerieten.

Von Karin Ewert bis Pelz von Felinau

Hörspiel im SFB – das war für mich *Zimmer 301 HdR*. Zumindest in meinen Anfangsjahren ab 1960. Dort saß eine junge Hörspielredakteurin namens Karin Ewert, die nach ihrem Philosophiestudium an der Freien Universität in den SFB gekommen war und – wie sie sagte – an den Wochenenden Märchen und Hörspiele schrieb. Im April 1961 jubelte die Kritik, nachdem ihr Erstling *Der Frühling kommt zu Monsieur Pinson* (mit Wolfgang Lukschy, Eva Katharina Schultz und Eduard Wandrey) gesendet worden war. Ich holte sie zum Live-Interview in den „*Berolina*-Gästetag". Dort verriet Karin Ewert, dass sie den *Monsieur Pinson* als Studentin mit einem geborgten Kugelschreiber in der Bibliothek der FU geschrieben (und dadurch ihre Vorlesungen versäumt) habe. Übrigens sei ihr der Titel zuerst in den Sinn gekommen – ungewöhnlich bei einem Hörspiel. Rolf von Goth hatte Regie geführt und Olaf Bienert die Musik geschrieben. Eine Ehegeschichte, wie auch ein Jahr später *Die Reise*, diesmal in der Regie von Curt Goetz-Pflug. Und die Kritik fragte bei allem Lob: „Wie kommt dieses junge, unverheiratete Ding dazu, sich über Eheprobleme auszulassen?" Und Karin Ewert antwortete mit der Klugheit der Schriftstellerin: „Beobachtungsgabe". *Abgang* (mit Bernhard Minetti und Ruth Hausmeister) folgte, danach 1971: *Ich bin ein Dampfer* (mit Horst Bollmann und Gardy Granass) – ein Hörspiel, das die ungebundene (Märchen-)Fantasie der Autorin belegt. Es ist das letzte Werk, das mir von Karin Ewert untergekommen ist – mit einem kleinen Seitenhieb durch den Titelhelden Richard Abendstroh („der viel lieber Alexander geheißen hätte"), der eines Tages an der Alster zum Dampfer wird und nun ohne „den zerquetschten Blick der Erdenbürger" fahren kann, wohin er will. Selbst der Psychiater beneidet Abendstroh. Bis heute herrliche Jahre und eine wunderbare Hörspiel-Episode, die Karin Ewert dem SFB und einem staunend lauschenden Publikum geschenkt hat.

Das Eckzimmer mit der Nummer 301 im HdR war auch das Domizil von Hans-Georg Berthold. Er war mein Vorgänger als Vorsitzender des SFB-Personalrats, ging jedes Jahr Weihnachten mit einem dicken Bündel roter Rosen durchs HdR und verteilte sie an die Mitarbeiterinnen (eine Idee, die ihm offensichtlich die eine oder andere politische Partei abgeguckt hat). Doch nicht nur diese Verteilaktion machte ihn sympathisch. Hans-Georg Berthold war rundum beliebt, als Leiter der Feature-Abteilung (wo er Peter Leonhard Braun und Klaus Lindemann förderte), als Erfinder des „Mitternachtskrimis" (wo er als Könner selbst die Texte seines Lieblingsautors Hans Gruhl noch hier und da bearbeitete) und nach seiner Amtszeit als Personalrat in der Funktion des stellvertretenden Programmdirektors, der für den SFB-Hörfunk zuständig war. Intendant Barsig wusste, wo Kompetenz und Sachkenntnis einzusetzen waren. Berthold gehörte – völlig nachvollziehbar – zu Barsigs „Lieblingen".

Auch wenn Julius Tinzmann (1907–1982) mit seiner zum Hörspiel transformierten Romantrilogie *Das Klavier* für das SFB-Ansehen punktete (kurioserweise arbeitete Tinzmanns Ehefrau im SFB-Zeitungsarchiv, wo jeder recherchierende Journalist regelmäßig zu Gast war) oder wenn die Literatur-Abteilung des SFB mit Rolf Haufs (der die kuriose Lage der Exklave Steinstücken für seine schriftstellerische Arbeit nutzte) einen veritablen Lyriker beherbergte – mit Pelz von Felinau (1895–1978), Klaus Lindemann (1930–2004) und Ulrich Gerhardt (geboren 1934) hat sich der SFB – in dieser Reihenfolge – einen festen Platz in der Radiogeschichte von Hörspiel und Feature gesichert, die von der BBC im Jahr 1922 bis zu *Prix Italia* und *Prix Futura* reicht.

Nicht nur, dass der Österreicher Pelz von Felinau ganz in SFB-Nähe wohnte, macht ihn zum Qualitätssymbol dieses Senders, obwohl er auch für zahlreiche andere ARD-Anstalten arbeitete. Es war die Stimme, die ihn zum Markenzeichen erhob. Sein Buch über den Untergang der „Titanic" veränderte er mehrfach und machte daraus ein Hörspiel, das der Südwestfunk Ende November 1950 zum ersten Mal sendete. Hunderte von Hörspiel- und Feature-Manuskripten stammen aus der Feder Pelz von Felinaus – ein Schatz im Deutschen Rundfunkarchiv. Er war – wahrscheinlich krankheitsbedingt – ein hippliger, zappliger Typ. Doch wenn er im Studio am Mikrofon saß, war Pelz von Felinau gelassen und ruhig wie die „Titanic" auf ruhiger See. Selbst die häufigen Begegnungen mit ihm im und am Paternoster im „Haus des Rundfunks" waren ein Erlebnis ...

Klaus Lindemann stand gegenüber dem lebhaften und äußerst kommunikativen Peter Leonhard Braun wohl immer etwas im Hintergrund, wenn es in der Öffentlichkeit um Features und Radiodokumentationen des SFB ging. Erst mit 39 Jahren kam Lindemann zum Rundfunk. Bis dahin hatte er am Steinplatz in Berlin die Garderobe der Bar „Volle Pulle" verwaltet. Mehr als 300 Feature-Produktionen hat Lindemann zwischen 1969 und 1993 für den SFB realisiert. Zweimal erhielt er den *Prix Italia*, die höchste Auszeichnung der Branche. *Kann man Verdi ernst nehmen?, Hundert Jahre Ullstein* und *Die Premiere der nationalsozialistischen Rundfunkpropaganda* waren herausragende Lindemann-Features. Danach machte er einen Schritt zurück: Er malte, womit er einmal bei Karl Schmitt-Rottluff an der Hochschule für Bildende Künste begonnen hatte. Der zurückhaltende, oft nachdenklich wirkende Lindemann war in seinem Wesen und in seinem Wirken geprägt von einer Zeit, in der nur einfache Antworten und ein kompromissloses Entweder-Oder galten. So war seine tiefe Skepsis gegenüber allen radikalen Forderungen, die mit der 68er-Generation auch auf die Radioarbeit zukamen, durchaus verständlich.

Ulrich Gerhardt gehörte zum Kreis jener Intellektuellen in Westberlin, die sich in ihrer Arbeit bemühten, den Sätzen seines RIAS-Kollegen Friedrich Luft zu folgen, die dieser nach zwölf Jahren der Hassgesänge als Nachkriegswegweiser ausgegeben hatte: „Erst der Geist erfüllt das Leben. Was nutzt es, wenn wir uns nun das neue Haus bauen, und siehe: Wir haben den Inhalt vergessen, den Geist, der in ihm wohnen soll." Gerhardt war 1960 zum RIAS gegangen und hatte dort zehn Jahre später als Leitender Regisseur die Leitung der Abteilung *Wortproduktion* übernommen. Bei der Funkausstellung 1973 in Berlin führte Gerhardt – in Kooperation mit Hans-Georg Berthold vom SFB – die Kunstkopf-Stereofonie als Aufnahmeverfahren bei Radiosendungen ein. Es war die Zeit des SFB-Intendanten und Barsig-Nachfolgers Wolfgang Haus, der am Anfang seiner Amtszeit ständig auf Talentsuche war, als Ulrich Gerhardt zusammen mit seinem RIAS-Kollegen Garleff Zacharaias-Langhans als Leiter der Hörspielabteilung zum SFB wechselte. Nach der Haus-Abwahl 1983 entsandte die Akademie der Künste ihn in den SFB-Rundfunkrat. Hier versuchte Gerhardt nach besten Kräften, jenen Geist, von dem einst Friedrich Luft gesprochen hatte, für den Sender Freies Berlin zu erhalten. Doch die Zeiten hatten sich offenkundig geändert. Nachdem der SFB nach Wolfgang Haus zwei Intendanten (nicht ohne Grund) verschlissen hatte, kam auch Gerhardt nach der Intendantenwahl vom April 1989 zu der Erkenntnis von der verlorenen Liebesmüh'. Heute arbeitet er als profunder Kenner der Materie weiter als Hörspielregisseur und Lehrbeauftragter an verschiedenen Theater-Hochschulen.

18. Die meistgehörte Radiosendung der Welt

„Hyänen" – ein Hörfunkcoup in der Ära Barsig

Es war eine Koproduktion des SFB mit dem Bayerischen, dem Norddeutschen, dem Westdeutschen, dem Saarländischen Rundfunk, mit Radio Basel und dem holländischen NOS Hilversum – produziert in Stereofonie. Der Sender Freies Berlin hatte viele Verbündete in seinen besten Zeiten. Es wurde ein Radioklassiker auf einem weltumspannenden Netz von Hörfunkstationen. Keine Sendung und kein Feature hat bis heute so viele Hörerinnen und Hörer erreicht. In aller Bescheidenheit formuliert: Es war und bleibt ein Welterfolg des SFB.

Im Februar 1971 machten sich der Autor Peter Leonhard Braun und Toningenieur Klaus-Dieter Großmann nach Tansania auf den Weg. In einem Land Rover fuhren sie mehr als 500 Kilometer zum Ngorongoro-Krater, wo sie drei Wochen lang die Hyänen beobachteten und belauschten. Verachtete Raubtiere, Aasfresser, denen Verschlagenheit unterstellt wird. Schon Aristoteles hatte versucht, den schlechten Ruf der Hyänen aufzubessern, denen sogar nachgesagt wurde, sie seien Hermaphroditen – also doppelgeschlechtlich – und könnten ihr Geschlecht nach Belieben wechseln. Neben allen Vermutungen und Verfälschungen war nur eines sicher: Die Hyänenmännchen sind den Weibchen untertan.

Auftrag, Aufgabe und Absicht von Braun und Großmann war es, akustische Beweise zu liefern für das falsche Bild von der Hyäne, das seit der Antike verbreitet wurde. Beide – Braun und Großmann – gehörten zu den Ausnahmeerscheinungen des SFB. Der heute 90-jährige und ungebrochen quicklebendige Autor wurde 1974 Leiter der Feature-Abteilung des SFB, nachdem er mit Klaus-Dieter Großmann 1971 die *Hyänen* und 1973 das Feature *Glocken in Europa* produziert hatte, für das er mit dem *Prix Italia* ausgezeichnet wurde. Bis zum Erreichen des Pensionsalters im Jahr 1994 war Braun Organisator des *Prix Europa* und der Internationalen Feature-Konferenz im SFB. Für sein Lebenswerk erhielt er 2007 beim *Third Coast Festival* in Chicago den *Audio Luminary Award* für sein Lebenswerk. Persönlichkeiten wie Braun haben – von den oberen Etagen anerkannt und gefördert – den Ruf des Senders Freies Berlin geprägt und international bekannt gemacht. SFB-intern war Braun in seiner offenen und direkten Art für so manche Schnurrpfeiferei bekannt. Er war der Einzige, der es erreichte, dass sein Mops einen SFB-Hausausweis erhielt und das HdR jederzeit betreten durfte. Mir ist Peter Leonhard Braun in äußerst angenehmer Erinnerung geblieben, weil er bei einer Party einen von jenen unermüdlichen Witze-Erzählern auf seine unnachahmliche Art in die Schranken wies. Brauns Kommentar nach dem soundsovielten Witz: „O je – Ihre Witze machen mich traurig!" Die leicht beschränkte Plaudertasche verstummte sofort und nachhaltig. Brauns verständnisvoller Chef war übrigens Hans-Georg Berthold, vor Braun Leiter der Feature-Abteilung und nach seiner Zeit als Vorsitzender des SFB-Personalrats faktisch als Direktor für den Hörfunk zuständig. Selten war wohl ein leitender Angestellter des SFB so beliebt wie Berthold. Er verteilte schon in den 70er-Jahren zum Weihnachtsfest rote Rosen an die SFB-Frauen.

Peter Leonhard Braun und Klaus-Dieter Großmann bei den Hyänen

Ein seltenes Talent der Tontechnik: Klaus-Dieter Großmann

Peter Leonhard Braun mit seinem durch SFB-Hausausweis legitimierten Hund

HÖRFUNK AKTUELL

In den Hauptrollen:

HYÄNEN

Hyänen jagen nachts. Sie sind also für die Kamera nicht erreichbar. Deshalb fing Peter Leonhard Braun die ungewöhnlich lautreiche Sprache dieser Raubtiere stereophonisch ein

Als der Autor Peter Leonhard Braun und Toningenieur Dieter Grossmann nach einer kochendheißen 500-km-Fahrt am Gebirgsrand des Ngorongoro-Kraters in Tansania angekommen waren, kletterten sie aus dem Landrover, schlugen die Wagentüren hinter sich zu und – schwiegen.

Unter ihnen lagen 250 Quadratkilometer Schönheit: weite, gelbgrüne Steppe, Hügel, Flüsse, ein Wald aus Fieberbäumen, in der Sonne funkelte ein Salzsee. Und überall in dieser gelbgrünen Weite da unten: Wildebeests, Zebras, Büffel, Nashörner, Löwen, Elefanten, Nilpferde ... Sie würden für die nächsten Wochen Nachbarn von zwei einsamen, unerfahrenen Weißen sein: Braun und Grossmann.

Ein Autor und ein Toningenieur waren als Mini-Expedition ausgezogen, um einen der seltsamsten Aufträge auszuführen, den je eine Rundfunkanstalt vergeben hatte. Sie sollten das jahrhundertealte Wissensbild der Hyäne als feigen Aasfressers akustisch widerlegen – mit einem »Plädoyer für ein verachtetes Raubtier«.

In der Praxis bedeutet das: Nacht für Nacht Achsenbruch und Genickbruch zu riskieren, um jagenden Hyänen in Stockdunkelheit in die Wildnis zu folgen. Und sie zunächst noch jedesmal wieder zu verlieren.

In der dritten Nacht schafften sie es dann. Sie konnten dranbleiben, kein Flußlauf, kein Graben hielt sie auf. Diesmal wurden sie nicht abgehängt. Sie standen mit offenen Mikrofonen dabei, als die Hyänen das müde gehetzte Zebra zerrissen.

Vom Beginn der Jagd bis zum Verschwinden des letzten Knochens vergingen nur 40 Minuten. Ein Vorgang blutiger Dramatik. Und es war der Anfang einer ungewöhnlichen Stereo-Sendung: die afrikanische Nacht, Hauptdarsteller: die Hyänen

Internationale Stereo-Koproduktion: Sender Freies Berlin, Bayerischer, Norddeutscher, Westdeutscher, Saarländischer Rundfunk, Radio Basel und NOS Hilversum

SFB I, 24. Nov., 20.30 – 21.30

Die Presse würdigte die außergewöhnlichen Feature-Leistungen des SFB

Feature-Autor Klaus Lindemann

Feature-Chef Hans-Georg Berthold

19. Kulturinstitution in einer Kulturmetropole

Der SFB als Bildungszentrale

„Kreuzberger Nächte sind lang. Erst fang'nse ganz langsam an – aber dann, aber dann ..." Das Lied der „Gebrüder Blattschuss" (Jürgen von der Lippe, Beppo Pohlmann u. a.) aus dem Jahr 1978 ist zum Synonym für die kreative *Off-Szene* Westberlins geworden. Die Anfänge waren natürlich viel früher. Das Erstaunliche und zugleich Bewundernswerte war, dass in der Teilstadt – großzügig von allen Seiten gefördert – die sogenannte *Hochkultur* gemeinsam mit der *Freien Szene* nebeneinander und sich gegenseitig befruchtend existierte. Denn Berlin-West war nicht, wie selbst ernannte Zeitzeugen zuweilen behaupten, ein „künstliches Gebilde", sondern der lebendigste, lebenslustigste und ideenreichste Ort, der sich nur denken lässt. In der „größten Industriestadt zwischen Paris und Wladiwostok" (Reklamespruch des Wirtschaftssenators) boomten Kunst und Kultur. Und das lag nicht nur an der fehlenden Sperrstunde und der nicht vorhandenen Wehrpflicht.

Der Mauerbau vom August 1961 war dabei ein entscheidendes Datum, denn fortan flossen die Fördergelder vom Bund und direkt oder indirekt aus den Vereinigten Staaten. Die großen Namen und Ensembles machten Westberlin zur europäischen Kulturmetropole – ein Ruf, der sich sehr bald auf dem Kontinent in den Köpfen festsetzte. Auch die *Freie Szene* mauserte sich, umschlossen von Mauer und Stacheldraht. Mein Klassenkamerad Manfred Beelke (1939–2009) war als Maler und Grafiker sofort „mittenmang". Eigentlich wollte er Chemiker werden, hing das Chemie-Studium aber sehr bald an den Nagel und nahm an der Großen Berliner Kunstausstellung teil. In Kreuzberg lernte er den Maler und späteren Charlottenburger Kunstamtsleiter Traudbert Erbe kennen, der ab 1961 Ausstellungen in Hertha Fiedlers „Kleiner Weltlaterne" in der Kohlfurter Straße organisierte. Berlins erste Kneipen-Galerie war geboren – ich mit dem SFB-Mikrofon immer dabei. Besonders natürlich, wenn Beelke seine oft monumentalen Werke zeigte. Als er ins französische Vallauris ging, wo Pablo Picasso mit seinen Grafiken beschäftigt war, holte ich Beelke in den „*Berolina*-Gästetag", wo wir recht und schlecht („Hole niemals einen Freund zum Interview!") einen Live-Talk absolvierten.

Gemäß dem mythischen Grundsatz, dass alles mit allem zusammenhängt, lieferte Beelke ein Beispiel für die gesellschaftliche Aufmüpfigkeit des Künstlertums. Wenn auch als politischer Nachzügler, so gehörte Beelke dennoch 1973 zu jenen Künstlern, die das leer stehende Diakonissen-Krankenhaus Bethanien am Mariannenplatz in Kreuzberg besetzten und zum „Künstlerhaus Bethanien" deklarierten. (Als Folge des Mauerbaus von 1961 war die Zahl der Patienten aus Ostberlin dramatisch gesunken. Das Krankenhaus wurde zahlungsunfähig und die Architektin Sigrid Kressmann-Zschach – Erbauerin des Bankrottprojekts Steglitzer Kreisel und der Villa ihres Nachbarn Prinz Louis Ferdinand von Preußen am Halensee – wollte die Abrissbirne schwingen und nur das Hauptgebäude von Bethanien erhalten. Ein weiteres Spekulationsobjekt, das mithilfe des Bundes Deutscher Architekten verhindert wurde.) So konnte Beelke als Hausbesetzer in Bethanien malen, bevor er sich in Neukölln unweit vom Richardplatz ein eigenes Atelier einrichtete. In die Reihe dieser Maler gehört auch Matthias Koeppel, der 1960 den Preis der Großen Berliner Kunstausstellung errang. Für die *Berliner Abendschau* war Koeppel vor allem als Mitbegründer der „Schule der neuen Prächtigkeit" (1973) und als Erfinder von *Starckdeutsch* interessant. Noch 1988 erfreuten sich die Zuschauer in einer Sendung am lauten *Starckdeutsch*-Vortrag Koeppels – „Hullondiische Tumautn", ein vokalkräftiges, künstliches Spiel mit Sprache. Durchgesetzt hat sich diese Sprechweise mit ihrer Verhärtung der Konsonanten allerdings nicht und nirgendwo.

Am 8. Dezember 1971 hatte Rio Reiser (*Macht kaputt, was euch kaputt macht* und *König von Deutschland*) mit seiner Band „Ton Steine Scherben" (so benannt in Analogie zu der DGB-Gewerkschaft „Bau-Steine-Erden") das leer stehende ehemalige Schwesternwohnheim des Bethanien-Krankenhauses besetzt und es kurzerhand „Georg-von-Rauch-Haus" getauft. (Der Stadtguerillero Georg von Rauch war vier Tage zuvor bei einem Schusswechsel mit der Polizei getötet worden.) Rio Reiser und seine Band wurden mit ihren Liedern zum Sprachrohr der Hausbesetzer-Szene, die sich angesichts der Vielzahl leer stehender Häuser und einer unverkennbaren Wohnungsknappheit gebildet hatte und die bis in unsere Tage aktiv ist. Managerin von „Ton Stein Scherben" war in den Jahren 1982 bis 1985 Claudia Roth, später als Vertreterin der Partei Bündnis 90/Die Grünen bekanntlich Vizepräsidentin des Deutschen Bundestages. Als der Auftrag an mich erging, ein 30-Minuten-Radiofeature über die Berliner Hausbesetzer-Szene zu produzieren, nagte an mir der still gehütete Zweifel, ob ich dafür wohl der geeignete Autor sei. Die – wie sich anschließend herausstellte – gute Lösung dieses persönlichen Problems bestand darin, dass ich eine junge Studentin meiner seit 1978 am Publizistischen Institut der Freien Universität bestehenden Seminare in die besetzten Häuser mitnahm. Wo ein 40er-Jähriger Misstrauen erregte, konnte eine 20-Jährige hilfreich einspringen und die richtigen Fragen stellen. Trauriger Höhepunkt der Hausbesetzer-Konflikte war am 22. September 1981 der Tod des 18-jährigen Besetzers Klaus-Jürgen Rattey, der nicht von der Polizei, aber von einem aus unerfindlichen Gründen anfahrenden BVG-Bus getötet wurde, als einige Hundert Personen gegen eine Pressekonferenz des für die Räumung von besetzten Häusern verantwortlichen neuen Innensenators Heinrich Lummer (CDU) – zuvor gefürchtetes Mitglied des SFB-Rundfunkrates – protestierten. Der SFB berichtete über diese Auseinandersetzungen so gut und so objektiv es ging. Die fehlende Parteinahme des Senders störte offenbar einige Aktivisten ganz erheblich. Sie schickten dem SFB-Intendanten Wolfgang Haus ein Paket ins Fernsehzentrum, das – sehr zum Leidwesen seiner Sekretärinnen – bis zum Rand mit Fäkalien gefüllt war.

Dagegen gehört zu den leuchtend positiven Ergebnissen von Hausbesetzungen und Instandbesetzungen in jenen Tagen ein Lebens- und Kulturprojekt, das etwa fünfzig junge Menschen im Juni 1979 – intensiv von der *Berliner Abendschau* begleitet – mit der Belagerung des ehemaligen UFA-Kopierwerks in Tempelhof seinen Anfang nahm. Kollektiv und ökologisch sollte es ein Beispiel für gemeinschaftliches Leben in einer Großstadt sein. Der Westberliner Senat zeigte sich gesprächsbereit, stellte jedoch als Voraussetzung für ernsthafte Verhandlungen die Forderung auf, dass die Besetzer das Gelände erst einmal wieder räumten. Trotz großen Misstrauens und viel Ungläubigkeit gingen sie auf die Forderung ein – und es entstand das über Jahrzehnte erfolgreiche „Internationale Kultur Centrum ufaFabrik Berlin" – mit Musik und Tanz, Theater, Pantomime und Zirkus. Immer in vorderster Reihe dabei: der Chefimpresario Juppy (mit bürgerlichem Namen Hans-Josef Becher), mit Hut und Hund und selbst mit 70 Jahren noch aktiv und einfallsreich.

Bleierne Zeit im Deutschen Herbst

Einer der wenigen, auch in der Rückschau bleibenden dunklen Punkten im Umgang mit Kultur und kulturellen Persönlichkeiten während der Amtszeit von Intendant Franz Barsig war die 1974 entfachte Kontroverse zwischen dem SFB-Chefkommentator und Springer-Kolumnisten Matthias Walden und Literatur-Nobelpreisträger Heinrich Böll. Die daraus entstandene juristische Auseinandersetzung dauerte sieben Jahre und endete vor dem Bundesverfassungsgericht mit der Rehabilitierung und dem Sieg von Böll.

Der Ursprung des Konflikts, der sich um den Mythos der angeblichen „Sympathisanten" der damals bereits mörderischen „Rote Armee Fraktion" (RAF) rankte, ist nur aus der Aufgeregtheit, der zeitweiligen Hysterie und den fehlenden Zwischentönen jener „bleiernen Zeit" zu erklären. (Helmut Schmidt hat die Bezeichnung im *stern* sogar einmal als „aufmunternde Kulisse" für die RAF-Terroristen bezeichnet.)

Nach dem Mord an dem Berliner Kammergerichtspräsidenten Günter von Drenkmann vom November 1974 zog eine – damals verständliche – Zügellosigkeit in die Analysen und Kommentare jener ein, die den demokratischen Rechtsstaat in Gefahr sahen.

Meinungsführer der radikalen Kommentatoren im öffentlich-rechtlichen Rundfunk war Gerhard Löwenthal in seinem *ZDF-Magazin*. Löwenthal – bei Gründung des SFB 1954 dessen Programmdirektor – zog gegen alles erbarmungslos zu Felde, was auch nur einen linken Schimmer hatte – von den Intellektuellen um Grass, Böll oder Schlöndorff bis zu Brandts Ostpolitik. Peter Scholl-Latour (den ich sehr schätze) schätzte Löwenthal, aber wohl nur, weil dieser in der NS-Zeit grausamer Verfolgung ausgesetzt war. Später ruderte Löwenthal sehr weit nach rechts, gründete den Bund Freies Deutschland (BFD) und wollte nach der Wendezeit mit der Deutschen Sozialen Union (DSU) in der ehemaligen DDR eine nationale Kraft etablieren, der Kanzler Kohl allerdings sofort nach dem CDU-Sieg bei der ersten freien Volkskammerwahl vom 18. März 1990 die Kooperation versagte.

Es mag sein, dass 1974 in dem Konkurrenzkampf der Radikal-Kommentatoren des öffentlich-rechtlichen Rundfunks Matthias Walden gegenüber Löwenthal noch einen Zahn zulegen wollte. In jedem Fall waren es bei Walden ehrliches Entsetzen und das Gefühl, etwas tun zu müssen im Kampf gegen unverbesserliche Feinde der Demokratie. Walden war kein Hetzer oder bösartiger Agitator, wie er oft dargestellt wird, sondern ein hochintelligenter Journalist mit einem festen Standpunkt. Wenn sich zur Intelligenz die Emotion gesellt, kann es immer wieder zu Fehleinschätzungen und Entgleisungen kommen („Der werfe den ersten Stein ..."). In einem vom SFB ausgestrahlten Abendkommentar des ARD-Fernsehens bezeichnete Walden Heinrich Böll nach dem Mord an Günter von Drenkmann als einen „Sympathisanten des Terrorismus". Der Boden der Gewalt, behauptete Walden, werde „durch den Ungeist der Sympathie mit den Gewalttätern gedüngt". Mehr noch: Walden verwendete in seinem Kommentar falsche, ungenaue oder aus dem zeitlichen Zusammenhang gerissene Zitate. Böll habe die Bundesrepublik als „Misthaufen" bezeichnet und den Staat beschuldigt, die Terroristen „in gnadenloser Jagd zu verfolgen".

Böll war tief getroffen. Zuweilen traute er sich nicht mehr auf die Straße, weil er ständig angepöbelt wurde. Willy Brandt sah sich genötigt, Böll öffentlich in Schutz zu nehmen und seine Diskriminierung zu verurteilen. Erst das Bundesverfassungsgericht musste – im Gegensatz zum Bundesgerichtshof – klarstellen, dass Zitate nicht unter dem Schutz der freien Meinungsäußerung stehen. Sie müssen korrekt sein. Der „Misthaufen" war nachweislich frei erfunden. Mit der „gnadenlosen Jagd" hatte Böll nicht den Staat, sondern die Medien gemeint. Diese siebenjährige Auseinandersetzung hatte Böll erkennbar mitgenommen und vermutlich stark zu seinem Tod im Juli 1985 beigetragen. An seiner Beisetzung nahm der damalige Bundespräsident Richard von Weizsäcker teil – ein Zeichen der Ehrerbietung gegenüber einem oft unfair und ungerecht Angeprangerten. Die erheblichen Prozesskosten von Matthias Walden hat der SFB übernommen, teure Fürsorgepflicht. Barsig reagierte zerknirscht und war peinlich berührt. Sein Gerechtigkeitssinn war ihm nicht abhandengekommen. Von einer Entschuldigung gegenüber Heinrich Böll ist mir nichts bekannt.

„Weltlaterne", „Leierkasten", „Leydicke" – drei Kiezparadiese

Die „Kleine Weltlaterne" mit der rührigen Wirtin Hertha Fiedler (1923–2010) war ein Paradies der *Off-Szene*. Als die Fiedler mit 87 Jahren starb, schrieb der Berliner *Tagesspiegel*, dass man in die „Weltlaterne" ging, um das Leben zu spüren – denn hier saßen und plauderten der Universitätsprofessor neben der Verkäuferin und der aufmüpfige Student neben dem penibIen Finanzbeamten. Jede Begrüßung an jedem Abend war ein Erlebnis, wenn die kräftige Hertha einen freudig an ihre Brust drückte. Den pöbelnden Andreas Baader (ich habe Ulrike Meinhof nie verziehen, dass sie auf diesen Typen reingefallen ist) hat Hertha Fiedler des Lokals verwiesen, lange bevor er in die Kriminalität abglitt. Hildegard Knef, der Dramatiker Henry Miller oder der Maler Friedensreich Hundertwasser zählten zu ihren gern gesehenen Gästen – wiederum ein greifbares Beispiel vom segensreichen Miteinander der *Hochkultur* mit der *Freien Szene*. Zu den Stammgästen der „Weltlaterne" gehörten auch die beiden Kreuzberger Karl Dall und Ingo Insterburg – dieser nach eigenen Angaben deshalb, weil es eine Kneipe war, in der „man auf Kredit saufen konnte". Insterburg & Co. dedizierten der Wirtin und ihrer „Weltlaterne" 1968 dafür aus Dankbarkeit das berühmt gewordene Lied von Insterburgs Liebschaften *(Ich liebte ein Mädchen in Spandau – von der war immer der Mann blau)*.

1955 war Hertha Fiedler aus Sachsen nach Westberlin gekommen. Hier erhielt sie in Anerkennung ihres Engagements für die Bildende Kunst das Bundesverdienstkreuz – aber das war in einer Zeit, als es in Berlin noch veritable Kultursenatoren wie Werner Stein gab. Arabeske am Rande: Hertha Fiedlers Lieblingsmelodie war *Petite Fleur*. Allerdings nicht die vom Komponisten Sidney Bechet gespielte Version, sondern die Aufnahme, mit der Chris Barber 1959 so unübertrefflich das Lebensgefühl jener Zeit ausgedrückt hatte.

Ein weiterer Tempel der tonangebenden Kreuzberger Subkultur war der „Leierkasten" von Kurt Mühlenhaupt (zuweilen despektierlich als „Trödler" bezeichnet) an der Zossener Straße. Mühlenhaupt war ein respektabler Künstler, angesiedelt zwischen naiver Malerei und Expressionismus – häufig verglichen mit Otto Nagel oder Heinrich Zille. Wie Manfred Beelke nahm Mühlenhaupt

1960 erstmals an der Großen Berliner Kunstausstellung teil, was seinen Bekanntheitsgrad erheblich steigerte. Auch Mühlenhaupt war aus der künstlerisch sterilen DDR nach Westberlin gekommen. Im 1961 eröffneten „Leierkasten" trafen sich neben den neugierigen Jungen und Mädchen, die ahnungslos aus allen Teilen der Bundesrepublik nach Westberlin strömten, Künstler wie Günter Bruno Fuchs, Artur Märchen und einer, den Mühlenhaupt besonders ins Herz geschlossen hatte: Friedrich Schröder Sonnenstern (1892–1982), Mitglied der Gruppe der Berliner Malerpoeten und 1959 bei einer Surrealismus-Ausstellung in Paris als der beeindruckendste Künstler des 20. Jahrhunderts gefeiert – ein bedeutender Vertreter der *Art Brut* oder *Outsider Art.* Mühlenhaupts „Leierkasten" – ein magisch-magnetischer Ort für den Radioreporter.

Allerdings ging der Stern von Schröder Sonnenstern – der viele Jahre in psychiatrischen Heilanstalten verbracht hatte – über Nacht in den 70er-Jahren plötzlich unter, als bekannt wurde, dass er der Auftragsflut schon lange nicht mehr nachkommen konnte und seine Bilder weitgehend von Gehilfen fertigstellen ließ. Dennoch blieb Friedrich Schröder Sonnenstern ein vom Journalismus weiterhin beachtetes Original des bunten Westberliner Kulturlebens – ähnlich wie der Schweizer Jakob Kuny, der Weltverbesserer, der vor allem in der auf Happenings versessenen Studentenschaft zahlreiche Anhänger hatte. Schriftlich – mit rotem Kugelschreiber – lud mich Kuny als SFB-Vertreter zu seinen Veranstaltungen ein, sei es auf dem Kurfürstendamm oder in einem engen Szene-Lokal.

Bei Jakob Kuny ging es selbstredend um die Kunylogie – laut ihrem Erfinder um „eine neue Wissenschaft, die das Weltbild grundlegend verändert und alle Lebewesen auf eine höhere Kulturstufe hebt". Kunys Kernbotschaft war: die Liebe. So weit, so gut und gar nicht so verkehrt. Doch wenn der Mann im schwarzen Frack inmitten seines Wusts von flatternden Papieren seine provokanten Thesen übers Auditorium ausgoss, waren das Ergebnis jedes Mal lang anhaltende Lachsalven und emphatische Rufe wie „Meister, gib uns ein Zeichen!". Stets blieb Kuny gelassen: „Lachen Sie nur. Die Kunylogie verträgt Humor." Und so zogen er und seine Anhänger, begleitet von Print- und Radiojournalisten, lärmend und lachend über den Kurfürstendamm, lange bevor Herbert Marcuse oder Ernest Mandel die Dahlemer Studentenschaft zu Protestmärschen anregten.

Die „Kleine Weltlaterne", der „Leierkasten" – in der Reihe der einstigen Kreuzberger Szenetreffpunkte fehlt nur noch „Leydicke" mit der herzigen Wirtin Lucie am Rande der Yorckstraße. Eigentlich ein Likörhersteller, eine Schnapsbrennerei und Weinprobierstube. In Lucies lauschigen Schankraum zog es Abend für Abend die gesamte Westberliner Universitätsmischpoke, alle Lebenskünstler aus der Teilstadt, aber auch Touristen und sogar Schülerinnen und Schüler auf Klassenfahrt. Hier tranken wir den schweren griechischen *Mavrodaphne*, um auf diese Weise eingenebelt für die Hörerinnen und Hörer in und um Berlin über das Kreuzberger Szeneleben zu berichten. (Journalist beim öffentlich-rechtlichen Rundfunk ist und bleibt einer der freiesten Berufe, die es gibt.)

Stein der Weisen – Glücksfälle und Peinlichkeiten

Spätestens seit Schillers *Lied von der Glocke* wissen wir: Der Segen kommt von oben. Das Kulturleben in Westberlin war dafür über Jahrzehnte ein Musterbeispiel. „Oben" agierten zwei Senatoren, die für Weltoffenheit, Bildung und Kultur sorgten. Der eine – Carl-Heinz Evers (1922–2010) – war 1963 vom Regierenden Bürgermeister Willy Brandt zum Schulsenator, der andere – Werner Stein (1913–1993) – 1964 zum Senator für Wissenschaft und Kunst berufen worden. Evers gilt bis heute als Vater der deutschen Gesamtschule. Sein Ziel war eine Demokratisierung des Bildungswesens. Stein gehörte wie Evers dem damals linken Flügel der Berliner Sozialdemokraten an (was besonders in den Zeiten des Vietnam-Krieges nicht immer zu seinem politischen Vorteil deutlich wurde) und bestach als Physiker mit seiner Kenntnis und seinem Verständnis des kulturellen Lebens. Seit 1946 publizierte er in immer neuen Auflagen den *Kulturfahrplan* – ein Tabellenwerk zur Weltgeschichte, aufgeteilt nach Jahren und Disziplinen.

Stadtbekannt durch Live-Übertragungen im Radio wurde Werner Stein, der dem Abgeordnetenhaus seit 1955 angehörte, als Vorsitzender eines parlamentarischen Untersuchungsausschusses, der die Umstände klären sollte, unter denen der Regisseur Rudolf Noelte (1921–2002) vom Volksbühnen-Chef Siegfried Nestriepke 1959 fristlos entlassen wurde. Für den SPD-Abgeordneten Stein war diese Aufgabe ein Ritt über den Bodensee, denn Nestriepke war hoch angesehener, einflussreicher Sozialdemokrat in Berlin und zudem der führende Vertreter der Volksbühnenbewegung. Doch in der Funktion des Ausschuss-Vorsitzenden konnte Stein zum ersten Mal aller Öffentlichkeit seine Charakterstärke und seinen luziden Verstand beweisen. Nicht nur Willy Brandt war begeistert von dem 46-jährigen Abgeordneten. Nestriepke, der sich gegenüber dem Schöpfergeist Noelte wie ein tyrannischer Apparatschik verhalten hatte, musste gehen. Noelte, verheiratet mit der Berliner Schauspielerin Cordula Trantow, leitete andernorts mit Inszenierungen der Stücke von Anton Tschechow eine neue Ära der Tschechow-Rezeption ein.

Hernach hatte die Freie Volksbühne 1963 das Glück, den aus der Emigration heimgekehrten Erwin Piscator als Intendanten zu gewinnen. Mein erstes Hörfunk-Interview mit Piscator – bei Proben im Theatersaal – nahm seine Rolle als Repräsentant des Gedächtnis- und Dokumentartheaters vorweg. Piscator war der lebendige Beweis, dass die NS-Zeit – entgegen manch späterer Behauptung

– damals auf den Bühnen zum Thema wurde. Erneut unter dem stolzen Titel *Es geschah in Berlin*. Denn weit mehr als anderswo wurde in Westberlin der Versuch unternommen, Verstrickungen und Verbrechen des Nazi-Regimes aufzuarbeiten. Radio und Fernsehen von SFB und RIAS spielten dabei in der Berichterstattung eine beispielgebende Rolle. Das galt in der Piscator-Zeit 1963 für die Uraufführung des *Stellvertreters* von Rolf Hochhuth und ebenso 1965 für *Die Ermittlung* von Peter Weiss, einer Dramatisierung des Auschwitz-Prozesses.

Wer die Nachkriegsgeschichte der Volksbühne in Berlin-West und die langen Schatten von zwölf Jahren des *Tausendjährigen Reiches* durchforstet, stößt auf eine kuriose Begebenheit, die im Noelte-Jahr 1959 auch den Sender Freies Berlin mit seiner Berichterstattung in einige Verlegenheit brachte. Schon 1952 hatte Volksbühnen-Chef Nestriepke den Gerhart-Hauptmann-Preis aus der Taufe gehoben, der zunächst alljährlich am 15. November, dem Geburtstag Hauptmanns, vergeben wurde – direkt finanziert von den Volksbühnen-Mitgliedern durch einen Abgabe-Pfennig auf jede Eintrittskarte. Durch das Engagement von ausländischen Dramatikern wie Jean-Paul Sartre und Jean Cocteau erlangte der Berliner Hauptmann-Preis internationale Aufmerksamkeit. 1959 sollte der Preis an den bis dahin unbekannten Dramatiker Hans Westrum gehen, der zur Preisverleihung nach Berlin eingeladen wurde. Doch am Abend der geplanten Preisverleihung wurde dem erstaunten Publikum im Theater der Freien Volksbühne auf einem Plakat mitgeteilt: „Die Preisverleihung fällt heute aus, weil der in Aussicht genommene Autor sein Stück zurückgezogen hat, um es einer wesentlichen Umarbeitung zu unterziehen."

Das war allerdings nicht einmal die halbe Wahrheit. Die Jury für die Preisvergabe hatte bei ihrer Entscheidung nicht gewusst, wer sich hinter dem Pseudonym „Hans Westrum" verbarg, und war wenige Stunden vor der Preisverleihung mit Ärger und Scham aus allen Wolken gefallen. „Hans Westrum" war der Deckname für Hans Baumann, einen gefeierten Autor der NS-Dichtergarde. Er hatte nicht nur Abenteuerromane wie *Der Sohn des Columbus* verfasst, sondern auch den Liedtext *Es zittern die morschen Knochen*, der die üble Passage enthält: „Heute gehört uns Deutschland und morgen die ganze Welt". Eine weitere Peinlichkeit zum Abschluss der Nestriepke-Ära.

Ein Schauspielhaus ist unsere Welt

Zentren des Westberliner Theaterlebens – sowohl des Sprech- als auch des Musiktheaters –, von denen der Sender Freies Berlin in seinen Programmen in Hörfunk und Fernsehen durch das Engagement von Schauspielerinnen und Schauspielern für Eigenproduktionen oder durch die Übernahme von Inszenierungen profitierte, waren die Staatlichen Bühnen des Schiller- und Schlosspark-Theaters (mit der Schiller-Theater-Werkstatt), die „Schaubühne“ in den Zeiten von Peter Stein und Claus Peymann, das „Theater des Westens“ (wo 1961 der Dauerbrenner *My Fair Lady* mit Karin Hübner, Paul Hubschmid und Alfred Schieske Premiere hatte) und die Deutsche Oper in der Bismarckstraße (wo Gustav Rudolf Sellner, Hans Werner Henze, Peter Ustinov und Götz Friedrich sich tummelten).

Die strittige Diskussion darüber, welcher diese Institutionen der Siegerkranz gebührt, weil sie den größten Weltruhm für die Kulturmetropole Berlin-West eingefahren hat, wurde sehr bald als sinnlos beendet. Alles hatte seine Zeit und seine Triumphe. Peter Stein – heute mit über 80 Jahren auf seinem Landsitz *San Pancrazio* unweit von Rom – hat mit der von Jürgen Schitthelm begründeten „Schaubühne“ – 1962 am Halleschen Ufer, ab 1981 am Lehniner Platz – Theatergeschichte geschrieben. Dieses Theater war für jeden kulturell interessierten und ein wenig kulturell gebildeten Journalisten von solcher Anziehungskraft, dass es einen machtvoll danach drängte, dieses Arkadien näher kennenzulernen und darüber zu berichten. Mit Ellbogen drängte ich mich in der *Abendschau*-Redaktion gar nicht vornehm zur TV-Berichterstattung über Hans Magnus Enzensbergers *Verhör von Havanna* (1971), der epochalen Peter-Stein-Inszenierung von Gorkis *Sommergäste* (1974) und den Stücken des Hausautors Botho Strauß. Mit Schauspielerinnen und Schauspielern wie Bruno Ganz, Jutta Lampe (zeitweilig Ehefrau von Peter Stein), Otto Sander, Edith Clever, Ulrich Mühe, Angela Winkler (erklärter Liebling von Kritiker-Doyen Friedrich Luft) und Regisseuren wie Claus Peymann, Andrea Breth, Michael Grüber oder Luc Bondy konnte Stein die gesamte Bühnenwelt erzittern lassen. Keine endlose Kette von Welterfolgen – um mit Friedrich Luft zu sprechen: „Der Himmel bewahre!“ Doch eine Ära, die der Teilstadt und ihren Kultureinrichtungen zu Ruhm und Ehre gereichte. Im SFB würdigten die Theaterredaktion mit Joachim Werner Preuß (der 1965 einen beeindruckenden Bildband über Tilla Durieux veröffentlichte und mir ab 1971 als Mitglied des SFB-Personalrats aktiv zur Seite stand) sowie unsere RIAS-Leihgabe Friedrich Luft (den ich ab 1987 fest in die Theaterberichterstattung der *Berliner Abendschau* einbezog) die Wunderwelt der Westberliner Bühnen.

Wer Peter Stein und die „Schaubühne“ hervorhebt, muss im gleichen Atemzuge und auf gleicher Augenhöhe Boleslaw Barlog, den Magier der Staatlichen Bühnen, erwähnen. Dass er 1936 in der Berliner Waldbühne – die damals Dietrich-Eckart-Freilichtbühne hieß – die Rahmenveranstaltungen zu den Olympischen Spielen inszenierte und dass er seinen Kollegen Bernhard Minetti und dessen enthusiastische Teilnahme an der „Wollt-ihr-den-totalen-Krieg“-Rede von Joseph Goebbels 1943 im Sportpalast verteidigte und dem „unpolitischen Geist eines Mimen“ zuschrieb, war in den Nachkriegszeiten kein Thema. Mit unendlicher Hingabe hatte Barlog dem Theaterleben im Westteil Berlins nach dem Krieg, kräftig unterstützt von den beiden Rundfunksendern, neues Leben eingehaucht.

Zu den theaterhistorischen Verdiensten Barlogs gehörte die Bindung des Dramatikers Samuel Beckett an Berlin und an die Staatlichen Bühnen. Hier erlebten Stücke von Beckett ihre Premiere im deutschsprachigen Raum. „Und wieder ein glücklicher Tag" – Berta Drews und Rudolf Fernau präsentierten 1961 in der Werkstatt des Schiller-Theaters die deutsche Uraufführung von Becketts *Glückliche Tage*, nur zwei Wochen nach der Welturaufführung in New York. Das Besondere an dieser Inszenierung war (noch) nicht der Autor Beckett, sondern der Regisseur Walter Henn – „unser junges Regie-Genie", wie Walter Karsch im *Tagesspiegel* schrieb. Henn hatte als 28-Jähriger 1959 Edward Albees *Zoogeschichte* am Schiller-Theater inszeniert, erhielt sehr bald den Berliner Kunstpreis in der Kategorie „Junge Generation" und wurde als Gastregisseur an die Schauspielhäuser in Wien und Zürich gerufen. Als ich die Schauspielerin Uta Sax, Ensemble-Mitglied der Staatlichen Bühnen, mit dem Taxi um Live-Interview im SFB abholte und sie fragte, was denn das Besondere an diesem jungen Regisseur sei, kam auch von ihr nach einigem Zögern die Antwort, die damals alle gaben, die mit Henn zusammengearbeitet hatten: Er trifft auf fast unerklärliche Art den Ton und den Kern eines Stücks. Der Südwestfunk produzierte unter Henns Regie zwei Gogol-Stücke: *Der Spieler* (nicht der von Dostojewski!) und *Der Mantel*. Der Sender Freies Berlin verfilmte Henns Inszenierung der *Zoogeschichte* mit Thomas Holtzmann und Kurt Buecheler. Wir freuten uns auf weitere Wunderwerke dieses Regisseurs. Die Verfilmung der Grass-Novelle *Katz und Maus* sollte im Juni 1963 der nächste Höhepunkt sein. Da verstarb Henn überraschend am 22. März 1963 in Basel, offenbar infiziert von einem Pilz, der in die Lunge gedrungen war. Günter Grass widmete Henn posthum daraufhin seinen Roman *Hundejahre*.

Zumindest indirekt mit ähnlicher Tragik verbunden war das glanzvolle Wirken von Samuel Beckett an Berlins Staatlichen Schauspielbühnen. Neben Boleslaw Barlog war es der tiefsinnige Ernst Schröder, der einen engen und persönlichen Kontakt zu dem irischen Dramatiker herstellte. Beckett schrieb seine Dramen in Französisch und beherrschte die deutsche Sprache erstaunlich gut. Berlin war dem verschwiegenen Grauschopf offenkundig ans Herz gewachsen. Sein Lieblingslokal war die „Giraffe" im 1957 zur Internationalen Bauausstellung begründeten Hansa-Viertel. Im selben Jahr erlebte Becketts *Endspiel* im Schloßpark-Theater seine deutsche Erstaufführung – ein Reinfall, der nach acht Vorstellungen abgesetzt wurde. Die Beckett-Inszenierung dieser Tragikomödie zehn Jahre später brachte es dann auf 150 Vorstellungen. Als 1975 in Berlin ein Beckett-Triumph gefeiert wurde, weil der Autor sein Markenzeichen und erfolgreichstes Bühnenstück *Warten auf Godot* hier selbst in Szene gesetzt hatte, stand der Mann abseits, der Beckett wahrscheinlich menschlich am nächsten war: Ernst Schröder. Es war das Jahr, in dem sich Schröder von Berlin verabschiedete und in die Toskana zurückzog. Er hatte es nicht verwunden, dass 1972 nach Barlog nicht er, sondern Hans Lietzau den Posten des Generalintendanten der Staatlichen Bühnen erhielt. Als Schröders Tochter Christiane – ebenfalls Schauspielerin – sich 1980 mit einem Sturz von der *Golden Gate Bridge* in San Francisco das Leben nahm, war für Schröder das Maß aller Schicksalsschläge erreicht. Theaterarbeit in Bad Hersfeld, Hörspiele beim Südwestfunk oder die eine oder andere Fernsehrolle konnten ihn aus seiner Depression nicht erlösen. Ernst Schröder erkrankte an Krebs und nahm sich im Juli 1994 durch den Sprung aus einem Fenster der Charlottenburger Schlosspark-Klinik das Leben. Er war das, was wir klischeehaft einen „Vollblutschauspieler" nennen. Doch er war in seinem Kenntnisreichtum und seiner Empfindsamkeit viel mehr. Ein Leuchtturm in der unvergleichlichen Garde des Ensembles der Staatlichen Schauspielbühnen in Westberlin, die das Theaterpublikum reich beschenkte und von der der Hörfunk und das Fernsehen des Senders Freies Berlin in gewaltigem Maß profitierten. Jeder Versuch, die Namen dieser einzigartigen Truppe aufzulisten, muss mangelhaft sein – dennoch eine kriterienlose Auswahl (weil es geradezu schandbar wäre, diejenigen nicht zu erwähnen, die seit Kriegsende für höchste Schauspielkunst standen und 1993 mit der vom Senat verfügten Schließung vom Hof gejagt wurden): Hermine Körner, Tilla Durieux, Elsa Wagner, Hilde Körber, Joana Maria Gorvin, Käthe Braun, Luitgard Im, Gisela Mattishent, Uta Sax, Erich Schellow, Rolf Henniger, Martin Held, Walter Franck, Karl Hellmer, Thomas Holtzmann, Klaus Kammer, Horst Bollmann, Carl Raddatz, Eva Katharina Schultz. Nicht alle waren 1993 noch dabei, aber ihre Namen verdeutlichen das kulturelle Desaster, das als ausführendes Organ vom damaligen parteilosen Kultursenator, meinem Freund Ulrich Roloff-Momin, angerichtet wurde (den ich 1975 bei einem Abendessen in London vor dem Erstickungstod bewahrt hatte).

Der Protagonist Ernst Schröder und die Staatlichen Bühnen werden mir noch aus einem anderen Grund lebenslang liebevoll im Gedächtnis bleiben. Schröder liebte Italien und die Toskana. Darin traf er sich mit dem Ensemble-Mitglied Christa Witsch, deren Mentor und stetiger Gesprächspartner er war. Christa (in der Familie auch als „Krista" firmierend) war die am 9. Juni 1937 geborene Tochter des Verlegers Joseph Caspar Witsch (1906–1967), der 1949 in Köln mit Gustav Kiepenheuer den Verlag Kiepenheuer & Witsch gegründet hatte. Dort erschienen die Werke der Nobelpreisträger Heinrich Böll und Saul Bellow. Tochter Christa machte in Berlin eine blendende Karriere. Der SFB verfilmte 1971 die Schiller-Theater-Aufführung von Witold Gombrowicz' *Yvonne, Prinzessin von Burgund* – in der Regie von Ernst Schröder und mit Christa Witsch in der Titelrolle. Neben der im gleichen Jahr ausgestrahlten TV-Produktion der *Deutschstunde* von Siegfried Lenz war die *Yvonne* für den Sender Freies Berlin ein Fernseherfolg ohne Gleichen, für den auch die übrige Besetzung mit Martin Held, Lu Säuberlich, Heribert Sasse und Siegmar Schneider garantierte. Für Ingrid Bergman, Marlene Dietrich und Sophia Loren konnte ich mich begeistern – in Christa Witsch hatte ich mich verliebt. Doch ihre Sehnsucht nach dem Land, wo die Zitronen blühen, war stärker. Eines Tages war sie wortlos aus Berlin in Richtung Süden verschwunden und heiratete dort einen Italiener. („Des Lebens ungeteilte Freude ward keinem Sterblichen zuteil" – Friedrich von Schiller.)

Die bekanntermaßen enge Verbindung von Bühne und Film (stets mit Radio und Fernsehen im Hintergrund) wird an der Person von Sabine Sinjen (1942–1995) deutlich, die als umworbene Filmschauspielerin begann und ihre Karriere in der Filmstadt Westberlin bei den Staatlichen Bühnen und in den *Ohrenbär*-Sendungen des SFB-Kinderfunks beendete. 1986 verlor sie durch einen bösartigen Tumor ein Auge und wurde neun Jahre später viel zu früh aus dem Leben gerissen.

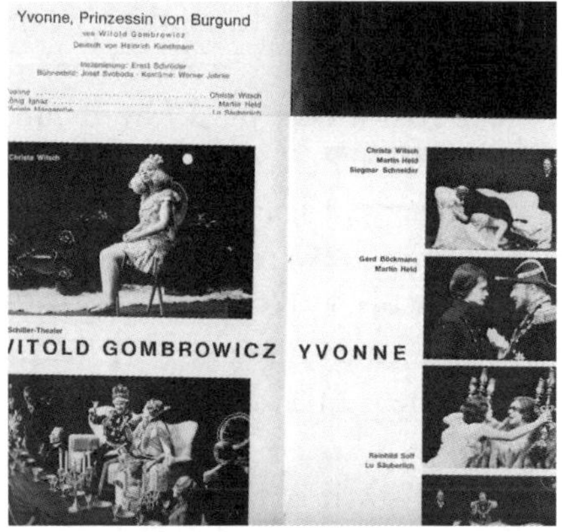

Ankündigung von *Yvonne, Prinzessin von Burgund* mit Christa Witsch und Martin Held

Er begleitete geradezu liebevoll das Schauspieler- und Theaterleben: der große Friedrich Luft – hier allein zu Haus

Nach 50 Jahren Kabarett

Das Jahr 1954, als der SFB auf Sendung ging, war ein Jubiläumsjahr für das deutsche Kabarett. Mit Gedichten, Liedern und Sketchen feierte der SFB-Hörfunk im Oktober 1954 in Form einer Gerichtsverhandlung gegen *Madame Cabaret* „50 Jahre Kabarett". Die Liste der mitwirkenden Künstlerinnen und Künstler reichte von Tatjana Sais, Edith Schollwer, Bruno Fritz, Bully Buhlan, Ingeborg Wellmann und Claire Waldoff bis Achim Strietzel und Lore Lorentz. Die Themenpalette dieser SFB-Sendung – Kabarett ist ja bedingungslos an Zeit gebunden! – umfasste die UNO und den Frieden ebenso wie den 17. Juni 1953 und den DDR-Arbeitshelden Adolf Hennecke.

Gleich im Sommer 1954 hatte der Sender Freies Berlin ständige kabarettistische Einlagen ins Programm genommen. Unter dem Allerweltstitel *Guten Morgen, liebe Hörer* begrüßte Wolfgang Neuss zu früher Stunde sein Publikum mit – wie es hieß – *Witzen, Wortspielereien und Blödeleien*. Spätabends gab sich Neuss mit dem Kabarettisten Thierry (richtiger Name: Dieter Koch) die Ehre bei *Zwischen zwölf und eins: „Haferstengels"* – ein Plausch, der sogar den Bürgerkrieg in Guatemala und den Erweckungsprediger Billy Graham aufs Korn nahm. Als Neuss und Thierry sich von dieser Sendung verabschiedet hatten, ging es etwas harmloser zu und die schärfsten Pfeile wurden auf das aufkommende Fernsehen geschossen.

Neuss und Thierry, Achim Strietzel und Ingeborg Wellmann gehörten allesamt zu einem Ensemble, das in Berlin-West Kabarettgeschichte geschrieben hat: „Die Stachelschweine". Schon im Dezember 1954 hat der SFB ihnen mehr als zwei Stunden seines Hörfunkprogramms gewidmet. Später kamen Fernsehaufzeichnungen hinzu. In der ersten Marathon-Sendung von 1954 waren Wolfgang Gruner, Jo Herbst, Inge Wolffberg, Ingeborg Wellmann und Achim Strietzel zu hören. Gemeinsame Auftritte mit der Münchner Lach- und Schießgesellschaft waren in den 60er-Jahren als Aufzeichnungen Höhepunkte der Fernsehunterhaltung. Wenn Achim Strietzel mit Melonenhut in der Rolle des Regierenden Bürgermeisters Willy Brandt auftrat, bogen sich alle Balken. Auch Brandt lachte im Parkett herzlich. (Der SFB-Unterhaltungsmacher Günther Schwerkolt hat Achim Strietzel mal bei einem Radioquiz in einen Sketch von mir gezwungen, worauf ich heute noch stolz bin.)

Wolfgang Gruner und Wolfgang Neuss haben wir dann 1988 auf ihre alten Tage noch einmal in der *Berliner Abendschau* als Komikerpaar präsentiert. Neuss ohne Zähne („Auf deutschem Boden soll nie wieder ein Joint ausgehen!") und Gruner mit der Routine, die er sich bereits Jahre zuvor als „Otto Schruppke" in der *Abendschau* erworben hatte. Einer, der vom Kabarett „Die Wühlmäuse" kam, war damals im SFB und andernorts groß im Comic-Geschäft: Dieter „Didi"

Hallervorden. *Nonstop Nonsense* hatte er im Fernsehen zu seinem Markenzeichen gemacht. Im SFB produzierte er im Jahr 2000 zwölf Folgen der von seinem Kabarettisten-Kollegen Frank Lüdecke geschriebenen Familien-Komödie *Zebralla*. Kuriosum am Rande: Für den Titel der Reihe hatten sie schlankweg den Familiennamen einer Sekretärin requiriert.

Wer vom SFB und Kabarett erzählt, muss mit Respekt und höchster Anerkennung den Namen Dieter Hildebrandt (1927–2013) erwähnen. Mit seinem Freund und Studioregisseur, dem früheren RIAS-Reporter Sammy Drechsel (richtiger Name: Karl-Heinz Kamke), produzierte er nach den *Notizen aus der Provinz* im ZDF ab Juni 1980 im SFB für die ARD den *Scheibenwischer*. Eine Sendung, die den SFB sogar überlebte und bis 2008 ausgestrahlt wurde. Intendant Wolfgang Haus hatte Hildebrandt nach Berlin geholt und akzeptierte, dass der *Scheibenwischer* live vor Publikum ausgestrahlt wurde – was mögliche Zensurmaßnahmen gegen Hildebrandts politische Seitenhiebe erschwerte – ja, ausschloss. Dennoch verabschiedete sich der Bayerische Rundfunk am 22. Mai 1986 aus dem ARD-Programm, als Hildebrandt mit seinem *Scheibenwischer* die Tschernobyl-Katastrophe aufs Korn nahm.

Hildebrandt, den Werner Finck in München fürs Kabarett begeistert hatte, ist in der langen Geschichte des Kabaretts eine Ausnahmeerscheinung. Seine Auffassungen von Politik und Gesellschaft führten häufig zu Kontroversen und haben die Programmverantwortlichen sowohl beim ZDF als auch in der ARD mitunter vor schwierige Entscheidungen gestellt. Doch gerade darin bestand die Besonderheit und die publikumbindende Einmaligkeit des Kabarettisten Hildebrandt. Nicht zuletzt hat er mit seinem Kollegen Werner Schneyder in einem wichtigen Abschnitt deutscher Geschichte, der Schlussphase des Kalten Krieges, mit Auftritten in beiden Teilen des damals geteilten Landes wesentlich zur Reflexion über politische Prozesse beigetragen.

Der SFB schmarotzt am Film

Wann hat ein autorisierter Repräsentant des SFB (Frauen ganz weit oben in der Hierarchie gab es ja nicht) jemals eine Dankesrede auf die Westberliner Filmwirtschaft mit ihren Urgesteinen Artur „Atze“ Brauner (der im Juli 2019 kurz vor seinem 101. Geburtstag starb), Kurt Ulrich, Horst Wendlandt und Gero Wecker gehalten? Es gab sogar einen Riesenknatsch, als der SFB 1967 – allerdings aus guten Gründen – das Angebot von Artur Brauner ablehnte, sein neues Fernsehzentrum auf Brauners CCC-Gelände in Spandau zu errichten. Bei Filmfestspielen oder den legendären Filmbällen war das Verhältnis zwischen der Berliner Filmwirtschaft und der Landesrundfunkanstalt dann schon weitaus herzlicher. Meine erste Liebe im Filmgeschäft war ohnehin Artur Brauner mit seiner CCC an der verlängerten Daumstraße im Bezirk Spandau. Denn unter der Regie von Altmeister Fritz Lang und mit Kameramann Richard Angst durfte ich 1958 am Rande bei den Dreharbeiten zum *Indischen Grabmal* und beim *Tiger von Eschnapur* mitwirken. Unvergessliche Drehtage in Spandau mit Paul Hubschmid, Walter Rilla, Debra Paget und René Deltgen. Besonders dankbar war ich unserem Playboy und Szene-Gastronom Rolf Shimon Eden, dessen Mitwirkung (die später herausgeschnitten wurde und im Film nicht vorkam) die Dreharbeiten ungemein verzögerte. Wir mussten warten und erhielten die Gage mindestens an einem Tag fürs Nichtstun.

Weniger profitabel war meine Komparsen-Rolle in meinem zweiten Film *Piefke, der Schrecken der Kompanie* (bis auf meine erste Begegnung mit dem Hauptdarsteller Harald Juhnke). Als der Aufnahmeleiter dieses Militärklamauks mich nach zwei Drehtagen aufforderte, meine damals grandiose Haarpracht auf Kommissformat zu reduzieren, trennten sich unsere Wege und meine Filmkarriere war ein für alle Mal beendet. Doch für Tageszeitungen, für die Zeitschrift *BRAVO* und für den SFB blieb es bei meiner engen Verbindung zum Filmgeschehen – aus der für mich angenehmeren Perspektive des Beobachters und Berichterstatters.

Artur Brauner blieb mit seiner bereits 1946 gegründeten CCC und ihren Produktionen auch für den SFB der ungekrönte König. Seine Stars und seine Filme füllten unsere Sendungen. Zumal Brauner von *Morituri* (1948) über den *Hitlerjungen Salomon* (1990), dem ein Oscar aus unverständlichen Gründen versagt wurde, bis *Babij Jar* (2003) beharrlich das Unheil der NS-Zeit thematisierte, um – wie er es ausdrückte – als Überlebender „die Opfer lebendig zu machen". Neben Brauner zählte Kurt Ulrich (1905–1967) mit seiner 1948 gegründeten Filmproduktion in Westberlin zu den Pionieren der Nachkriegsjahre. Heute in Vergessenheit geraten ist, dass das *Schwarzwaldmädel* mit Sonja Ziemann 1950 der erste deutsche Nachkriegsfilm in Farbe war. Auf Ulrichs Konto kommen außerdem *Die Beine von Dolores* (1957), die Verfilmung von Ludwig Spoerls *Der Maulkorb* (1958), *Rosen für den Staatsanwalt* (1959) – wiederum ein Film um das Geschehen in der NS-Zeit, die *Dreigroschenoper* (1962) und der Dauerbrenner *Kohlhiesels Töchter* mit Lieselotte Pulver ab 1962. Allesamt Produktionen, die die Film- und Fernsehstadt Berlin-West auf besondere Weise stärkten.

Gleiches gilt für den Alleskönner Horst Wendlandt (1922–2002), der ab 1956 seine Sporen bei Artur Brauner verdiente und 1961 zur Rialto Film wechselte, deren Mehrheitsanteile er 1972 übernahm. Einen Streifen aus der Hochzeit des deutschen Liebesfilms, den kein Darsteller so einprägsam wie O. W. Fischer repräsentierte, haben Wendlandt und Brauner gemeinsam gemacht: *Scheidungsgrund: Liebe* (1960 mit O. W. Fischer und Violetta Ferrari). O. W. Fischer konnte seinen Ruhm als begehrter Männertyp durch die Film-Partnerschaften mit

Maria Schell oder Ruth Leuwerik bis in die 70er-Jahre erhalten. Der am 27. August 1954 im Berliner Marmorhaus uraufgeführte Streifen *Bildnis einer Unbekannten* mit Ruth Leuwerik (Regie: Helmut Käutner) oder die misslungene Ehekomödie *Tagebuch einer Verliebten* mit Maria Schell (1953/Drehbuch: Johannes Mario Simmel) sind gute Beispiele dafür. Horst Wendlandt hatte das untrügliche Gespür für Qualität und Erfolg. Er arbeitete durchweg mit den Film- und Kulturgrößen des vorigen Jahrhunderts zusammen. Dazu gehörte Ingmar Bergman ebenso wie Loriot oder Heinz Erhardt. Die größten Coups, an deren Glanz sich Rialto bis heute wärmt, landete Wendlandt mit den Verfilmungen der Werke von Edgar Wallace und Karl May – wobei Wendlandts persönliche Entdeckung des Winnetou-Darstellers Pierre Brice eine besondere Rolle spielte. Dass Wendlandt außerdem die von der SFB-Werbung bewirtschafteten und unter Denkmalschutz stehenden Reihenhäuser in der „Bubi-Scholz-Straße" Am Rupenhorn in Berlin-Westend erwarb, ist eine Arabeske in den Beziehungen zwischen Film und Rundfunk in Westberlin. Wendlandts Sohn Matthias und Enkel Felix führen das Unternehmen des Seniorchefs erfolgreich weiter und haben erst 2016 in Kooperation mit RTL eine Wiederbelebung von *Winnetou* auf den Markt gebracht.

Bleibt in der Reihe der Filmproduzenten während der kulturellen Glanzzeiten Westberlins und des SFB noch der weniger bekannte, aber zu seinen besten Tagen überaus erfolgreiche Gero Wecker (1923–1974) zu erwähnen. (*Piefke, der Schrecken der Kompanie* war übrigens eine Produktion von Weckers 1953 gegründeter Arca-Filmgesellschaft.) Weckers erster Paukenschlag war der Verleih des schwedischen Films *Sie tanzte nur einen Sommer* 1952 mit der kurzen Nacktbadeszene von Ulla Jacobsen. In weiser Voraussicht hatten die Schweden gleich vier Versionen dieser Szene – zur Auswahl für mehr oder weniger freizügige Länder – gedreht. Der Streifen verursachte in Deutschland – Ost und West – trotzdem einen Skandal und spielte dadurch beträchtliche Gewinne ein. Die *Immenhof*-Produktionen standen in gleicher Weise auf Weckers Habenseite wie 1956 *Liane, das Mädchen aus dem Urwald* mit der 16-jährigen Berlinerin Marion Michael (1940–2007) an der Seite von Hardy Krüger. Übertroffen wurde dieser Erfolg Weckers nur noch dadurch, dass er mit meinem früheren *B.Z.*-Kollegen Oswalt Kolle Ende der 60er-Jahre dessen Projekt der Produktion lebensnaher Sex-Aufklärungsfilme umsetzte. Wo immer in all den Jahren auch die Film-Firmensitze waren – von Westberlin gingen die Ideen aus und während der deutschen Teilung war der Produktionsort Berlin-West allemal am günstigsten.

Viel zu tun, zu berichten und zu kritisieren gab es für den SFB Jahr für Jahr bei den Berliner Filmfestspielen, der Berlinale, die in ihren heißen Zeiten noch mit Filmball und Gartenpartys im Sommer stattfand. Chronisten blicken vornehmlich auf zwei skandalträchtige Berlinale-Jahre zurück. 1970, als die Filmfestspiele abgebrochen wurden, weil Wettbewerbsteilnehmer und Veranstalter sich an einem Film aufrieben, den Michael Verhoeven produziert hatte: *o.k.* – die wahre Geschichte einer 15-jährigen Vietnamesin, die von US-Soldaten vergewaltigt und getötet wurde. Ein allzu heikles Thema in der Vorzeigestadt der westlichen Welt, in der die drei Schutzmächte die Oberhoheit hatten. Ähnliches, aber fast mit umgekehrten Vorzeichen, ereignete sich bei den Filmfestspielen von 1979, als in dem Streifen *The Deer Hunter – Die durch die Hölle gehen* (mit der wunderbaren *Cavatina* des Komponisten Stanley Myers) eine Szene gezeigt wurde, in der die Vietcong US- Soldaten zwingen, mit dem Revolver an der Schläfe Russisch Roulette zu spielen. Die Sowjetunion und einige andere Teilnehmerländer zogen daraufhin ihre Filme aus dem Wettbewerb ab und verließen Berlin. Bundespräsident Scheel bedauerte das vor der SFB-Kamera, doch die Berlinale ging weiter.

„Klingt ein Lied in allen Dingen"

Wohin wir kommen, wohin wir gehen – immer treffen wir auf eine Vorgeschichte. Der christliche Glaube lässt uns nicht einmal bei der Geburt unschuldig davonkommen. Erst die Taufe wäscht uns rein von der Erbsünde, mit der wir angeblich aus dem Ungewissen auf die Welt kommen. Die Vorleistungen für RIAS, SFB und die Musikmetropole Berlin-West hatten ab 1945 der *Berliner Rundfunk* an der Masurenallee, der NWDR am Heidelberger Platz und ein rumänischer Dirigent geleistet, den der von den Sowjets als Chef eingesetzte Hans Mahle ins HdR geholt hatte, weil er ihm als Besitzer eines umfangreichen Schatzes klassischer Musikaufnahmen empfohlen worden war: Sergiu Celibidache. „Celi" leitete die Berliner Philharmoniker bis 1952, dann löste ihn sein entnazifizierter Freund Wilhelm Furtwängler ab. (Der 2012 verstorbene SFB-Musikredakteur Klaus Lang hat anhand der Protokolle aus dem Jahr 1946 das Stück *Wilhelm Furtwängler und seine Entnazifizierung* geschrieben – eine Rehabilitierung des oftmals als „williger NS-Helfer" beschriebenen Dirigenten.) Als das auf Selbst- und Mitbestimmung getrimmte Orchester sich nach dem Tod Furtwänglers 1972 für Herbert von Karajan als Nachfolger entschied, schmollte Celibidache vierzig Jahre lang und dirigierte das Philharmonische Orchester erst wieder am 31. März 1993 mit Bruckners 7. Sinfonie in der Berliner Philharmonie.

Doch Celibidache hatte einen in die Lehre genommen, der dem Berliner Musikleben seinen Nachkriegsglanz gab und eine ganze Generation junger Menschen mit seinen von der Schulverwaltung geförderten Konzerten im Titania-Palast und im Konzertsaal der Hochschule für Musik an der Hardenbergstraße (bis zur Einweihung der neuen Philharmonie im Tiergarten im Oktober 1963 Westberlins Musiktempel) eine ganze Generation an die Werke der klassischen

Musik heranführte: Carl August Bünte (1925–2018). In der SFB-Sendung *Musikkritik am Mikrofon* hieß es am 2. April 1964: „Von einer Einrichtung ist zu sprechen, ohne die das Berliner Konzertleben schon nicht mehr denkbar ist, von den Konzerten C. A. Büntes und und seinem Berliner Symphonischen Orchester. Diese Konzerte haben ihren Stil, ihr Programm und vor allem ihr Publikum. Sie sind stets bis auf das Podium des Hochschulsaals hinauf ausverkauft ... (Bünte) gibt seinen Hörern einen authentischen Eindruck und damit sind seine Konzerte gerechtfertigt. Sie vermitteln einem großen Publikum das Erlebnis großer Musik." Es war auch die Zeit, da die großen Pianisten im Hochschulsaal ihre umjubelten Auftritte hatten, gefeiert vom Publikum und von den Medien: Géza Anda (1921–1976), Shura Cherkassky (1909–1995), Julius Katchen (1926–1969), Jorge Bolet (1914–1990) oder Alexis Weissenberg (1929–2012), der Weihnachten 1961 mit Rachmaninows 2. Klavierkonzert einen Glanzpunkt darbot. In der 1963 eröffneten Philharmonie kamen andere hinzu, deren Gastspiele häufig vom SFB – unter Leitung von SFB-Tonmeister Prof. Hans-Ludwig Feldgen – aufgezeichnet wurden: Wilhelm Kempff (1895–1991), Emil Gilels (1916–1985), Elly Ney (1882–1968), der 17-jährige Dimitris Sgouros oder die 41-jährige Martha Argerich im Dezember 1982 mit dem Jahrhundertkonzert des Radio-Sinfonie-Orchesters unter dem 29-jährigen Riccardo Chailly mit dem 3. Klavierkonzert von Sergej Rachmaninow, das Interpreten angeblich zum Wahnsinn treiben kann (wie im Film *Shine* am Schicksal des Australiers David Helfgott geschildert).

Bei den Orchestern in Berlin-West gibt es ein nicht leicht zu durchschauendes Wirrsal an Namen und Bezeichnungen: das RIAS-Symphonie-Orchester unter dem Ungarn Ferenc Fricsay (1914–1963), das 1956 in der Kooperation mit dem SFB in Radio-Symphonie-Orchester (RSO) umbenannt und 1964 nach dem Tod Fricsays von Lorin Maazel (1930–2014) übernommen wurde. Heute heißt es Deutsches Symphonie-Orchester Berlin, denn eine Berliner Rundfunkanstalt leistet sich – anders als der Bayerische oder der Westdeutsche Rundfunk – kein eigenes Sinfonie-Orchester mehr. Fricsay hatte kurz nach dem Mauerbau im September 1961 den Neubau der Deutschen Oper an der Bismarckstraße mit Mozarts *Don Giovanni* eröffnet. Es war die vom SFB realisierte erste Live-Übertragung einer Oper im Fernsehen. Auch Fricsay Nachfolger Maazel engagierte sich von 1965 bis 1971 als Generalmusikdirektor an der Deutschen Oper Berlin. Doch nach seinem Weggang aus Berlin 1975 dauerte es sieben Jahre, bis Riccardo Chailly 1982 noch in der Amtszeit von SFB-Intendant Haus zum neuen Chefdirigenten des RSO berufen wurde.

Der Dirigent C. A. Bünte wurde zu seiner Zeit in eine Reihe mit dem Philharmoniker-Chef Herbert von Karajan gestellt. Der Verband deutscher Kritiker verlieh ihm 1962 den Kritikerpreis: „C. A. Bünte ist heute eine im Berliner Musikleben fest verankerte Dirigentenpersönlichkeit." Seit 1957 war Bünte mit der Schauspielerin Brigitte Grothum *(Drei Damen vom Grill)* verheiratet. Selten hatte Berlin ein so gut aussehendes Ehepaar erlebt. Doch die Ehe ging 1965 in die Brüche und beide äußerten anschließend, diese vom Publikum bewunderte Verbindung zweier blendender Erscheinungen sei wohl „nicht das Richtige" gewesen. 24 Jahre lang – von 1949 bis 1973 – leitete Bünte erfolgreich das Berliner Symphonische Orchester, bis Auseinandersetzungen mit dem recht kleinkariert und mitunter intrigant agierenden Vorsitzenden des Vereins Symphonisches Orchester Berlin, Hans Chemin-Petit, und die nach Büntes Empfinden unzureichende Unterstützung durch den Senat von Berlin ihn 1973 zur Aufgabe und zur Annahme eines Angebots aus Japan veranlassten. C. A. Büntes Abschiedskonzerte im Juni 1973 wurde im Hochschulsaal zu einem ungeheuren Triumph. Etwa zwanzig Minuten dauerten die stehenden Ovationen und der *Tagesspiegel* schrieb: „Beethovens 5. und 6. Sinfonie versetzten die zu einem beträchtlichen Teil jugendlichen Hörer in einen Enthusiasmus, der diesem Abschlusskonzert einen nahezu feierlichen Charakter verlieh." Westberlin hatte einen Dirigenten verloren, der es wie kein anderer verstand, junge Menschen für die klassische Musik zu begeistern. Die Musikwelt an der Spree weinte ihm jahrzehntelang viele Tränen nach.

Kreativgenies haben ihre Eigenarten. Sie sind empfindsam bis empfindlich, daher zuweilen leicht verärgert und fällen in solchen Verärgerungen spontane Entschlüsse. Der Abgang des verärgerten C. A. Bünte war ein großer Verlust für Berlin. Der Abschied von Herbert von Karajan, der 1956 auf Lebenszeit zum Chefdirigenten der Berliner Philharmoniker gewählt worden war, gestaltete sich im April 1989 ähnlich. Schon fünf Jahre zuvor schien sich das Ende der Ära Karajan abzuzeichnen. Der Regierende Bürgermeister Eberhard Diepgen (CDU) hatte gerade im Februar 1984 als Nachfolger von Richard von Weizsäcker im Rathaus Schöneberg sein Amt angetreten, da zerstritten sich Karajan und das Orchester auf das Heftigste. Nachdem Karajan dem Orchester, Berlin und der Welt mit der Entdeckung der jungen Solistin Anne-Sophie Mutter eine fantastische Violinistin geschenkt hatte, wollte er die Klarinettistin Sabine Meyer als erste Frau in das Orchester aufnehmen. Nicht nur die Tradition der Berliner Philharmoniker, auch die Sturheit der musikalischen Männerriege untersagte das. Das Tischtuch schien zerschnitten. Diepgen musste seinen Osterurlaub im Salzburger Land machen, um Karajan in dessen Haus in Anif von der Trennung abzuhalten. (Diepgen hat jene Tage anschaulich in seinem Buch *Zwischen den Mächten* beschrieben.) Die Vermittlungsmission gelang. Karajan blieb und Sabine Meyer verzichtete auf eine Festanstellung in dem Männerorchester. Diepgens zwischenzeitlicher Nachfolger Walter Momper (SPD) hatte entweder nicht das gleiche diplomatische Geschick oder nicht das gleich große Interesse an dem Dirigenten Karajan. Einen Monat nach Mompers Amtsantritt im März 1989 verließ Herbert von Karajan Berlin – der neue rot-grüne Senat hatte aus Karajans Sicht weder die finanziellen Voraussetzungen noch die nötigen Zuständigkeiten für einen Dirigenten seines Kalibers schaffen können oder schaffen wollen. Der CDU-Mann Diepgen – von 1984 bis 1989 und von 1991 bis 2001 Regierender Bürgermeister – erweckte übrigens nie den Eindruck einer sturen konservativen Politik, obwohl er 1963 als 21-jähriger Jura-Student das Amt als AStA-Vorsitzender an der Freien Universität Berlin nicht antreten durfte, weil die Studentenschaft ihm als Mitglied einer „schlagenden Verbindung" nachträglich mit großer Mehrheit das Misstrauen ausgesprochen hatte. Zwar sicherte er sich gemeinsam mit seinem Freund und Studienkollegen Klaus-Rüdiger Landowsky auf der Grundlage der Lehren des spanischen Moralphilosophen Baltasar Gracián (1601–1658) die nötigen Machtpositionen für politische Gestaltung, doch waren er – und auch das Rundfunkratsmitglied Landowsky – im Umgang mit dem SFB und in ihren zahlreichen Interviews in den Sendungen des SFB stets von einer gewinnenden Liberalität, die anscheinend ebenfalls auf der aufklärerischen Weltsicht des Gracián beruhte, der dafür ein Publikationsverbot erhalten hatte. Mein persönlicher guter Draht zu Diepgen und mein Verständnis für seine Haltung haben bis heute wahrscheinlich auch damit zu tun, dass wir beide am gleichen Tag – an einem 13. November – geboren sind (Astrologen haben nur einen unterschiedlichen Aszendenten ausgemacht).

In der Zeit der Teilung und des Kalten Krieges war es jeweils eine kleine Sensation mit stürmischem Publikumsandrang, wenn herausragende Musiker der Sowjetunion wie die Pianisten Emil Gilels und Svjatostlav Richter (1903–1978), der Geiger David Oistrach (1908–1974) oder der Dirigent Kyrill Kondraschin (1914–1981) in der Westberliner Philharmonie gastierten. Als der weltberühmte Komponist Aram Chatschaturjan 1971 nach Ost- und Westberlin kam, ging für mich ein Traum in Erfüllung. Denn im „Prager Frühling" von 1968 hatte ich in Marienbad zum ersten Mal sein Violinkonzert gehört und seither seine Werke vom Klavierkonzert bis zu den Ballettmusiken immer wieder vom ersten bis zum letzten Ton aufgesogen. Nun erhielt ich den Auftrag, während seines Berlin-Aufenthalts ein TV-Kurzporträt von Chatschaturjan zu machen. Das lief hervorragend, der Maestro folgte wortlos meinen Anweisungen – bis ich feststellte, dass sein Interesse vor allem meiner hübschen Freundin galt, die mich begleitete. Chatschaturjans Ehefrau Nina nahm das gelassen (sie war offenkundig daran gewöhnt) und lieferte mir damit ein gutes Vorbild. Der Beitrag wurde ein kurzweiliges Kaleidoskop aus Chatschaturjans Musik und meinem Wort. Trotz der Abfuhr, die ich von ihm erhielt, als ich nach seinem Lieblingsgericht fragte (denn ihm eilte der Ruf voraus, immer gut zu essen und zu trinken). Des Maestros Antwort auf meine Frage: „Ich bin magenkrank." Punkt – Ende des Interviews. Am Abend dann wieder allgemeiner Jubel, Freude, Heiterkeit, als Chatschaturjan in der Philharmonie am Ende des Konzerts als Zugabe das Zauberwort „Säbbbeltanz" in den Saal rief. Der *Säbeltanz* aus der Suite *Gayaneh*, seit Dezember 1942 ein Feuerwerk von nicht einmal drei Minuten, das die Menschen von den Stühlen reißt. Einmal hatten sich die zu Herzen gehenden Weisheiten eines Victor Hugo („Musik drückt aus, was Worte nicht vermögen") oder von Friedrich Nietzsche („Ohne Musik wäre das Leben ein Irrtum") im jahrzehntelangen Nachkriegsrausch des tönenden Westberlin bewahrheitet. Und als Rundfunksender hatten wir Mal um Mal einem staunenden und manchmal entrückten Publikum die Botschaft mit auf den Weg geben können: „Musik ist der Schlüssel zum Verständnis des Universums."

Kreuzberg-Künstler Manfred Beelke

Kabarettist Wolfgang Gruner als „Otto Schruppke" in der SFB-*Abendschau*

Ein veritabler Dichter im SFB: Rolf Haufs

20. Der Stich in die Leberwurst

Der SFB, der Tod von Benno Ohnesorg und die Folgen

Es war ein Schuss, der uns alle veränderte. Die einen waren entsetzt oder – mehr noch – sie erlitten einen herben Vertrauensverlust in den Rechtsstaat. Andere wurden zu Hardlinern, die ganz Dahlem mitsamt Studentenvolk „nach drüben" schicken wollten. Der gewaltsame Tod des Studenten Benno Ohnesorg am 2. Juni 1967 war ein Ereignis von historischer Tragweite in der deutschen Nachkriegsgeschichte. Viele sehen darin das Geburtsdatum der RAF (Rote Armee Fraktion). Der öffentlich-rechtliche Rundfunk – die ARD-Anstalten und mit ihnen der SFB – berichteten und kommentierten angesichts der aufgeheizten und von den Zeitungen des Axel-Springer-Verlages angetriebenen Stimmung bemerkenswert objektiv und um Wahrheitsfindung bemüht. (Auch die Spitzen des Hauses Springer sehen manche Attacken ihrer damaligen Blätter gegen die Studentenbewegung heute mit anderen Augen.)

Wer die meist müßige Debatte um die Frage „Was wäre, wenn?" liebt, hätte im Fall Ohnesorg einigen Diskussionsstoff. Was wäre geschehen, hätten die politisch Verantwortlichen in Westberlin schon im Juni 1967 gewusst, dass der Todesschütze, Kriminalobermeister Karl-Heinz Kurras, ein Stasi-Agent und zugleich Mitglied der SPD und der SED war? Hätte die Berliner Polizeigewerkschaft 60.000 D-Mark für seine Verteidigung gespendet? Hätten Innensenator Kurt Neubauer und leitende Polizeibeamte alles getan, um Kurras vor einer Verurteilung zu retten? Hätte der pfiffige Strafverteidiger Gerd-Joachim Roos das Mandat übernommen und für Kurras eine Zeugin engagiert, die „blitzende Messer" gesehen hatte, und einen Sachverständigen namens Spengler, dessen psychologisches Gutachten mit der Wirklichkeit und der Persönlichkeit des Angeklagten nichts zu tun hatte? Wie erwähnt, heutzutage müßige Fragen, doch die wahrscheinlichen Antworten darauf lassen vermuten, dass die Geschichte ohne Dutschke-Attentat, ohne die Lorenz-Entführung und ohne die Terrorakte der RAF wohl einen anderen Verlauf genommen hätte.

Am lauen Sommerabend des 2. Juni 1967 konnte ich noch nicht ahnen, dass ich ab November von jedem Verhandlungstag im Prozess gegen Kurras, der der fahrlässigen Tötung angeklagt war, live in der *Berliner Abendschau* berichten würde. Zwar war an diesem Besuchstag des Schahs von Persien bereits von einer ersten Merkwürdigkeit zu berichten, die aufgearbeitet werden musste, aber niemand glaubte, dass noch Schlimmeres passieren würde. Mittags hatten der Schah und seine Gemahlin Farah Diba (die für ihr Land mehr getan hat als jeder

Ajatollah des Nachfolgeregimes) in Begleitung des Regierenden Bürgermeisters Heinrich Albertz das Rathaus Schöneberg betreten, um sich ins Goldene Buch einzutragen. Als Reporter verschlug es mir für einige Augenblicke die Sprache, als ich sah, wie offenkundige Mitarbeiter des persischen Geheimdienstes Savak unter den Augen der Berliner Polizei auf die vielleicht zweihundert hinter Absperrungen lautstark Demonstrierenden zuliefen und mit Holzlatten auf sie einschlugen. Berittene Polizei löste schließlich das Getümmel auf – allerdings ohne erkennbar gegen die Savak-Schläger vorzugehen. In Westberlin interessierte es damals wenig, wenn Studenten verprügelt wurden.

Letzter Einsatz für den SFB-Hörfunk dann an diesem Abend vor der Deutschen Oper in der Bismarckstraße, wo Mozarts *Zauberflöte* („In diesen heil'gen Hallen kennt man die Rache nicht") auf die Gäste aus dem Morgenland wartete. Hinter den Absperrgittern auf der gegenüberliegenden Straßenseite pfiffen und johlten jugendliche Schah-Gegner, warfen ab und zu Tomaten, Eier oder Farbbeutel und begriffen ihren Protest wohl eher als ein Happening. Als die Prominenz im Opernhaus verschwunden war, schien das Ärgste überstanden, Ruhe kehrte ein – der SFB beendete, im Gegensatz zum RIAS, seine Berichterstattung.

Wir hatten nicht mit dem fatalen Einfallsreichtum des Polizeipräsidenten Erich Duensing gerechnet, der sich im Zweiten Weltkrieg als Generalstabsoffizier in der Ukraine hervorgetan hatte. Klang noch das „Knüppel bleibt am Haken!" vom Kommandeur der Schutzpolizei Hans-Ulrich Werner in aller Ohren, so donnerte Duensing um 20.30 Uhr sein Kommando „Knüppel frei!". Duensing war berühmt-berüchtigt als Urheber der „Leberwurst-Taktik" bei Polizei-Einsätzen gegen Demonstranten. Das bedeutete: Die Demonstranten sind die Leberwurst – wer in die Mitte der Menschenmasse hineinsticht, treibt sie an den Enden auseinander. So geschah es – sie wurden getrieben bis zu jenem Innenhof in der Krummen Straße, einer Seitenstraße gegenüber der Oper. Dort fiel der Todesschuss. „Bist du wahnsinnig!?", war der auf einem Tonband zu hörende Ausruf eines Kollegen von Kurras. Eine im späteren Prozess gegen Kurras nicht verwendete Aufnahme des Süddeutschen Rundfunks dokumentiert die Stimme des Einsatzleiters: „Kurras, gleich nach hinten! Los! Schnell weg!" Der sterbende Ohnesorg wurde vom Stasi-Agenten Heinrich Burger fotografiert, der für die *Berliner Morgenpost* arbeitete, und vom *Abendschau*-Reporter Dietrich Bertram gefilmt. Medizinische Hilfe wurde Ohnesorg zunächst verweigert. Auf der viel zu langen Irrfahrt im Krankenwagen, die bei einem persischen Arzt endete, der im Notfall den Schah behandeln sollte, verstarb Benno Ohnesorg.

Der Regierende Bürgermeister Heinrich Albertz hatte tags darauf mit einem Kommentar in der *Berliner Abendschau* seine düsterste politische Stunde. Er machte auf unsinnige Weise die protestierenden Studenten für den Tod von

Ohnesorg verantwortlich. Was er später mit den Worten bereute, er sei besonders schwach gewesen, als er sich besonders stark fühlte. Zur Eröffnung der Berliner Festwochen Mitte September 1967 schien Albertz in der Philharmonie unter dem Eindruck der ergreifenden Klänge von Rachmaninows *Großem Abend- und Morgenlob* noch einmal Hoffnung zu schöpfen für seine politische Karriere. (Wir übertrugen die Eröffnung und die Albertz-Rede live in mehrere Länder.) Doch noch am gleichen Tag musste er feststellen, dass sein Vorgänger und einstiger Förderer, der damalige Bundesaußenminister Willy Brandt, der sich zu einer Kur im Wildbad Kreuth aufhielt, für ihn am Telefon nicht mehr zu sprechen war. Am 26. September 1967 trat Albertz als Regierender Bürgermeister zurück. Um diesen Rücktritt ranken sich Legenden, die in der Berliner SPD bis heute verbreitet werden. Albertz hatte behauptet, eine „Mafia" vom rechten SPD-Flügel, dem er von Anfang an ein Dorn im Auge war, habe ihn zu Fall gebracht und Klaus Schütz als Nachfolger installiert. Die Wahrheit (und ausschlaggebend) war, dass – wie Klaus Schütz später berichtete – die drei westalliierten Stadtkommandanten kategorisch die Abberufung von Albertz verlangten. Daraufhin sah sich Brandt genötigt, seinen Staatssekretär Klaus Schütz nach Berlin ins Rathaus Schöneberg zu schicken.

Szenen vor dem Tribunal

Der Tragödie nächster Teil begann im November 1967 im Saal 500 des Moabiter Kriminalgerichts mit dem ersten Kurras-Prozess unter Vorsitz des als liberal geltenden Richters Friedrich Geus. Bis dahin waren außer Albertz der Innensenator Wolfgang Büsch (ein erstes Bauernopfer, mit dem Albertz anfangs sich selbst zu retten glaubte) und Polizeipräsident Duensing zurückgetreten. Als neuer Innensenator trat im November 1967 Kurt Neubauer (SPD) sein Amt an und ließ sich nach jedem Prozesstag in Moabit von seinem Mitarbeiter Hans-Joachim Gardain (später Stadtrat im Bezirk Reinickendorf) telefonisch berichten. Überdies hatte das Abgeordnetenhaus zu den Vorfällen am 2. Juni 1967 einen Untersuchungsausschuss eingesetzt – unter der Ägide eines 33-jährigen FU-Professors für Staatsrecht und Politik namens Roman Herzog, der nicht verhindern konnte, dass sich Rudi Dutschke und der CDU-Abgeordnete Jürgen Wohlrabe in den Ausschuss-Sitzungen aufs Übelste bekämpften.

Aus dem Saal 500 in Moabit konnte ein TV-Berichterstatter seinem Publikum von jedem Prozesstag nur den Eindruck „fauler Fische" vermitteln. Daran konnten auch die luziden Argumentationsketten des Anklägers, Generalstaatsanwalt Diether Dehnicke, nichts ändern. Plötzlich stand der selbst für altgediente Gerichtsreporter ungewohnte Begriff der „putativen Notwehr" im Raum. Kurras habe vermutet, so sein Verteidiger Roos, dass er sich in einer Notwehrsituation befinde. Deshalb habe der Obermeister geschossen – wahllos und zwei Mal, was gelogen war, wie sich herausstellte.

Den Vogel schoss für Kenner der Sachverständige Spengler ab, der behauptete, der Angeklagte sei „leicht erregbar". Als der Vorsitzende Geus fragte, wie er denn zu dieser Erkenntnis gelangt sei, entgegnete Spengler, er habe Kurras mit einem Fingernagel über den Arm gestrichen. Die sofort eintretende Rötung habe den Beweis geliefert. Ähnlich erschütternd waren die Aussagen der Polizisten im Zeugenstand, die sich entweder auf Erinnerungslücken beriefen oder ihren Kollegen an jeder möglichen Stelle über den grünen Klee lobten. Neben Generalstaatsanwalt Dehnicke versuchten die Vertreter der Nebenklage, der Witwe und der Familie Ohnesorg, Beweise für die Schuld von Kurras zu erbringen. Die in einer Sozietät arbeitenden Anwälte Horst Mahler und Otto Schily (bei denen Hans-Christian Ströbele als Praktikant tätig war) scheiterten ebenfalls mit ihren Beweisanträgen. Obwohl Mahler derart brillierte, dass Udo Bergdoll (der nach ein paar Jahren zur *Süddeutschen Zeitung* in München abwanderte) in der *B.Z.* aus dem Verlagshaus Axel Springer ihm bescheinigte, dass er durchaus das Zeuge habe, Justizminister zu werden. Wie dem auch war: Aus Mangel an Beweisen wurde Karl-Heinz Kurras freigesprochen. Zwar hob der Bundesgerichtshof dieses Urteil auf, doch der zweite Prozess endete mit dem gleichen Ergebnis. Bis zu seinem Tod am 16. Dezember 2014 blieb Kurras – obwohl als Stasi-Agent enttarnt – ein freier Mann. Die drei Anwälte Mahler, Schily und Ströbele nahmen recht unterschiedliche Lebenswege. Mahler, der einstige Linksintellektuelle und RAF-Mitglied, soll sich nach Berichten seiner Anwaltskollegen deshalb in einen Rechtsaußen und NPD-Anhänger gewandelt haben, weil Otto Schily ihm sämtliche Werke des Philosophen Georg Wilhelm Friedrich Hegel als Lektüre in die Haft brachte. „Wer alle Schriften Hegels liest, muss auf diese Weise durchdrehen", meint bis heute der Jurist und Erfolgsautor Ferdinand von Schirach („Verbrechen").

Der steinige Weg danach

Es ist nicht von der Hand zu weisen, dass der gewaltsame Tod von Benno Ohnesorg eine wesentliche Voraussetzung für das mörderische Treiben der RAF war. Die Frage, was wäre geschehen, wenn schon damals die Stasi-Tätigkeit des Todesschützen Kurras bekannt geworden wäre, ist ebenso reizvoll wie müßig. Der einzige lindernde Glücksfall war, dass Willy Brandt an der Spitze einer sozial-liberalen Koalition im Herbst 1969 Bundeskanzler wurde. Sein „Mehr Demokratie wagen" hielt zahllose junge Menschen vom Sturz in die Radikalität ab. Hans-Christian

Ströbele, dem immer wieder unbewiesene RAF-Unterstützung vorgeworfen wird, der damals gemeinsam mit Horst Mahler und Otto Schily erst einmal die SPD verließ, organisierte ab 1978 die Gründung einer „Anderen Tageszeitung“, der *taz*. Ein kurioses Unterfangen, denn Hunderte unterzeichneten Abonnements für eine Zeitung, die es noch gar nicht gab. „Wie geht denn das?“, fragte mich eine Kollegin vom Saarländischen Rundfunk in einer Live-Schaltung zwischen Saarbrücken und Berlin – und ich hatte Mühe, die Erklärungsnot zu überspielen. Doch mit ihrem Vorschuss ermöglichten die vertrauensvollen Abonnenten die Geburt eines Blattes, das in der Westberliner Zeitungslandschaft angesichts des Übergewichts der Springer-Blätter hochwillkommen war, das aber in den Anfangsjahren in seiner Satireträchtigkeit den ehernen Regeln von anspruchsvollem Journalismus nicht gerecht wurde. Für die *taz* war es kein schnurgerader Weg hin zu einem anerkannten Presseorgan. Doch die Kinder angesehener Geistesgrößen und Publizisten, die zu ihrer Zeit ständig vor SFB-Mikrofonen und -Kameras standen, halfen beim Aufschwung mit. Zunächst Mitbegründer und *taz*-Redakteur, dann von 1992 bis 1994 Chefredakteur war Michael Sontheimer, Sohn unseres gern gesehenen Interviewpartners Kurt Sontheimer (1928–2005), Professor am Berliner Otto-Suhr-Institut für Politische Wissenschaft und Mitglied in der Jury für den Wächterpreis der deutschen Tagespresse. Auch die Tochter des ARD-Journalisten Günter Gaus (1929–2004), der als Diplomat bis zum Leiter der Ständigen Vertretung der Bundesrepublik in der DDR aufstieg, Bettina Gaus, wurde 1989 *taz*-Mitarbeiterin. Viele talentierte Journalistinnen und Journalisten starteten ihre Karriere bei der *taz*, wechselten jedoch häufig zu allgemein anerkannten und etablierten Presseorganen.

Ein Beispiel für solche Seitenwechsel ist Klaus Hartung, der von der *taz* zur *ZEIT* überlief und sich danach über Häme der früheren Kollegen nicht beklagen konnte: „Wenn einer nicht unfallfrei Deutsch kann, sich aber tüchtig händeringend um Deutschland sorgt, wird er irgendwann Redakteur bei der *ZEIT*“, hieß es da. Ähnlich rigoros war Hajo Funke in seinen journalistischen Anfängen Ende der 80er-Jahre in der *taz* über andere hergezogen – besonders, wenn es um den SFB ging. Fakten spielten da keine Rolle. Schließlich hatte doch schon Kurt Tucholsky gesagt: „Satire darf alles! Eine These, die nicht erst seit dem Comedian Jan Böhmermann umstritten ist. Heute ist Funke Professor und gern angezapfter NS-Experte. Ein ungetrübt positives Beispiel aus dem Kreis der Ehemaligen ist die einst als Kind aus Polen zugereiste Bascha Mika, die als *taz*-Chefredakteurin 2014 den Weg zur *Frankfurter Rundschau* fand. Ihre Ansichten zur Frauen-Emanzipation und zur Integration von Zuwanderern gehören von jeher in Talkrunden des öffentlich-rechtlichen Rundfunks zu den geschätzten und belebenden Beiträgen.

Der Mann und das Land, die 1967 das Unheil auslösten

Schah Reza Pahlavi, bei dem die Ärzte sieben Jahre nach seinem Berlin-Besuch eine Krebserkrankung diagnostiziert hatten, wurde am Ende seiner Tage zu einer tragischen Figur. Trotz einer Bildungsoffensive und wirtschaftlichem Aufschwung im Iran kam es 1978 durch das Treiben des auch in Berlin unangenehm aufgefallenen Geheimdienstes Savak und die Unterdrückung der Meinungsfreiheit – flankiert von politisch-islamischen Kräften – zu Unruhen und einer Aufstandsbewegung. In Berlin hatte der iranische Ex-Student Bahman Nirumand (in den 60er-Jahren in Westberlins Jazzlokalen ein bekanntes Gesicht) am Vorabend des Schah-Besuchs 1967 über die Verletzung der Menschenrechte im Iran maßgeblich zu den Studentenprotesten am folgenden Tag beigetragen. Nach dem Studium in Berlin und Tübingen war Nirumand 1960 nach Teheran zurückgekehrt, um 1965 erneut als politischer Flüchtling nach Berlin zu kommen. Bekannter als Nirumand ist seine Tochter, die Journalistin Mariam Lau – seit 2010 bei der *ZEIT*, davor (sic!) bei der *taz* und Mitbegründerin der Alternativen Liste (AL) in Berlin, der Vorläuferin der Partei Die Grünen.

1978 noch hatte Westberlin den Besuch von US-Präsident Jimmy Carter bejubelt („Es bleibt dabei: Berlin bleibt frei!"), den wir im SFB diesmal mit dem beherrschenden Medium Fernsehen (und nicht mehr gemeinsam mit dem RIAS im Hörfunk) übertrugen. Anderthalb Jahre später – im November 1979 – zeichnete sich bereits Carters Niedergang ab, nachdem iranische Studenten die US-Botschaft in Teheran besetzt hatten und 52 Diplomaten dort 444 Tage lang als Geiseln festhielten, ohne dass Carter eine friedliche Lösung zustande brachte. Ronald Reagan besiegte ihn bei der Präsidentschaftswahl im November 1980 haushoch. So hatte die „Islamische Revolution" von 1979 im Iran einen weltpolitischen Paukenschlag bewirkt.

Der Schah („Ich bin müde") musste im Januar 1979 den Iran verlassen. In Irrfahrten über Marokko, die Bahamas, Mexiko, die USA und Panama strandete Pahlavi schließlich bei seinem Freund Präsident Anwar al-Sadat in Kairo, wo er im Juli 1980 seinem Krebsleiden erlag. Am 1. Februar 1979 kehrte der Ajatollah Ruhollah Chomeini aus dem Exil in Paris nach Teheran zurück. In seiner Begleitung nicht nur der Vertraute und langjährige Pressesprecher Chomeinis, Sadegh Ghotbzadeh (ein vortrefflicher Journalist), sondern auch der Frankreich-Korrrespondent des ZDF Peter Scholl-Latour, der seit 1978 engen Kontakt zu Chomeini aufgenommen hatte. Bis 2016, das Jahr seines Todes, erzählte PSL bei seinen Frühstücksgesprächen in einem kleinen Café gegenüber der Lotto-Zentrale in Berlin von diesen Tagen. Um bei seiner Arbeit im Iran Repressalien zu entgehen, trug er stets ein Foto bei sich, das ihn an der Seite von Chomeini zeigte.

Wie fast überall in der westlichen Welt herrschte auch im Sender Freies Berlin 1979 rundum Begeisterung über die Veränderungen im Iran. Der stellvertretende Hörfunk-Chefredakteur Dieter Käufler wurde in die heilige iranische Stadt mit den vielen Namen entsandt – nach Ghom, das daneben unter den Bezeichnungen Qom, Kum, Com oder Qum zu finden ist. Von dem leitenden SFB-Journalisten sollte der iranische Mediennachwuchs das Handwerk lernen. Eine Evaluation ist in solchen Fällen kaum möglich. (Ich war zu Zeiten der türkischen Ministerpräsidentin Tansu Ciller in den 90er-Jahren mehrfach in Ankara, um den Journalistinnen – Frauen waren in der Mehrzahl – und Journalisten das Handwerk der Nachrichtengebung beizubringen. Ob meine Bemühungen etwas Positives bewirkt haben, weiß ich bis heute nicht.) Hörfunk-Profi Käufler war 1979 jedenfalls begeistert von seinem Iran-Aufenthalt und beschwerte sich lediglich über den Wirrwarr um den Städtenamen von Ghom.

Allerdings – so klagte später auch Peter Scholl-Latour – wäre der Charakter des neuen Regimes im Iran sehr bald zu erkennen gewesen. Nicht nur, weil Abbas Hoveyda, in seinen zwölf Jahren als Ministerpräsident verantwortlich für den Aufschwung des Iran, bereits im April 1979 nach einem Prozess von zweistündiger Verhandlungsdauer kurzerhand erschossen wurde. Die Flucht des ersten frei gewählten Präsidenten Banisadr und des Ministerpräsidenten Bahtiar waren deutliche Anzeichen für das Aufkommen totalitärer Herrschaftsmethoden unter den Ajatollahs. Die Krönung solchen Schreckens während der Chomeini-Herrschaft blieb unter uns Journalisten-Kollegen im September 1982 die Hinrichtung des einstigen hingebungsvollen Chomeini-Helfers Ghotbzadeh im Teheraner Evin-Gefängnis. Ein Schrecken, der bis heute anhält und der den schiitischen Iran mit seinem sunnitischen Erzfeind Saudi-Arabien moralisch auf eine Stufe stellt. Die Nachdenklichen im SFB haben sich seit 1979 oft gefragt, ob sie die Welt des Islam bis dahin nicht allzu unwissend und unbeschwert mit den Erzählungen von Wilhelm Hauff und Karl May oder mit den Geschichten aus *Tausendundeiner Nacht* identifiziert haben.

Der freigesprochene Todesschütze und Stasi-Agent Karl-Heinz Kurras vor Gericht

21. Der SFB reformiert seinen Hörfunk

Die Geburtsstunde von „s-f-beat"

Kanzler Kohl ist den Beweis dafür schuldig geblieben, dass eine späte – oder eine spätere – Geburt eine Gnade ist. In manchen Fällen ist es sogar ein großer Nachteil. Das trifft zum Beispiel auf jene zu, die wegen ihrer späteren Geburt nach 1945 bis weit in die 70er-Jahre des vorigen Jahrhunderts nicht in den Genuss der Radioprogramme von RIAS und SFB kamen. Über diese Zeit und diese Programme kursieren Schilderungen, die es zu widerlegen oder geradezurücken gilt. Übrigens ein starkes Movens, um dieses Buch zu schreiben. Denn ärgerlich wird die Angelegenheit mitunter, wenn Nachgeborene sich wissenschaftlich gerieren (Anmerkung: „Historiker" darf sich jeder nennen – mit und ohne Studium, mit und ohne historische Kenntnisse) und Elaborate auf den Büchermarkt werfen, deren Inhalte mit den Tatsachen und der Wirklichkeit wenig oder gar nicht übereinstimmen.

Bei der Arbeit an diesem Buch ist mir ein solches Werk in die Hände gefallen, bei dem sich Eingeweihte kopfschüttelnd fragen: „Wie kommt der Autor zu solchen Erkenntnissen? Woher hat er die (Fehl-)Informationen, die er zur Grundlage seiner Betrachtungen macht?" Die zweite Frage lässt sich meist schnell beantworten: Der Schreiber hat sich auf Informanten verlassen, die selbst keine Ahnung haben und ihn mit fantasievollen Geschichten versorgten. In allen Zweigen der Wissenschaft und der Sachliteratur gibt es solche Beschreibungen – häufig sogar als „Dokumentationen" angepriesen –, die dem Anspruch auf Wahrheitsgehalt nicht gerecht werden. Was den Sender Freies Berlin, den RIAS oder die Verhältnisse im Westteil Berlins während des Kalten Krieges angeht, nimmt die Zahl solcher Dichtungen am Rande der Wahrheit erkennbar zu.

Wenn es bei der Geschichte des SFB um die geradezu legendären Jugendsendungen *s-f-beat* und *Wir um Zwanzig* geht, stoßen wir auf das Sachbuch von Heiner Stahl (Jahrgang 1974) mit dem Titel *Jugendradio im kalten Ätherkrieg (1962–1973)*, erschienen 2010 im Berliner Landbeck-Verlag. Stahl ist wissenschaftlicher Mitarbeiter an der Universität Erfurt. Das Buch ist die überarbeitete Fassung seiner Dissertation. An dieser und anderen Arbeiten wird seit einigen Jahren ein beinahe kurioses Phänomen deutlich – nämlich der Versuch, Historie aus der bis dahin oft zu kurz gekommenen DDR-Sicht – oder wenigstens aus der Sicht von APO, Hausbesetzern oder der „Bewegung 2. Juni" – darzustellen. Was die Ostperspektive und damit die DDR-Sicht angeht, mag das in manchen Fällen gerechtfertigt sein: Die Umstände der deutschen Teilung 1948/49 oder die Aktivitäten von Fluchthelfer-Organisationen in Westberlin verdienen nach heutigen Erkenntnissen durchaus Ergänzungen und Korrekturen. Das darf jedoch keine Begründung für weitgehend schiefe und an den tatsächlichen Ereignissen total vorbeigehende Darstellungen wie in dem Radiobuch von Stahl sein. Sachliche Fehler – wie die Bezeichnung des Sendeleiters Peter Teichmann als Hörfunkdirektor – mag ein gnädig gestimmter Rezensent noch dem Geburtsdatum des Autors und der Unwissenheit seiner Informanten zuschreiben. Irrwitzige Thesen und Schlussfolgerungen, die offensichtlich im Nachklapp das politische Geschehen ins Gegenteil verkehren sollen, überschreiten dann allerdings die Grenze des Erträglichen.

Da ist die Rede von einer „institutionellen Zusammenarbeit" des SFB mit dem Senat. (Meint Stahl die gesetzlich festgelegte rechtliche Kontrolle des Senders durch die Kulturverwaltung?) Da finden wir den „SFB als pluralistischen Senatssender mit ausgefeilten Abwehrtechniken" und müssen uns mit der unsinnigen Frage auseinandersetzen, ob die Popmusik der 1960er-Jahre die Welt verändert hat. (Es ist eine schlichte Erkenntnis, dass Musik stets die Welt – also die gesellschaftlichen Zustände – reproduziert und nicht umgekehrt.) Mit einem Seitenhieb, der in einer Schilderung der SFB-Geschichte selbstverständlich erwähnt und immer wieder korrigiert werden muss, wird allerdings deutlich, aus welcher Ecke bei *Jugendradio im kalten Ätherkrieg* der Wind weht. Da trägt ein Kapitel die verräterische Überschrift *Der „ausgewogene" SFB und die „Causa Sprittulla"*. (Dass der Name „Sprittulla" falsch geschrieben ist, sei kommentarlos der beträchtlichen Fehlerquote in dem Werk zugeschlagen, in dem von Wolfgang Behrendt bis Alfred Gleitze zahlreiche Namen falsch geschrieben sind.)

Die Anfangszeit des SFB-Intendanten Franz Barsig im Frühjahr/Sommer 1968 mit all ihren Fehlern und Versäumnissen ist in dieser SFB-Historie ausführlich beschrieben. In diese Zeit fallen auch die Auseinandersetzungen der Geschäftsleitung mit Hanns-Erich Sprittulla, den ich in meiner Zeit als Personalratsvorsitzender am häufigsten vor sich selbst schützen musste. (Barsig hat übrigens den Familiennamen seines Sorgenkindes nie richtig aussprechen können. Über seine Lippen kam immer nur ein zum Lachen reizendes „Pschitulla".) Stahl bezeichnet Sprittulla mit Anfang dreißig als „gestandenen Journalisten". Von Beruf war Sprittulla gelernter Kfz-Mechaniker. Ein lieber Kollege mit sozialer Kompetenz, der sich selbst jedoch nicht ganz ernst nahm und von anderen ebenfalls selten ernst genommen wurde. In den SFB-Hausmitteilungen machte er sich einen Namen, als er in einem Artikel die Unzuverlässigkeit der neuen Infrarot-Elektronik bei den Pissoirs auf den Herrentoiletten des SFB beklagte. Kein Sozialrebell mit revolutionären Ideen – schon gar nicht für die Programmgestaltung, sondern einer, der aus Mangel an journalistischer Kompetenz und Erfahrung meist gegen alle Wände rannte. Als Sprittulla nach dem Erdbeben vom November 1980 im italienischen Santomenna im Auftrag des damaligen Zeitfunk-Chefs und Vorsitzenden der Berliner Journalisten-Verbandes, Herwig Friedag, eine SFB-Hilfsaktion für die Erdbebenopfer umsetzte, schien er seine Berufung gefunden zu haben. Sprittulla war ein Philanthrop, aber kein begnadeter Programm-Macher.

Zweifellos spielten Kunst und Kultur, die Musik und die Radioprogramme während des Kalten Krieges in und um Berlin eine bedeutende Rolle. Es war den Amerikanern zu verdanken, dass Westberlin in den 50er- und 60-Jahren zur europäischen Metropole des Jazz wurde. Von Ella Fitzgerald über Erroll Garner, Duke Ellington, Count Basie, Gerry Mulligan bis Louis Armstrong gaben sich die Weltgrößen des Jazz in den Westsektoren ein Stelldichein – und der SFB profitierte davon in seinen Programmen. Verständlich, dass Hanns Eisler im anderen Teil der Stadt an der Deutschen Akademie der Künste über die „Jazzpropaganda des Westens“ wetterte. Ähnlich war es bei der Popmusik und ihren Einflüssen auf die Sendungen des SFB (und des RIAS). Bei der jungen Generation in den Westsektoren waren der AFN und mit einigem Abstand der britische Soldatensender BFBS die Konkurrenten der beiden Westberliner Radiostationen. Nicht aber eine DDR-Jugendwelle wie DT 64. Dafür genügt allein ein Blick auf die Wahlergebnisse der von der SED finanzierten Sozialistischen Einheitspartei Westberlins (SEW) unter ihrem Vorsitzenden und ständigen Spitzenkandidaten Gerhard Danelius. (Das „W“ stand anstelle eines „D“, weil Westberlin nach Auffassung der DDR ja nicht zu Deutschland gehörte, sondern eine besondere politische Einheit war.) Danelius und seine rund 3.000 Parteimitglieder in Westberlin mussten sich bei den Wahlen zum Abgeordnetenhaus permanent mit einer Stimmenzahl zwischen 0,6 und 2,7 Prozent begnügen. Und so war auch ein Jugendsender wie DT 64 selbst in der DDR gegenüber SFB, RIAS und AFN im Hintertreffen. SFB und RIAS machten ihre Innovationen in den Jugendsendungen nicht in Konkurrenz zu DT 64 und dem „Ostrundfunk“, wie er despektierlich genannt wurde, sondern als Anreiz für junge Hörerinnen und Hörer in der DDR. Mit Erfolg, denn Berlin-West war nicht – wie Stahl schreibt, um ihn hier ein letztes Mal zu zitieren – „eine sich als Popmetropole verstehende Provinzstadt“. Es war die Metropole von Pop und Jazz – großzügig im Kalten Krieg gefördert vom Land Berlin, der Bundesregierung und den USA. Denn Musik war und ist ein wundervolles Propagandainstrument. Das hatten die Amerikaner auch in den 60er-Jahren noch aus jener Zeit in guter Erinnerung, als sie 1945 die Musik von Glenn Miller und anderen zur *Re-Education* importierten.

Innovationen und Reformen im SFB-Hörfunk 1967/68

Der 1. September 1966 und der 15. April 1968 markieren in der Geschichte des Senders Freies Berlin einen Zeitraum, in dem – bedingt durch Wechsel in der Führungsspitze und durch gesellschaftliche Ereignisse – wichtige und richtungweisende Veränderungen in der Struktur der Hörfunkprogramme vollzogen wurden. 1966 entschied sich Intendant Walter Steigner für einen Personentausch in seinem vierköpfigen Direktorium. Eberhard Schütz wurde als Chefredakteur abgelöst und übernahm den zu jener Zeit weit weniger politischen Posten des für Radio und Fernsehen zuständigen Programmdirektors. (Die ARD-Chronik für 1966 vermeldet, Schütz sei zum „Programmdirektor avanciert".) Beide Direktorenposten waren jedoch materiell völlig gleichgestellt. Wobei der Funktion des SFB-Chefredakteurs in der geteilten Stadt des Kalten Krieges eine wesentlich höhere Bedeutung zukam. Als Steigner bei der Deutschen Welle den Intendantenposten übernahm und Barsig im April 1968 ins „Haus des Rundfunks" einzog, hatten die Schreckensmeldungen vom Vietnam-Krieg der Vereinigten Staaten, der Tod von Benno Ohnesorg am 2. Juni 1967, die Vorlesungen von Herbert Marcuse an der Freien Universität Berlin zum „Schicksal der bürgerlichen Demokratie", die von Rudi Dutschke angeführte Außerparlamentarische Opposition und schließlich das Attentat auf Dutschke am 11. April 1968 zu einer dramatischen Lage in Westberlin geführt. Die einen befürchteten allen Ernstes – unterstützt von der Springer-Presse – radikale, von der DDR gesteuerte Tendenzen in der Studentenschaft mit dem Ziel einer kommunistischen Revolution. Andere wie der SPD-Kultursenator Werner Stein oder der Charlottenburger Volksbildungsstadtrat Harry Ristock setzten auf demokratische Opposition mit Dialog und Ausgleich. Was bei Ristock zu einem zeitweiligen Ausschluss aus der SPD führte. Besonnene Naturen wie der Lokalchef der Zeitung *Der Tagesspiegel* Günter Matthes, Vater des Schauspielers Ulrich Matthes, forderten in jenen Tagen in bewusstem Gegensatz zur unversöhnlichen Berichterstattung der Springer-Presse die „Wiedervereinigung von Westberlin und Dahlem" (dem Sitz der Freien Universität).

In diesen sich andeutenden Umbruchzeiten reagierte der Sender Freies Berlin geradezu hellsichtig und ahnungsvoll in seinen marktbeherrschenden Hörfunkprogrammen. Walter Steigner, ein von Kultur und Bildung geprägter Programm-Intendant alter Schule, der von der UNESCO in Paris zum öffentlich-rechtlichen Rundfunk gekommen war, spürte *the winds of change whispering in the trees*, die sich ankündigenden gesellschaftlichen Konflikte und Veränderungen. Nicht als Konkurrenzansage gegen den in der DDR beim „Deutschlandtreffen" der FDJ im Mai 1964 erfolgreich installierten Jugendsender DT 64, wohl aber als Angebot an die Jugendlichen in den Berliner Westsektoren gab Steigner der Leiterin des SFB-

Familien- und Jugendprogramms Susanne Fijal und ihrem Team freie Bahn zur Entwicklung einer attraktiven Sendung mit „Beat-Musik, Informationen, Tipps etc.". Susanne Fijal war zu jener Zeit die einzige Frau in der höchsten Vergütungsgruppe des SFB. Ihr Ehemann war Franz Fijal, der Manager des durch Vertrag an den Sender gebundenen SFB-Tanzorchesters. Ein Ehepaar, das dem Sender Freies Berlin, seinem Image und seinen Programmen unendlich viel gegeben hat.

Susanne Fijal stützte sich bei der Konzeption der neuen Sendung auf eine Truppe von jungen und jung gebliebenen Kräften im SFB. Dazu gehörte auch Alexander von Bentheim, der stets bimedial in Hörfunk und Fernsehen tätig war und 1967 die Leitung der sonntäglichen Abendsendung *Wir um Zwanzig* im Jugendprogramm übernahm – wiederum eine Zeit großartiger Zusammenarbeit. Denn wo von Bentheim agierte, konnte ich mich nicht zurückhalten. Prunkstück war jedoch *s-f-beat* mit dem Sendestart am 6. März 1967 – drei Monate vor dem Schah-Besuch am 2. Juni 1967. Wir haben fünfzig Jahre später im April 2017 diese Tage in einer Abendveranstaltung noch einmal Revue passieren lassen – mit dem ewig jungen *s-f-beat*-Moderator Hans-Dieter Frankenberg (der im August 2017 im Alter von 88 Jahren verstarb), mit dem bei *s-f-beat* aktiven Jazzexperten Hans-Rainer Lange (bekannt als „Pfeifen-Lange"), mit der Redakteurin Tina Stock und mit dem damals auf gleicher musikalischer Wellenlänge sendenden Moderator vom RIAS-*Treffpunkt* Nero Brandenburg. Aus dem Publikum konnte bei diesem Erinnerungsabend Karla Krause als ehemalige *s-f-beat*-Mitarbeiterin die eine oder andere Anekdote aus dem einstigen Sendebetrieb zum Besten geben (darunter sogar gelegentlichen Kulissenknatsch zwischen ihr und Lange). Einer, der maßgeblich am Zustandekommen und den Inhalten von *s-f-beat* beteiligt war, fehlte bei diesem Rückblick nach 50 Jahren: Ulrich Herzog, der 2003 viel zu früh verstorben ist. Zum Kreis derer, die von Montag bis Freitag zwischen 18.30 und 19.30 Uhr Berlins erfolgreichste Jugendsendung auf den Weg brachten, zählten auch Juliane Bartel (1945–1998), Peter Rüchel (1937–2019), der später zum WDR ging und dort den *Rockpalast* aus der Taufe hob, Henning Vosskamp (1943–2013), Wolfgang Kraesze, Florian Barckhausen, Joachim Pukaß, Norbert Paul Engel und dessen spätere Ehefrau Erika Bartsch. Es war die Zeit von Procol Harums *A Whiter Shade of Pale*, der Hollies mit *He Ain't Heavy*, der Bee Gees mit *World* und die Hochzeit der Beatles.

Intendant Steigner hatte den zukunftssicheren Blick und Susanne Fijal die treffsichere Auswahl gehabt. Zu den neuen auf die Zielgruppe „Jugend" ausgerichteten Musiksendungen des Jahres 1967 gehörte übrigens auch die im Bereich des Musikredakteurs Klaus Werker angesiedelte Schlagerparade *Hey Music*, bei der Jürgen Jürgens 1969 debütierte und die er dann 1972 zu seinem Markenzeichen machte. Klaus Werker und seine Tanzmusik-Abteilung waren in dieser Zeit die willkommenen Berater bei allen Innovationen in der Programmdirektion und der Chefredaktion des SFB. Das galt ab Herbst 1968 insbesondere für die Einführung der aktuellen Magazinsendungen auf SFB I und SFB II.

Programmdirektor Eberhard Schütz legte dem Programmausschuss des SFB – als Unterausschuss des SFB-Rundfunkrats – die Konzeption von *s-f-beat* kurz vor dem Sendestart vor. Derart kurzfristige Informationen erweckten nie die helle Freude der Aufsichtsgremien, waren aber stets satzungs- und gesetzeskonform – wie das legendäre Gutachten von Professor Fritz Ossenbühl ihnen bescheinigte. Grundsätzlich darf danach der Rundfunkrat immer nur *post festum* – also nach einer Sendung – einschreiten und sich nie vorab programmgestaltend einmischen. Weniger eindeutig ist die Rechtslage beim Begriff der *Ausgewogenheit*, der mit dem Aufkommen außerparlamentarischer Bewegungen in den 60er-Jahren besonders arg strapaziert wurde. Muss jede einzelne Sendung in sich ausgewogen sein, immer mit einem *Pro* und einem *Contra*? Oder muss das Programm einer öffentlich-rechtlichen Rundfunkanstalt lediglich *insgesamt* ausgewogen sein? Ein Ja auf die zweite Frage hat sich inzwischen als gültige Auffassung durchgesetzt. Völlig anders als bei Printmedien, denn eine Zeitung ist ein *Tendenzbetrieb* mit mehr oder weniger klarer, in eine (politische) Richtung zielender Haltung. Wer eine Zeitung kauft oder abonniert, weiß gewöhnlich vorab, welche Ansichten ihn bei der Lektüre erwarten.

Es hat einige Zeit gedauert – zumal in den hektischen 60er-Jahren, als der Kalte Krieg in Berlin zusätzlich mit einer aufmüpfigen Studentenbewegung garniert wurde –, bis sich Vernunft und Logik beim Streit um die Aufgaben, Pflichten und Spielräume von Medien in einer demokratischen Gesellschaft durchsetzten. Ein Streit, der erst in unseren Tagen mit zuweilen unangemessener Schärfe wieder auflebt.

1967 war für den SFB und seinen Hörfunk gewissermaßen die Epoche der Vorsorge, 1968 hingegen die Phase der Reaktion auf bereits eingetretene Veränderungen. Die „Magazinitis" machte sich 1968 im Hörfunk der ARD breit, angestoßen vom einflussreichen Westdeutschen Rundfunk (WDR) und dessen Chefredakteur Dieter Thoma (1927–2017), der 1965 mit dem erfolgreichen *WDR-Mittagsmagazin* die Kopiervorlage für alle anderen Anstalten geliefert hatte und in der ARD per Telefon rundum versuchte, gute Radiojournalisten für seine Sendungen zu gewinnen. Nur die Liebe zu Berlin konnte die Ablehnung eines solch attraktiven Angebots begründen. Hier zog der SFB am 6. Oktober 1968 unter der Ägide von Chefredakteur Pechel mit dem *Echo am Morgen* (Montag bis Sonnabend von 6.05 bis 8.00 Uhr auf SFB II) und dem *Echo am Mittag* (Montag bis Freitag von 12.30 bis 14.25 Uhr auf dem reichweitenstarken SFB I) nach. Und wieder war es die musikalische Umrahmung, die auch bei diesen Magazinen eine wesentliche Rolle spielte. Nicht die Meinung von Programmdirektor Schütz, dem angeblich die zahlreichen englischen Gesangstitel im *Echo am Morgen* missfielen und der sogleich an den Zwischenmusiken erkannte, welcher Moderator an der Reihe war, gab den Ausschlag für die Musikauswahl – denn beide waren Sendungen der SFB-Chefredaktion von Peter Pechel. Und es war unverkennbar, dass Herz und Interesse von Schütz noch immer an seinem vorherigen Bereich hingen. Die Musiktitel für das *Echo am Morgen* und das *Echo am Mittag* wurden auch nicht nach ideologischen Gesichtspunkten in Absprache mit dem Senat von Berlin oder auf Anordnung des Intendanten oder eines seiner Direktoren zusammengestellt. Eberhard Schütz hatte es richtig erkannt: Der Moderator sprach sich mit der Abteilung „Unterhaltungsmusik" – hier meist mit Redakteur Klaus Werker – ab. Besser: Die U-Musik erfüllte die Wünsche des Moderators (wie übrigens auch bei *s-f-beat*) oder der Moderator suchte sich beim *Echo am Morgen* für seine Sendung selbst die Musikbänder im SFB-Schallarchiv aus. Fürs *Echo am Morgen* hatte ich mir zum Beispiel ganz zeitgemäß den Hit *Telstar* und anfangs *O What a Beautiful Morning* aus dem Musical *Oklahoma* ausgewählt. Wenn eine dieser beiden Melodien um 6.05 Uhr erklang, wusste nicht nur der SFB-Programmdirektor, wer im Studio am Mikrofon saß. Andere Schilderungen von Zuständen und Abläufen bei den Hörfunkreformen der Jahre 1967 und 1968 im SFB sind irreführend und/oder frei erfunden. Welche Gründe oder Absichten dahinterstecken, wissen nur die Erfinder.

Das *s-f-beat*-Trio (v. l. n. r.) Hans-Dieter Frankenberg, Hans-Rainer Lange, Ulli Herzog

Jugendfunk-Chefin Susanne Fijal mit Ulli Herzog

Auch sie machte ihre ersten Radioschritte bei *s-f-beat:* Juliane Bartel

Hey-Music-Ikone Jürgen Jürgens

22. „Sender Franz Barsig"

Der Intendant Saulus wird zum Paulus

Es gab kaum eine Zeit, die aufregender für den Sender Freies Berlin und für den Westteil der Stadt war, als die Anfangsphase der Amtszeit von Intendant Franz Barsig (1924–1988). Am 15. April 1968 zog der ehemalige Pressesprecher der SPD-„Baracke" in Bonn und Chefredakteur des Deutschlandfunks in Köln, in die Intendanten-Suite im 13. Stockwerk des Fernsehzentrums am Theodor-Heuss-Platz ein. Der ehemalige Innensenator Heinrich Albertz (SPD) wagte mit Blick auf den zugezogenen Genossen einen verwunderten Einwurf: „Seltsam – erst kürzlich ist mir Barsig aus Bonn als Idealbesetzung für die Position des Polizeipräsidenten empfohlen worden."

Politische Erdbeben im Frühjahr 1968 überall auf der Welt: In Paris brachten Studenten General de Gaulle in Bedrängnis. In der CSSR weckte der „Prager Frühling" mit Alexander Dubcek Hoffnungen auf die Wandlungsfähigkeit der Betonkommunisten. Und in der Bundesrepublik und Westberlin tönte die 68er-Bewegung nach dem Tod von Benno Ohnesorg beim Schah-Besuch vom Juni 1967 und nach dem kläglichen Ausgang des Prozesses gegen den Todesschützen Karl-Heinz Kurras: „Macht kaputt, was euch kaputt macht!" In Berlin war der „Republikanische Club" Treffpunkt all jener, die glaubten, mit „Gewalt gegen Sachen" (worüber in der Stadt ein heftiger Streit entbrannte) eine bessere Politik für die Menschen erzwingen zu können – voran der Staranwalt Horst Mahler, die Journalistin Ulrike Meinhof, Marianne Regensburger vom RIAS und auch der Berliner SPD-Pressesprecher Heinrich Burger, der sich hernach als Stasi-Agent entpuppte. In solchen Kreisen agierte die APO, die Außerparlamentarische Opposition, mit anderen Ansichten zum Ost-West-Konflikt und zum Krieg in Vietnam. Doch dort wurde auch der Boden für eine gewaltbereite Organisation wie die RAF bereitet – was sich erschreckend in den Tagen des Amtsantritts von Franz Barsig andeutete, als randalierende Opponenten nach dem Mordanschlag auf den Studentenführer Rudi Dutschke am 11. April 1968 mit massiver Gewalt gegen den Axel-Springer-Verlag und dessen Zeitungen vorgingen. Niemand bestreitet heute, dass die Presseerzeugnisse des Springer-Konzerns damals entscheidend zu der aufgeheizten und intoleranten Stimmung beigetragen haben. Doch das Gewaltmonopol des Staates galt damals wie heute. Alle, die für die Aufbegehrenden Verständnis oder gar Sympathie zeigten, fielen bei Politik und Medien Westberlins in Ungnade. Ulrike Meinhof – in jenen Tagen noch um intellektuelle Bewältigung der Situation bemüht – wurde die Beschäftigung als freie Mitarbeiterin des SFB aufgekündigt. Ihr bereits fertiggestellter Film *Bambule* wurde nicht ausgestrahlt.

Der Neuling Barsig sah sich bei Amtsantritt zur Abendstunde einer Massendemonstration vor dem „Haus des Rundfunks“ an der Masurenallee gegenüber. Die Protestierenden – überwiegend Studentinnen und Studenten – forderten den Dialog und die Rücknahme aller repressiven Maßnahmen. Barsig stellte sich der Menge und ging sogar zu einer Podiumsdiskussion in die Technische Universität. Vergebens. Nicht nur die erkennbar rechts-konservative Haltung des Intendanten verhinderte eine Beruhigung. Zu diesem Zeitpunkt standen sich in der Stadt seit den Ereignissen vom Sommer 1967 die Meinungen unversöhnlich und feindselig gegenüber. Immer mit der seit der Spaltung und dem Mauerbau in Westberlin bei jeder Gelegenheit gehegten Befürchtung, alles sei von Moskau und der DDR inszeniert (was sich im Nachhinein als nicht völlig unbegründet erwies).

Schicksalsstunden werden zumeist erst viel später als solche erkannt. Für Barsig und den SFB – wahrscheinlich sogar für die Politik in der Stadt, wenn man den Medien Einfluss auf Zusammenhalt oder Spaltung einer Gesellschaft zubilligen will – war jener Tag im April 1968, an dem eine turbulente, den gesetzlichen Vorschriften gemäß nicht öffentliche Personalversammlung die Wende im Umgang mit Regelverstößen, ungewohnt neuen Ideen und gesellschaftlichen Entwicklungen ankündigte. Von Anbeginn hatte sich Barsig in seiner Amtsführung mit einigem Ungeschick die Kritik und die Gegnerschaft der linken Szene – auch in der SPD – und aller Linksintellektuellen eingehandelt, die im SFB im Dritten Hörfunkprogramm und im gemeinsam mit dem Norddeutschen Rundfunk produzierten III. Fernsehprogramm ihren Platz und ihre Bühne hatten. Nicht nur, dass Barsig eine Mitarbeiter-Versammlung heimlich mitschneiden ließ – mit Ernst Schnabel vom NDR, dem Urgestein eines liberalen Rundfunks, geriet er sofort in programmliche Auseinandersetzungen. Mit Hanspeter Krüger, verantwortlich für SFB III – das Kulturprogramm im Radio –, überwarf er sich satirereif:

Bananenschalen im Gesundheitsamt

Dies ist die kuriose Geschichte eines Radiobeitrages im Dritten Hörfunkprogramm des SFB vom 10. Februar 1969 unter dem Titel *Autoren als Disc-Jockeys*. Der DJ war an jenem Tag der Konzeptkünstler Bernhard Höke. Der hatte sich für seinen Radioauftritt Texte des französischen Balladendichters François Villon – bekannt als Aufrührer und Krimineller – ausgewählt. Es fiel der Satz: „Werft den Bürgermeister aus dem Rathaus!“ Der radiohörende Intendant Barsig wertete das als Angriff auf den Regierenden Bürgermeister Klaus Schütz. Dass Höke die Beatles als Ausgeburt des kapitalistischen Establishments bezeichnete, konnte Barsig nicht aus der Reserve locken. Popmusik war nicht sein Ding. Wohl aber Hökes Juxnummer zur Drogenherstellung. Der DJ-Autor gab den Rat, Bananenschalen auszukratzen und bei mittlerer Flamme in der Pfanne zu braten. Nur Opium sei benebelnder.

Redakteur Hanspeter Krüger – im SFB bekannt als Krüger Drei – war überrascht, als er in jenen Februar-Tagen im Ski-Urlaub mit *SPIEGEL*-Herausgeber Rudolf Augstein und *SPIEGEL*-Redakteurin Sophie von Behr einen Anruf seiner Sekretärin erhielt, die ihm auf Geheiß von Barsig einen Brief vorlesen musste. Darin teilte der Intendant dem verdutzten Redakteur mit, dass er zu der Bananen-Nummer ein Gutachten beim Bundesgesundheitsamt in Auftrag gegeben habe. Er – Barsig – vermute einen Verstoß gegen das Betäubungsmittelgesetz. Sollte sich das bewahrheiten, müsse er – Krüger – mit einer fristlosen Kündigung rechnen. Zaghafte Lacher und Kopfschütteln bei den dreien im Winterurlaub. Zu einer fristlosen Kündigung Krügers kam es selbstverständlich nicht, wohl aber zu einer Änderungskündigung, die dann im Verlauf der folgenden Entwicklungen und Ereignisse wieder aufgehoben wurde. Krüger hatte im SFB die Lacher auf seiner Seite – selbst im Aufsichtsgremium Rundfunkrat.

Politik und SFB-Toiletten

Auch einer, der während seiner gesamten SFB-Zeit als Opponent von sich reden machte und noch heute oft als intellektueller Widerpart einer geknechteten Rundfunkfreiheit im kapitalistischen System gefeiert wird, tauchte in den ersten Barsig-Tagen bereits als Mahner auf: Hanns-Erich Sprittulla. Kein Journalist von Hause aus (und auf diesem Sektor auch ein mäßiges Talent), sondern ein gelernter Kfz-Mechaniker, dem Horst Schallon im Zeitfunk des Senders, später Susanne Fijal im Jugendfunk, Chancen zur Selbstverwirklichung gaben. Sprittulla war ein sehr angenehmer und umgänglicher Kollege, doch in seinen Ansichten meist so verschroben, dass ihn kaum jemand – egal auf welcher Seite des Meinungsspektrums – wirklich ernst nahm. Denn selbst über die als Neuerung elektronisch gesteuerte Spülung der Urinierbecken auf den SFB-Herrentoiletten konnte der Rebell Sprittulla sich aufregen. Nur Franz Barsig in seinen Anfangstagen legte unverzüglich den Bannstrahl auf diesen vermeintlichen „Spinner“. Die Kritiker in den Medien und unter Linksintellektuellen hatten ihre neue Interpretation für das Kürzel SFB: „Sender Franz Barsig“.

Das war die von Medien wie *Der Spiegel* oder der *ZEIT* genüsslich ausgebreitete Situation im SFB nach dem Attentat auf Rudi Dutschke im April 1968, als der SFB-Personalrat unter Vorsitz des als rechtslastig bekannten Politikredakteurs Otto Reimer eigenmächtig eine an Hetztiraden gegen Andersdenkende und die APO kaum zu übertreffende Resolution verbreitete und sich unverhofft einer breiten Gegenbewegung im SFB gegenübersah. Reimer und die Mehrheit der Personalratsmitglieder hatten sich offenkundig sicher gefühlt, weil sie glaubten, den Intendanten mit gleichen Ansichten hinter sich zu haben. Gemeinsam mit SFB-Programm-Machern wie Heinz Deutschendorf und Hanspeter Krüger verbreiteten wir eine Gegenresolution und baten zugleich den SFB-Justitiar Wolfgang Mittas um eine rechtliche Prüfung der Frage, ob die Personalvertretung überhaupt zu einer derartigen Stellungnahme berechtigt war. Das Ergebnis der turbulenten Personalversammlung im Großen Sendesaal zeigte sich erst ein Jahr später: Krüger und ich hatten an jenem Tag beschlossen, für die nächste Personalvertretung zu kandidieren. Die Personalratswahl (damals eine Persönlichkeitswahl) ging am Jahresende 1970 über die Bühne – mit einem für uns ebenso überraschenden wie überwältigenden Ergebnis. Am Ende wurde der *Abendschau*-Moderator Kulpok Vorsitzender der Personalvertretung und der als Linksaußen verschriene Hanspeter Krüger ein wichtiges Mitglied dieses Gremiums.

Zeitenwende im SFB?

Natürlich wollten wir – mit einem soliden Berliner Personalvertretungsgesetz im Hintergrund – etwas bewegen und verändern. Die Sympathien der Mehrheit der etwa 2.000 Köpfe zählenden SFB-Belegschaft waren uns dabei gewiss. Doch – kein Funkhaus ohne Intrigen und ohne Vorstellungen, wie Klein Moritz sich einen Umsturz vorstellt. Krüger war gut bekannt mit Sophie von Behr, der *SPIEGEL*-Redakteurin. Die schickte er an dem Tag, als Willy Brandt in Bonn das konstruktive Misstrauensvotum gegen Rainer Barzel überstand, zu mir nach Hause zu einem Interview. (Ich hatte mir an diesem Tag meinen ersten Weisheitszahn ziehen lassen und musste nicht in den SFB.) Das *SPIEGEL*-Gespräch führte zu einem Artikel, der kein gutes Haar an Barsig, der SFB-Führung und dem SFB-Programm ließ. Sicher waren viele Kritiker – auch in Barsigs SPD – mit diesem Rundumschlag hochzufrieden. Mir war das eher peinlich und ein wenig unheimlich. Doch Barsig, der alte Fuchs mit Hang zum Apparatschik, muss etwas geahnt haben (zumindest, dass sein erklärter Gegner Krüger dahintersteckte). Eines Abends klingelte mein Hausapparat im SFB, am Telefon der Intendant persönlich mit der Frage: „Haben Sie Zeit und können mal zu mir ins Büro kommen?" Ja natürlich – ich hatte Zeit und schwebte mit dem Fahrstuhl in den 13. Stock. Barsigs Sekretärinnen und Bürobesatzung hatten offenkundig schon Feierabend. Wir beide waren unter uns – und auf seinem Schreibtisch stand eine

Flasche Kognak mit zwei Gläsern. In die interne Geschichte unserer Beziehungen ist diese Unterredung stets als das „Kognak-Gespräch“ eingegangen. Heute kann ich behaupten: Es war für den Sender, für seine Belegschaft und für das künftige Verhalten des Intendanten Barsig von tief greifender Bedeutung. Natürlich lockerte der Alkohol die Zungen. Wir redeten frei von der Leber weg und sagten uns ungeschminkt die Meinung. Wobei ich feststellte – Taktik hin oder her –, mit diesem Mann, der nach außen bis dahin eher einen verbohrten Eindruck machte, ließ sich reden – über alles. Die Kognakflasche war nach zwei Stunden leer.

Ein Intendant, der das SFB-Image aufpolierte

Barsig gilt bei Eingeweihten bis heute als der SFB-Intendant mit der größten sozialen Kompetenz. Nicht nur, dass er mit dem Abschluss des ersten Redakteurstatuts in einer öffentlich-rechtlichen Rundfunkanstalt im SFB die Mitbestimmung stärkte – er hatte für die Probleme unterer Gehaltsgruppen stets ein offenes Ohr und half mit Krediten oder Sonderregelungen, wo immer es möglich war. Große Scheu hatte er allerdings – wie die meisten schlichten und gutgläubigen Gemüter – vor der Jurisprudenz. Wenn der Personalchef protestierte und zeterte (etwa wenn eine Frau befördert werden sollte), ließ ihn das kalt. Wenn der Justitiar sein Veto einlegte, war für uns die Schlacht fast immer verloren. Der Personalratsvorsitzende nahm an den montäglichen Direktorensitzungen und an bis dahin nicht öffentlichen Sitzungen des SFB-Rundfunkrates teil. Mit der Änderung der SFB-Satzung 1974 wurden sogar zwei Personalvertreter Vollmitglieder im Verwaltungsrat und gehörten dem Rundfunkrat mit beratender Stimme an. Skeptiker wie der Rundfunkpapst, der damalige Intendant des Süddeutschen Rundfunks Hans Bausch (1921–1991), zu jener Zeit unbestrittene Autorität in allen Fragen der Rundfunkpolitik, sahen das durchaus kritisch. In seiner Geschichte des deutschen Rundfunks schrieb Bausch: „Seit 1975 ist der Vorsitzende des Personalrats, Alexander Kulpok, auch stellvertretender Vorsitzender des Personalrats, sodass es nicht ausgeschlossen wäre, ihn sich als Leiter der Etatberatungen vorzustellen. Da er auch noch stimmberechtigt an den Sitzungen der Geschäftsleitung teilnimmt, ist er sozusagen auf allen Ebenen stimmberechtigt vertreten.“ Bauschs Befürchtung mit dem „Leiter der Etatberatungen“ wurde Realität, denn der Verwaltungsratsvorsitzende Werner Laude musste sehr bald aus gesundheitlichen Gründen auf die Teilnahme an den meisten Sitzungen des SFB-Verwaltungsrats verzichten. Auch meine stimmberechtigte Teilnahme an den Sitzungen der Geschäftsleitung führte durch das gute persönliche Verhältnis zu Barsig zu – aus meiner Sicht – guten Ergebnissen für die Belegschaft. Unbestritten war die zehnjährige Amtszeit von Franz Barsig die Zeit, während der im SFB Finanzmittel sinnvoll ausgegeben wurden und das Gesamtpersonal die höchste Zufriedenheit mit den Führungskräften äußerte.

Erste Sendungen für „Gastarbeiter"

Gewerkschaften und Kirchen forderten Anfang der 70er-Jahre, die Neuankömmlinge unter den „Gastarbeitern", wie die ausländischen Arbeitskräfte damals genannt wurden, sollten im Rundfunk mit nützlichen Informationen in ihrer Landessprache begrüßt werden. Eine Idee, die zu dieser Zeit durchaus nicht auf große Gegenliebe stieß. Doch Intendant Barsig hatte die Zeichen und die Notwendigkeiten der Zeit erkannt. Da war Erkin Özgüc, ein Sendetechniker, der 1971 vom AFN in den SFB gekommen war. Als am Totensonntag im November 1973 während der Öl- und Energiekrise ein Fahrverbot verhängt wurde, hatte Özgüc seine Landsleute in Berlin in ihrer Muttersprache in der *Abendschau* über diese Maßnahme und die zu beachtenden Anordnungen informiert.

Özgüc ging zu Barsig und konnte ihn sehr rasch überzeugen, eine „Gastarbeiter-Redaktion" einzurichten, die in Zehn-Minuten-Sendungen News und Informationen in türkischer Sprache verbreitete. Im März 1974 wechselte Özgüc in die Politik-Redaktion. Am 6. Mai 1974 – einen Tag vor dem Rücktritt Willy Brandts als Bundeskanzler – wurden die ersten zehn Minuten ausgestrahlt. *Informationen für Neuankömmlinge* – zeitgleich mit dem Anwerbestopp für „Gastarbeiter". Ein insgesamt schwieriges Unterfangen, denn für Özgüc gab es kaum geeignete Mitarbeiter (zum Glück stieß der Schriftsteller Aras Ören dazu) und Schreibmaschinen mit türkischer Tastatur waren Mangelware. Doch bei Fernsehbeiträgen über die türkische Gemeinde in Berlin und über die Probleme der „Gastarbeiter" war mir Erkin Özgüc stets ein kompetenter Begleiter und Dolmetscher. Die Sendungen in türkischer Sprache wurden im SFB-Hörfunk sehr bald durch Informationen in Serbokroatisch ergänzt. Aus diesem Programmangebot entwickelte sich „Radio Multikulti" auf einer eigenen Welle.

Chronik eines angekündigten Abgangs

Das vertrauensvolle und zu Teilen freundschaftliche Verhältnis zu Barsig bekam spürbar Risse, als es auf eine mögliche Wiederwahl für eine dritte Amtszeit im Herbst 1977 zuging. Die ersten fünf (Lehr-)Jahre von 1968 bis 1973 hatte er mit zunehmendem Erfolg frei von Tadel überstanden. Das Ansehen des SFB in der ARD – ein lebenswichtiger Faktor für eine im ARD-Finanzausgleich nehmende Anstalt – war in allen Bereichen gestiegen. Ja – vom Programm über die Technik bis zu den Personalvertretungen übernahm der SFB im Konzert der

ARD-Anstalten Führungspositionen. Das galt im Ersten mit der von SFB-Programmdirektor Erich Proebster verantworteten und preisgekrönten Verfilmung der *Deutschstunde* von Siegfried Lenz ebenso wie für die vom SFB mit seinem Personalrat maßgeblich betriebene Gründung einer „Zentralen Fortbildung der Programm-Mitarbeiter" (ZFP) als Gemeinschaftseinrichtung mit dem Zweiten Deutschen Fernsehen.

Ähnlich erfolgreich verlief für den SFB und seinen Intendanten Barsig der Beginn der 70er-Jahre. Hier bewahrheitete sich ein Uralt-Wort des Berlin-Genies Theodor Fontane: „... dass das, was hier geschieht und nicht geschieht, direkt eingreift in die großen Weltbegebenheiten". Diesmal war es das Wort vom „Schlüssel zur Lösung der Deutschlandfrage, der in Berlin liegt". Es war die Zeit der „Neuen Ostpolitik" von Willy Brandt, öffentlich angestoßen durch Egon Bahrs „Wandel durch Annäherung". Bahr tüftelte mit dem Ost-Unterhändler Michael Kohl den Grundlagenvertrag und das Transitabkommen mit der DDR aus. Es war die Zeit des Moskauer und des Warschauer Vertrages und der Vier-Mächte-Verhandlungen über Berlin im alten Kontrollratsgebäude an der Potsdamer Straße. Nach jeder Verhandlungsrunde tönte mir der sowjetische Unterhändler, Botschafter Pjotr Abrassimow, ein deutsches Sprüchlein vor der Fernsehkamera ins Mikrofon. Von „Keine Rose ohne Dornen" über „Die Sache ist perfekt" bis „Ende gut – alles gut". Das Vier-Mächte-Abkommen über Berlin wurde am 3. Dezember 1971 unterzeichnet und trat 1972 in Kraft. „Jetzt wird Berlin-West eine normale Stadt", lächelte der SFB-Chefredakteur Peter Pechel, der zuvor schon in einer Redaktionskonferenz verkündet hatte, dass wir in unseren Sendungen nun nicht mehr „Ostzone" oder „SBZ" sagen sollten/dürften, sondern DDR. Leichtes Murren im Saal, doch die neue Sprachregelung wurde selbst von den kältesten Kriegern akzeptiert. Etwas anders war es im Sender RIAS. Dort ließ der Nachrichtensprecher Heinz Petruo bis zum Ende seiner Arbeitstage immer und unüberhörbar beim Wörtchen „DDR" die Anführungsstriche mitklingen. Ein Unikum unter den kleinen Symbolen des Kalten Krieges.

Intendant Franz Barsig lag mit der sozial-liberalen Bundesregierung in seiner alten Heimat Bonn und dem SPD-Kanzler Willy Brandt voll auf der Linie der Aussöhnung mit dem Osten und des Ausgleichs mit der DDR. Geschickt baute er für den SFB auf Internationalität und nutzte dabei die Musik als Botschafter. Österreichs greiser Robert Stolz war ein willkommener Kooperationspartner. Die SFB Big Band unter Paul Kuhn (mitunter als SFB-Tanzorchester firmierend) schoss europaweit alle Vögel im Pop-Himmel ab. Nicht zuletzt durch das Geschick des stellvertretenden Programmdirektors Dieter Finnern gastierte die Truppe auf der Insel Jersey ebenso umjubelt wie in London und schließlich im Oktober 1972 in Moskau, Leningrad und Wilna.

Barsig, der Vielgescholtene, auf der Erfolgsspur. Selbst die RAF und die unschöne Sympathisanten-Auseinandersetzung zwischen Chefkommentator Matthias Walden und Heinrich Böll konnten dem SFB-Image zu dieser Zeit wenig anhaben. Was zählte, waren die weit über Berlin hinausstrahlenden Erfolge im Programm. Dazu gehörte eine Beteiligung am Quiz von Hans-Joachim Kulenkampff genauso wie die sensationellen Hörfunk-Features, die Autor Peter Leonhard Braun mit Klaus-Dieter Großmann und anderen Tontechnikern des SFB zur Übernahme für Radiostationen in aller Welt produzierte. Berlin – West und Ost – stand im Mittelpunkt des Weltinteresses, politisch und kulturell.

Zeit der Entspannung und der friedlichen Koexistenz. Da war es für den SFB-Intendanten mit heißem Draht nach Bonn nicht sonderlich angenehm, als 1973 Renate Hubig, eine prominente Ansagerin des DDR-Fernsehfunks, mit einer ihrer beiden Töchter im Kofferraum eines Pkw nach Westberlin flüchtete. „Die kommt bei mir nicht auf den Schirm!", war Barsigs spontane Reaktion. Gutes Zureden half nicht. Hubig wurde im Hörfunk als Programmansagerin und später als Nachrichtensprecherin eingesetzt. Eine kleine Verstimmung mit dem SFB-Personalrat, die aber in keinem Verhältnis zu dem stand, was noch kommen sollte. Wer in der Folgezeit mit welchen Absichten an welchem Rädchen drehte, lässt sich bis heute nur vermuten.

„Urteil ohne Begründung"

Durch die – ebenfalls unter das Motto „Mehr Demokratie (und mehr Mitbestimmung) wagen" fallende – Änderung der SFB-Satzung durch das Berliner Abgeordnetenhaus war der Verwaltungsrat des Senders, der über Haushalt und Finanzen entscheidet, um zwei Personalvertreter als Vollmitglieder erweitert worden. Eine Kampfabstimmung in der konstituierenden Sitzung des Gremiums ergab, dass der Personalratsvorsitzende zum stellvertretenden Vorsitzenden des Verwaltungsrats gewählt wurde. Damit gehörte ich zum erlauchten Kreis der sechs Gremien-Vorsitzenden des SFB, die vor jeder Sitzung des Rundfunkrates und auch bei anderer Gelegenheit zusammenkamen, um die Weichen für die Sitzungsabläufe und für anstehende Entscheidungen zu stellen. Hinter scheinbarer Machtfülle des Personalratsvorsitzenden verbarg sich allerdings aufreibende Kärrnerarbeit mit der ständigen Chance, zwischen sämtlichen Stühlen zu sitzen.

Wie bei den Personalvertretern in den Verwaltungsräten von ARD-Anstalten anderer sozialdemokratisch regierter Bundesländer – wie zum Beispiel in Hessen beim HR – erwartete der SFB-Personalrat, dass seine beiden Vertreter das den Ratsmitgliedern zustehende Sitzungsgeld erhielten. Barsig hielt das mit Blick auf die Absicht, die der Gesetzgeber mit dieser Mitbestimmungsregelung verfolgte, für selbstverständlich. Überraschend legte jedoch der Rundfunkratsvorsitzende und SPD-Fraktionsvorsitzende im Berliner Parlament, Wolfgang Haus, sein Veto sein. Selbst als Barsig nach zähem Hin und Her in einer Zusammenkunft der Gremien-Vorsitzenden genervt erklärte, „Ich zahle jetzt", kam von Haus heftiger Widerstand. Der Personalrat beschloss, den Klageweg zu beschreiten, und verpflichtete den gerade vom SPD-Bundesgeschäftsführer Egon Bahr vor die Tür gesetzten Stamokap-Verfechter Klaus Uwe Benneter als Anwalt. Der Prozess vorm Verwaltungsgericht ging verloren – die Stimmung zwischen Intendant und Personalrat sank völlig unnötig auf den Nullpunkt.

Der Rest war eine traurige Verkümmerungsspirale, die in der Rückschau viel Unerklärliches hat. Sehr schnell wurde klar, dass der Rundfunkratsvorsitzende Haus das Amt des SFB-Intendanten anstrebte. Reinhold Vöth als einstiger Vorsitzender des Rundfunkrates beim BR in München hatte dafür bereits ein Beispiel geliefert. Sehr bald ahnte Barsig die Absichten seines Parteifreundes, der zum Erreichen des Ziels die Mitglieder des Rundfunkrats und andere – auch den Personalrat und seinen Vorstand – mobilisierte. Je mehr Zeit ins Land ging und der Wahltermin im Herbst 1977 näher rückte, desto leichter wurde es für Haus. Denn Barsig war erkennbar verunsichert und machte in der Personalführung unnötige Fehler, die zu weiterer Verärgerung beitrugen. Zudem galt Haus als weltoffen und liberal, ein Vertreter der neuen Sozialdemokratie um Willy Brandt, die in Westberlin mit dem Hoffnungsträger und engen Haus-Vertrauten Dietrich Stobbe als Regierendem Bürgermeister antrat. Was auch geschah in der Stadt, politisch und kulturell, Barsig blieb fortan außen vor. Der Personalratsvorsitzende des SFB wurde hingegen von Stobbe und Haus ständig ins Geschehen einbezogen. Ohne Karriereversprechungen – aber mit der Aussicht, bereits begonnene Arbeiten für die aktuellen Sendungen der ARD (*Tagesschau* und künftig *Tagesthemen*) und für den als Gemeinschaftseinrichtung mit dem Zweiten Deutschen Fernsehen geplanten ARD/ZDF-*Videotext* fortsetzen zu können. Von jetzt an versuchte Barsig, mit kleinlichen und kleinkarierten Querschlägen dagegenzuhalten, was besonders bei den Mitgliedern des Rundfunkrats, die den Intendanten ja zu wählen hatten, nicht gut ankam.

So kam im September 1977 der Tag der Intendantenwahl. Die CDU und ihr Rundfunkratsvorsitzender Karl-Heinz Schmitz hatten den TV-Journalisten Edmund Gruber (der im September 1992 als Intendant des Deutschlandfunks vorzeitig die fristlose Kündigung erhielt) als Kandidaten aufgestellt. Franz Barsig sprach von einer „Hinrichtung ohne Urteil" und kandidierte ebenfalls – nur der Vertreter des Landesportbundes Reinhard Krieg hielt ihm die Treue und gab ihm als Einziger seine Stimme. Wolfgang Haus wurde Wahlsieger und konnte am 1. März 1978 sein Amt als SFB-Intendant antreten.

Freundliche Wünsche für Intendant Barsig (r.) an seinem 50. Geburtstag

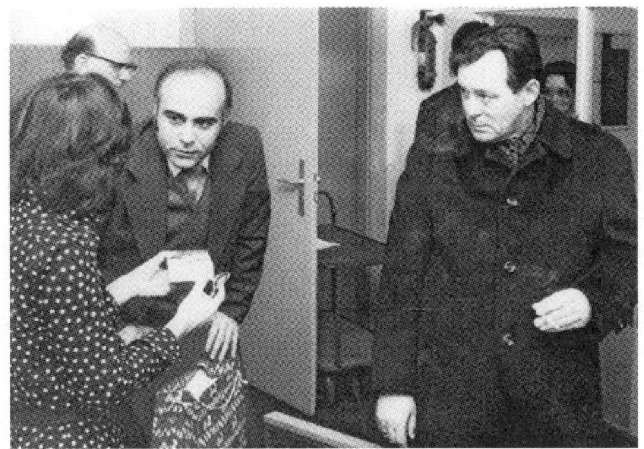

Intendant Barsig (r.) trifft bei seinem Weihnachtsrundgang 1973 auf die aus der DDR geflüchtete Ansagerin Renate Hubig

Intendant Haus am Tage seines Amtsantritts im Kreis seiner Direktoren und Gremienvorsitzenden

Eine Intendantenfamilie als Ansichtspostkarte – in Funchal auf Madeira wurde die Abfahrt des SFB-Intendanten Haus als Postkarte gehandelt

23. „Zum Wohle der Dienstkräfte"

Der SFB-Personalrat

Das Berliner Personalvertretungsgesetz verpflichtet den Intendanten einer öffentlich-rechtlichen Rundfunkanstalt und die Personalvertretung, „vertrauensvoll zur Erfüllung dienstlicher Aufgaben und zum Wohle der Dienstkräfte“ zusammenzuarbeiten. Eine vielversprechende Formulierung, die das nur mühevoll zu erwerbende Gut „Vertrauen“ per Gesetz verordnet. Zudem galt ein Personalrat in den 70er-Jahren im Vergleich zum Betriebsrat in Fabriken und Konzernen als die „vornehmere“ Personalvertretung. Auch bei den alle drei Jahre stattfindenden Personalratswahlen im SFB wurde noch fein säuberlich zwischen *Angestellten* und *Arbeitern* unterschieden. Im 13-köpfigen Personalrat des Senders Freies Berlin waren die Angestellten mit elf und die Arbeiter mit zwei Mitgliedern vertreten. Als Richtzahl galt: elf Mitglieder bei 1.000 Dienstkräften. Für jedes weitere Tausend an Dienstkräften erhöhte sich die Zahl der Personalvertreter um zwei. Die Zahl der Festangestellten im SFB schwankte in den 70er-Jahren zwischen 1.200 und 1.500, sodass es in jener Zeit bei elf beziehungsweise 13 Mitgliedern blieb.

Was treibt einen Journalisten, für den Personalrat zu kandidieren und gar den Vorsitz dieses Gremiums anzustreben? Das Wort des neuen Bundeskanzlers Willy Brandt aus seiner Regierungserklärung vom Herbst 1969 („Mehr Demokratie wagen“) war noch nicht verhallt. Allerorten besann man sich in Konzernen und Unternehmen – und auch beim öffentlich-rechtlichen Rundfunk in der Bundesrepublik Deutschland – auf die bereits seit dem Sommer 1951 praktizierte Montan-Mitbestimmung, die Arbeitnehmern den Weg in Aufsichtsräte und Vorstände öffnete. Höhepunkt dieser Entwicklung war in Westberlin die Novellierung des SFB-Gesetzes, die ab 1975 zwei Personalvertreter als Vollmitglieder im SFB-Verwaltungsrat und als Mitglieder mit beratender Stimme im Rundfunkrat installierte. Der Paukenschlag war allerdings, dass ich als Vorsitzender des Personalrats im Januar 1975 sogleich zum stellvertretenden Vorsitzenden des SFB-Verwaltungsrats gewählt wurde. SDR-Intendant Hans Bausch sah das gemeinsam mit anderen ARD-Oberen durchaus kritisch. Denn es könne ja der Fall eintreten, meinte Bausch, dass der Personalvertreter die Etatberatungen des Senders leite, falls der Verwaltungsratsvorsitzende aus irgendwelchen Gründen verhindert sei. Bausch hatte recht. Der Vorsitzende Werner Laude hatte gesundheitliche Probleme und ich brachte die Etatberatungen mehr als einmal unter dem anschließenden Beifall der Ratsmitglieder über die Runden (bis der IHK-Abgesandte Günter Wilitzki Ende der 70er-Jahre zum neuen Vorsitzenden gewählt wurde).

Solche Perspektiven lieferten im Jahr 1971 allerdings nicht den Anreiz, für den Personalrat des Senders Freies Berlin zu kandidieren. Zwar war bekannt, dass die Personalvertreter – zumal der Ratsvorsitzende – immer das Ohr der Geschäftsleitung hatten, doch Exzesse der Vorteilsnahme wie bei VW und dem dortigen Personalchef Peter Hartz waren unvorstellbar und lagen in weiter Ferne. Allerdings war ein Personalratsvorsitzender SFB-Personalchef geworden und der Ende 1971 scheidende Vorsitzende Hans-Georg Berthold rückte zum stellvertretenden Programmdirektor/Hörfunk auf. Aber das alles spielte bei der Personalratswahl 1971 keine Rolle.

Es war die Zeit der Außerparlamentarischen Opposition (APO) und der Studentenbewegung. Der Umgang der Kulturinstitution SFB mit diesen Entwicklungen war zumindest für weltoffene Intellektuelle, die ihre gesellschaftlichen und politischen Anregungen nicht allein aus dem Kommunistenhass bezogen, äußerst unbefriedigend. Zumal der neue Intendant Franz Barsig seit seinem Amtsantritt im April 1968 hierbei keine allzu glückliche Hand bewies. Dass Fass zum Überlaufen brachte eine Resolution des SFB-Personalrats nach dem Attentat auf den Studentenführer Rudi Dutschke vom 11. April 1968. Im Schwarz-Weiß-Modus hatte sich die Personalvertretung – offenbar in Übereinstimmung mit dem Intendanten – einseitig auf die Seite derer geschlagen, die im Chor mit der Springer-Presse ein Überdenken althergebrachter Strukturen strikt ablehnten. Eine spontan einberufene Personalversammlung im Großen Sendesaal war die Folge – mit einer auf Dialog und Toleranz setzenden Gegenerklärung von Redakteurinnen und Redakteuren des SFB, die den Beifall in der Mehrheit der Belegschaft fand. Diese für den SFB historische Personalversammlung war der Anstoß zum Engagement für eine aufgeschlossene Haltung des SFB nach innen und außen in einer Zeit sich abzeichnender Veränderungen.

AZO und Arbeitnehmerüberlassung

Arbeitsrecht wird permanent von Parlamenten, Tarifpartnern und Arbeitsgerichten fortgeschrieben. Arbeitsrecht muss stets aufs Neue der Arbeitswelt angepasst werden. Weder Industrialisierung noch Digitalisierung konnte oder kann sich dem verschließen. Immer aber geht es um den Arbeitnehmerschutz. (Wobei die Frage, wer ist Arbeitgeber und wer Arbeitnehmer, hier nicht problematisiert werden soll. Karl Marx hätte es sicher anders interpretiert, als wir es gemeinhin tun – nämlich genau umgekehrt.) Die Arbeitszeitordnung (AZO) ist ein wichtiger Bestandteil des Arbeitnehmerschutzes. In der Weimarer Republik 1923 erlassen, galt sie bis Ende März 1975 und war Grundlage für die Arbeitszeiten aller Tarifbeschäftigten in der öffentlich-rechtlichen Anstalt SFB, die notfalls längere Zeit Tag und Nacht über aktuelle Ereignisse informieren muss. 1964 hatte die AZO förmlich Gesetzesqualität erhalten. Erst 1994 wurde sie durch das Arbeitszeitgesetz abgelöst.

Kern waren und bleiben in einem Rundfunkbetrieb, der rund um die Uhr sendet, die Höchstzeiten für die Beschäftigung der nach Tarifvertrag tätigen Arbeitnehmer. (Für die oberste Vergütungsgruppe und für außertariflich Beschäftigte wie die Direktoren oder den Personalchef galten die AZO-Bestimmungen selbstverständlich nicht.) Dabei kam es immer wieder zu ernsthaften, aber verständlichen Konflikten. Wie viele Stunden darf ein Kamerateam bei der Lorenz-Entführung 1975 im Einsatz sein, wenn sich nach zwölf Stunden Arbeit die Lösung des Falles abzeichnet? Ist es zumutbar, dass ein Reporter während der Passierschein-Regelung 1963 bis 1.00 Uhr nachts im Studio Hörerfragen beantwortet und ab 6.00 Uhr von der Oberbaumbrücke berichtet? Oder ein Fall, der den SFB-Personalrat einigen Strapazen aussetzte: Eine wichtige Bundestagsdebatte, die um 9.00 Uhr begonnen hatte, dauerte bis tief in die Nacht. Der SFB übertrug die Debatte live auf einer Sonderfrequenz. Der Kollege (ein Mitglied des Personalrats), der seinen Dienst als Übertragungsingenieur am Nachmittag angetreten hatte, meinte gegen 1.00 Uhr, es sei nun genug, und zog den Regler am Schaltpult ohne irgendeine Rücksprache zu. Funkstille – kommentarloses Ende der Live-Übertragung aus Bonn.

Der Intendant war entsetzt. Der Technische Direktor, der Personalchef und der Justitiar hielten mit ihrer Entrüstung nicht hinter dem Berg. Die absehbare Folge war die fristlose Kündigung des Kollegen. Einen langjährig beim SFB beschäftigten Familienvater wegen einer nächtlichen Entgleisung so einfach auf die Straße setzen? Herz und Hirn eines Personalratsvorsitzenden konnten sich damit nicht abfinden. In stundenlangen Gesprächen mit Intendant Barsig, bei denen ich unser Vertrauensverhältnis und die gegenseitige Sympathie aufs Äußerste strapazierte, gelang es – sehr zum Unmut der Personalabteilung und des Justitiariats –, die Disziplinarmaßnahme zu mildern und die fristlose Kündigung rückgängig zu machen. Der Kollege wurde eine Vergütungsgruppe tiefer eingestuft und behielt seinen Arbeitsplatz im SFB. Alle Mitglieder des Personalrats betrachteten das angesichts der Phalanx, gegen die hier anzukämpfen war, als einen Riesenerfolg. Bis auf einen – der betroffene Kollege, der damals sehr darum gebeten hatte, die fristlose Kündigung zurückzunehmen, hat mir bis zu seiner Pensionierung mit harten Worten vorgehalten, dass ich diese Regelung für ihn ausgehandelt habe. Egal wo – Arbeit in einer Personalvertretung wird nicht nur mit Anerkennung und Dankbarkeit gekrönt.

Aus einer Amtszeit als Vorsitzender wurden drei – neun Jahre Personalratsvorsitzender ohne Freistellung. Zum Glück die meiste Zeit davon in den glücklichsten Tagen des SFB. Trotz gelegentlicher Meinungsverschiedenheiten, die im

Rat überwiegend fair und sachbezogen ausgetragen wurden, waren es neun Jahre erfolgsorientierter Teamarbeit. Mit prominenten Kolleginnen und Kollegen als Ratsmitglieder, die oft dankbar zur Kenntnis nahmen, dass Jura und Arbeitsrecht ein weites Feld sind, bei dem Journalisten viel dazulernen können. Juliane Bartel, Goetz Kronburger, Hanspeter Krüger oder Hans Zielinski gehörten zu diesen hilfreichen Ratsmitgliedern.

Gleich am Anfang unserer Personalratsarbeit stand die Etablierung des Redaktionsstatuts und des Redakteursausschusses. Der Sender Freies Berlin war die erste Anstalt des öffentlich-rechtlichen Rundfunks, die diesen Schritt zur Verbesserung der inneren Rundfunk- und Pressefreiheit wagte. Möglich wurde diese Regelung durch das Berliner Personalvertretungsgesetz, das dem Personalrat die Bildung von Unterausschüssen ermöglichte. Formal hatte der Personalrat keinerlei Mitsprache bei Programmfragen. Doch durch den Redakteursausschuss und durch die – nicht stimmberechtigte – Mitgliedschaft des Personalratsvorsitzenden im SFB-Programmausschuss wurde eine bis dahin nie da gewesene Einflussnahme erreicht. Die mitunter geäußerten Befürchtungen des Missbrauchs erwiesen sich als unbegründet. Ja – wir haben gestritten und heftig debattiert mit dem Chefredakteur und dem Programmdirektor. Doch als ich mich am Ende der Amtszeit von Chefredakteur Pechel in einem Vier-Augen-Gespräch dafür entschuldigte, dass ich wohl manchmal recht harsch und auch ungerecht mit ihm umgegangen bin, war seine Reaktion ehrliche Überraschung. Der „Atlantiker" Pechel empfand das respektvolle Austragen von Kontroversen als durchaus normal. Was mein positives Urteil über ihn nur noch verstärkte.

Die „Familie SFB"

Das große und meist leere Wort von einem Betrieb als „Familie" hatte für den Sender Freies Berlin über Jahre durchaus seine Berechtigung. Es gab „Familienfeiern" im besten Sinne. Bis zum Ende der Ära Barsig lud der SFB alljährlich in der „närrischen Zeit" zu seinem Faschingsfest ein – erst nur in den Räumen des HdR, dann auch ins FSZ. Der Personalrat übernahm die Organisation und den Kartenverkauf. Die Geschäftsleitung stellte die notwendigen Mittel zur Verfügung und – wichtigste Beigabe – verpflichtete Künstler, allen voran die SFB Big Band. Ähnlich – wenn auch ohne Alkohol und Popmusik – gestaltete sich in der Adventszeit die vom Personalrat betreute Kinder-Weihnachtsfeier im Erdgeschoss des HdR. Hierbei wurde tatsächlich eine familiäre Atmosphäre spürbar und bei Spiel und Spaß mit Händen greifbar. Eine zusätzliche Aktion des Personalrats war die jährliche Sammlung für Waisenkinder. Immer zur Weihnachtszeit gingen die Mitglieder des Personalrats in die Büros und sammelten bei den SFB-Beschäftigten für ein Waisenkinderheim, für das wir die Patenschaft übernommen hatten. Das verlief alles recht unbürokratisch und wäre wahrscheinlich ohne operatives Controlling und Spendenquittungen heute gar nicht mehr möglich.

Die Herren Intendanten lassen bitten

Wenn die Frage gestellt wird, was denn das Bleibende und persönlich Prägende aus der Personalratsarbeit gewesen sei, dann kann die Antwort nur lauten: Neben den Einblicken in Organisation, Strukturen und Arbeitsabläufe des öffentlich-rechtlichen Rundfunks und die für Managementaufgaben gesammelten Erfahrungen waren es zwei Dinge. Einmal die für Beruf und Privatleben bedeutende Erkenntnis des „*Audiatur et altera pars* – Höre auch die Gegenseite". Ein Grundsatz, der ausschließt, dass man auf Zuträgereien, üble Nachreden und Gerüchte hereinfällt. Und zum anderen die im Personalratskalender gelb angestrichenen halbjährigen Konferenzen aller Vorsitzenden der ARD und des ZDF.

Der Intendant der jeweils gastgebenden Rundfunkanstalt ließ es sich selbstverständlich nicht nehmen, möglichst in Begleitung einiger seiner Direktoren mit den Personalvertretern aus allen Teilen der Bundesrepublik zusammenzutreffen. Ja – noch einmal sei es wiederholt: Die Intendantenrunde war ein reiner Männerverein. Bei den Vorsitzenden der Personalräte rückten erfreulicherweise auch nach und nach Frauen in den Vordergrund. Aber wenn von der herausragenden Bedeutung dieser halbjährigen Treffen und ihrem nachhaltigen Eindruck die Rede ist, bezieht sich das in erster Linie auf ebendiese Männer – auf die Ikonen und Legenden deutscher Rundfunkgeschichte der Nachkriegszeit. Da die Vorsitzenden-Runde mich für etliche Jahre zu ihrem Sprecher auserkoren hatte (wohl, weil ich diese Konferenzen angeregt und in Gang gesetzt hatte), war die Bedeutung dieser Zusammenkünfte für mich fast ein Jahrzehnt lang – von 1970 bis zur endgültigen Übernahme der ARD/ZDF-Videotext-Zentrale 1979 – umso größer. Sehr gut kann ich mich an eine Konferenz der 70er-Jahre in Stuttgart beim Süddeutschen Rundfunk und seinem in der ARD hoch angesehenen und einflussreichen Intendanten Hans Bausch erinnern, dem ich in meiner Rede schmunzelnd entgegenhalten konnte, dass der Begriff „Medien" noch bis vor Kurzem lediglich mit einem Gebirgszug in Persien in Verbindung gebracht wurde. „Medien" – das war neu, denn es war plötzlich mehr als Radio, Fernsehen und Zeitung.

Heute heißt die frühere „Zentrale Fortbildung der Programm-Mitarbeiter" (ZFP) folgerichtig „ARD/ZDF-*Medien*akademie" – als 2007 gebildeter Zusammenschluss aus ZFP und der Schule für Rundfunktechnik. Unter paritätischer Beteiligung der Personalvertretungen gründeten die Intendanten der ARD-Anstalten und des ZDF 1977 die ZFP für die Fort- und Weiterbildung. Wieder einmal hatte SFB-Intendant Franz Barsig den Anstoß dazu in der Intendantenrunde gegeben. Als Idee eine historische Tat für die Qualitätssicherung des öffentlich-rechtlichen Rundfunks. In der Praxis ein schwieriges Unterfangen. Gehen diejenigen zur Fort- und Weiterbildung, die es wirklich brauchen? Oder werden die ZFP-Seminare allzu oft als willkommene und vergnügliche Abwechslung genutzt? Der erste ZFP-Leiter Franz Wördemann (zuvor TV-Chefredakteur beim WDR) steuerte die neue Institution mit viel Fingerspitzengefühl und dem nötigen Fachwissen. Da die ARD/ZDF-Innovation Videotext ebenfalls ab 1977 ins Feld ging, startete die ZFP sogleich ein umfangreiches Seminar-Programm zur Schulung bei Textangeboten und für die Videotext-Untertitelung von Fernsehsendungen. Von großem Vorteil war dabei die aufmerksame Zuwendung aller Intendanten.

Die Intendanten nahmen die Vertreter ihres Personals durchaus ernst und machten aus solchen Treffen keine *Happy-go-lucky*-Events. Kein Wunder, denn die Mitbestimmungswelle hatte außer dem SFB auch Radio Bremen und den Hessischen Rundfunk erreicht, wo Personalräte ebenfalls stimmberechtigt und/oder beratend in den Aufsichtsgremien saßen. Daher war es nicht ungewöhnlich, dass den Spitzen der jeweils gastgebenden Anstalt daran gelegen war, Repräsentanten ihrer Landesregierung in diese Konferenzen einzubeziehen. Auf diese Weise kamen wir in Mainz in den Genuss einer weinseligen Gesprächsrunde mit dem rheinland-pfälzischen Ministerpräsidenten Helmut Kohl und diskutierten in der Staatskanzlei des Saarlandes mit dem Landesherrn Franz-Josef Röder.

Zu der Runde der legendären Intendanten und Direktoren, deren Wissen und Souveränität selbst harten Sozialrebellen unter den Personalratsvorsitzenden Respekt abverlangte, gehörte der erste ZDF-Intendant Karl Holzamer (1906–2007), der uns zu einer ersten Konferenz nach Mainz eingeladen hatte. Seine Nachfolger Karl-Günther von Hase und Dieter Stolte haben Maßstäbe für die Leitung der größten Fernsehanstalt Europas gesetzt. Imposant für einen, der nie aufgehört hatte, „voll Neugier in die Welt hinaus" zu schauen, war zweifellos als Grandseigneur der WDR-Intendant Klaus von Bismarck mit seinem Fernsehdirektor Peter Scholl-Latour (wie auch Bismarcks Nachfolger Friedrich-Wilhelm von Sell und Friedrich Nowottny). Besonders ans Herz gewachsen durch die gemeinsame Arbeit für eine Videotext-Zentrale waren mir drei Intendanten des Hessischen Rundfunks: Werner Hess und seine beiden Justitiare Wolfgang Lehr und Klaus Berg, die nacheinander auf Hess als Intendanten folgten. Ähnlich war es bei Albert Scharf, dem Justitiar des Bayerischen Rundfunks. Er war führend an unseren Verhandlungen über das sogenannte „Würzburger Papier" beteiligt, mit dem das Textangebot von ARD und ZDF legitimiert wurde. Er trat im Jahr 1990 das Intendantenamt in München an, das er bis 2001 ausübte. Obendrein war Scharf zeitweise Präsident der Europäischen Rundfunkunion, was wiederum das *Standing* von ARD und SFB beim Projekt *Videotext/Teletext* ungemein unterstützte. Einer aus der Runde der ARD-Intendanten darf nicht unerwähnt bleiben, wenn es darum geht, der „Alten Garde" und den Förderern des SFB ein Denkmal zu setzen: Hubert Rohde (1929–2019) vom Saarländischen Rundfunk (der übrigens Sabine Christiansen als Moderatorin entdeckte). Als Mensch und Prinzipal war der Iranistik-Professor aus dem Mandelbachtal einzigartig. Jeder, der ihn kennenlernte und mit ihm auf irgendeine Weise zusammenarbeiten durfte, kann sich glücklich schätzen.

Leiharbeit und soziale Gerechtigkeit

Wenn es um die zeitweise so wohlfeilen Begriffe wie „soziale Gerechtigkeit" oder „soziale Kompetenz" geht, sind die Weihnachtstage des Jahres 1973 dauerhaft für künftige Generationen von Geschäftsleitungen und Personalvertretungen auf der Habenseite der SFB-Geschichte eingetragen. Gemeinsam mit Intendant Franz Barsig setzten wir einen Meilenstein im Kampf gegen die Benachteiligung von Leiharbeitern. Weihnachten 1973 präsentierte der SFB ein konkretes Beispiel von sozialer Gerechtigkeit.

Im August 1972 war das „Gesetz zur Regelung der gewerbsmäßigen Arbeitnehmerüberlassung" in Kraft getreten. Der SFB beschäftigte Handwerker als Leiharbeiter in den Sendestudios (als Beleuchter oder Kabelhelfer) und in der Abteilung Ausstattung (zum Beispiel als Tischler beim Kulissenbau). Die Berliner Firma Pastor war Entleiher und Vertragspartner des SFB. Das neue Gesetz brachte zwar rechtliche Klarheit, aber insgesamt erhebliche Nachteile für die Leiharbeiter, was die Sicherheit des Arbeitsplatzes und den Vertrauensschutz anging. Es wurde deutlich, dass diese Form von Arbeitsverträgen für studentische Arbeitskräfte ideal sein mochte, für einen verheirateten Vater mit zwei Kindern jedoch unzumutbare Risiken barg.

Barsig hatte sehr schnell erkannt, dass die Leiharbeiter der Firma Pastor prekäre Arbeitsverhältnisse hatten. Im SFB-Direktorium erwirkte er den Beschluss, möglichst viele der Pastor-Leute in feste Arbeitsverhältnisse zu übernehmen. Der SFB-Personalrat stimmte dieser Regelung zu – zumal wir ohnehin in jener Phase des öffentlich-rechtlichen Rundfunks waren, in der bisherige freie Mitarbeiter (Hans-Werner Kock und andere) fest angestellt wurden.

Nach den Beschlüssen von Direktorium und Personalrat kam die mühevolle Arbeit, aus den 55 Leiharbeitern möglichst viele auszuwählen. Gegen manche Einwendungen des Technischen Direktors Erich Böhnke kamen wir auf 33, für die das mit ihren Familien eine echte Weihnachtsfreude war. Bei den Zurückgebliebenen handelte es sich fast ausnahmslos um Studenten und solche Kräfte, die nur unregelmäßig zum Einsatz gekommen waren. Am Tag nach der Leiharbeiter-Sitzung mit Daumen rauf und Daumen runter schrieb mir Barsig bei einem Empfang einen kurzen Dank auf eine zusammengefaltete Serviette, die ich seither stolz gehütet habe. Sein Text:

„a) Vielen Dank für den Beschluss des PR betr. Pastor u.a.
b) Herrn Böhnke habe ich gestern den Magen ausgepumpt – er steht jetzt auf dem Boden des Beschlusses der Direktoren-Sitzung."

Barsig, den die traditionelle Linke in Berlin so kritisch sah, hatte schlichtweg soziale Kompetenz, der wir durch seine zehn Amtsjahre die Einsicht verdanken, dass das Personal kein lästiger Kostenfaktor, sondern der größte Schatz eines Rundfunkbetriebes ist.

Sitzung der Personalratsvorsitzenden von ARD und ZDF in Mainz mit ZDF-Intendant Karl Holzamer 1971

Hans Bausch – von 1958 bis 1989 Intendant des Süddeutschen Rundfunks in Stuttgart und während dieser Zeit zumeist der Meinungsführer unter den ARD-Intendanten

BR-Intendant und EBU-Präsident Albert Scharf

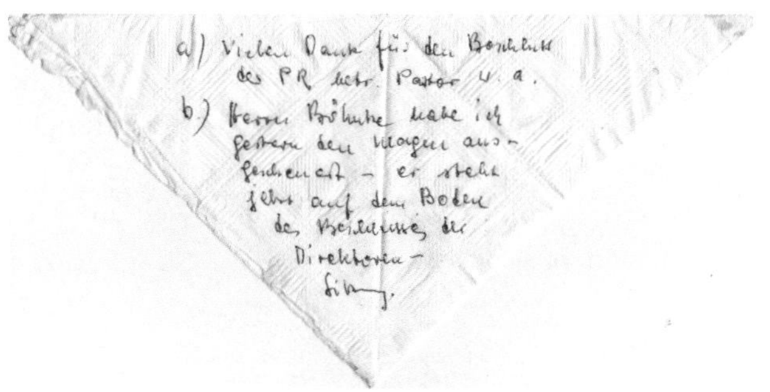

a) Vielen Dank für den Beschluss
des PR betr. Pastor u. a.
b) Herrn Böhnke habe ich
gestern den Magen aus-
gepumpt – er steht
jetzt auf dem Boden
des Beschlusses der
Direktoren-
Sitzung.

Private Mitteilung von Intendant Barsig zur Regelung der Leiharbeiter-Frage – auf einer Serviette

Ständig harter Kontrahent des SFB-Personalrats: Personalchef Horst Schondelmaier

24. Echo am Morgen & Echo am Mittag

„Was kommt heute auf uns zu?"

Es gab und gibt Einrichtungen und Erscheinungen bei Hörfunk und Fernsehen in Deutschland, die als Zeitgeist-Produkte belächelt oder als gelungene Neuerungen gefeiert werden. Bei manchen halten sich beide Beurteilungen die Waage. So war inhärenter Bestandteil einer jeden Fernsehrevue über Jahrzehnte die überdimensionale Treppe, auf der die Beine der Tänzerinnen zur Geltung kommen sollten. Eines Tages – oder über Nacht? – zeigte das Fernsehen uns zur besten Sendezeit Talk-Shows. Keine hochkarätigen Expertenrunden wie Werner Höfers *Internationaler Frühschoppen*, dem höchste Einschaltquoten sicher waren, sondern lockere Gesprächsrunden mit mehr oder weniger Prominenten. Wenn jeder Gesprächsteilnehmer ein Honorar von maximal 500 D-Mark erhält (Politiker/innen durften offiziell kein Honorar annehmen) und damit zwei Stunden Sendezeit gefüllt werden, ist das im Fernsehen ein überaus kostengünstiges Produktionsformat. Inzwischen haben die Talkrunden die einstmals interessanten Debatten im Bundestag abgelöst, was Vorbehalte gegen Parteien und Politik nicht unbedingt verringert hat. Zumal es fast immer dieselben sind, die ihre Ansichten in solchen Runden verkünden dürfen.

Anders war es bei den Magazinen im Hörfunk, die von Rhein und Mosel übers Land kamen. WDR und SWR machten den Anfang, wir zogen bei SFB und RIAS in Berlin nach. Die hohe Akzeptanz beim Publikum gab den Sendeanstalten den Mut zu progressiver Programmgestaltung. Der öffentlich-rechtliche Rundfunk hatte 1967/68 keine privat-kommerzielle Konkurrenz. Ein Live-Interview mit einem Gesprächspartner in Addis Abeba oder in Santo Domingo war allein akustisch ein Abenteuer – ein Rauschen und Knistern, das – wie bei der Kurzwelle – den Radioromantikern das Gefühl vom Vorstoß in neue unbekannte Gefilde vermittelte. Die kühlen Perfektionisten fluchten. Ihnen waren die kleinen Störungen und Ausfälle ein gewaltiger Dorn im technischen Auge. Zumal die in den Ozeanen verlegten Überseekabel – anders als die heutigen Verbindungen via Satellit – keine Verbesserung der Tonqualität zuließen. Doch mit den Magazin-Sendungen stießen wir für die Hörerschaft das Tor zur weiten Welt auf. Das Telefon-Interview im Hörfunk trat seinen Siegeszug an.

Früh aufstehen will gelernt sein

Die Morgensendung, vom umtriebigen Zeitfunk-Chef Horst Schallon geleitet, trat ab Oktober 1968 im 2. Programm mit einer ganzen Schar von Journalisten als Moderatoren an. Darunter der SFB-Nachrichtenchef Günter Marquard, der durch meine Reporter-Schulung gegangene junge Kollege Rudolf Wagner (der in der Folge eine glänzende Karriere beim Hessischen Rundfunk machte), der Vorsitzende des Berliner Journalisten-Verbandes Herwig Friedag (später Nachfolger von Horst Schallon als Abteilungsleiter des SFB-Zeitfunks), der vom *SPIEGEL* hereingeschneite Hans Zielinski und neben mir die bewährten Schlachtrosse Alexander von Bentheim, Heinz Deutschendorf und Hans-Werner Kock.

Mit der Vorläufersendung vom *Echo am Morgen* hatte ich zu Zeiten des Intendanten Steigner Erfahrungen gemacht, die zunächst bitter, aber für die weitere Arbeit sehr hilfreich waren. Beim Umzug in meine erste eigene Wohnung von Neukölln in die Nähe des SFB an der Heerstraße im Frühjahr 1962 war in dem neuen Heim noch kein Telefon installiert. Als *Echo am Morgen*-Moderator galt es, gegen 4.00 Uhr früh aufzustehen, um noch vor 5.00 Uhr in der Redaktion im „Haus des Rundfunks" an der Masurenallee zu sein, wo bereits der Aufnahmeleiter wartete. *Echo am Morgen* mit Wohnsitz an der Heerstraße ohne Telefon war ein Risiko. Nur der Wecker kam auf konventionelle Art zum Einsatz, der zuverlässige Weckdienst der Post stand nicht zur Verfügung. Hinzu kam, dass ich wegen einer leichten Erkältung vor dem Schlafengehen eine Kopfschmerztablette eingenommen hatte, die großartig wirkte. Als ich erwachte und sofort das Radio einschaltete, tönten mir die Eröffnungsmelodie vom *Echo am Morgen* und eine leicht kratzige Stimme des Kollegen Hans-Werner Kock entgegen. Es war 7.10 Uhr, 1962 die Anfangszeit der Frühsendung – ich hatte verpennt. Eine Lehre fürs ganze Rundfunkleben, das eines als absolute Grundlage erfordert: Pünktlichkeit.

Als unangenehmer empfand ich eine Rote Karte vom Intendanten Walter Steigner (den ich bis an sein Lebensende 1983 hochgeschätzt habe und mit dem ich viele gute Gespräche hatte). In der Morgensendung hatte ich in den 60er-Jahren den Ökonomie-Professor Wilhelm Röpke zitiert, der zwar ein entschiedener Gegner des Nationalsozialismus war, aber die Apartheid in Südafrika vehement verteidigte. Röpke hatte in einem Artikel in der *WELT* über die Ehrlichkeit und Zuverlässigkeit der westlichen Bündnispartner philosophiert und war zu dem Schluss gekommen, dass letztlich Frankreich und de Gaulle die einzig Zuverlässigen seien. Wie erwähnt: „nur" ein Zitat, doch der britische Stadtkommandant (der SFB lag im britischen Sektor) war aufs Äußerste erbost, rief bei Steigner an und dieser entschied, dass ich als Moderator der Morgensendung fehl am Platz sei. Zur Hintergrundinformation: Es war die Zeit, da sich in Bonn die „Atlantiker" und die Frankreich-Anhänger – von Paris und Washington mit Argumenten überhäuft – heftig darüber stritten, welcher der beiden Bündnispartner der Favorit sein sollte, die USA oder die *Grande Nation*. Bundespräsident Heinrich Lübke hatte es in einem ersten Anlauf sogar abgelehnt, den vom Frankreich-Fan Adenauer für sein Kabinett vorgeschlagenen Gerhard Schröder zum Außenminister zu ernennen, weil dieser ein „Atlantiker“ war. Eine Wucht am Rhein, die offenbar bis Berlin ausstrahlte.

„Echo am Mittag" – der SFB-Hörfunk wittert Morgenluft

Bis Oktober 1968 hatte der SFB-Hörfunk mit einer kurzen Frühsendung, mit seiner *Berolina*, einem mittäglichen Rundumschlag und der Zusammenfassung des Tagesgeschehens in der von Berthold Anft mit Akribie zusammengestellten Sendung *Zwischen gestern und morgen* über die politischen Weltereignisse berichtet. Mit der vom Intendanten Barsig und dem Chefredakteur Pechel eingeleiteten Hörfunk-Reform stellten sich für einige Programm-Macher in der aktuellen Berichterstattung tatsächlich paradiesische Verhältnisse ein. Das galt vor allem für das *Echo am Mittag*.

Man stelle sich vor: Die stärksten Sendefrequenzen auf Mittel- und Langwelle für ein Mittagsmagazin, das der (damals) konkurrenzlose öffentlich-rechtliche Rundfunk ausstrahlt. (Mit dem RIAS in Berlin wurde eher Kooperation als Konfrontation betrieben.) Bei niedriger Arbeitslosenquote wurde das *Echo am Mittag* mit dem Kofferradio, in aufgeschlossenen Betrieben oder mit der zunehmenden Zahl von Autoradios empfangen. Die Hörerreaktionen waren für uns überwältigend. Für den SFB hatte sich die anfangs viel gescholtene „Magazinitis“ ausgezahlt. Mit Bedacht hatten Abteilungsleiter Horst Schallon und ich als sein 29-jähriger Stellvertreter den Kreis der am *Echo am Mittag* Mitwirkenden klein gehalten und bei der Moderation auf diejenigen beschränkt, die wir für hoch qualifiziert hielten. Das war außer Schallon und mir nur einer: Alexander von Bentheim. (Heinz Deutschendorf, der beim *Echo am Morgen* moderierte, musste uns wegen seiner vielen Verpflichtungen absagen.) Mir wurde als Leiter ein überaus fleißiger und zuverlässiger Redakteur zur Seite gestellt: Wolfgang Slavik, der keinerlei Ambitionen hatte, das *Echo am Mittag* zu moderieren. Im Gegenteil. Sobald er gezwungen war, sich in einem Studio ans Mikrofon zu setzen, waren die Schweißperlen auf seiner Stirn unübersehbar. Die Musik als wohltuenden Rahmen stellte Klaus Werker zusammen, der ja nicht nur *Hey Music* mit Jürgen Jürgens und sonntags *Zwischen Tag und Traum* verantwortete. Mit ihm war immer über seine Liste der vorgesehenen Musiktitel zu verhandeln. Werker wusste, dass ich als Musikmensch täglich mit vielen Wünschen kam – und er trug es mit Fassung und einem Respekt, der Konfliktfälle ausschloss.

Der Hinweis, dass Horst Schallon und ich den Kreis der hinzugelobten *Echo-am-Mittag*-Aktivisten auf wenige – ja, eigentlich auf einen einzigen – beschränkt hatten, verlangt natürlich einige Worte der Erklärung. Mein über Jahre entwickeltes Verhältnis zum Zeitfunk-Abteilungsleiter Horst Schallon (dem ja die *Echo*-Magazine, *Rund um die Berolina* und *Zwischen gestern und morgen* unterstanden) lässt sich nur mit dem Seneca-Wort „Per aspera ad astra – Durch Schwierigkeiten zu den Sternen" beschreiben. Und es ist für mich ein Lehrstück geworden, wie sich im Beruf ebenso wie im Privatleben menschliche Beziehungen regeln und gestalten lassen.

Horst Schallon, Diplom-Volkswirt, war über den Landfunk des RIAS zum SFB gekommen – zunächst zur *Berliner Abendschau*. Offenbar interessierten ihn technische Themen und die Reiseberichterstattung am meisten. Mit dem Ausscheiden des noch aus NWDR-Zeiten verbliebenen Hannes Borckmann und der Übertragung der Chefposition an Berthold Anft *(Zwischen gestern und morgen)* entwickelte sich Schallon erkennbar zum Konkurrenten für Anft in der Leitungsfunktion. Wir Mitarbeiter sahen das damals mit gemischten Gefühlen: Berthold Anft, der Doktor der Chemie, den wir wegen seiner Wesensart gern „Doktor Sanft" nannten, im Austausch gegen den total auf Disziplin und Pünktlichkeit setzenden Schallon? Doch es kam, wie es – auch nach dem Willen des Intendanten Steigner – kommen musste: Horst Schallon wurde Zeitfunk-Chef und eine seiner ersten Amtshandlungen war, von Montag bis Freitag an jedem Morgen für 8.00 Uhr eine Redaktionssitzung einzuberufen. Danach hatte ein Reporter dann möglicherweise Leerlauf bis zur *Berolina* gegen 11.00 Uhr oder den restlichen Tag über, wenn er keinen Auftrag bekam.

Seiner zweiten Ehefrau gegenüber, die ihm bis zu seinem Tod im Alter von 92 Jahren zur Seite stand, hat Horst Schallon geäußert, er sei „ein harter Hund" gewesen und kaum einer im SFB-Zeitfunk habe ihn leiden können. Stimmt nicht. Es ging um die einfache Übung, den Menschen und Chef Schallon kennenlernen zu wollen. Ich war einer der wenigen, die sich dieser kleinen Mühe unterzogen. Natürlich entsprach es nicht meiner Mentalität, pingelig wie Schallon auf jedes Detail zu achten. Doch Mentalitätsunterschiede sind niemals ein Grund für irgendeine Form von Gegnerschaft. Schallon und ich wurden gute Freunde und blieben es bis zu seinem Tod im Jahr 2018, der für ihn – fast erblindet und von Schmerzen geplagt – tatsächlich eine Erlösung war.

Berichterstattung in schwierigen Tagen

Das *Echo am Mittag* sendete ab Oktober 1968 als publikumswirksamer Programmteil des SFB auf dem Hintergrund der Ereignisse beim Schah-Besuch vom 2. Juni 1967, des Dutschke-Attentats vom 11. April 1968, der Anti-Springer-Aktionen der Studentenschaft und des Abgleitens der auch für den SFB tätigen Journalistin Ulrike Meinhof und des Anwalts Horst Mahler in radikale Tiefen der Außerparlamentarischen Opposition (APO). Jedes mahnende, um Verständnis und Ausgleich werbende Wort in einer Sendung stieß in der Öffentlichkeit – auch in der Springer-Presse – auf heftige Ablehnung. Es war nicht immer angenehm, in solchen Zusammenhängen unreflektiert als Befürworter von Gewalt gegen Sachen und gegen Personen diffamiert zu werden. In Westberlin war nicht allzu viel von der oft behaupteten „Spaltung" zu spüren. Die Bevölkerung war eindeutig und mehrheitlich gegen alles, was APO und Studentenschaft verkündeten und unternahmen. Im SFB war das etwas anders. Hier wurden in Sitzungen und in der Kantine Argumente ausgetauscht, die Meinungen waren geteilt und weder Intendant noch Chefredakteur kam es in den Sinn, eine bestimmte Haltung vorzuschreiben. Mein einziges Problem war das Sekretariat des Chefredakteurs, wo die Damen jeden für untragbar hielten, der – wie ich – auch nur ein gutes Wort über Rudi Dutschke gesagt hatte.

Doch das *Echo am Mittag* eroberte auf den Radiowellen in und um Berlin sehr schnell die Lufthoheit. Grund dafür war das simple, uralte und von Leichtmatrosen stets unterschätzte Rezept: die Ereignisse und deren professionelle Aufbereitung – gemäß dem Leitsatz, den Heinrich von Kleist als Herausgeber der ersten Berliner Boulevard-Zeitung *Berliner Abendblätter* schon 1810 aufstellte: „Journalismus ist die unverfängliche Kunst, das Volk von dem zu unterrichten, was in der Welt vorfällt." Das taten wir – ohne Hang zu irgendeiner Ideologie oder zu angeblich letzten Gewissheiten. Es war Richtschnur in den dramatischen Tagen des im August 1968 niedergeschlagenen „Prager Frühlings", bei den Interviews mit Heinz Galinski (Vorsitzender der Jüdischen Gemeinde in Berlin) oder Robert Kempner (stellvertretender US-Chefankläger in Nürnberg) über NS-Lasten und -Hinterlassenschaften in der Bundesrepublik, bei der Kanzlerschaft von Willy Brandt im Herbst 1969 oder dem Tod des beliebten ägyptischen Staatschefs Gamal Abdel Nasser Ende September 1970, dessen Trauerzug in Kairo über fünf Millionen Menschen folgten – eine Zeit weltweiten Respekts vor dem Islam.

„Die Zukunft hat schon begonnen"

Ein markantes, vom *Echo am Mittag* über Tage und Wochen wahrgenommenes Ereignis war jedoch die bemannte Mondlandung der Amerikaner mit Apollo 11 und den Astronauten Neil Armstrong und Buzz Aldrin am 21. Juli 1969. Obwohl das Fernsehen zu dieser Zeit bereits in den Wohnstuben eine wichtige Rolle spielte (anders als beim Kennedy-Besuch 1963 oder bei der Visite der Queen 1965), konnte das *Echo am Mittag* bei diesem historischen Anlass trefflich punkten. Im Rückblick war der Hauptgrund, dass mein Nachbar in Berlin-Grunewald, der Zukunftsforscher Robert Jungk, Dauergast im Studio war. Zum einen war mir

Robert Jungk wahrscheinlich deshalb besonders sympathisch, weil er eine gewisse Ähnlichkeit mit meinem Lieblingsschauspieler James Mason hatte – zum anderen waren seine Sachkenntnis und sein Engagement als einer der ersten Zukunftsforscher unübertrefflich. (1952 war sein Buch *Die Zukunft hat schon begonnen* erschienen.) 1970 wurde er Honorarprofessor an der Technischen Universität Berlin. Jungk gehörte zu den Pionieren der internationalen Umwelt- und Friedensbewegung und beteiligte sich 1983 an der Sitzblockade des US-Stützpunktes Mutlangen. 1986 erhielt er den *Alternativen Nobelpreis*. Während seiner Berliner Zeit wohnte Jungk mit seiner Ehefrau Ruth Suschitzky bei mir „um die Ecke", im Haus der Schauspielerin Anneliese Römer in der Bismarckallee. Die Sympathie war gegenseitig, denn sein Lebensmotto war einer seiner Aufrufe gegen atomare Bewaffnung und die Verhinderung eines dritten Weltkriegs, der lautete: „Habe Vertrauen in die Macht des Einzelnen!" Tagelang reflektierten wir so im *Echo am Mittag* die Sinnhaftigkeit und den Nutzen der US-Weltraumaktivitäten. Zuweilen unterstützt von dem Deutsch-Amerikaner Professor Heinz Hermann Koelle, der mir auf meine Frage nach dem praktischen Nutzen der Weltraumfahrt zur Antwort gab: „Das Teflon" – korrekte Bezeichnung *Polytetrafluorethylen*, äußerst fester Aggregatzustand, an dem alles abprallt. Allerdings war die Französin Colette Grégoire schon 1954 auf die Idee gekommen, Töpfe und Pfannen mit Teflon zu beschichten.

Zwei Sowjet-Piloten als Lebensretter

Den größten Schreck im *Echo am Mittag*-Studio erlebte ich allerdings in der *Abendstunde* (und zwar weit vor unserer Hörfunk-Reform) am 6. April 1966 bei der Moderation der Tagesbilanz *Zwischen gestern und morgen*. Der Kollege Schober von der Nachrichtenredaktion kam aufgeregt ins Studio gerauscht und berichtete das Unglaubliche: Ein sowjetischer Abfangjäger war in den nahen Stößensee gestürzt. Schober war an diesem lauen Frühlingstag mit seiner Freundin im Boot auf dem Stößensee. Reiner Zufall, dass die beiden nicht zu Schaden kamen.

Gegen 15.30 Uhr war die Yak-28P auf ihrem Flug von Finow nach Köthen über Westberliner Gebiet ins Trudeln geraten. Die Triebwerke hatten versagt. Die beiden Piloten hatten ihre Maschine bewusst über dem Wasser zum Absturz gebracht, um keine Katastrophe in einem Wohngebiet anzurichten (zum Beispiel in der nahen SFB-Siedlung Am Rupenhorn). Die Schleudersitze hatten sie nicht betätigt. Ob absichtlich oder weil die Technik versagte, blieb offen. In einer Fernsehansprache dankte Willy Brandt tags darauf als Regierender Bürgermeister den Piloten Boris Kapustin und Juri Janow. An sie erinnert heute an der Stößensee-Brücke eine Gedenktafel.

Kollege Schober hatte alles aus nächster Nähe miterlebt und konnte in der Live-Sendung eine genaue Schilderung geben. Die folgenden Tage waren allerdings nicht so günstig für neugierige Reporter. Die Briten – zu deren Sektor der Stößensee gehörte – hatten die Gegend weiträumig abgesperrt. Immerhin war die Yak-28P der modernste sowjetische Abfangjäger. Taucher der *Royal Navy* wurden eingeflogen und bargen die Wrackteile mit wichtigen technischen Informationen aus dem Schlamm des Sees. Die Sowjets rückten zwar an, protestierten gelegentlich, ließen aber auch diesmal erkennen, dass es wegen dieses Zwischenfalls zu keiner Berlin-Krise kommen würde. Im Mai 1966 wurden ihnen von den Briten die letzten Wrackteile übergeben.

Die sozial-liberale Koalition macht sich auf den Weg

Ein weiterer unauslöschlicher Höhepunkt der *Echo-am-Mittag*-Zeit: die Bundestagswahl vom 28. September 1969 und ihre Folgen. Hier war bei unserer Berichterstattung eine gewisse Zufriedenheit gewiss nicht zu überhören. Übrigens täuscht der Eindruck sicherlich nicht, dass weit einflussreichere Medien – wie die 20-Uhr-*Tagesschau* der ARD – im Jahr 1969 eine Tendenz erkennen ließen, die eher zur SPD als zu CDU und CSU neigte. Den Wahlabend erlebte ich vor dem Fernsehapparat in der Wohnung des *Kontraste*-Kollegen Achim Trenkner. Nur die Tatsache der Verjährung von Verkehrsdelikten lässt mich hier und heute eingestehen, dass ich bei der Heimfahrt mit dem Auto nie davor und nie danach in einem derart betrunkenen Zustand durch Berlin-West kutschiert bin. Ein der unverhohlenen Freude über den Wahlausgang geschuldeter Fehltritt. Denn zwar war die Union mit Kurt Georg Kiesinger, der auf eine Fortsetzung der Großen Koalition ebenso wie Herbert Wehner und Helmut Schmidt hoffte, stärkste Kraft geworden. Doch Willy Brandt hatte noch am Wahlabend vor den Kameras in Bonn erkennen lassen, dass mit der rheinischen FDP-Frohnatur Walter Scheel etwas geht. Der hat mich dann fast bis zu seinem Tod 2016 bei den Berliner Presseböllen unter der gestrengen Ägide seiner letzten Ehefrau Barbara immer wieder erfreut. Als Entwicklungs- und Außenminister wie auch als Vizekanzler und Bundespräsident *(Hoch auf dem gelben Wagen)* war Scheel nicht nur in sämtlichen Interviews, sondern zugleich in seinem politischen und menschlichen Handeln ein Riesengewinn an Gemüt und Demokratieverständnis für die Rhein-Republik. Die Legende einer hoffentlich nicht ausgestorbenen Politiker-Generation.

Als *Echo-am-Mittag*-Moderator in zwei Stunden um die Welt

Kollege und Co-Moderator Alexander von Bentheim – hier an seinem 60. Geburtstag

In den Tagen des „Prager Frühlings" 1968 war er ständiger Berichterstatter aus Prag: Frantisek Cerny – nach der Wende Botschafter seines Landes in Berlin

25. Geht Genossenschaft im Rundfunk?

Zwei Reporter präsentieren ein „Denkmodell"

Lange bevor der Filmemacher Ulrich Schamoni (1939–1998) mit dem vom RIAS abgeworbenen Wirbelwind Georg Gafron, mit Rudolf Porsch und Elisabeth Herrmann 1987 an der Paulsborner Straße sein Privatradio „Hundert,6" auf Sendung brachte und fast fünfzehn Jahre vor dem Einzug des dualen Rundfunksystems kamen zwei angesehene SFB-Journalisten auf eine Idee, die nicht nur gestandene Medienrechtler erstaunte. Zwar hatte Kreuzbergs SPD-Bürgermeister Willy Kressmann bereits in den 50er-Jahren die Gründung einer kommerziellen Sendeanstalt in Berlin vorgeschlagen, doch das „Denkmodell" der Reporter Heinz Deutschendorf und Erich Nieswandt kam 1970, kurz nach dem Amtsantritt der Bundesregierung unter Willy Brandt, auf der aktuellen Welle der allgemeinen Forderung nach mehr Mitbestimmung daher.

Deutschendorf und Nieswandt – und mit ihnen vier weitere SFB-Mitarbeiter – wollten einen gemeinnützigen Verein als Träger dieser „Sendestation", die sich zunächst auf den Hörfunk beschränken sollte. Dem Verein sollten neben dem Land Berlin, politische Parteien, Gewerkschaften, gesellschaftliche Organisationen sowie „betriebsbeteiligte Mitarbeiter" angehören. Kapitalgrundlage: zwei Millionen D-Mark, von denen jede Gruppe etwa 500.000 DM beisteuern sollte. Für die Finanzierung des Senders war an „Vermietung von Sendezeit für kommerzielle Werbung" gedacht. Schließlich war in dem zu Papier gebrachten „Denkmodell" die finanzielle Beteiligung von Redakteuren, Technikern und Verwaltungsangestellten an den Erlösen der neuen Sendeanstalt vorgesehen.

Bei genauerem Hinsehen entpuppte sich der Vorschlag als „Genossenschaft im journalistischen Bereich". Ein „Redaktionskollegium" sollte autonom „die tägliche Programmform" beschließen. (Ein Radioprogramm zwischen Radio Luxemburg und den Öffentlich-Rechtlichen – mit 63 Prozent Musik und 30 Prozent Information, die restlichen sieben Prozent blieben für Werbung.) Zudem hätten die „Betriebsbeteiligten" über ihre Gehälter – zwischen 2.400 und 7.000 D-Mark – und die jährlichen Gehaltserhöhungen von fünf Prozent selbst beschließen können. Nach sechs Monaten Vorbereitung sollte das Projekt an den Start gehen. Beim Land Berlin wurde offiziell der Antrag auf Zulassung und Frequenzzuteilung gestellt.

Die Reaktionen der Landesregierung und der Parteien waren erkennbar zurückhaltend. Das lag wohl eher daran, dass niemand im politischen Bereich zwei so einflussreiche Journalisten wie Deutschendorf und Nieswandt öffentlich kritisieren und verärgern wollte. Aus dem Umkreis des Regierenden Bürgermeisters Klaus Schütz meldete sich Senatssprecher Hanns-Peter Herz, ehedem selbst leitender Radioredakteur beim RIAS, und meinte, solche Konstruktionen seien im Journalismus durchaus vorstellbar. Der CDU-Fraktionsvorsitzende Heinrich Lummer sah in dem Vorschlag gar „einen Beitrag zur inneren Pressefreiheit", während FDP-Landeschef Hermann Oxfort nicht daran glaubte, dass politische Parteien sich für solch ein Rundfunkmodell erwärmen könnten. Der Einzige, der entsprechend seinem leicht erregbaren Wesen unverzüglich aus dem Häuschen geriet, war der Prinzipal von Deutschendorf und Nieswandt, SFB-Intendant Franz Barsig („Dilettantismus!"). Der *SPIEGEL* nutzte Barsigs Erregung wieder einmal genüsslich für satirische Betrachtungen über den „schnellen Franz", der 1970 gerade dabei war zu verstehen, wie der SFB tickt. Nicht zuletzt seine eigenen Maßnahmen für mehr Mitbestimmung und innere Rundfunkfreiheit sorgten dafür, dass das Deutschendorf/Nieswandt-Modell schnell in Vergessenheit geriet. Nieswandt blieb beim SFB. Deutschendorf ging danach sehr bald als Direktor in die Berliner Lotto-Zentrale. Im April 1989 bewarb er sich – leider erfolglos – um den Intendanten-Posten beim SFB. Doch da hatte Günther von Lojewski mit 17 von 31 Stimmen im ersten Wahlgang die Nase vorn.

Kurios war jedoch nicht nur das „Denkmodell" von 1970 für einen „genossenschaftlichen Rundfunk". Nicht minder ungewöhnlich und kaum bekannt war die Vorgeschichte, die Deutschendorf und Nieswandt zu ihrem Vorstoß veranlasste. Beide hatten im Sinne der Fortbildung ein BWL-Seminar besucht und waren mit tiefen Eindrücken in die Redaktionsstuben zurückgekehrt. Ungeachtet des Prinzips „Schuster, bleib bei deinen Leisten" hatten sie dann den SFB und die Öffentlichkeit mit einer Management-Idee überrascht. Heinz Deutschendorf hat seine Manager-Fähigkeiten immerhin bis zur Pensionierung bei der Deutschen Klassenlotterie unter Beweis gestellt.

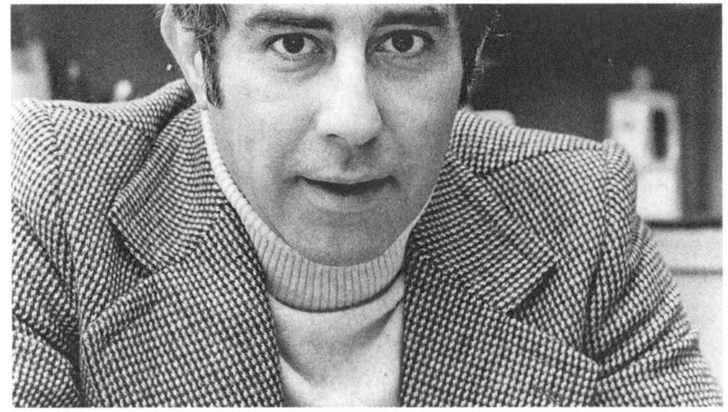

Reporter Erich Nieswandt – zuletzt SFB-Pressechef

Mit Heinz Deutschendorf (r.) bei einem Gewerkschaftskongress

Die Kollegen Heinz Deutschendorf (l.) und Alexander von Bentheim (Mitte) in den 60er-Jahren mit ihren Ehefrauen

26. Paul Kuhn im Kreml

Jubel für Eugen Cicero und Katja Ebstein

Uns war mulmig. Sehr mulmig sogar. Denn kurz zuvor war am 13. Oktober 1974 eine *Iljuschin 62* der *Aeroflot* beim Anflug auf den Moskauer Flughafen Scheremetjewo abgestürzt. Alle 174 Flugzeuginsassen kamen ums Leben. Doch unsere *Aeroflot*-Maschine landete sicher gegen Mitternacht auf dem Unglücksairport der sowjetischen Hauptstadt.

Alle atmeten auf – wenn auch etwas verschlafen: SFB-Programmdirektor Erich Proebster als offizieller Leiter der Delegation, Paul Kuhn und seine Big Band mit so herausragenden Solisten wie Milo Pavlovic und Carmell Jones (beide Trompete), Ake Persson (Posaune), Leo Wright (Saxophon, Klarinette, Flöte) und dem aus Rumänien stammenden Ausnahmepianisten Eugen Cicero (der 1997 mit 57 Jahren ebenso früh verstarb wie sein Sohn Roger, der 2016 mit nur 36 Jahren einem Schlaganfall erlag). Paul Kuhn und sämtliche Musiker waren freie Mitarbeiter des SFB und verhalfen dem Sender sieben Jahre lang von 1968 bis 1975 zu europaweitem Ansehen. Damals, im Oktober 1974, waren wir eine neugierig-fröhliche Truppe. Es war die erste Reise eines Tanzorchesters aus dem Fernsehbereich der *Eurovision,* das in die Gefilde der *Intervision* stürmte. Moskau, Leningrad und Wilna, zu jener Zeit Hauptstadt der Sowjetrepublik Litauen, standen mit Gastspielen auf dem Programm. Ausgerechnet der SFB – für die Staaten des Warschauer Paktes Sprachrohr der „Besonderen politischen Einheit Westberlin“ – hatte seine Musikbotschafter auf die Reise gen Osten geschickt. „The winds of change were whispering in the trees“ – Willy Brandts „Neue Ostpolitik“ machte es möglich. Die 29-jährige Katja Ebstein, die 1970 beim Eurovisionsfestival mit *Wunder gibt es immer wieder* den dritten Platz belegt und 1972 Willy Brandt beim Wahlkampf unterstützt hatte, reiste mit – an ihrer Seite ihr Manager und späterer Ehemann, der 50-jährige Klaus Überall. Der Sänger Bruce Low *(Es hängt ein Pferdehalfter an der Wand)* und die Berliner Rosy Singers vervollständigten die Truppe, die sich anschickte, Moskau und Leningrad mit schwungvoll-friedlichen Mitteln zu erobern.

Fernsehberichterstattung aus Moskau gehörte 1974 zum schwierigsten Journalismus-Geschäft überhaupt. Unser vierköpfiges TV-Team bekam das sogleich zu spüren. Wir wurden von den übrigen Gastspiel-Reisenden getrennt und in einen ungeheizten Kleinbus verfrachtet. Der zuckelte anderthalb Stunden lang mit uns auf dem weiträumigen Gelände von Scheremetjewo von Lagerhalle zu Lagerhalle – angeblich, um das Kameragepäck zu suchen. Es blieb verschwunden und tauchte erst in Leningrad wieder auf. Von dem ausverkauften Konzert des SFB-Tanzorchesters im riesigen Moskauer Kongresspalast (Ort der Parteitage der KPdSU) gab es keine Fernsehbilder des SFB. Unser Team konnte es genießen und im Begeisterungstrubel des Publikums mitschwelgen. In dem überdimensionalen Riesenhotel „Rossija" mit seinen 3.000 Betten (das inzwischen abgerissen wurde) sah ich zu nächtlicher Stunde vorm Schlafengehen eine untersetzte Gestalt mit krempigem Hut an einer Brüstung schwanken: Paul Kuhn, der Wodka und Krimsekt kräftig zugesprochen hatte. Der nächste Tag jedoch sah alle wieder topfit, als es zum Roten Platz und in den Kreml ging, wo Kuhn und Cicero mit modernen Amateurgeräten von der Zaren-Kanone bis zur Gemäldegalerie alles filmten, was ihnen vor die Linse kam.

In der Stadt von Peter Tschaikowsky

Der Konzertabend von Leningrad (dem heutigen Sankt Petersburg) wird allen unvergesslich bleiben, die das Glück hatten, dabei zu sein. 3.740 Besucher im *Großen Konzertsaal der Oktober-Revolution*, 1967 zum 50-jährigen Revolutionsjubiläum erbaut. Der Applaus für Kuhn und seine Truppe war zunächst zurückhaltend (Kuhn: „Die kennen keinen Titel, den wir spielen"). Dann ein Begeisterungssturm, als das SFB-Tanzorchester die *Schwarzen Augen* als Reverenz an das Gastland intoniert. Eine Hochstimmung, die noch übertroffen wird, als Katja Ebstein auftritt. „So viel Stimme in so zartem Körper!", schwärmt unser Dolmetscher. Es folgt die Verzückung des Abends: Eugen Cicero am Klavier – in einem Land, das mit Emil Gilels und Svjatoslav Richter Pianisten der Weltklasse hat. Der auf klassischen Tönen improvisierende Cicero gibt alles und der Saal gibt es ihm zurück. Wahrscheinlich existiert kein Mitschnitt von diesem Konzert. Unwiederbringlich – ein Moment aus jenen Sphären, die erklären, dass die Musik der Schlüssel zum Verständnis des Universums ist. Der Saal tobt. Tränen fließen und Menschen liegen sich in den Armen. Cicero bekommt in der Stadt Tschaikowskys von der Direktion des Konzertsaals eine Schallplatte mit einem Titel des Eröffnungskonzerts von 1967 geschenkt: Beethovens *Apassionata*. Ein Soldat der Roten Armee gesteht vor Kamera und Mikrofon des SFB-Fernsehens, dass er – im Gegensatz zu den meisten anderen Konzertbesuchern – diese Art von Musik und das SFB-Tanzorchester recht gut kennt. Nanu – woher? Er war in der DDR stationiert. Wo? *In Magdeburg.* Und dort kann man das West-Fernsehen gut empfangen? *Ja – sehr gut.*

Orchesterchef Paul Kuhn in Moskauer Hochstimmung

Katja Ebstein nach dem Auftritt in Leningrad

Eugen Cicero filmt im Kreml

Mit SFB-Programmdirektor Erich Proebster (l.) hinter den Kreml-Mauern

27. Musik liegt in der Luft

Die Rolle des SFB im Berliner Musikleben

Es heißt, die Musik sei der Schlüssel zum Verständnis des Universums. Ein Satz, der wenig beachtet und gar belächelt wird in einer Zeit, in der nur zählt und wahrgenommen wird, was laut und kreischend daherkommt. Der SFB – und wieder war es der Hörfunk – hat über die Jahrzehnte in seinen Programmen von Pop bis Klassik das Gespür für die Wirkung von Musik zu wecken versucht. Musik, die körpereigene Opiate aktiviert und Glücksgefühle hervorrufen kann. Da die Menschen – trotz manch gegenteiliger Behauptung – recht unterschiedlich sind und als Individuen agieren und reagieren, ist das Verständnis für Musik nicht jedermann gegeben. Der Revolutionär Che Guevara zum Beispiel soll total unmusikalisch gewesen sein – was Richard David Precht übrigens auch von sich behauptet. Dennoch gilt die These von Ex-Innenminister Otto Schily: „Wer Musikschulen schließt, gefährdet die innere Sicherheit." Wer musiziert, regelt seine Angelegenheiten mit Toleranz und Sanftmut – sollte man meinen. Mit einer wesentlichen Einschränkung: Diese Erkenntnis gilt nur für jene, die tatsächlich *musikalisch* sind. Und das sind wiederum nur wenige. Da hochrangige Musikschaffende, Solisten und Dirigenten, von anderen Kolleginnen und Kollegen Mal um Mal behaupten, diese seien eigentlich unmusikalisch und beherrschten lediglich die Technik, soll dieses Thema hier nicht weiter vertieft werden. Richtig ist allerdings, dass der durchschnittliche Konzertbesucher, der in die Philharmonie geht, weil es ein kleines gesellschaftliches Ereignis ist, bei den Interpreten hauptsächlich auf die Technik achtet und nach dem Schlussakkord in den allgemeinen Jubel einstimmt, weil ein Pianist akrobatisch anmutende Fingerübungen vorgeführt hat. Doch das Beherrschen eines Instruments – etwa die beeindruckende Fingerfertigkeit – gehört zum Handwerk. Das Außergewöhnliche und zuweilen Außerirdische hat damit nichts zu tun und wird nur von den wenigsten erkannt. Schauen Sie Martha Argerich, Hélène Grimaud, Wilhelm Kempff oder Emil Gilels beim Klavierspiel zu – es ist immer ein Mysterium. Zwar ist alle Kunst Gaukelspiel, doch lassen Sie sich nicht von neuzeitlichen Gauklern bei der Interpretation klassischer Werke beeindrucken.

So viel vorab als Exkursion, wenn die Rede von der Rolle des SFB im Musikleben Berlins ist. Die Bedeutung des Senders Freies Berlin für die Musik und die Musikerziehung war überragend – selbstverständlich im Zusammenspiel mit Einrichtungen dieser Stadt, den Berliner Philharmonikern, den Opernhäusern und Musicalbühnen, den jährlichen Festwochen, der Jazz-Szene, den Events der Popmusik oder – in den Anfangsjahren – mit einem Berliner Dirigenten wie Carl August Bünte, der mit seinen Konzerten in der Hochschule für Musik (heute Universität der Künste) an der Hardenbergstraße eine ganze Schülergeneration zur klassischen Musik hinführte. Es war eine SFB-Sendung, die neben Frankie Laine und Elvis Presley unseren Sinn für die Klassik weckte. (Nebenbemerkung: Das eine schließt das andere ja keineswegs aus.) Was war das für eine wunderschöne Melodie, die da erklang? Noch gab es kein Internet und keinen *Streaming Service*. Also eilte ein Kumpel zur nächsten Telefonzelle und rief beim SFB an. Dort wurde er mit der heute ausgestorbenen Spezies des LvD (Leiter vom Dienst) verbunden. Der verriet uns, dass wir *Clair de lune* von Claude Debussy gehörte hatten. Das Durchforsten der Programmzeitschrift *Hör Zu* nach Werken klassischer Komponisten gehört fortan zu den Pflichtaufgaben. Es war die Zeit, da 1958 der 23-jährige Van Cliburn in Moskau den Tschaikowsky-Wettbewerb, 1960 in Warschau ein 18-jähriger Italiener namens Maurizio Pollini und 1965 die 23-jährige Martha Argerich den Chopin-Wettbewerb gewannen. Der SFB war dabei.

Jeden Sonntagnachmittag lieferten SFB-Chefsprecher Rudolf-Günter Wagner und Nikola Greiff mit ihrem Wunschkonzert weitere Anreize. (Beide moderierten auch im ARD-Nachtprogramm die Musik bis zum frühen Morgen, wenn der SFB an der Reihe war.) Sonntags wurde die *Cavatine* von Joseph Joachim Raff zum oft gewünschten Dauerbrenner. Ähnlich war es mit Opernmelodien – allen voran der Gefangenenchor aus Verdis Oper *Nabucco*. Die Postkarte eines Berliner Hörers nannte dafür als Musikwunsch allen Ernstes den Chor „Nach Buckow"! Eine andere Besonderheit mit dem *Nabucco*-Chor ergab sich, als Camillo Felgen seinen Gesangstitel *Wenn du fortgehst von mir* auf den Schlagermarkt brachte. Es war Note für Note Verdis Gefangenenchor. „Und das war solch eine eingängige Melodie", seufzte Felgen mit einigem Bedauern, als das Plagiat aufflog. Der Titel wurde sehr bald vom Markt genommen und ist heute allenfalls als Schallplatten-Rarität auffindbar.

28. Frauen und Frauenfunk im SFB

„Zeitpunkte" startet in den „Radio-Frühling"

Am 3. April 1979 war es so weit: Der neue SFB-Intendant Wolfgang Haus – ehedem SPD-Fraktionsvorsitzender im Berliner Abgeordnetenhaus – rief den „Radio-Frühling" aus und ganz Berlin-West machte mit. Im „Haus des Rundfunks", auf der Masurenallee und auf dem gegenüberliegenden Hammarskjöld-Platz des Messegeländes tummelten sich die Radioschaffenden, um einem staunenden und interessierten Radiopublikum die Neuerungen der SFB-Radioprogramme näherzubringen. Allen voran als eines der Lieblingskinder von Intendant Haus: die *Zeitpunkte* – das Magazin des Frauenfunks, das „den Alltag und die Sichtweise von Frauen" schildern sollte. Vier Mal in der Woche, Montag bis Freitag immer von 10 bis 11 Uhr auf der damals recht populären Welle von SFB 2.

Die Redaktion bestand nur aus weiblichen Mitgliedern – auch das war eine ungewohnte Neuerung im SFB. Vier Redakteurinnen, zwei Programmassistentinnen und an die zwanzig freien Mitarbeiterinnen gestalteten das Frauenmagazin. Eine im Kreis der Volontärinnen hieß Anne Will – eine freie Mitarbeiterin war Bascha Mika, heute Chefredakteurin der *Frankfurter Rundschau*. Magdalena „Mädi" Kemper, seit 1973 Hörfunk-Journalistin, hatte die Leitung. Mit ihr mühten sich in den Anfangstagen Tina Stock, Birgit Ludwig, Anne Quirin, Maria Heiderscheidt und Fedele Simshäuser (damals noch *Krause*) um die Sendung, die bald hohe Einschaltquoten erzielte. Das lag nicht an den Vorstellungen, die zunächst die SFB-Oberen von dem Magazin hatten. Kochrezepte und Tipps für den Haushalt standen nämlich nicht, wie gewohnt und erwartet, im Vordergrund der Berichterstattung. Gemäß dem Credo der Redaktionsleiterin kreisten die Themen um „alles, was für Frauen sinnvoll und gut ist". Und so hörte manch SFB-Hierarch mit Gruseln Kommentare und Berichte zu Themen, die ansonsten nur von Politikern und Bischöfen debattiert wurden: der Paragraf 218, die Abtreibung – Gewalt in der Ehe oder sexueller Missbrauch. In der täglichen Konferenz der SFB-Chefredaktion wurde allen Ernstes die Frage aufgeworfen und heiß diskutiert, ob diese Themen, die doch in die Politik gehörten, den *Zeitpunkten* überhaupt gestattet seien. Ein standhafter Intendant und der für Programmfragen eigentlich nicht zuständige Personalrat gemeinsam mit dem Redakteursausschuss als Unterorgan der Personalvertretung ermöglichten jedoch die scheinbaren Regelverstöße. Dass der zuständige Hauptabteilungsleiter für Bildung, Familie und Wissenschaft, Rainer Kabel, es vorzog, in die Intendanz umzusiedeln, war ein Nebeneffekt. Sein Nachfolger Uwe Rosenbaum – ab 1998 Direktor des Landesstudios Rheinland-Pfalz beim Südwestfunk – hielt bis zu seinem Ausscheiden aus dem SFB gleichfalls – so gut es ging – die schützende Hand über dieses Frauenmagazin. Dennoch konnte auch Rosenbaum nicht verhindern, dass der Intendant Lothar Loewe die *Zeitpunkte* 1987 von SFB 2 nach SFB 1 verschob. Ein Sturm der Entrüstung brach ob dieser Verlagerung los, eine bundesweite Fraueninitiative kämpfte tapfer gegen den neuen Sendeplatz. Die ehemalige Berliner Senatorin und Frauenrechtlerin Ilse Reichel-Koß ging auf die Barrikaden. Die *taz* schrieb in gewohnter Weise vom absehbaren Untergang aller Frauenrechte. Vergeblich. Loewe verwirklichte seine damals gewiss nicht freundlich gemeinte Absicht – und die *Zeitpunkte* existieren bis heute, sogar im rbb-Programm. Magdalena Kemper wurde bei ihrer Pensionierung 2011/12 mit dem Hedwig-Dohm-Preis des Journalistinnenbundes ausgezeichnet – ein Grimme-Preis war der Sendung bereits zuvor verliehen worden.

Der Fortschritt als Schnecke

Wir wissen vom ehemaligen Mitglied des SFB-Rundfunkrats Günter Grass, dass der Fortschritt eine Schnecke ist. Die *Zeitpunkte* kamen zur rechten Zeit gegen manche Widerstände ins Radioprogramm und haben an den kleinen und größeren Verbesserungen im Sinne der Gleichstellung und der Frauenrechte ihren nicht immer angemessen gewürdigten Anteil. Die *Zeitpunkt*e und ihre Mitarbeiterinnen erfreuten sich in der Belegschaft des SFB eines hohen Ansehens und großer Beliebtheit. Sie kamen ohne schrille Töne daher und brachten eine neue Farbe ins Programm. Von „Frauenpower" war seltsamerweise nie die Rede. Wohl deshalb, weil die Frauen im Sender Freies Berlin stets eine mächtige und wichtige Rolle spielten. Nicht in den Führungsetagen – das blieb einer späteren Zeit vorbehalten. Nur Susanne Fijal, die einfallsreiche Leiterin des Jugendfunks und einzige Frau in der höchsten Vergütungsgruppe, oder ihre Vorgängerin Ursula Mühlen/von Löhneysen findet der Chronist in den oberen SFB-Etagen, wo vielleicht noch die Damen Rübel (Programmaustausch) und Stöckermann (Auslandsbeziehungen) anzusiedeln wären. Unabhängig davon ist die Behauptung nicht übertrieben, dass es ohne Frauen keinen Sendebetrieb beim SFB gegeben hätte. Da waren die Cutterinnen im Hörfunk, die nicht nur die zahllosen „Ähs" der Reporter entfernten, sondern oft aus heillosem Gefasel sendbare Beiträge machten. Astrid Winckler-Tiede, Monika Voigt/Herzog, Brigitte Schulz, Irmgard Blossey, Waltraud Fricke, Christa Jaecks, Sigrid Sandberg, Monika Sattler, Gertrud Schimmelpfennig, Arnhild Kabisch, Monika Steffens oder Ursula Mikulla seien hier stellvertretend für alle anderen erwähnt. Jeder, der als Hörfunkreporter im SFB sein Talent erprobte, muss ihnen lebenslang dankbar sein. Gleiches gilt für die Cutterinnen beim Fernsehen – da fallen mir Alexandra Klühs/Tumler, Petra Schlüter, Regine Töpper, Ursula Kaumann, Waltraud Lindner, Silvia Arndt, Bärbel Matern, Waltraud Lück oder Dagmar Blaesing ein. Sie alle – ob bei Hörfunk oder Fernsehen – wurden nie so bekannt wie die vermeintlichen „Stars", die vor der Kamera und am Mikrofon glänzen durften. Nur – die ganze Wahrheit ist: Ohne diese Frauen und ihre oftmals aufopfernde Arbeit wären wir alle in der Bedeutungslosigkeit versunken. Wir sind ihnen allen zu größtem Dank verpflichtet – auch diesem Zweck dient dieses Buch.

Und die große Schar der Sekretärinnen und Sachbearbeiterinnen? Dieses Thema spielt sehr in die Arbeit des Personalrats hinein, dem ja ein separates Kapitel gewidmet ist. Vorab sei eines bemerkt, ob es nun professionellen Kritikastern gefällt oder nicht: Der SFB war zu seiner Zeit ein guter Arbeitgeber. Im Medienbereich war vielleicht nur das Verlagshaus Axel Springer hier und da großzügiger oder fürsorglicher. Für den in den 50er-Jahren – also in den Anfängen des SFB – noch allzu weit verbreiteten Job der Sekretärin als eine Selbstverwirklichung junger Frauen gab es im SFB eine akribisch gegliederte Stufenleiter – von der Hilfskraft im sogenannten „Schreibbüro" bis zur Gehobenen Sachbearbeiterin und Direktionssekretärin. Diese beiden firmierten in der gleichen Vergütungsgruppe wie eine Redaktionsassistentin. Doch leichter ging das in der Bibel falsch übersetzte Kamel durch ein Nadelöhr, als dass eine Gehobene Sachbearbeiterin zur Redaktionsassistentin umgetauft werden konnte. Im Ernstfall konnte immer nur der Intendant ein Machtwort sprechen. Personalchef und Justitiar gaben dann ihre abweichende Meinung zu Protokoll. Zwei einigermaßen berühmte Beispiele für junge Frauen, die im SFB mit ihrem Willen zum Aufstieg Probleme hatten und auf eigene Faust zu großen Erfolgen kamen, sind Katja Ebstein und Regina Ziegler.

Katja Ebstein jobbte als Studentin Karin Ilse Witkiewicz in einem SFB-Sekretariat. Doch der Beruf der Sekretärin schien der Archäologie-Studentin nicht unbedingt erstrebenswert. Da der zu seiner Zeit hoch im Kurs stehende Komponist Heino Gaze (*Kalkutta liegt am Ganges* und *Ham'se nich 'ne Braut für mich?)* auf sie aufmerksam wurde und Karin Ilse Witkiewicz im Berliner Bezirk Reinickendorf in der Epensteinstraße wohnte, war ihr Künstlername Katja Ebstein bald gefunden und der Weg zum *European Song Contest* und zu internationalen Erfolgen frei. Schwieriger war es bei Regina Ziegler, die beim SFB-Fernsehspiel als Produktionsassistentin eine Anstellung hatte, aber mit allen Versuchen eines Aufstiegs scheiterte. Bis ihr späterer Ehemann Wolf Gremm in den Sender kam und beide selbstständig die Filmwelt eroberten. Regina Ziegler wurde zur ersten und erfolgreichsten Filmproduzentin Deutschlands – dann auch in vielen Koproduktionen mit dem SFB.

Was heute „Mein RTL" oder „Mein NDR" besorgen soll, war in den deutschen Anfängen des Fernsehens – und damit auch im SFB – den Fernsehansagerinnen auferlegt: Vertrautheit schaffen und Publikumsbindung erzeugen. Beim SFB machten Edith Grobleben und Helga Hesse, der später der Absprung als Reporterin in die *Berliner Abendschau* gelang, den Anfang. In den Folgejahren kamen Renate Bauer, Ute Boy und Beate Menner als weitere Identifikationsfiguren auf den SFB-Bildschirm. Als wir 1987/88 in der *Abendschau* einen festen Nachrichtenblock einführten, holte ich Renate Bauer neben Ellen Arnhold von der *Tagesschau* in Hamburg und den männlichen Kollegen Joachim Pukaß und Ulrich Herzog als Nachrichtensprecherin hinzu. Es war, wie sich herausstellte, eine gute Wahl.

Fast ein Kuriosum ergab sich, als Intendant Franz Barsig 1973 durch die spektakuläre Flucht der DDR-Fernsehansagerin Renate Hubig in arge Gewissenskonflikte geriet. Gerade waren die Entspannungspolitik und der „Wandel durch Annäherung" – manifestiert durch Vier-Mächte-Abkommen und den Grundlagenvertrag zwischen beiden deutschen Staaten – auf ihrem erfolgreichen Höhepunkt. Da versteckte der Westberliner Freund von Renate Hubig die TV-Ansagerin und eine ihrer beiden Töchter im Kofferraum seines Wagens und schleuste beide unter Lebensgefahr erfolgreich in den Westen. Barsig, der leicht den Empörten spielen konnte, saß mir mit einem Anfall von Schnappatmung gegenüber und wiederholte in kurzen Abständen die Worte „Bei mir nicht!". Einen Auftritt von Renate Hubig als Ansagerin im SFB-Fernsehen war für ihn aus politischen Gründen ausgeschlossen und dabei hatte er den Programmdirektor Erich Proebster an seiner Seite. Also blieb für Renate Hubig nur der Hörfunk. Als Personalratsvorsitzender gelang es mir, in der per Gesetz geforderten „vertrauensvollen Zusammenarbeit" für die Geflüchtete eine Anstellung als Hörfunksprecherin und Programmansagerin herauszuschlagen. Eine willkommene soziale Absicherung – auch wenn der erwartete „Empfang mit offenen Armen" gewiss anders ausgesehen hätte ... Im anspruchsvollen gemeinsamen Dritten Fernsehprogramm von SFB, NDR und Radio Bremen machte neben anderen Cornelia Jacobsen als Programmansagerin ihre ersten TV-Schritte. Jahre später war sie als Cornelia Schmalz-Jacobsen FDP-Senatorin in Berlin, Ausländerbeauftragte der Bundesregierung und Generalsekretärin der Freien Demokraten.

Ein Blick auf die umfangreiche Zahl der redaktionellen Mitarbeiterinnen und Moderatorinnen im SFB-Vorabendprogramm lässt kaum den zeitweiligen Schnecken-Fortschritt erahnen, mit dem manches gegen Widerstände erkämpft wurde. So galt seit den Tagen der Weimarer Republik im deutschen Rundfunk der Grundsatz, dass Frauen in Radio und Fernsehen keine Nachrichten zu verlesen oder anzukündigen hätten. Die Begründung hielt sich unwidersprochen über Jahrzehnte: Frauen seien zu gefühlvoll und Nachrichten seien etwas „total Nüchternes" und der Objektivität verpflichtet. Eva Baier-Post oder Christa de Vries hatten am Beginn des SFB-Regionalprogramms 1958 als Reporterinnen keine Chance, aus dem Deutschlandhaus die *Berliner Abendschau* zu moderieren. Hier machten Ulrike von Möllendorff und Evelyn Lazar erst in den 70er-Jahren den Anfang. Marianne Beland, Angelika Neumann, Jeanette Schiemann, Irene Collyer, Andrea Stieringer oder die beliebte Kulturmoderatorin Carola Wedel (hernach vom Berliner ZDF-Studio verpflichtet) kamen nach und nach hinzu. Im Kreis der redaktionellen Mitarbeiterinnen, die ihre Beiträge als Markenzeichen hinterließen, standen die Frauen ihren männlichen Kollegen in keiner Weise nach: Renate Schmitz/Bütow, Ditha Ruprecht (spezialisiert auf klassische Musik, die Oper und rundum auf Kultur), Erika Lippki (zumeist Malerei) sowie Karin Luck oder Brigitte Wölfl.

Aufschlussreich als Sonderkapitel ist gewiss obendrein die Frage, wie und mit welcher Tendenz über Frauen in den Programmen des SFB außerhalb des Frauenfunks berichtet wurde. Ein Extrembeispiel wie die Fernsehdokumentation *Bambule* von Ulrike Meinhof, die sich der Situation junger Frauen in den Heimen und Internaten widmete und wegen der Verstrickung der Meinhof in die beginnenden Gewaltaktionen der RAF dann gar nicht gesendet wurde, ist sicherlich nicht geeignet, als pars pro toto für die gesamte Programmgestaltung des Senders Freies Berlin zu stehen. *Bambule* zeigt jedoch den Willen von Programmverantwortlichen im SFB, auf die aktuellen Fragen und Probleme der Zeit einzugehen. Weitaus harmloser, vielleicht aber wirkungsvoller, weil frei von jeglicher Kontroverse, waren Arbeitsaufträge, die zum Beispiel mir mit oft maliziösem Lächeln zugeschoben wurden. Als Jüngster unter den alteingesessenen Kollegen war ich die Adresse für Interviews mit Frauen, die zu jener Zeit recht ungewöhnliche Berufe ergriffen. So interviewte ich die erste Auszubildende in Berlin, die den Beruf einer Tankwartin erlernte. Noch mehr Erstaunen rief Ende der 60er-Jahre eine junge Frau hervor, die als erste Berlinerin ihre Prüfung als Fußball-Schiedsrichterin bestand. Zufriedenheit rundum – Feigenblätter zunächst, aus denen im Laufe der Zeit beeindruckende Wegweiser wurden.

Frauen im SFB – keine Randerscheinung, sondern eher dominierend, wenn auch nicht immer angemessen gewürdigt (und vergütet). Für einen, der sich im Sender Freies Berlin in den Programmen von Hörfunk und Fernsehen engagierte, der neun Jahre lang als Vorsitzender des Personalrats in einer Zeit der von der Regierung Brandt eingeleiteten Mitbestimmung an der Personalpolitik mitwirkte und in den Aufsichtsgremien (als stellvertretender und meist amtierender Vorsitzender des SFB-Verwaltungsrats) Rundfunkpolitik gestaltete, war die Arbeit der Frauen im Rundfunkbetrieb ein maßgebender Faktor. Frauen erhoben die Stimme (es galt immer, ihnen Gehör zu verschaffen), Frauen sannen in Konfliktfällen auf Ausgleich (manch männliches Imponiergehabe half in kritischen Situationen nicht weiter) und Frauen im SFB achteten darauf, bei allen Vorhaben möglichst die Unterstützung der Männer zu gewinnen – ohne unnötige oder gar künstliche Gegensätze und Trennwände. Und immerhin hatte der SFB mit Clarissa Schäfer eine Expertin für Aus- und Weiterbildung. Die SFB-Belegschaft war immer dann stark (und selbst für die Führungsspitze hilfreich), wenn sie gemeinsam auftrat. Die Zeit der 68er-Konflikte war dafür ein hervorragendes Beispiel. Der Personalrat, der im Folgejahr 1969 im SFB gewählt wurde, hatte seinen gehörigen Anteil an einem guten Jahrzehnt fruchtbarer SFB-Geschichte, die nicht immer nur im Schneckentempo ablief.

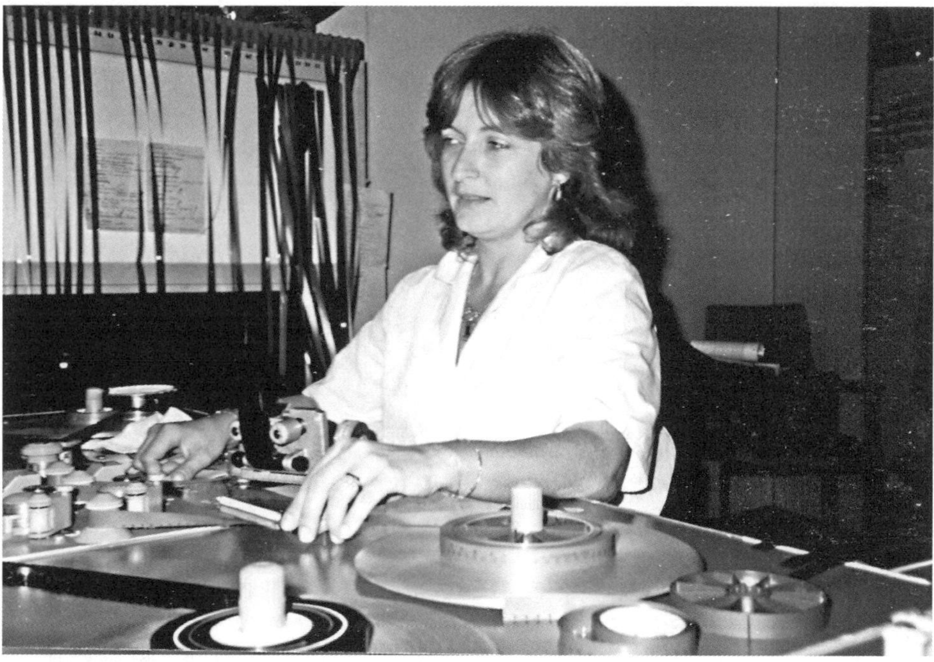

TV-Cutterin Alexandra Klühs/Tumler

TV-Cutterin Petra Schlüter

Vom SFB nach Bonn und Brüssel: Renate Schmitz/Bütow

Fernsehansagerin Renate Bauer

Fernsehansagerin Ute Boy

29. Am Ring und auf dem grünen Rasen

Der Sportfunk im SFB

Fachleute wissen: Der sportliche Wettkampf interessiert die Menschen. Sport ist identitätsstiftend und durchweg attraktiv. Egal, ob Massensport oder Breitensport, ob aktiv betrieben oder passiv auf der Couch mit Bier und Chips verfolgt – Sport bleibt ein Faszinosum. Daran, welcher Spitzensportler gerade erfolgreich ist, bemisst sich die allgemeine Beliebtheit einer Sportart. Zu Zeiten von Max Schmeling oder Gustav Scholz war es Boxen, der Sprinter Armin Hary belebte die Leichtathletik, Steffi Graf und Boris Becker machten Tennis zum Hingucker und ewig bleibt der Fußball von Fritz Walter über Uwe Seeler bis Manuel Neuer. Als wieder einmal die *BILD*-Zeitung ins Kreuzfeuer der Kritik geriet und investigative Rechercheure wissen wollten, warum die Deutschen *BILD* lesen, stellte sich heraus: Sie kaufen dieses Boulevard-Blatt wegen seiner Sportberichterstattung. Beim Sport im SFB gab es viele Eigenarten und Besonderheiten. Eine davon war, dass der deutsche Fußball-Bundesliga-Oberschiedsrichter Lutz Michael Fröhlich über Jahre in der Personalabteilung und in der Intendanz arbeitete.

In seinen Anfängen hatte es der Sender Freies Berlin nicht leicht, sich im ARD-Konzert mit einer ernst zu nehmenden Sportberichterstattung zu etablieren. Der Vorgänger, das Berliner Studio des NWDR, präsentierte am Mikrofon die altbekannten Recken: Rolf Wernicke (SWF), Herbert Zimmermann (NWDR), Ludwig Maibohm (HR), Gerd Krämer (SDR) oder Harry Valérien (BR). Dazu kam die Konkurrenz des etablierten RIAS mit Kurt Brösamle und Alfred Klapstein in der Redaktion und einem so hervorragenden Reporter wie Udo Hartwig. Der Kontakt zu den Ost-Kollegen in Adlershof war übrigens bis zur Wende minimal und eher von gegenseitiger Abneigung beherrscht (während Ost-Reporterlegende Heinz Florian Oertel sich im Westen bei Radiohörern und TV-Zuschauern großer Beliebtheit erfreute). Nur einmal kam es zu einem direkten Aufeinandertreffen von Ost und West. Das war 1956 bei den Olympischen Spielen in Melbourne, als die Sportkollegen an einem arbeitsfreien Tag ein Fußballmatch austrugen. Dabei traf Oertel den RIAS-Sportchef Brösamle bei einem Zusammenprall mit dem Fuß unglücklich am Mund und kommentierte die Szene sogleich mit dem Satz: „Sie sehen, wenn wir wollen, bringen wir den RIAS mit dem großen Zeh zum Schweigen!"

Bei der harten Konkurrenz aus West und Ost war es Herbert Schmidt – dem Ruderer mit der markanten Stimme, Bronzemedaillen-Gewinner im Achter von 1936 – zu verdanken, dass im SFB eine muntere Sportabteilung aufgebaut wurde. Schmidt war zwar auch beim NS-Rundfunk aktiv (diese Stimme war nicht zu überhören!), doch 1948 wurde er in Ostberlin Chefredakteur der Tageszeitung *Deutsches Sportecho* und Reporter beim *Berliner Rundfunk*. Wohnhaft im Bezirk Spandau, wurde seine Arbeitsstätte jedoch bald der Heidelberger Platz in Wilmersdorf und nach der SFB-Gründung das „Haus des Rundfunks" an der Masurenallee.

Herbert Schmidt wird als Fels in die SFB-Geschichte eingehen, auf dem sich die Sport-Abteilung mit ihren Erfolgen gründete. (Als Mitglied des SFB-Personalrats kämpfte Schmidt jahrelang darum, dass aus der *Abteilung Sport* eine Haupt*abteilung* wurde.) Selbstverständlich hatten an sämtlichen Erfolgen Köpfe und Stimmen als Reporter erheblichen Anteil – allen voran Heinz Deutschendorf, spezialisiert auf Fußball, und Alexander von Bentheim, durch den eigenen Lebensweg mehr auf Boxen fokussiert. Kein Zufall jedoch, dass Jochen Sprentzel – Schmidts Nachfolger in der Chefposition – ebenfalls aus dem Kreis jener Reporter kam, die vor allem über den Rudersport berichteten.

Die Mitarbeiter- und Reporterriege der SFB-Sportabteilung umfasst Namen wie Horst Schallon, Rolf Voss, Anne Will, Friedrich-Karl Brauns, Horst Wick, den Schaltkonferenz-Jongleur Lothar Hinze, Wolfgang Mönch oder Hajo Seppelt. Unverwechselbar das sonore Organ des 2018 im Alter von 92 Jahren verstorbenen Frauenarztes Rolf-Dittmar Heinze bei seiner Spezialität und einzigen Disziplin im SFB, dem Pferdesport. Horst Schallon hatte sich sehr bald in den Zeitfunk des SFB verabschiedet, dessen Leiter er in den 60er-Jahren wurde. Rolf Voss betrat mit mir gemeinsam im Oktober 1960 die Zeitfunk-Gefilde – er wurde der politischen Abendsendung *Zwischen gestern und morgen* zugeteilt, ich durfte mich als Anfänger bei *Rund um die Berolina* bewähren. Ein Ereignis blieb für alle Kollegen im SFB für immer mit Rolf Voss verbunden: Am 8. Januar 1964 war der 75. Geburtstag von „Krücke" (Reinhold Hanisch), der das *Wiener Praterleben* auf zwei Fingern pfeifend bei Sechstage-Rennen zum *Sportpalast-Walzer* umfunktioniert hatte. Am 7. Januar 1964 wurde Voss daher zu „Krücke" geschickt, wo er ein Geburtstagsinterview mit dem Berliner Original machte. Doch als der SFB dieses Gespräch am 8. Januar sendete, war „Krücke" gestorben, gleich nach dem Interview mit Rolf Voss.

Ohne besondere Merkwürdigkeiten oder Zwischenfälle verliefen hingegen die Arbeiten und Karrieren anderer Kolleginnen und Kollegen aus der SFB-Sport-Abteilung. Anne Will orientierte sich bald in Richtung WDR und moderiert derzeit in eigener Regie ihre sonntäglichen Talkrunden. Friedrich-Karl Brauns war ein begnadeter Tischtennis-Crack, selbstverständlich verheiratet mit einer prominenten Tischtennis-Spielerin, und wurde zum unentbehrlichen Reporter seiner Lieblingssportart. Der 2018 im Alter von 84 Jahren verstorbene

Wolfgang Mönch lebte wie kaum ein anderer ein Leben für den Sport, immer dem Medium Radio verpflichtet, nie aus Eitelkeit aufs Fernsehen zielend. Er hatte beim *Abend* als Zeitungsjournalist begonnen, begann seine Hörfunk-Karriere beim RIAS und beendete sie beim SFB. Fußball, Hockey, Trabrennen, Motorsport waren sein Metier. Privat errang er so manchen Erfolg beim Skat.

Einer aus der alten Sportriege des SFB hat es schließlich bis zum Bundesverdienstkreuz geschafft: Hajo Seppelt. Sein Vater – ebenfalls mit dieser hohen Auszeichnung bedacht – war Schachexperte und stellte seine Fachkenntnisse 1980 sogleich der neuen ARD/ZDF-Videotext-Zentrale im SFB zur Verfügung. Nach ihm setzte Sohn Hajo diese Arbeit beim Videotext fort, bis er den Weg in Sprentzels Sport-Abteilung fand. (Übrigens nicht der Einzige, der beim ARD/ZDF-Videotext begann, bevor er in den Sport wechselte – Lars Becker wäre ein weiteres Beispiel.) Seppelt war und ist ein kritischer Geist, unangepasst mit eigenen Vorstellungen. Eine öffentliche Kritik an der ARD schaffte ihm zunächst Probleme, führte aber letztendlich dazu, dass dieser unbeirrbare „Begleiter des Sports" – wie er sich selbst gern nennt – zum anerkannten ARD-Rechercheur und Chronisten in Sachen Doping wurde. Was ihm nicht immer Lob, am Ende aber doch reichlich Ehre eintrug. Beinahe in Vergessenheit geraten ist dabei, dass Hajo Seppelt 2002 der Initiator der sportmedizinisch begleiteten SFB-Laufbewegung war, deren Teilnehmerschar bis in den *New York City Marathon* vordrang.

Der Sportfunk im SFB – mit Redakteuren und Reportern, mit Hörfunk und Fernsehen, mit Analysen und Berichten stets auf der Höhe der Zeit. Als Repräsentant einer kleiner ARD-Anstalt nicht immer bevorzugt im Kreis von WDR, NDR und BR. Doch in seiner Qualität ein Markenzeichen, das diese Rundfunkanstalt geschmückt hat.

Stets unüberhörbar: Sportfunk-Leiter Herbert Schmidt

Nicht nur während Olympia bei den Ruderern: Schmidt-Nachfolger Jochen Sprentzel

30. Ein Grill, eine Praxis und eine Anwaltskanzlei

Fernsehserien des SFB

Eine Serie ist eine Serie, ist eine Serie, ist eine Serie ... Eine TV- Serie geht auf das weitgehend vergebliche Bemühen des Fernsehens zurück, mit dem Radio und seinen Hörspielen konkurrieren zu wollen. So entstand in den 30er- und 40er-Jahren in den USA – ausgehend von den Comedy-Shows im Hörfunk – die *Sitcom*, die Situationskomödie. Unter diesem Begriff wird nun auch bei uns alles subsumiert, was sich als Fernsehserie gebärdet, ob es Situationskomik enthält oder nicht. Das reicht von der Familien-*Sitcom* über die Krankenhaus-*Sitcom* und Militär-*Sitcom* bis zur Hotel- oder Gastronomie-*Sitcom*. Seinen Höhepunkt erreichte dieses Genre in den 80er-Jahren mit der Einführung des Privatfernsehens in Deutschland.

Als der Sender Freies Berlin allein oder in Koproduktionen seine drei bekanntesten TV-Serien aus der Taufe hob, herrschte noch immer ein gewisser Qualitätsanspruch für solche Produktionen. Die *Familie Schölermann* (Regie: Ruprecht Essberger), die *Firma Hesselbach*, die Kultserie *Raumpatrouille* (mit Dietmar Schönherr und Eva Pflug) hatten ebenso wie Britanniens *Mit Schirm, Charme und Melone* (mit John Steed und Emma Peel) in den 60er-Jahren geschmacksbildend gewirkt. Den Qualitätsmaßstab lieferte dann ab 1973 *Ein Herz und eine Seele* von Wolfgang Menge. Selbst Menges 13-Teiler *Motzki* mit Jürgen Holtz stieg 1993 noch in den deutschen Serienolymp auf.*Drei Damen vom Grill* (Start 1976), *Liebling Kreuzberg* (Start 1986) und *Praxis Bülowbogen* (Start 1987) waren drei Serien aus und über Berlin, die – entgegen manchen heutigen Fantastereien über das „eingemauerte Kunstgebilde Westberlin" – die Lebendigkeit und Strahlkraft der Metropole zeigten. Serien, die alle Ansprüche für den Erfolg dieses Genres erfüllten – voran die humorvolle Auseinandersetzung mit der jeweiligen Lebenslage. Dafür standen die Drehbuchautoren, das Darstellerteam und die Regisseure.

Die Idee zu den *Drei Damen vom Grill* hatte Heinz Oskar Wuttig (1907–1984) – als Hörspielautor ein Meister der Milieustudien und Alltagsgeschichten. Für die RIAS-Produktion *Nachtwache* erhielt er 1953 den *Hörspielpreis der Kriegsblinden*. Ab 1963 schrieb Wuttig Drehbücher fürs Fernsehen, darunter *Der Forellenhof* und *MS Franziska*. Zu Wuttigs Rolle während der NS-Zeit gibt es unterschiedliche Darstellungen, die jedoch den Umfang seiner Tätigkeiten für den öffentlich-rechtlichen Rundfunk zu keiner Zeit beeinträchtigt haben. Die *Da-*

men vom Grill erfüllen genau alle Kriterien fürs *Sitcom*-Format: etwa 30 Minuten Länge, Alltagsthemen rund um eine Imbissbude, die ihren Standort anfangs am Nollendorfplatz in Berlin-Schöneberg, dann in Westend und schließlich in der Arminius-Markthalle in Moabit hatte, wo bis heute eine Bude unter dem Namen der Fernsehserie betrieben wird.

Urberlinisch war die Darstellertruppe mit Brigitte Mira, Brigitte Grothum, Gabriele Schramm, Günter Pfitzmann und Harald Juhnke. Auch die Musik lieferte ein eingeborener Berliner: Rolf Bauer, Ehemann der Fernsehansagerin Renate Bauer. Mit den *Drei Damen vom Grill* konnte sich der SFB im Vorabendprogramm ebenso schmücken und präsentieren wie mit *Praxis Bülowbogen* oder *Liebling Kreuzberg*, selbst wenn andere Anstalten bei der Produktion kooperierten oder alle ARD-Anstalten gemeinsam die Kosten trugen. Die *Praxis Bülowbogen* befand sich in der Zietenstraße 22. In 107 Folgen hatte Günter Pfitzmann als Dr. Peter Brockmann und Anita Kupsch als Arzthelferin Gabi Köhler dem faszinierten TV-Publikum einen Eindruck vom Alltagsleben eines Arztes und seiner Patienten zu vermitteln. Auch bekannte Darsteller/innen wie Ilja Richter, Johanna von Koczian, Heidi Brühl, Inge Wolffberg, Edith Teichmann, Herbert Weißbach, Paul Esser, Gerd Duwner, Walter Gross, Christian Wolff, Peter Schiff, Hugo Schrader und Wolfgang Spier wirkten in der Grill-Serie mit. Ein blühender Strauß Berliner Schauspielgewächse, aktiviert vom SFB.

Nach dem Tod von Günter Pfitzmann (1924–2003) kam es zu einem Berliner Kuriosum, von dem viele nicht wissen, ob sie darüber lachen oder weinen sollen. Der Bezirk Tempelhof-Schöneberg lehnte es ab, eine Straße nach Pfitzmann zu benennen – mit der simplen Begründung, er sei ein Mann. Erst einmal müssten mehr Straßen in Berlin nach verdienstvollen Frauen benannt werden. Ein Kompromissvorschlag sah nach längerer Debatte vor, die Zietenstraße, wo die *Praxis Bülowbogen* residierte, nach Pfitzmann zu benennen. Doch die damit verbundene Auslöschung eines vorhandenen Straßennamens fand selbst bei einem Feldherrn wie General Zieten, der dazu noch laut einem bekannten Sprichwort „aus dem Busch" auftauchte, bei den politischen Parteien in Tempelhof-Schöneberg keine parlamentarische Mehrheit. So war es dem RIAS-Unikum Nero Brandenburg zu verdanken, dass schließlich im April 2017 in dessen Wohnbezirk Zehlendorf-Steglitz ein Platz nach Günter Pfitzmann benannt wurde.

Mit den 58 Folgen der SFB-, NDR-, WDR-Serie *Liebling Kreuzberg* ist weit mehr verbunden als gemeinhin bekannt. Das liegt an dem Drehbuchautor Jurek Becker und dem Titelhelden, Beckers langjährigem Freund Manfred Krug, dem die Dialogtexte regelrecht auf den Leib geschrieben wurden. Becker, aufgewachsen im Ghetto von Lodz, zählt in weiten Kreisen der Literaturwissenschaft zu den bedeutendsten deutschsprachigen Schriftstellern der Nachkriegszeit. Sein

Roman *Jakob der Lügner* (1969) ist ein Meisterwerk, ein bewegender Beitrag zum Thema *Holocaust*. Als fest angestellter Autor der DEFA hatte Becker 1968 für sein Drehbuch von *Jakob der Lügner* keinen Abnehmer gefunden. Also machte er daraus einen Roman, der 1974 in der Regie von Frank Beyer von der DEFA verfilmt und in der Kategorie „Bester ausländischer Film" für den Oscar nominiert wurde. 1999 folgte in Hollywood eine Neuverfilmung mit Robin Williams und Armin Mueller-Stahl.

Becker war Nationalpreisträger für Literatur in der DDR, unterschrieb aber, wie etliche seiner Zunft, 1976 einen Protestbrief gegen die Ausbürgerung von Wolf Biermann und zog 1977 mit Genehmigung der DDR-Behörden nach Westberlin. Zunächst erhielt er ein Visum für zwei Jahre, dann 1979 für zehn Jahre – ein einmaliger Kulanzfall in der DDR-Bürokratie. Als das Zehn-Jahres-Visum 1989 auszulaufen drohte, schrieb Becker am 2. Oktober 1989 an DDR-Kulturminister Klaus Höpcke: „Ich muss Pläne machen, Absprachen treffen, Termine vereinbaren. Doch von all dem abgesehen – ich möchte auch nicht so lange im Zustand der Ungewissheit leben. Deshalb bitte ich Sie dringlich, mir möglichst schnell Antwort zukommen zu lassen." Einen Monat später – im November 1989 – hatte Becker Gewissheit. Die Angelegenheit hatte sich erledigt.

Jurek Becker wohnte in Westberlin im Bezirk Kreuzberg, in Riehmers Hofgarten. Für Fernseh-Interviews war der nahe gelegene Viktoriapark mit seinem künstlichen Wasserfall ein geeigneter Drehort. Hier verriet er zuweilen mehr über sich und seine Arbeit als im sterilen SFB-Studio. Es war ebenso überwältigend wie erhellend, von ihm zu erfahren, warum und mit welcher Einstellung er sich der Schriftstellerei widmete: „Mit Größenwahn!" Er musste, wie er sagte, total davon überzeugt sein, dass die Welt das Buch brauche, das er schreiben wollte. Meinen gelegentlichen Hinweis auf Konfuzius, der bemerkt hatte, dass ein Mensch erst mit 50 den Ruf des Himmels höre, konterte er mit der Bemerkung: „Sei beruhigt. Ich habe an meinem 50. Geburtstag nischt gehört."

Etwas bescheidener ging Becker an die Drehbucharbeit für *Liebling Kreuzberg*. Er selbst hat das einmal im Vergleich zu seinem literarischen Schaffen als „Currywurst" bezeichnet. Als ich ihn mit dieser Klassifizierung bei einem *Abendschau*-Interview zitierte, kam eine annähernd wütende schriftliche Reaktion vom Drehbuchautor der *Praxis Bülowbogen*, der dieses Zitat wohl nicht kannte und es offenbar auch nicht verstanden hatte.

Becker besann sich bei *Liebling Kreuzberg* auf seine Anfangszeiten bei der DEFA in Babelsberg, als er leichte Fernsehspiele und gelegentlich Kabarett-Texte verfasste. Für seinen inzwischen in den Westen nachgereisten Kumpel Manfred Krug als Anwalt Liebling in jeder Folge ein Festschmaus vor der Kamera. Mit Entsetzen nahm Beckers Umgebung 1995 seine Darmkrebserkrankung zur

Kenntnis. Im schleswig-holsteinischen Sieseby hatte er für sich und seine Familie ein Landhaus gekauft. Stoisch arbeitete er weiter. „Wer sagt, dass es besser ist, mit 70 zu sterben als mit 60?“ Am 14. März 1997 starb er dort 59-jährig. Mit seinem Tod, dem Tod eines elternlosen jüdischen Ghetto-Knaben, bleiben uns die letzten Worte aus seinem Roman *Jakob der Lügner*: „Wir fahren, wohin wir fahren.“

Programmdirektor Kurt Rittig – ein guter Betreuer von *Liebling Kreuzberg*

Jurek Becker im *Liebling-Kreuzberg*-Gespräch in der *Berliner Abendschau*

31. Ohne Technik ist alles nichts

Das Spiel der Wellen

Ob „Bitte schneiden!“, „Kamera läuft“ oder „Ton ab!“ – all das sind Kommandos, die bei einem Rundfunkmenschen die Pulsfrequenz erhöhen und höchste Konzentration bewirken. Es sind technische Kommandos und für den Kreativgeist am Mikrofon und vor der Kamera ist es wichtig, wer diese Kommandos gibt. Radio und Fernsehen – das ist immer Teamarbeit. Wer dazu nicht fähig ist, wird schlechte Produkte an sein Publikum liefern.

Im SFB-Hörfunk gab es für mich von Anfang an einen Kollegen, der etwa zur gleichen Zeit wie ich fest angestellt wurde und dessen Können und Bescheidenheit ich sofort schätzte. (Ich glaube, diese Wertschätzung war und blieb gegenseitig.) Klein und bescheiden hatte er im SFB als Toningenieur angefangen. Als er den SFB verließ – und der SFB ihn –, war er Chef der Hörfunk-Technik: Klaus-Dieter Großmann, der gemeinsam mit Peter Leonhard Braun so herrliche Radiofeatures produzierte und der in all seinen SFB-Jahren in seinem Umfeld für eine herzliche und kollegiale Atmosphäre sorgte. Er betreute mich als junger Technikus am 26. Juni 1963, dem Tag des Berlin-Besuchs von John F. Kennedy, als der US-Präsident vor der Berliner US-Garnison eine Rede hielt, die für unsere Hörerschaft in Deutschland, der Schweiz und Österreich live und simultan zu übersetzen war. Von diesem Tag an wusste ich, wenn Großmann „mein TonIng“ ist, kann nichts schiefgehen – und: Er wird seinen Weg machen. Ähnlich war es bei der Arbeit im Fernsehen – nur dass dort ein viel größerer technischer Aufwand betrieben wird, an dem eine viel größere Anzahl von Personen beteiligt ist. Da fällt es schwer, einen „Lieblingskollegen“ auszumachen. Doch es gab viele von ihnen beim SFB-TV – Kameramänner (Frauen an der Kamera kamen viel später), Tontechniker, Regisseure, Ton- und Lichttechniker und – nicht zu vergessen – Aufnahmeleiter, die bei der Live-Sendung im Studio für gute Stimmung sorgten. Nur aufs Make-up und auf die Schminktechnik bezogen, doch nicht weniger bedeutend, wenn es um die technische Unterstützung ging, waren die Maskenbildnerinnen, die in vielen Zuschauerbriefen hoch gelobt wurden, weil sie mich ganz großartig und am besten schminken würden. Kunststück – auf meinen dunklen Teint (keine Mohrrüben, sondern eine glückliche Mixtur lange vor allen Migrationsproblemen) wurde nur sehr wenig von dem weißenden Puder aufgetragen.

Technik-Direktoren als Leuchttürme des SFB

Ohne Technik ist alles nichts. Alle bei Hörfunk und Fernsehen, die ihre Bodenhaftung beibehalten haben, werden diesen pathetischen Satz unterstreichen. Zwei Technische Direktoren haben sich für den Sender Freies Berlin in seinen Glanzzeiten, den 60er- und 70er-Jahren, besondere Verdienste erworben. Der eine, Dietrich Schwarze, hätte als geschätzter Technik-Experte des SFB 1970 gern das Direktorenamt übernommen (was auch alle erwarteten). Doch Intendant Barsig entschied sich für Erich Böhnke, den damaligen Technischen Direktor des Saarländischen Rundfunks. Schwarze wurde Technischer Direktor und stellvertretender Intendant des Süddeutschen Rundfunks in Stuttgart und hat in dieser Funktion der Arbeit und dem Ansehen des SFB als Zentrale des gemeinsamen Videotext-Dienstes von ARD und ZDF auf internationalem Parkett unschätzbare Dienste erwiesen. Ein Grandseigneur unter den „Teddis", der dem deutschen Pionierprojekt *Videotext/Teletext* ab 1977 in Europa technisches Leben einhauchte.

Erich Böhnke, der 1969 nach Berlin kam, war (anders als mit diesem Klischee lässt es sich nicht formulieren) eine außergewöhnliche Persönlichkeit. Besondere Gefühlstiefe traut man – zu Unrecht – Menschen aus dem Technikbereich gemeinhin nicht zu. Böhnke, 1916 als eines von fünf Kindern in einem Hinterhaus am Berliner Wedding geboren, war einer von diesen fälschlich verkannten Technikern. Mir wird sein schriftlicher Abschied im Juni 1985, wenige Tage vor seinem Tod, in Erinnerung bleiben, als er mir eine kleine Zeichnung mit einem Schiff schickte und dazu schrieb, er werde nun seine letzte Reise antreten. Böhnke war mit 16 Jahren nach Hamburg ausgebüxt und hatte als Schiffsjunge angeheuert. Sein Traum war die Seefahrt. An Bord schaffte er es bis zum Funkoffizier.

Böhnkes Tochter Barbara hat der *Berliner Morgenpost* 2014 einen tiefen Einblick in das Leben und die Gefühlswelt von Erich Böhnke gewährt, als sie aus den Briefen zitierte, die er an ihre Mutter geschrieben hat und die sie nach dem Tod der Eltern in einem Koffer fand. Es sind Liebesbriefe aus einer 33-jährigen Ehe. 1952 heiratete der Witwer Böhnke in zweiter Ehe die Adlige Barbara von Bonin: „Du, die Du immer bei mir bist, deren Seele, deren Herz ein Teil von mir wurde, um ein Ganzes zu werden." Wie Böhnkes Tochter gestand, war es nicht leicht für den Arbeitersohn Böhnke, von den adligen Bonins anerkannt zu werden. Doch ihren Vater focht das nicht an. Voller Stolz nahm er als Direktor in seiner alten Weddinger Schule den Titel eines Professors ehrenhalber (Prof. h. c.) entgegen und seiner Frau schrieb er: „Die Träume begleiten uns unser Leben lang, doch an Deiner Seite ist es wirklich schön, sogar im Wachsein! Ich bin glücklich, weil mich Barbara von Bonin liebt!!! Ich liebe Barbara! Tausend Küsse und

Grüße – Dein Icky." An der Bismarckallee in Berlin-Grunewald kaufte der Alt-Neu-Berliner Böhnke nach SFB-Amtsantritt ein Haus, damals in meiner unmittelbaren Nachbarschaft. Dieses Haus und dessen Finanzierung waren lange Zeit ein bevorzugtes Gesprächsthema, obwohl Böhnke leidenschaftlich interessiert am Weltgeschehen, an Literatur und dem Wohlergehen der Kulturinstitution SFB war. Beim Berlin-Besuch von US-Präsident Jimmy Carter im Juli 1978 äußerte er sich mir gegenüber geradezu euphorisch über die Qualität der TV-Berichterstattung, obwohl es natürlich die Technik war, die alles ermöglichte. Wochenlang nahm er 1974 und 1975 in Genf am Gerangel von 87 Staaten bei der Wellenplan-Konferenz teil. Es ging um die heute obsolet gewordene Zuteilung von Frequenzen auf der Lang- und Mittelwelle. Damals für den SFB ein besonders heikles Thema, denn die Mittelwellen-Frequenz musste er sich jahrelang mit dem irischen Sender „Athlone" teilen.

Nach der Abwahl des Intendanten Barsig endete 1980 auch die Direktorenzeit von Erich Böhnke, der mit 63 Jahren in den Ruhestand ging. Nachfolger wurde Herbert Wolf – ein „Eigengewächs" des SFB, was dem hoch qualifizierten Technikbereich nicht schadete. Wolf bewies besondere Qualitäten, als er nach dem unrühmlichen Abgang des Intendanten Günter Herrmann im Winter 1989/90 für einige Monate kommissarisch das Intendantenamt übernahm. Selten waren die betrieblichen Abläufe so reibungslos wie in der Interimszeit von Herbert Wolf – war damals die einhellige Meinung der Beschäftigten und Entscheidungsträger im SFB.

Wolfs Nachfolger war der letzte Technische Direktor des SFB. Die Zeit der *Betriebsdirektoren* war angebrochen. Symbolträchtig hatte allein der Begriff *Technik* kurioserweise an Bedeutung verloren. Als Wolfs Nachfolger Wilhelm Sommerhäuser 1997 das 64. Lebensjahr vollendete, wurde er ersatzlos in den Ruhestand geschickt. Der Ruf in Sommerhäusers Abschiedsrede „Wir brauchen Sympathieträger in der ARD!" verhallte weitgehend ungehört. Nach der Wende war absehbar, dass der SFB sehr bald in einer größeren Sendeanstalt aufgehen würde.

Wilhelm Sommerhäuser gehörte zu den markanten und „ewig jungen" Gestalten des SFB, bei dem er 1958 – mit 25 Jahren – als Messingenieur angestellt wurde. Er wurde Oberingenieur, Leiter der Zentraltechnik und schließlich 1979 Chefingenieur des SFB. Ein wichtiges, über Berlin hinaus wirkendes Arbeitsfeld war seine Mitgliedschaft und seit 1976 die Leitung der FKTG in Berlin. FKTG ist die Abkürzung für *Fernseh- und Kinotechnische Gesellschaft*, die 1972 aus dem Zusammenschluss der *Vereinigung der Deutschen Kinotechnischen Gesellschaft* mit der *Fernsehtechnischen Gesellschaft* hervorging. Für die Medienbranche war die FKTG stets ein wichtiger und anregender Partner – mit Fachtagungen, Publikationen und Ausstellungen. Der Ruf des „ewig jungen“ Blondschopfs Sommerhäuser manifestierte sich im SFB vor allem durch seine Aktivitäten als Turniertänzer und Vorstandsmitglied eines Berliner Tanzklubs. Nach der Pensionierung und nach dem Ende des SFB nutzte Sommerhäuser seinen Sinn für Geselligkeit, um die alljährlichen Adventstreffen der Pensionärinnen und Pensionäre zu organisieren. Stets eine gute Gelegenheit für den Austausch von Erinnerungen und den Plausch über eine unwiederbringliche Rundfunkanstalt.

Ständiger Dialog mit Direktor Böhnke (l.) über Technik und Programm

Wilhelm Sommerhäuser, der letzte Technische Direktor des SFB

Die IFA – alle zwei Jahre Schauplatz von Programm und Technik bei ARD und ZDF

Willy Brandt startet das deutsche Farbfernsehen auf der IFA 1967

32. Der ARD/ZDF-Videotext – der SFB wird Medienzentrum

Texte, die aus einer Fernsehlücke kommen

Angestoßen von Intendant Barsig, vollendet von seinem Nachfolger Wolfgang Haus, war der Videotext (international: *Teletext)* in den 70er- und 80er-Jahren national und international das größte Prestigeprojekt für den Sender Freies Berlin. Das hatte mancherlei Gründe. Videotext war eine technische Innovation, die für den Rundfunk insgesamt neue Perspektiven eröffnete. (Dass am Ende der Entwicklung das Internet stehen würde, ließ sich anfangs nur erahnen.) Es war – medienpolitisch ein bedeutsamer Faktor für den öffentlich-rechtlichen Rundfunk – der letzte heftige Kampf mit den Zeitungsverlegern um den Zugang zum Fernsehen. Der Bund Deutscher Zeitungsverleger (BDZV) behauptete sofort unbesehen: Videotext ist ein Printmedium und erfüllt nicht den Rundfunkbegriff. Schrift ist Schrift – egal auf welcher Plattform. Wir benutzten das schlagende Argument: Anders als bei einer Zeitung lassen sich in den Videotext keine Heringe einwickeln!

Allerdings hatte das „Würzburger Papier" der Rundfunkreferenten der Bundesländer 1975 bereits erste Klarheit geschaffen. Da hieß es: „Videotext ist ein reiner Verteildienst, bei dem außerdem eine untrennbare Verbindung mit dem Fernsehen schon von der Technik her gegeben ist. Videotext erfüllt daher den Rundfunkbegriff und ist ihm geradezu inhärent." Damit war die medienpolitische Kuh jedoch noch lange nicht vom Eis. Die Zeitungsverleger, die 1961 beim „Adenauer-Fernsehen" mit der Einführung eines kommerziellen Rundfunksystems vor dem Bundesverfassungsgericht gescheitert waren, nahmen mit dem Aufkommen von Textangeboten in europäischen Fernsehprogrammen einen neuen entschlossenen Anlauf in Richtung Privatfernsehen. Bekanntlich kamen sie damit 1983 in der Bundesrepublik Deutschland ans Ziel.

Dass sich neben dem zarten Pflänzchen Videotext von ARD und ZDF noch der *Bildschirmtext* (BTX) der Deutschen Bundespost etabliert hatte, war von geringerer Bedeutung. *Bildschirmtext* war die umständliche Verbindung von Fernsehen und Telefonanschluss. Wer BTX nutzte, flog aus dem Fernsehprogramm. Doch einer der Vorteile von Videotext war eben die technische Gleichzeitigkeit von laufendem Fernsehprogramm und Textangebot. Dafür wurden im Fernsehsignal die zwei Zeilen der *Austastlücke* in den gesendeten Halbbildern genutzt. Die europäische Norm sah in den 70er-Jahren beim Fernsehsignal die Übermittlung von 50 Halbbildern pro Sekunde vor. So konnten anfangs in einer Sekunde

100 Videotext-Zeilen ausgestrahlt werden. Die Zahl der für den Videotext genutzten Zeilen in der Austastlücke wurde kontinuierlich gesteigert. Nach dem Prinzip: Je mehr Zeilen, desto schneller ist der Videotext für die Zuschauer. Später regelten die Gerätehersteller vorab bei der Produktion der Fernsehapparate die Schnelligkeit des Zugriffs für die Zuschauer.

Schaukampf auf der IFA

Die Internationale Funkausstellung (IFA) im August 1977 in Berlin – bei der zehn Jahre zuvor das Farbfernsehen an den Start gegangen war – bot den Schauplatz für die erste Videotext-Vorführung in Deutschland. Rundfunkanstalten und Zeitungsverleger läuteten zum „Schaukampf um die Lücke". Eine bitterernste Angelegenheit für beide Seiten. ARD und ZDF nutzten zur Videotext-Ausstrahlung die Kanäle der Westberliner Sender. Die BDZV-Redaktion durfte ihre Texte in die Ringleitung des Ausstellungsgeländes unterm Funkturm einspeisen. Bei den Rundfunkanstalten lagen die Vorgespräche und Vorbereitungen etwa ein Jahr zurück. Im Sommer 1976 bestimmten die ARD-Intendanten in Übereinstimmung mit dem ZDF den Leiter der für die IFA-Präsentation zu bildenden gemeinsamen Videotext-Redaktion von ARD und ZDF. Danach konnte ich ein erstes Konzept für ein deutsches Videotext-Programm erarbeiten, aufbauend auf Eindrücken, die ich seit dem Sommer 1975 bei der BBC in London und ihrem Teletext-Angebot *Ceefax* gesammelt hatte.

Mitte Juni 1977 stellten ARD und ZDF überraschend fest, dass das Redaktionsteam der Verleger schon seit März 1977 am Werk war, dass die Konkurrenten offenbar fleißig und erfolgreich in London an den *Oracle*-Keyboards des Privatfernsehens übten und dass die Rundfunk-Redaktion noch nicht mit der praktischen Arbeit beginnen konnte, weil Lieferverzögerungen bei den Gerätschaften eingetreten waren. Für welchen Zeitraum sollte eine ausreichende Trainingszeit am Keyboard für einen Rundfunkredakteur angesetzt werden? Zwei Wochen, drei Wochen oder zwei Monate? In den Bundesländern war allgemeiner Ferienbeginn. Sollte man für die ARD/ZDF-Videotexter eine strikte Urlaubssperre verhängen?

Unsere Redaktion hatte Mitte Mai 1977 ihre erste Arbeitssitzung in Berlin. Nichts war den gutwilligen Abgesandten aus den Anstalten der ARD und vom ZDF – in der Hauptsache Nachrichtenleute – über Videotext/Teletext bekannt. Ein weißer Fleck, das sprichwörtliche *böhmische Dorf.* Wer nicht gerade über ein Printmedium zum Rundfunk gekommen war, für den war Rechtschreibung ohnehin zweitrangig. Der SFB-Chefkommentator Matthias Walden schrieb seine Texte zum Beispiel beharrlich nur in Kleinbuchstaben. Jetzt sollten wir vom Fernsehen plötzlich auch noch die Funktion eines Hüters der deutschen Sprache in Grammatik und Orthografie übernehmen (was für mehr als zwei Jahrzehnte sogar gelang). Anfang Juni 1977 reiste ein Teil der Redaktion zur BBC nach London und ließ sich vom britischen Teletext-Papst Colin McIntyre und seinem Team instruieren. „Hörfunkredakteure sind für Teletext am besten geeignet", verriet McIntyre unserer unsicheren Truppe von Fernsehleuten.

McIntyre verdient eine besondere Würdigung. Ihm verdanken alle, die in der Europäischen Rundfunkunion an die Teletext-Arbeit gingen, ihre Grundausbildung. McIntyre hatte im September 1974 bei der BBC *Ceefax* auf den Weg gebracht – als Redakteur allein zuständig für 24 Nachrichtenseiten. Britische Ingenieure hatten den Dienst bei der Suche nach einer Möglichkeit zur Untertitelung von Fernsehsendungen für Hörbehinderte entwickelt. Ihre Absicht war zunächst nicht, ein informatives TV-Textangebot zu erfinden. Colin McIntyre, zuvor BBC-Korrespondent bei den Vereinten Nationen, machte daraus einen Service, der pro Woche 22 Millionen Nutzer hatte und bei den Mitgliedern der EBU (einschließlich Israel, Neuseeland und Südafrika) starkes Interesse für ähnliche Angebote weckte. Als McIntyyre 1982 in Pension ging, um mit 55 Jahren weiter weltweit als Berater für Textangebote im Fernsehen zu arbeiten, hatte die *Ceefax*-Redaktion zwanzig Mitarbeiter. Der BBC gelang als einer der ersten Sendeanstalten die Zusammenführung von Fernsehen und Internet und damit die Digitalisierung ihrer Textdienste. Der analoge Teletext *Ceefax* verabschiedete sich im Oktober 2012. Vier Wochen danach starb McIntyre im Alter von 85 Jahren. Sein Credo für den Teletext, das er uns Nachkömmlingen in der EBU hartnäckig einimpfte, war: „Indexing, Indexing!" Gemeint war die klare Struktur des Dienstes mit Kreuz- und Querverweisen. Denn nur, wenn die Nutzer sich in dem Angebot mit seinen meist acht Magazinen schnell zurechtfinden, macht das ganze Unternehmen einen Sinn.

Das Videotext-Studio von ARD und ZDF auf der IFA 1977

Rundfunkpionier Alfred Braun lässt sich Videotext erklären

Die gemeinsame Videotext-Redaktion von ARD und ZDF hatte ab 1977 auf jeder IFA ihren Platz

Besuch von Richard von Weizsäcker am Videotext-Stand auf der IFA

Ohne Technik kein Fernsehen

Für die IFA arbeiteten wir ab Mitte Juni 1977 mit den endlich eingetroffenen Geräten im Münchner Institut für Rundfunktechnik (IRT) auf dem Gelände des Bayerischen Rundfunks in Freimann. Mit der ganzen Befangenheit von Neulingen saßen die Kolleginnen und Kollegen am Keyboard – heute heißt das PC – und tippten auf den ungewohnten Tastaturen. Meist überrascht von ungewohnten Rückfragen des Computers wie „Sind Sie sicher?", wenn ein Text gelöscht werden sollte. Damals galt für selbstständiges Arbeiten: Wenn ich den Löschbefehl gebe, dann bin ich sicher. Heute wird bei jeder Gelegenheit von der künstlichen Intelligenz nachgefragt, oft verbunden mit fürsorglichen Ratschlägen.

Für die Präsentation während der IFA untertitelten wir im IRT etliche Beiträge – darunter Kennedys Rede während der Kuba-Krise 1962 und den ARD-Silvester-Clou *Dinner for One*. Vierzehn Tage vor Beginn der Funkausstellung am 26. August war die Videotext-Anlage in Berlin betriebsbereit, nach einem vorsichtigen Landtransport über die Transitstrecke durch die DDR nach Berlin. Denn das komplizierte technische Werk verlangt erschütterungsfreie Behandlung und eine klimatisierte Umgebung. Hätte der Digitalrechner mit der nüchternen Bezeichnung PDP-11 den Dienst versagt – eine mittlere Katastrophe wäre für uns eingetreten. Niemand bei ARD und ZDF war schadenfroh, als die Kollegen der *Bildschirmzeitung* des BDZV bald nach Ausstellungsbeginn die Überempfindlichkeit von Computeranlagen zu spüren bekamen. Ihr Gerät zeigte sich sperrig, manchmal stundenlang. Bei uns sorgte der allgegenwärtige Ingenieur Herbert Hofmann vom IRT für durchweg reibungslose Abläufe. Was wären Rundfunkjournalisten ohne die Technik?!

Rund 400 Seiten umfasste das erste Videotext-Programm während der zehn Tage der Funkausstellung 1977. Sie waren von dem 18-köpfigen Team im Auge zu behalten und zu aktualisieren, täglich, stündlich, mitunter „sekündlich". Aus medienpolitischen Gründen war SFB-Programmdirektor Erich Proebster auf die damals nützliche Idee gekommen, die Videotext-Seiten „Tafeln" zu nennen (um jede Ähnlichkeit mit Printprodukten zu vermeiden). Das ZDF hat sich inzwischen längst für den angebrachten Begriff „Seite" entschieden. Die ARD ist bei der Notbezeichnung „Tafel" geblieben. Lediglich der rbb spricht in seinem Videotext-Angebot sinnvollerweise von „Seiten". 1977 hatte die ARD/ZDF-Videotext-Redaktion ihren Sitz in einem gläsernen Studio auf dem Messegelände. Die BDZV-Truppe hatte ihr Domizil im Axel-Springer-Verlag an der Kochstraße und das Keyboard als Eingabeplatz auf der IFA. Eine Konstruktion, die sich wegen der Entfernung als ungünstig herausstellte. Auch in der Programm-Konzeption gab es Unterschiede zwischen Zeitungs- und Rundfunkteam. Die von den Verlegern berufene 33-köpfige Truppe unter Leitung von Claus Detjen konzentrierte sich auf die Berichterstattung aus Berlin – vielleicht, weil ihr Dienst nur auf dem Ausstellungsgelände zu empfangen war. Der harte Konkurrenzkampf in der Lücke war durchaus spürbar. Am Ausstellungsende lud die Verleger-Crew uns Rundfunkleute zu Bouletten, Bier und Wein ein. Die Schlacht ums Geschriebene im Fernsehen war fürs Erste geschlagen. Doch nach der Hitze des Gefechts wurde auch den beteiligten Journalisten klar, dass diese zehn IFA-Tage ein Nebenkriegsschauplatz der anhaltenden nationalen Fernsehfehde waren.

Videotext im bundesweiten Test

Nach der Funkausstellung von 1977 nahm eine gemeinsame Videotext-Redaktion in Berlin beim SFB den Testbetrieb auf. Im Sinne des medienpolitischen Friedens hatten die Rundfunkreferenten der Bundesländer dem BDZV eine Beteiligung zugestanden: Fünf überregionale Zeitungen konnten täglich für eine gesonderte Rubrik ihre Themen zuliefern. Die Luft war raus aus dem Lückenstreit. Deutlicher Sieger war der SFB. Durch den Erfolg bei der IFA '77 und mit dem Engagement des Intendanten Wolfgang Haus war es der kleinen Acht-Prozent-Anstalt gelungen, in Berlin alle Voraussetzungen für eine veritable Gemeinschaftseinrichtung sämtlicher ARD-Anstalten und des Zweiten Deutschen Fernsehens zu schaffen. Es gab keinen Zweifel mehr daran, wo eine ARD/ZDF-Videotext-Zentrale nach dem Ende der Versuchszeit ihren Sitz haben würde. Waren während der Funkausstellung die Minister Matthöfer (Forschung und Technologie) und Gscheidle (Post und Fernmeldewesen) und der betagte Rundfunkpionier Alfred Braun interessierte Gäste am Videotext-Stand gewesen, so kamen jetzt Medienexperten und Spitzenpolitiker scharenweise zu uns ins SFB-Fernsehzentrum.

Mit der nächsten Internationalen Funkausstellung startete Ende August 1979 auf der Grundlage einer Verwaltungsvereinbarung zwischen ARD und ZDF ein bundesweiter Videotext-Feldversuch. Zielrichtung war jetzt, die Nutzerzahlen zu erhöhen – das konnte nur in Zusammenarbeit mit der Geräteindustrie geschehen – und mit einer intensiven Begleitforschung die Akzeptanz des neuen Dienstes zu erkunden. Das mit meinem Freund und Kollegen Axel Buchholz (späterer Chefredakteur/Hörfunk beim Saarländischen Rundfunk, jetzt Honorarprofessor für Journalistik an der Gutenberg-Universität in Mainz) zur IFA 1979 veröffentlichte Taschenbuch *Revolution auf dem Bildschirm – Die neuen Medien Videotext und Bildschirmtext* tat sicherlich ein Übriges zur Steigerung der Popularität und des Bekanntheitsgrades von Videotext. Ein überaus wichtiger Faktor bei der Rezipientenwerbung für unseren Textdienst war die Idee, in der Anfang der 80er-Jahre noch fernsehfreien Zeit am Nachmittag den Videotext im TV-Programm der Bewegtbilder vorzustellen. *Videotext für alle* nannten wir die Sendung, in der ein Querschnitt durch das gesamte Angebot, Seite für Seite, gezeigt wurde. Untermalt von Musik aus Les *Parapluies de Cherbourg* von Michel Legrand. Zusammen mit der Kollegin und Synchronsprecherin Eva-Maria Miner sprach ich dazu den erläuternden Text. Für ein derart ungewöhnliches Fernsehprogramm, das zudem noch Werbecharakter hatte, war *Videotext für alle* über Monate ein überraschender Erfolg beschieden. Flankierend wurde der neue Dienst wiederholt in den Sonntagssendungen *Wir über uns* im Ersten vorgestellt.

Videotext-Werbung im Tagesprogramm

Blumen für den einmillionsten Videotext-Teilnehmer

Karrierestart beim Videotext

Die Nutzerzahlen stiegen von Monat zu Monat. Die Hersteller waren mit ihren Umsätzen zufrieden – zumal in den Nachbarändern, der Schweiz, den Niederlanden und Österreich, beinahe zeitgleich Teletext-Dienste an den Start gingen. Das Jahr 1982 war reif für eine erneute ARD/ZDF-Verwaltungsvereinbarung, mit der Videotext als Regeldienst eingeführt wurde. Der SFB war stolz: Sitz der nunmehrigen ARD/ZDF-Videotext-Zentrale war Berlin. Und der Weg war frei für regionale Videotext-Angebote der Landesrundfunkanstalten. Der Westdeutsche Rundfunk machte am 3. Januar 1983 den Anfang. Viele Fernsehgrößen machten in der Berliner VT-Zentrale die ersten Karriereschritte. Sogar ein veritabler Intendant war darunter: Tom Buhrow war in seinen ersten Rundfunktagen ein von uns geschätzter Kontaktmann zum WDR-Text. Der Westdeutsche Rundfunk hatte übrigens hellsichtig erkannt, in welche Richtung die gesamte Entwicklung ging. Ebenfalls am 3. Januar 1983 ging dort der *Computer Club* auf Sendung. Dreißig Jahre später kam es zu der nach und nach angestrebten technischen Zusammenführung des Fernsehens der bewegten Bilder mit dem Internet, dem digitalen Nachfolger von Videotext/Teletext.

Die Liste der heute mehr oder weniger Prominenten, denen in der ARD/ZDF-Videotext-Zentrale der Start in die Welt des Fernsehens ermöglicht wurde, ist lang. Hajo Seppelt, der ARD-Dopingexperte, gehört zu ihnen (sein Vater hatte vor ihm für den Dienst Schachprogramme geliefert). Der ZDF-Korrespondent Bernhard Lichte, die heutige Leiterin des RTL-Hauptstadtbüros Jutta Bielig oder die Chefin des Videotextes beim Saarländischen Rundfunk Marie-Luise Bersin zählen ebenso dazu wie Lothar Mikos, heute Medienprofessor an der Hochschule für Film und Fernsehen „Konrad Wolf" in Potsdam-Babelberg, oder Uwe Welz/Barann, Leiter des Play-Out-Centers beim rbb. Viele angehende Journalistinnen und Journalisten übernahm ich aus meinen Seminaren am Publizistischen Institut der Freien Universität. Etliche blieben, andere machten ihren Weg bei den Anstalten des öffentlich-rechtlichen Rundfunks oder beim Privatfernsehen wie Dagmar Henning beim ZDF oder Christof Johann bei einer TV-Produktionsgesellschaft in Hamburg. Dass unter den Praktikanten beim ARD/ZDF-Videotext auch der spätere Chefredakteur der Tageszeitung *DIE WELT*, Jan-Eric Peters, war, sei nicht nur am Rande erwähnt. Mit der Innovation Videotext war der SFB Anziehungspunkt für Jung und Alt im Journalismus geworden.

Den Anfang mit Videotext: WDR-Intendant Tom Buhrow

ZDF-Korrespondent Bernhard Lichte – Videotext als Karrierestation

Ehemals beim ARD/ZDF-Videotext: Jutta Bielig/RTL

Ein großartiger Helfer beim bundesweiten Videotext-Start: ARD-Programmdirektor Dietrich Schwarzkopf

In der ARD/ZDF-Videotext-Zentrale begann es – für den späteren *WELT*-Chefredakteur Jan-Eric Peters (links oben) und den heutigen Medienprofessor Lothar Mikos (rechts unten)

Erste Geige im EBU-Konzert

In hervorragender Ausgangslage galt es ab 1982, die Position sowohl im Kreise der ARD-Anstalten als auch international zu stärken. Dabei wurde der Videotext-Zentrale auch die starke Unterstützung der ZDF-Intendanten Karl-Günter von Hase und Dieter Stolte zuteil. In der ARD spielte Intendant Werner Hess mit seinem Fernsehdirektor Hans-Werner Conrad als ARD-Vorsitzender während der Funkausstellung 1977 eine wichtige Rolle. Seine Justitiare Wolfgang Lehr und Klaus Berg, die beide nacheinander Intendanten des Hessischen Rundfunks wurden, bleiben in der Videotext-Historie unentbehrliche Wegbereiter – ebenso wie zwei Programmdirektoren Deutsches Fernsehen: Dietrich Schwarzkopf und Günter Struve. Gleiches gilt für die Unterstützung im technischen Bereich – allen voran der stellvertretende Intendant und Technische Direktor des Süddeutschen Rundfunks Dietrich Schwarze. Mit ihm haben wir bei den regelmäßigen Fernseh-Symposien in Montreux zahllose Lorbeerkränze für die deutsche Teletext-Arbeit errungen. Wenn es um die medienpolitische Auseinandersetzung jener Jahre, um die Auslegung des Rundfunkbegriffs und das „Würzburger Papier" von 1975 geht, dann gebührt einem ARD-Vertreter Dank und Anerkennung: dem damaligen Justitiar und späteren Intendanten des Bayerischen Rundfunks Albert Scharf, zudem 18 Jahre lang als erster Deutscher Präsident der Europäischen Rundfunkunion. Hieran wird deutlich: Es gab auf allen nationalen und internationalen Ebenen hilfreiche Vernetzungen, die dem ARD/ZDF-Videotext und damit auch dem SFB zugutekamen.

Die schnell wachsende Beliebtheit von Videotext ließ sich hervorragend durch die Begleitforschung untermauern. In den beim Hessischen Rundfunk angesiedelten Magazin *MediaPerspektiven* veröffentlichte ich 1982 einen ersten umfassenden Beitrag Zur Akzeptanzforschung beim neuen Fernsehangebot Videotext/Teletext. Gleichzeit war das Interesse der Europäischen Rundfunkunion in Genf an unserer Arbeit geweckt. Die *Revue de l'UER* publizierte meine *Enquêtes d'audience sur le télétexte* und die inzwischen gebildete Konferenz der EBU-Teletext-Dienste berief eine Tagung zum Thema „Begleitforschung" ins irische Kilkenny ein, wo SFB und ARD/ZDF-Videotext eine wirkungsvolle Plattform bekamen.

Die Folge war 1989 meine Berufung zum Teletext-Koordinator der EBU. In dieser Funktion durfte ich 1995 eine EBU-Arbeitsgruppe leiten, die erweiterte Darstellungsformen von Teletext – den Level 2.5 – entwickelte, um die bisherige Lego-Grafik zu überwinden. Von epochaler Bedeutung war allerdings ein Jahr später unser *Code of Practice for an Electronic Programme Guide* (EPG). Dieser Code ist seither Grundlage sämtlicher Text-Programminformationen in den Mitgliedsstaaten der Europäischen Rundfunkunion. Mitglieder der EPG-Arbeitsgruppe waren übrigens Peter Weitzel von der BBC, Norman Green vom britischen Privatfernsehen ITC, der langjährige Chef des niederländischen NOS Teletekst Frans Collignon, der norwegische Untertitel-Experte Rolliv Solholm und Uwe Welz/Barann aus der Berliner Zentrale.

Ab 1980 waren Telekommunikationssysteme auf allen fünf Kontinenten auf dem Vormarsch – von der Elfenbeinküste bis Japan, von der Sowjetunion bis Australien. Im europäischen Ausland liefen erste Versuche in den skandinavischen Ländern, in den Niederlanden und der Schweiz. In Österreich strahlte der ORF-Teletext zunächst allgemeine und programmbezogene Informationen aus. Sehr zur „Verwunderung und Verärgerung" von Wirtschaft und Zeitungsverlegern, bei denen diese Entscheidung des ORF-Generalintendanten Gerd Bacher auf heftigen Widerspruch stieß. Neben der BBC entwickelte sich der kommerzielle Teletext der SRG in Biel und der ORF-Teletext sehr bald zu unseren engsten Gesprächs- und Kooperationspartnern. In Biel war der Textchef Hugo Marty mit seinem von der *Solothurner Zeitung* gekommenen Stellvertreter Niklaus Stuber sehr bald wichtigster Partner des EBU-Koordinators in allen Programmfragen. Gleiches galt für Peter Nidetzky als Leiter beim ORF-Teletext (hierzulande wahrscheinlich besser bekannt als Wiener Partner in Eduard Zimmermanns ZDF-Sendung *Aktenzeichen XY... ungelöst*). Gemeinsam gelang es uns, bei den Inhalten aller Dienste gewisse Marken zu setzen – zum Beispiel die Nachrichten bei allen Diensten im Magazin 1 oder die Programmbegleitung einheitlich im Magazin 3 zu platzieren. Bei alldem blieben die französischen Kollegen meist außen vor. Frankreich hatte für seinen Textdienst mit „Antiope" eine Bezeichnung aus der griechischen Mythologie gewählt, sich zugleich aber auf Anordnung höchster Stellen in Paris für ein anderes technisches System entschieden. Es war offenkundig, dass die Franzosen keine Technik übernehmen wollten, die in Großbritannien entwickelt worden war. Ähnlich beharrlich waren sie bei allen unseren Sitzungen in Genf: Der französische Teletext-Kollege konferierte als Einziger ausschließlich in seiner Muttersprache. „Antiope" konnte sich nicht durchsetzen, weil es erkennbar allzu aufwendig war. Seine Flexibilität, die es gestattete, auch Texte in nicht lateinischen Schriften auszustrahlen, war zugleich der größte Nachteil, weil viel zu kostspielig auf der Senderseite und bei den Geräten.

Selbst die Staaten der Arabischen Liga verfielen bei ihrer Suche nach einem für arabische Schriftzeichen geeigneten Teletext-System nicht auf „Antiope". Bei ihrem im September 1985 nach Tunis einberufenen „Broadcast Teletext Symposium" hielten der BBC-Kollege und ich flammende Reden für die britische Technik. Wie sich herausstellte, war das durch die EBU-Entwicklung höherer Teletext-Levels durchaus realitätsbezogen. Gefährlich war nur unser Aufenthalt in Tunis in einem Luxushotel am Mittelmeer-Strand. Was wir aber nicht ahnten, obwohl das damalige Hauptquartier der „Palästinensischen Befreiungsorganisation" (PLO) mit Yassir Arafat in unmittelbarer Nähe lag. Wenige Tage später wurde das Hauptquartier bei der Operation „Wooden Leg" am Morgen des 1. Oktober 1985 von der israelischen Luftwaffe bombardiert. Arafat war zu diesem Zeitpunkt nicht in Tunis. Unter den 60 Todesopfern waren überwiegend PLO-Mitglieder. Die israelische Luftwaffe gab an, dass es sehr große Mühe gekostet habe, zivile Opfer zu vermeiden. PLO und die tunesische Regierung hielten trotzdem an ihrer Darstellung fest, dass auch Zivilisten unter den Opfern waren.

Selbst Warschauer Pakt und COMECON wurden vom Videotext/Teletext aus dem Fernsehschlaf geweckt. Im freizügigen Budapest des ungarischen „Gulasch-Kommunismus" musste der Teletext-Koordinator der EBU den nicht immer linientreuen Text-Redakteuren des Fernsehens die Funktionsweise und Besonderheiten des neuen TV-Angebots erklären. In Berlin-Adlershof begannen die zarten Anfänge eines Videotext-Dienstes der DDR. Selbst die Oberen des DDR-Fernsehens und Manfred von Ardenne (Forschungsinstitut Dresden) gaben sich auf der Funkausstellung in Berlin am Stand der ARD/ZDF-Videotext-Zentrale die Ehre. Bis heute leitet Ullrich Nicklisch, einer der ersten Textredakteure in Adlershof, den rbb-Text.

Videotext-Wegbereiter: HR-Justitiar und -Intendant Wolfgang Lehr

Lehr-Nachfolger Klaus Berg

Korrekte Rechtschreibung – vor dem Videotext ungewohnt für Rundfunkjournalisten

SFB-Intendant Wolfgang Haus startet den bundesweiten Videotext von ARD und ZDF

VT-Untertitel – willkommene Hilfe für Hörbehinderte

Mit den EBU-Aktivitäten kam sogleich der Ursprung von Teletext wieder zu Ehren: die Untertitelung von Fernsehsendungen. Hier steigerten ARD und ZDF fortlaufend ihr Angebot. Im Austausch mit den Vertretern der Interessenverbände von Hörgeschädigten versuchten wir herauszufinden, mit welchen Mitteln und Methoden wir auf die Bedürfnisse dieser Behindertengruppe eingehen konnten. Parallel dazu war immer die Zeichensprache im Spiel – heute eine Selbstverständlichkeit bei Politikerreden in aller Welt oder bei der Ausstrahlung des ZDF-*heute-journals* auf Phoenix. Vorbehalte gegen die Zeichensprache gab es anfangs wegen der unterschiedlichen Dialekte, die es seltsamerweise bei diesem Verständigungsmittel gibt. Sinnvoll ist für das Fernsehen, wie die Erfahrung gelehrt hat, die Kombination von Zeichensprache und Untertitelung. Zumal mit fortschreitender Technik das von uns seit den 80er-Jahren beharrlich angestrebte Ziel erreicht wurde, Sprache – etwa die Reportage eines Fußballreporters – direkt in geschriebenen Text auf dem Fernsehbildschirm zu verwandeln. Mit intensiver EBU-Beteiligung hatten für all diese Entwicklungen im Dienste behinderter Menschen internationale Teletext-Kongresse 1985 im kanadischen Ontario und in den Folgejahren in Österreich die wesentlichen Voraussetzungen geschaffen.

Die zunächst etwas ungläubige Frage „Was bringt Videotext?“ stand naturgemäß von Anfang an im Vordergrund. Beeindruckend waren die Nachrichten ohne Redaktionsschluss in einer Zeit, da Nachrichtensendungen ihre festen Sendezeiten hatten. Ohne das laufende Fernsehprogramm zu unterbrechen, konnten die neuesten Meldungen jederzeit abgerufen werden. Wer spätabends nach Hause kam, musste nicht mehr auf die nächsten Nachrichten im Hörfunk oder im Fernsehen warten. Darüber hinaus gab es mit Videotext plötzlich eine aktuelle Programminformation, die im Magazin 300 die Sendungen von ARD und ZDF begleitete. Die Anrufe bei der Zeitansage der Bundespost gingen spürbar zurück, weil Videotext das Datum und die Uhrzeit mitlieferte. Ähnliches galt für die Wetteraussichten, die wir sehr bald auf eine Sieben-Tage-Vorschau erweiterten. In den 80er-Jahren noch eine totale Neuerung. Da saß vor mir in meinem Büro auf dem altbackenen, von mir ererbten Sofa des früheren Verwaltungsdirektors der Meister der Comedians und bedankte sich überschwänglich für die Hilfe, die wir ihm mit unserer Wettervorhersage leisteten: Rudi Carrell, ein Videotext-Fan. Er musste planen für seine Sendungen. Da spielte die Wetterlage eine wichtige Rolle. Mit unserer Vorschau hatten wir ihm eine Sorge abgenommen. Das war nicht zuletzt der Kooperation mit einem jungen Schweizer Meteorologen in Appenzell zu danken: Jörg Kachelmann. (Den in späteren Jahren – gottlob – zwei Frauen, die Gerichtsreporterinnen des *SPIEGEL* und der *ZEIT*, vor Unheil und

Ungerechtigkeit bewahrt haben.) Nach meinem Besuch bei ihm zur Vereinbarung unserer künftigen Zusammenarbeit gab er mir einen halben Appenzeller Käse mit auf die Rückfahrt. Wir verstauten das gute Stück im Kofferraum meines Autos. Zurück in Berlin dauerte es Wochen, bis der herzhafte Geruch von Kachelmanns Appenzeller sich verflüchtigt hatte. Prominente VT-Nutzer gab es übrigens schon in den Anfängen reichlich. Reinhard Mohn (1921–2009), Chef der Bertelsmann AG, war einer von ihnen. Solche Anhänger des Videotext-Dienstes waren eine ausgezeichnete Hilfe beim täglichen Bemühen um Akzeptanz. Als wir 1992 mit ARD-Programmdirektor Dietrich Schwarzkopf, mit Peter Voss aus der ZDF-Chefredaktion und dem SDR-Direktor Dietrich Schwarze in Berlin den zehnmillionsten Videotext-Teilnehmer begrüßen konnten, wussten wir: Wir sind über den Berg – der ARD/ZDF-Videotext hat seinen Siegeszug angetreten.

Mit dem neu eingerichteten „Saartext" des Saarländischen Rundfunks begleitet der ARD/ZDF-Videotext im Januar 1990 die Landtagswahl im Saarland. Links im Bild Marie-Luise Bersin, die Leiterin von „Saartext".

Hilfe für Hörbehinderte: die VT-Untertitel zur 20-Uhr-*Tagesschau*

33. Frohe Feste: der SFB und der Berliner Presseball

Vom Palais am Funkturm übers ICC in die Staatsoper

Der JVB (Journalisten-Verband Berlin) war in Westberlin eine einflussreiche Organisation, die sogar SFB-Intendanten stürzen oder auf den Thron heben konnte. Über Jahre war Herwig Friedag, Leiter des SFB-Zeitfunks und unter Lothar Loewe Berater in der Intendanz, JVB-Vorsitzender. Schatzmeister des Journalisten-Verbandes war *Abendschau*-Chef Harald Karas, der mit dem JVB dafür sorgte, dass für Verbandsmitglieder aus der Teilstadt am Bodensee, im Harz und später sogar im schweizerischen Grindelwald Ferienhäuser zur Verfügung standen. Die JVB- Tochtergesellschaft „Tag der offenen Tür" veranstaltete Jahr für Jahre eine Lotterie mit Scheckheften, bei der als Hauptgewinn jeweils ein „Traumhaus" ausgeschrieben war. Mit den Einnahmen aus dieser Lotterie wurden der Bildungsverein (der die renommierte Journalisten-Schule unterhielt, aus der viele namhafte Kolleginnen und Kollegen von Judith Hermann bis Normen Odenthal hervorgegangen sind) und der Sozialfonds, der den jährlichen Berliner Presseball veranstaltete, finanziert – das Westberliner Ballereignis neben dem Filmball und dem ADAC-Ball (die es beide nicht mehr gibt).

Ein weiteres Highlight unter den imagefördernden Veranstaltungen des JVB war das jährliche „Spargelessen" – erst im Hotel Kempinski am Kurfürstendamm, nach der Wende im Hotel Adlon. Die 16 „Spargel-Reden", die Eberhard Diepgen in seiner Zeit als Regierender Bürgermeister vor den Journalisten und der versammelten Polit-Prominenz im „Kempi" hielt, sind 2003 in Buchform erschienen. Zu den herausragenden Auftritten im Adlon gehörten Jürgen Beckers faktenschwere und überwältigend satirische *Mitternachtsspitzen*-Story von Konrad Adenauers Tricks, mit denen er sein Bonn zur Bundeshauptstadt machte, und ein lehrreicher Vortrag von Götz Aly über die Finanz- und Wirtschaftspolitik des NS-Regimes.

Palais am Funkturm und Bonner Beethovenhalle

Bevor mir ab 1999 selber die Ehre zuteilwurde, Jahr für Jahr als Gastgeber und Begrüßungsredner den Berliner Presseball zu eröffnen, gab es stürmische Erlebnisse als SFB-Reporter im Palais am Funkturm und in der Bonner Beethovenhalle beim Bundespresseball. Ein Reporterauftrag für den Berliner Presseball war heiß begehrt. Der Smoking wurde geliehen. Die Aussicht auf einen tollen Tombola-Gewinn steigerte den Drang, gegenüber unterm Funkturm mit dem Mikrofon die Prominenz aus Berlin und Bonn inspizieren zu dürfen. (Meine Tombola-Gewinne beschränkten sich in all den Jahren auf eine Autoantenne und einen Goldbarren.) Nach der Bekanntgabe der Tombola-Hauptgewinne löste sich die Gesellschaft meistens auf – bis auf die Hartnäckigen, die „bis früh um fünfe" das Tanzparkett malträtierten. Doch zuvor ging die Post ab und war der Bär los im Palais am Funkturm.

Intendant Franz Barsig brachte, wann immer es möglich war, den betagten Robert Stolz (1880–1975/*Im Prater blüh'n wieder die Rosen*) beim Presseball unter. Der dirigierte auch mit 90 Jahren noch das Ballorchester (und starb übrigens kurz vor seinem 95. Geburtstag in Berlin). Mir fiel, als Stolz dirigierte, die Aufgabe zu, Udo Jürgens bei der mitternächtlichen SFB-Live-Übertragung am Mikrofon auszufragen. Sehr angenehm, sehr aufschlussreich – zumal Jürgens gleich im Vorgespräch einen Diskurs über die Attraktivität der anwesenden Frauen startete, bis wir von den hellen, durchdringenden Tönen der zierlichen Mireille Mathieu aufgeschreckt wurden, die ihren Auftritt hatte.

Meine Presseball-Erinnerungen im Palais am Funkturm schließen Anfang der 70er-Jahre meine einzige, von mir provozierte Kontroverse mit einem RIAS-Kollegen ein. Alle halbwegs prominenten Journalistinnen und Journalisten Westberlins wurden vom JVB aufgefordert, einen Beitrag für den Presseball-Almanach zu schreiben. Mein Auftrag lautete: Lord Knud *(Okidoki!)*, der an jedem Samstag die RIAS-Sendung *Evergreens à Go-Go* (und übrigens auch die *Schlager der Woche* in der Nachfolge von Fred Ignor) moderierte. Die oft derben Witze in dieser Sendung lieferten ihm – was ich damals nicht wusste – Texter wie der von mir hochverehrte Programmdirektor Herbert Kundler und Wolfgang Neuss. (1986 trennte sich der RIAS wegen eines sexistischen Witzes von Lord Knud.) Frei von der Leber weg kritisierte ich auf satirische Weise die oft frauenfeindlichen Moderationen von Lord Knud und seine politische Nähe zu Franz Josef Strauß. Ansichten, von denen ich bis heute nichts zu widerrufen habe. Nur – einen Funkkollegen in aller Öffentlichkeit bloßzustellen und in die Pfanne zu hauen, das ist weder kollegial noch besonders passend. Einziger Trost: Lord Knud hat in einer seiner nächsten Sendungen auf recht brutale Weise zurückgeschlagen. Presseball-Schnee von gestern.

Weitaus erfreulicher dagegen war der Abstecher zum Bundespresseball in Bonn am 6. November 1970. „Bonnjunktur" lautete das Motto des Balles mit einem Hundertmarkschein auf der Titelseite des Almanachs. Die ZDF-Kollegin Fides Krause-Brewer und ich erhielten den Auftrag, für den ARD-Hörfunk live und bundesweit aus der Beethovenhalle zu berichten. Willy Brandt war Kanzler („Wir stehen nicht am Ende unserer Demokratie, wir fangen erst richtig an!" –

Text auf Seite 5 des Almanachs), Walter Scheel war Außenminister, Karl Schiller Wirtschaftsminister und die 23-jährige Heide Rosendahl vor ihren Goldmedaillen bei Olympia 1972 „Sportlerin des Jahres“ (was wir auf der Bühne der Beethovenhalle zum viel beachteten Thema machten). Und einer war 1970 unter den Ballgästen, der dynamisch in den Startlöchern scharrte: Helmut Kohl, seit einem Jahr Ministerpräsident von Rheinland-Pfalz. Das Interview mit ihm und seiner Ehefrau Hannelore verlief äußerst harmonisch und der Ballatmosphäre angemessen – bis ich nach dem Gespräch durch eine ungeschickte Bewegung mit dem Mikrofon das Weißweinglas von Hannelore Kohl umstieß und der Inhalt sich auf ihr Ballkleid ergoss. Zum Glück kein Rotwein, doch mir war das ungeheuer peinlich und Frau Kohl reagierte unaufhaltsam im höchsten Maße entrüstet. Der Herr Ministerpräsident winkte ab, versuchte erst zu begütigen und suchte dann das Weite. Bloß keinen Zoff mit Journalisten! Kohl wusste – zumindest 1970 –, was und wer für eine Politikerkarriere nützlich ist.

2003: kein Platz für Ball und SFB

In Berlin-West standen die Pressebälle des JVB so lange im strahlenden Licht der Öffentlichkeit, wie die Teilstadt das Prunkstück der westlichen Welt war. Die JVB-Vorsitzenden Herwig Friedag (SFB), Hanns-Peter Herz (ehedem RIAS) und Lutz Krieger (Deutschlandfunk) konnten Staatsgäste aus aller Welt und stets den jeweiligen Bundespräsidenten mit seiner Gattin beim Ball begrüßen. Der SFB übertrug das Ballgeschehen regional und bundesweit, solange die Spitzen des JVB aus dem Sender Freies Berlin kamen. Nicht jede/r konnte sich die kostbaren Eintrittskarten für den Ball leisten. Daher machten es zahlreiche Berlinerinnen und Berliner so wie das Ehepaar Elke und Christoph mit ihren Familien im Bezirk Reinickendorf. Am Ballabend zogen sie sich fein an, öffneten eine Flasche Sekt und verfolgten vor dem Fernsehgerät die Ballübertragung des Senders Freies Berlin. In den 90er-Jahren, als die Idee eines vereinten Europa neuen Auftrieb erhielt, wurde der Name in „Europäischer Presse- und Funkball Berlin“ umgetauft und jedes Jahr ein europäisches Land in den Mittelpunkt gestellt, das sich als Sponsor an der Veranstaltung beteiligte. Die Showgäste – von Lionel Hampton über ESC-Sieger Johnny Logan und Gilbert Bécaud bis zum Opernstar Lucia Aliberti und Gina Lollobrigida – spiegelten dieses europäische Kaleidoskop der Kultur und der Zusammengehörigkeit bis hin zum Jahr der Euro-Bargeld-Einführung 2002, als EU-Kommissionspräsident Jacques Santer Ehrengast war. Er gesellte sich in eine Reihe mit dem finnischen Staatspräsidenten und UN-Friedensvermittler Martti Ahtisaari, den Präsidenten-Gattinnen Christiane Herzog und Christina Rau und dem polnischen Präsidenten Aleksander Kwasniewski, der sich mit seinem Freund und Kanzler Gerhard Schröder und dessen neuer Ehefrau Doris Köpf beim Ball 2001 ungezwungen amüsierte.

Im Januar 1980 fand der erste Presseball im neu eröffneten *Internationalen Congress Centrum* (ICC) statt. In einer Atmosphäre, die immer einen Hauch von Raumschiff verbreitete, und mit Rolltreppen, die so manches Ballkleid auf dem Gewissen hatten. Der SFB zog mit und intensivierte seine Berichterstattung rund ums Ballgeschehen sogar noch. 2002 dann der Umzug in die Staatsoper Unter den Linden, die Friedrich der Große einst für solche Ereignisse hatte bauen lassen. Im Mittelpunkt: Italien – mit Gina Lollobrigida und dem Kollegen und damaligen *Tagesspiegel*-Chefredakteur Giovanni di Lorenzo als Festredner. 2003 folgte in der Staatsoper ein rauschendes Rosenfest, als Lateinamerika Partner war, Mexikos Präsident Vicente Fox live eine Videobotschaft in die Staatsoper sendete und Ecuadors designiertes Staatsoberhaupt Lucio Gutiérrez nach Berlin kam. Besonders angenehm war es in dieser Ballnacht, den chilenischen Botschafter und Schriftsteller Antonio Skármeta als Tischnachbarn zu haben. Der SFB war live mit einer Reporterriege dabei und es war wohl der schönste Ball, den der Berliner Journalisten-Verband jemals veranstaltet hat.

Es wäre nun fahrlässig und übertrieben zu behaupten: Es war zu schön – das barg Gefahren und rief Gegner auf den Plan. Es war die Zeit, da sich der Politikbetrieb von Bonn nach Berlin verlagerte und mit ihm der Bundespresseball – professionell organisiert von Alfred Gertler – an die Spree zog. In Konkurrenz mit dem Bundespresseball zu treten, war sinnlos und kontraproduktiv. Der Versuch einer Kooperation hatte einen vielversprechenden Anfang, wurde aber im Berliner Verband, der nun kein reiner Westberliner Verband mehr war, in einer Stadt, die von SPD und PDS regiert wurde, torpediert. Etliche JVB-Funktionäre forderten, doch lieber wie in DDR-Zeiten ein sommerliches Pressefest zu veranstalten. Hinzu kamen die fehlgeschlagenen Bemühungen um eine Fusion von Berlin und Brandenburg, die auch den Journalisten-Verband heftig erschütterten. Am Ende gab (und gibt) es in der Region drei Journalisten-Verbände, die wie die Königskinder zueinander nicht finden können. Ausschlaggebend für den Untergang des Berliner Presseballs, der sich nach der Staatsoper noch im Hotel Ritz-Carlton am Potsdamer Platz etablierte, war jedoch ein kapitales Missverständnis, gegen das anzukämpfen erfolglos war, weil es mit allen uns erst heute aus dem politischen Geschäft bekannten Mitteln betrieben und geschürt wurde. Die zwei Bälle in der Staatsoper hatten jeweils ein – beabsichtigtes – Defizit zwischen 150.000 und 200.000 Euro erbracht. Beabsichtigt deshalb, weil Summen in sechsstelliger Größe auf den Konten des Sozialfonds lagen und die Finanzbehörden drohten, die Gemeinnützigkeit zu entziehen. Die Idee eines Hauskaufs für den Verband hatte sich zerschlagen (dafür war die ungenutzt lagernde Summe übrigens zu gering),

Urlaubsunterkünfte im Bundesgebiet für die eingemauerten Westberliner Journalisten waren nicht mehr gefragt – also bot ein glanzvoller Presseball die beste Gelegenheit, dem Verlust der Gemeinnützigkeit zu entgehen. In der Verbandsöffentlichkeit und in der Stadt wurde nur der (falsche) Eindruck von Misswirtschaft und Verschwendung gepflegt und kolportiert. So starb der alte Presseball im Jahr 2003 zeitgleich mit dem SFB. Bis der Berliner Tausendsassa Mario Koss – Autor, Komponist, Produzent und 1994 Erfinder der *Shape CD* – 2016 den risikoreichen Versuch eines Neuanfangs im Hotel Maritim machte, der zur Überraschung aller gelang. Seitdem sieht der totgeglaubte Berliner Presseball neuen Zeiten entgegen – vielleicht eines Tages auch wieder mit einer Live-Berichterstattung im öffentlich-rechtlichen Rundfunk.

34. Leute – Begegnungen mit Schöpfergeistern

Interviews und Illuminationen

„Ach, Ihr Notizblock wäre ich gern gewesen", schrieb mir eine freundliche Beobachterin, als ihr klar wurde, mit wem alles ich während meiner Presse-Funk-und-Fernseh-Arbeit die Ehre hatte zusammenzutreffen. Bei der Rückschau fällt auch mir aus Verlegenheit nur die Erkenntnis des spanischen Dramatikers Calderón de la Barca ein: „Das Leben – ein Traum".

Es begann mit Walt Disney bei den Berliner Filmfestspielen im Sommer 1958. Als Ullstein-Volontär stürzte ich auf ihn zu, wurde von seinen Bodyguards gepackt, aber von Disney zuvorkommend herangewinkt: „Sie sind Schauspieler und möchten eine Rolle?" Vielleicht wären meine Karriere und mein Leben völlig anders verlaufen, wenn ich in diesem Moment mit „Yes" geantwortet hätte. Doch ich wollte ein Interview und bekam es. Weniger dramatisch war im gleichen Jahr die Begegnung mit Mario Lanza, der im Sankt-Michaels-Heim im Grunewald mit Johanna von Koczian *Serenade einer großen Liebe – For the first time* drehte. Es war wohl Sympathie auf den ersten Blick – zwischen dem 37-jährigen Wundertenor und dem 19-jährigen Reporter. Wir gingen sogar noch zu „Hühner Hugo" am Kurfürstendamm Ecke Wilmersdorfer Straße, um eine Bockwurst zu essen. („Eine" galt nur für mich. Bockwurst war eine der großen gesundheitsgefährdenden Schwächen des Schlemmers Lanza, der ein Jahr später starb.)

Zwischen den Begegnungen und Interviews mit Disney und Lanza lagen zwei Wochen Schule des Lebens in den CCC-Studios von Artur Brauner in Berlin-Spandau. Der aus den USA heimgekehrte Fritz Lang führte dort Regie bei den Innenaufnahmen für *Das Indische Grabmal* und *Der Tiger von Eschnapur*. An Langs Seite der Kameramann Richard Angst, bekannt durch die Filme *Hokuspokus*, *Ich denke oft an Piroschka*, *Das Wirtshaus im Spessart* und *Wir Wunderkinder*. Später eröffnete Angst in Berlin-Moabit sein Restaurant „Provinz", wo der SFB-Personalrat unter meinem Vorsitz in einem Hinterzimmer gern Klausursitzungen abhielt. Die zwei Wochen mit Lang und Angst waren – ohne dass mir das damals schon bewusst war – prägend für meine Einstellung, meine künftige berufliche Hingabe und meine Liebe zu Schauspiel, Film und Theater.

Jean Gabin und Maria Callas (die ich trickreich im Fahrstuhl des neuen Hilton-Hotels an der Budapester Straße zu einem Interview überredete) kamen nach Westberlin. Doch der April 1960 war und blieb im Kapitel „Begegnungen" ein Höhepunkt. Marlene Dietrich kam zurück in ihre Heimatstadt und trat mit ihrem Arrangeur, Pianisten und damaligen Lebensgefährten Burt Bacharach im

Titania-Palast auf. „Marlene go home“ stand auf einigen Transparenten, als sie zur Eintragung ins Goldene Buch zu Willy Brandt ins Rathaus Schöneberg ging. Die gleiche Gruppe von rechtsgerichteten Demonstranten fand sich am Abend wieder vor dem Titania-Palast ein. Marlene liebte ihre Geburtsstadt, in der sie begraben werden wollte, und als ihr vor dem Rathaus Schöneberg eine ältere Berlinerin mit den Worten „Woll'n wir uns wieder vertragen?“ die Hand reichte, brach sie in Tränen aus. Ansonsten lautete Marlenes Antwort bei Pressekonferenzen zu allen Fragen, wie sie die Trennung von Berlin und Deutschland verarbeitet habe: „Landgraf, werde hart!“ Marlenes Berliner Tage 1960 wurden für mich und meinen Fotografenkollegen Klaus Bier zu einem riesigen journalistischen Erfolg – allenfalls übertroffen von unserer Berichterstattung über den Flüchtlingsstrom aus der DDR vor dem Mauerbau 1961. Marlene hatte fraglos auch eine Schwäche für junge Männer. Ungeachtet ihrer vertraglichen Bindungen durften wir fotografieren und interviewen. Die internationale Nachfrage und die Abnahme unserer Produkte waren beispiellos.

Im Überschwang: Hannelore Elsner (1942–2019)

Jeder von uns macht sich im Laufe seines Lebens gewollt oder ungewollt ganz überflüssige Gedanken unter dem Skriptum „Was wäre – wenn?“. Also: Was wäre geschehen, wenn ich Walt Disney 1958 um eine Filmrolle gebeten hätte? Oder: Hätte ich Ulrike Meinhof 1967 in ihrer Dahlemer Wohnung in der Goßlerstraße vom Ritt in die RAF-Hölle abhalten können? Ähnlich ist es bei der Erinnerung an eine Schauspielerin, die mir 1959 als 17-Jährige in den CCC-Studios bei der Berichterstattung über den Film *Freddy, die Gitarre und das Meer* über den Weg lief. Zusammen mit einigen anderen kaum bekannten „Sternchen“ (ich erinnere mich nur noch an Beate Hasenau, die in unserer kleinen Gesprächsrunde ebenfalls dabei war). Meine ganze Faszination und die damit verbundene Sprachlosigkeit galten jedoch der Schönheit dieser 17-jährigen. Der Normalfall ist eine hinlängliche Enttäuschung, wenn du einer ungeschminkten Schauspielerin (oder einem Schauspieler) im „ganz normalen Leben“ begegnest. Bei dieser dunkelhaarigen jungen Frau war das anders. Sie überstrahlte alles – und nur ich schien das zu bemerken (was meine Unsicherheit und meine Sprachlosigkeit nur noch verstärkte). Daher: Was wäre geschehen, wenn ...

Ihr Name war Hannelore Elsner und (wiederum in der Rückschau mit den in sechs Jahrzehnten gesammelten Erfahrungen) es gab nur ein Motto für diese Frau und ihr Leben: *Im Überschwang* – so überschrieb Hannelore Elsner 2011 ihre Autobiografie. Nix für Spießer und Krämerseelen, auch wenn Alice Schwarzer sie mit einem Bodensatz an ideologischer Besessenheit in *EMMA* porträtiert hat. Hannelore Elsner war ein Schauspielgenie auf der ständigen Suche nach dem Sinn dieses Daseins – mit allen Erfahrungen des Suchens, des Findens und des Verlierens. Ein Guru, ein Hellseher, ein Spökenkieker würde behaupten: All das stand dieser 17-Jährigen schon damals im CCC-Studio ins schöne Gesicht geschrieben. Ihr Leben musste turbulent werden – in dieser Einsicht bewahrte ich 1959 erste Begegnungen mit dieser ungewöhnlichen Person in Herz und Seele.

Hannelore Elsner aus Burghausen an der Salzach war als 16-Jährige durch den türkischen Regisseur Halit Refig zum Schauspiel gekommen. Sie heiratete zunächst den Berliner Mimen Gerd Vespermann, dann den Regisseur Alf Brustellin. Aus einer Verbindung mit dem Jahrzehnte später bei der *MeToo*-Kampagne ins Gerede gekommenen Regisseur Dieter Wedel entstammt ihr 1981 geborener Sohn. Es folgten eine Ehe mit dem Verlagsleiter Uwe B. Carstensen sowie Lebensgemeinschaften mit dem Germanisten Günter Blamberger und dem Filmproduzenten Bernd Eichinger. Eine Abfolge, die bereits 1959 unvermeidlich schien – *im Überschwang*. Genauso wie ihre künstlerischen Erfolge vom Filmdrama *Die endlose Nacht* (1963 am Flughafen Tempelhof gedreht) über *Die Schwarzwaldklinik*, die Charakterrollen in *Die Unberührbare* oder *Mein letzter Film*, die ihr den Deutschen Filmpreis, den Deutschen Kritikerpreis und den Bayerischen Filmpreis einbrachten, bis zur ARD-*Kommissarin* und einigen *Tatort*-Folgen. Ein Jahr nach dem Tod von Hannelore Elsner hat der Hessische Rundfunk für April 2020 eine *Tatort*-Folge als ihre letzte abgeschlossene Fernseharbeit ins ARD-Programm gesetzt.

Zithertöne: Anton Karas und Graham Greene

„Heute bleibt die Küche kalt ..." Im Wienerwald-Restaurant an der Thielallee in Dahlem wartete Anton Karas mit seiner Zither. Der pfiffige Wienerwald-Gastronom Friedrich Jahn hatte die Popularität und die Erfolge von Karas geschickt ausgenutzt und seinen österreichischen Landsmann vor dessen Pensionierung 1966 noch einmal durch seine Restaurantkette geschleust. Papst Pius XII., Japans Kaiser Hirohito, das schwedische Königshaus und Königin Juliana der Niederlande hatten seinem Zitherspiel gelauscht und waren davon genauso begeistert wie Graham Greene und Regisseur Carol Reed, als sie ihn 1948 als idealen Musikanten für ihren Film *Der dritte Mann* in einem Wiener Heurigen-Lokal entdeckten. *Der dritte Mann* erhielt 1949 bei den Filmfestspielen in Cannes die „Goldene Palme", den *Grand Prix*. 1950 kürte die *British Film Academy* ihn zum besten Film des Jahres. Das *British Film Institute* proklamierte den *Dritten Mann* 1999 zum „größten britischen Film aller Zeiten". Eine Kinolegende des Dreigespanns Graham Greene (Autor), Carol Reed (Regie) und Anton Karas (Musik) – angereichert durch Orson Welles in der Rolle des Harry Lime. Greene und Welles haben bei den Dreharbeiten in Wien gemeinsam den berühmten Kuckucksuhr-Dialog geschmiedet, bei dem Lime/Welles nicht ganz faktengerecht sagt: „In den dreißig Jahren unter den Borgias hat es nur Krieg gegeben, Terror, Mord und Blut. Aber dafür gab es Michelangelo, Leonardo da Vinci und die Renaissance. In der Schweiz herrschte brüderliche Liebe, 500 Jahre Demokratie und Frieden. Und was haben wir davon? Die Kuckucksuhr!" Natürlich wurde an der Kuckucksuhr im deutschen Schwarzwald gebastelt. Doch Greene ging es vorrangig darum, den Nihilismus der Nachkriegsjahre darzustellen. Was ihm und seinen Mitstreitern in einmaliger Weise gelang.

Das von Anton Karas komponierte *Harry-Lime-Thema* eroberte sogleich die Charts. Drei Wochen nach Erscheinen des Films waren mehr als 100.000 Schallplatten verkauft. In den USA war die Zithermelodie 27 Wochen lang auf Platz 1 – in Großbritannien für einen Zeitraum von 25 Wochen. Deutschland und Berlin hinkten da etwas hinterher. Karas erzählte im Wienerwald, er habe die für diesen Film so passende Melodie bereits nach ein wenig Geklimper auf seinem Instrument gefunden. Aber die zwölf Wochen in den Londoner Studios der Korda-Brüder waren für ihn dafür umso anstrengender. Bei der Fertigstellung des Films musste Karas Tag für Tag mindestens vierzehn Stunden unter der unnachgiebigen Aufsicht des Regisseurs Reed seine Zither bearbeiten. Sein Kommentar im Nachhinein in der gemütlichen Atmosphäre des Hendl-Restaurants: „Sklavenarbeit".

„Der gefährliche Rand der Dinge"

Riesenaufregung herrschte in Berlin-West, als der ständige Nobelpreis-Kandidat, Britanniens Erfolgsschriftsteller Graham Greene *(Die Kraft und die Herrlichkeit)*, Ostern 1963 der Einladung der DDR-Gesellschaft für kulturelle Verbindungen mit dem Ausland folgte und Ostberlin besuchte. (Was ihn nicht daran hinderte, im damaligen Westberliner Hilton-Hotel – heute *Intercontinental* – zu residieren.) Am Brandenburger Tor besichtigte Greene die Mauer, unterhielt sich eine Stunde lang mit einem NVA-Hauptmann und trug sich anschließend ins Gästebuch der Stadtkommandantur ein. Greenes Antwort auf die Frage nach dem *Warum* („Ich wollte das westliche Lager durch das Fernglas betrachten, denn im Allgemeinen macht man es ja umgekehrt") reichte seinen Kritikern nicht. War Greene nicht ein enger Freund des enttarnten Spions Kim Philby und besuchte ihn immer noch in Moskau? Greene als ehemaliger Mitarbeiter des britischen Geheimdienstes MI6 – ein Kommunistenfreund? Tatsächlich war Greene, weil es in den 20er-Jahren an der Universität Oxford als modisch galt und er sich eine kostenlose Reise nach Moskau erhoffte, als Student vier Wochen lang Mitglied der britischen Kommunistischen Partei. Eine Mitgliedschaft, die ihm bis ans Lebensende die Einreise in die USA verwehrte.

Offiziell hatte Greene nach dem Zweiten Weltkrieg den MI6 verlassen. Ob er weiterhin für den Geheimdienst arbeitete, wird ein Rätsel bleiben. Vielleicht hielt er sich auch nur an das selbstverständliche Gebot für britische Staatsbürger, den Behörden alles zu berichten, was nach ihrer Kenntnis dem Land gefährlich werden könnte. Unstrittig und eindeutig war und blieb jedoch die lebenslange Haltung des Schriftstellers Greene, die viele seiner auf den ersten Blick unverständlich scheinenden Handlungen erklärt: „Unser Privileg ist die Illoyalität – aber ein Privileg, das die Gesellschaft niemals anerkennen wird." Für Greene hatte der Schriftsteller das Recht, ja das Vorrecht, auf dem schwarz-weißen Schachbrett der Meinungen und Anschauungen sowohl vom Standpunkt der schwarzen als auch vom Standpunkt der weißen Felder aus Partei zu nehmen. Ein Mauer-Lehrstück für das Berlin des Jahres 1963 und für alle Greene-Tüftler.

Leitmotiv für den katholischen Sozialrebellen Greene waren in seinem Leben und in seinen Werken die Verse seines Lieblingsdichters Robert Browning unter dem Titel *The Dangerous Edge of Things – Der gefährliche Rand der Dinge*. Für Greene war unumstößlich: „Uns geht nur *der gefährliche Rand der Dinge* etwas an – der schmale Grat zwischen Loyalität und Illoyalität, Treue und Untreue, den Widersprüchen der eigenen Seele, dem Paradoxon, das man in sich trägt ... Alles ist paradox, und das ist es, was mich interessiert." Schwere literarische Kost, aber nicht zu schwer für das Westberliner Publikum jener Jahre. Als der 80. Geburtstag Greenes am 2. Oktober 1984 bevorstand, rief ich Herbert Kundler, den Programmdirektor und damals amtierenden Intendanten des RIAS, an und überredete ihn zu einem Stunden-Feature über Greene. Unsere Bemühungen im SFB um eine längere Fernseh-Dokumentation waren gescheitert. Ich glaube, weil der Bayerische Rundfunk uns mit Dagobert Lindlau und Hans Lechleitner, die sich dann beide an dem Thema heillos zerstritten, zuvorgekommen war. Erst im Oktober 1995 konnte ich im Programm von ARTE bei einem Themenabend den *gefährlichen Rand der Dinge* in einer 30-Minuten-Dokumentation präsentieren.

Als Mitglied und Referent bei den jährlichen Festivals der Graham-Greene-Gesellschaft in Greenes Geburtsort Berkhamsted galt ich den Briten wohl durch meine Bekanntschaft zu dem schwer zugänglichen Schriftsteller und meine zahlreichen Greene-Beiträge in Zeitungen und Radiostationen als einziger deutscher Greene-Experte, nachdem es dem einstigen Greene-Spezialisten und NDR-Programmdirektor Dietrich Schwarzkopf in seiner nächsten Funktion als Programmdirektor Deutsches Fernsehen/ARD einfach an der notwendigen Zeit fehlte, um diesen Kontakt weiter intensiv zu pflegen.

Seit 1966 lebte Greene in einem Appartementhaus in Antibes, wenige Meter entfernt vom alten Hafen. An seinem 85. Geburtstag meditierte er, er habe seine Freunde „leicht überlebt". Sehr alt werden, hieß für ihn, „das Land des Todes betreten, ohne zu sterben". So saß er denn oft in seinem Stammlokal „Chez Félix" am Hafen, trank Rotwein, aß sein Steak ohne Beilagen und plauderte mit Freunden, Besuchern oder Agenten, die seine Bücher auf allen Kontinenten vermarkteten. Hoch aufgeschossen, auch im Alter nicht gebeugt, mit strahlenden blauen Augen, war er ein unterhaltsamer, stets zu Scherzen aufgelegter Gesprächspartner. Mit einer besonderen Beziehung zu Deutschland und zu Berlin – durch seinen Bruder Hugh Carleton, der bis Kriegsausbruch 1939 Zeitungskorrespondent in Berlin und danach Chef des deutschsprachigen Dienstes der BBC war, und durch die Bombenangriffe der Luftwaffe auf London, nach denen sich Greene jeweils als Nothelfer engagierte.

Greenes Umzug 1966 nach Antibes hatte einen wichtigen Grund im Leben des niemals von seiner Ehefrau Vivien geschiedenen Schriftstellers: Yvonne Cloetta, eine verheiratete Frau, der er nahe sein wollte und die nach seinem Tod am 3. April 1991 sein Grab auf dem kleinen Friedhof von Corseaux am Genfer See pflegte. Sein Freund Padre Duran, der ihm die Sterbesakramente erteilte, berichtete, dass der verheiratete Katholik Greene 35 Jahre lang keine Beichte abgelegt habe: „Er lebte in der Todsünde, aber er glaubte."

Die Macht der Gewalt – Anthony Burgess (1917–1993)

Clockwork Orange (zu Deutsch: Uhrwerk Orange oder Uhrwerk Mensch) – der Film von Stanley Kubrick – hat ihn weltberühmt gemacht. Mit 45 Jahren hat Anthony Burgess den Roman *Clockwork Orange* geschrieben, 1971 wurde er verfilmt. Doch am liebsten wollte Burgess dieses Werk als „Jugendsünde" abtun. „Das Buch verfolgt mich, der Film verfolgt mich." Immer wenn die Sprache darauf kam, schien er verzweifelt, denn: „Meine anderen Bücher werden meist als weniger wichtig angesehen." Das Buch und der Film – eine Orgie sadistischer Gewalt. Mit dem Titelhelden Alex, der nur seine Lust befriedigen will und den Beethovens Musik in Rauschzustände versetzt oder zum Selbstmord treibt. Die Literatur- und Filmkritik hat vieles falsch gedeutet oder gar nicht verstanden. Anthony Burgess war wohl seiner Zeit zu weit voraus.*Clockwork Orange* war vor mehr als einem halben Jahrhundert nichts anderes als eine Abhandlung über „die gegenwärtige Natur des Menschen" und „das zunehmende Unsicherheitsgefühl in der westlichen Gesellschaft", dokumentiert durch Überfälle und Vergewaltigungen.

Zur 750-Jahr-Feier war Burgess 1987 nach Berlin gekommen. Im Hotel Steigenberger am Los-Angeles-Platz trafen wir uns. Ein wunderbar offenes Gespräch für eine erste Begegnung. Zwar war ihm der Rummel um *Clockwork Orange*, der ihn zum Millionär gemacht hatte, inzwischen sichtlich peinlich. Doch für die Uraufführung in Wien im Jahr 1988 hatte er gerade in deutscher Sprache eine Musicalfassung dieser Horrorgeschichte geschrieben. „Das war unbedingt notwendig, weil zu viele Pop-Gruppen inzwischen ihre eigenen miserablen Fassungen auf den Markt gebracht haben", war seine Begründung. Musical war ihm nicht fremd, denn er war Komponist (mit einem Klavierkonzert und drei Sinfonien). Die deutsche Sprache ebenso, denn er beherrschte als anerkanntes Sprachgenie neben seiner englischen Muttersprache und dem Deutschen noch Französisch, Italienisch, Spanisch, Malaiisch und wohl auch noch einige andere Idiome.

Hannelore Elsner

„Barfuß oder Lackschuh": Harald Juhnke (1929–2005)

Wer 1929 im Berliner Arbeiterbezirk Wedding geboren wird und dort aufwächst, zumal als Sohn eines Polizisten und einer Bäckerin, ist unweigerlich ein waschechter Berliner. Mit der „Berliner Schnauze“ und einem Hauch von Überheblichkeit, die in dem Satz „Uns kann keener!“ gipfelt.

Harald Juhnke vom Gesundbrunnen war solch ein lauter Berliner Typ, der 1948 mit 19 Jahren aufs Abitur verzichtete, um Schauspieler zu werden. Bei den ersten Filmangeboten interessierten ihn nach eigenen Worten zuvörderst die Gage, die Attraktivität der mitspielenden Frauen und die Schönheit des Drehorts. In Schnulzen wie *Drei Mädchen spinnen* (1950 mit Agnes Windeck, Otto Gebühr und Georg Thomalla), *Wie werde ich Filmstar?* (1955/Regie: Theo Lingen) oder *Jede Nacht in einem anderen Bett* (1957/Regie: Paul Verhoeven) spielte Juhnke den lustigen Berliner und jugendlichen Liebhaber. So lernten wir uns 1958 bei den Dreharbeiten zu *Piefke, der Schrecken der Kompanie* auf dem Gelände der heutigen Polizeischule in Berlin-Ruhleben kennen. Unüberhörbar hatte Juhnke Angst und Probleme, als er als Kavallerist auf einem prächtigen Schimmel Platz nehmen musste. Mein Mitgefühl war ihm damals sicher.

Ernsthafter waren Juhnkes Auftritte dann in den 50er- und 60er-Jahren auf den Westberliner Bühnen – in der Komödie am Kurfürstendamm, im Renaissance-Theater und in der Freien Volksbühne. Darunter waren Rollen in Pirandellos *Sechs Personen suchen einen Autor* (1951), Büchners *Wozzeck* (1953 – beide Male in der Regie von Oscar Fritz Schuh) oder Oscar Wildes *Bunbury* (1958 in der Regie von Harry Meyen). Der SFB engagierte Juhnke zunächst – wenn auch nicht in dem Umfang wie der RIAS, der Westdeutsche oder der Bayrische Rundfunk – für Hörspiele. Darunter 1968 der Fünfteiler *Ein Freundschaftsdienst* von Johannes Hendrich und 1978 als eine von Juhnkes letzten Hörspielproduktionen *Llano Ekstasado* von Peter Jakobi in der Regie von Rolf von Goth. Das war die Zeit, als Film und Showgeschäft bereits voll von Juhnke Besitz ergriffen hatten.

Die immer wieder naiv gestellte Frage „Wie konnte das alles passieren? Er hatte das doch gar nicht nötig bei seinen Riesenerfolgen. Die Welt lag ihm zu Füßen“ bleibt offensichtlich nur zu erklären mit der 120 Jahren nach ihrem Entstehen nach wie vor weitverbreiteten Unkenntnis der Lehren des Begründers der Psychoanalyse Sigmund Freud. Ähnlich wie Elvis Presley, Whitney Houston, Jimi Hendrix oder Amy Winehouse wurde der allseits beliebte und gefeierte Harald Juhnke ein Opfer der Drogen, in seinem Fall des Alkohols.

Die ZDF-Show M*usik ist Trumpf*, die Juhnke 1979 als Nachfolger von Peter Frankenfeld übernommen hatte und die auf Zuschauerzahlen von 30 Millionen kam, wurde 1981 eingestellt, weil die Alkoholexzesse seine Zuverlässigkeit gekillt hatten. Ende 1985 gab ihm der Sender Freies Berlin – in Kooperation mit dem ORF und dem NDR – eine weitere Chance. Pit Weyrich übernahm die Regie für die Comedy-Reihe *Willkommen im Club*. Hier konnte Juhnke als Moderator in Smoking und Lackschuhen seinem Idol Frank Sinatra nacheifern. Vorsichtshalber wurden die jeweils 90 Minuten aufgezeichnet und Juhnke begrüßte die Zuschauer in der ersten Folge mit den Worten: „Ich freue mich, dass Sie gekommen sind, und ich freue mich noch mehr, dass Sie fest daran geglaubt haben, dass ich auch komme." Neben Peter Alexander, Bernhard Minetti, Milva und Mireille Mathieu war Eddi Arent einer der Stargäste, mit dem er von 1987 bis 1989 die bis heute ständig wiederholte Sketchreihe *Harald und Eddi* produzierte.

In Berlin und im SFB wurde zu keiner Zeit ein Künstler mit so viel Nachsicht und Zuneigung behandelt wie Harald Juhnke. Jedes Anzeichen, dass er sich von der Alkoholsucht befreite, wurde hoffnungsvoll aufgegriffen und für neue Angebote genutzt. In einem Live-Interview in der *Berliner Abendschau* bedankte sich der „Mann für alle Fälle", wie er sich selbst gern nannte, im Juni 1988 – wenige Tage vor seinem 57. Geburtstag – bei den Berlinern ausdrücklich für ihr Verständnis und ihre Geduld. Er schien über den Berg. Er ging offen mit seinem Alkoholproblem um. In Filmen wie *Schtonk* (1992), Der *Hauptmann von Köpenick* (1997) und schließlich in *Der Trinker* nach dem Roman von Hans Fallada (1995) bewies sich Juhnke als Charakterdarsteller. Alle reichten ihm die Hand und versuchten, ihn zu unterstützen, wo es nur ging. Doch Freuds Thesen illustrierten und besiegelten am Ende sein Schicksal. War es die Angst des Erfolgreichen, irgendwann zu versagen, oder der Übermut des Umjubelten, unter dem Motto „Mir kann keener!" einen auf die Lampe zu gießen – am 11. Dezember 2001 musste sein Manager Peter Wolf verkünden, dass Juhnke nie wieder als Schauspieler arbeiten könne. Im Krankenhaus von Rüdersdorf verstarb der „Mann für alle Fälle" am 1. April 2005. Kein Heldenleben – doch ein Leben, das in der Kunst verbrannte.

„I love Berlin": Jesse Owens (1913–1980)

Es war kurz vor den Olympischen Sommerspielen 1964 in Tokio, fast dreißig Jahre nach den Spielen 1936 in Berlin. Jesse Owens, mit vier Goldmedaillen der Held der Spiele von Berlin, war wieder einmal an den Ort seiner sportlichen Triumphe zurückgekehrt – direkt ins Hörfunk-Studio des SFB. Und seine Erinnerungen waren – für einige überraschend – durchweg positiv. Bereits 1951 hatte er die inzwischen geteilte Stadt als Sport-Botschafter der USA besucht. Damals hatte ihm der Regierende Bürgermeister Ernst Reuter im Olympiastadion beide Hände geschüttelt – mit den Worten: „Weil Hitler Ihnen 1936 den Händedruck verweigerte." Dass Owens wegen dieser Geste leicht verwirrt war, klärte sich erst später auf.

Um den angeblich oder tatsächlich verweigerten Händedruck rankten sich viele Versionen und Gerüchte. Und Owens ergriff die Gelegenheit, die „wahre Geschichte" zu erzählen. 1964 war er als Boss einer Medienagentur nach Berlin gekommen, um den Dokumentarfilm *„Jesse Owens returns to Berlin"* zu produzieren – eine Schilderung der Ereignisse vom August 1936, die sogar auf YouTube ihren Platz gefunden hat. Owens räumte mit der Handschlag-Story auf. Zumal sogar kolportiert wurde, Hitler habe Owens sehr wohl mit einem Händedruck gratuliert. Diese Szene sei 1936 gefilmt und fotografiert, aber aus politischen Gründen von der NS-Propaganda gelöscht worden. Tatsache war, dass es für Hitler gar keine Gelegenheit zu einem Händedruck gab. Am ersten Tag der Spiele hatte er die deutschen und finnischen Medaillengewinner beglückwünscht. Das veranlasste den IOC-Präsidenten Henri de Baillet-Latour, zu protestieren und auf die strengen Regeln des olympischen Protokolls zu verweisen, die eine derartige Gratulationscour untersagten. Daraufhin unterblieb vom zweiten Tag an das Händeschütteln.

Allerdings hatte Owens 1935 in den USA gemeinsam mit anderen Sportlern einen Boykott der Sommerspiele von 1936 in Nazi-Deutschland unterstützt. Doch die Boykott-Idee war nicht durchzusetzen. Denn nicht nur der Automobillenker und Antisemit Henry Ford (Mitglied im *America First Committee*) und das *TIME*-Magazin oder Winston Churchill applaudierten damals dem deutschen „Führer". Washington schickte ein Team von fast 400 Athleten nach Berlin. Allerdings verweigerten die US-Sportler – anders als zum Beispiel die französische Equipe – während der Eröffnungsfeier am 1. August 1936 beim Einmarsch vor der Ehrentribüne den Hitlergruß. Owens bemerkte sehr wohl, dass im Olympiajubel von 1936 offenbar alle Deutschen Nazis waren, während bei seinem Besuch 1964 dem äußeren Anschein nach kein Einziger davon mehr existierte.

Das Radiointerview mit Owens fand live vor Publikum bei einem *„Berolina-Gästetag"* in einem der kleinen Sendesäle des SFB statt. Viele der Studiogäste hatten die Spiele von 1936 noch miterlebt. Viele von ihnen hatten damals nicht nur Jesse Owens, sondern auch den Nazi-Größen im Olympiastadion zugejubelt. Das NS-Regime und die Deutschen im Krieg zehrten lange von diesem Spektakel. Zu den häufigsten Wünschen, die Frontsoldaten an die Kultsendung *„Wunschkonzert"* im Großen Sendesaal des HdR richteten – in der Marika Rökk und Heinz Rühmann bis zum Fall von Stalingrad 1943 aufmunternde Lieder sangen –, gehörte das Geläut der Olympiaglocke.

Beim Interview schien Owens 28 Jahre später noch ganz in den positiven Erlebnissen von 1936 befangen. Ja – er habe drei Medaillen holen wollen. Das habe er auch damals vor der Abreise in New York angekündigt. Die 4x100-Meter-Staffel sei ihm gar nicht in den Sinn gekommen. Beim Weitsprung schloss er im Olympiastadion mit seinem härtesten Konkurrenten, dem deutschen Rekordhalter Luz Long, Freundschaft. „Es kostete ihn viel Mut, sich vor den Augen Hitlers mit mir anzufreunden", meinte Owens. „Hitler muss wahnsinnig geworden sein, als er uns umarmen sah. Das Traurige an der Geschichte ist, dass ich Long nie mehr gesehen habe. Er wurde im Zweiten Weltkrieg getötet." Longs Sohn Kai traf Owens 1964 in Berlin wieder und interviewte ihn für seinen Dokumentarfilm. Von Diskriminierung und Rassenwahn habe er 1936 in Berlin nichts gespürt, sagte Owens. Denn es war staatlich angeordnet, dass die Spiele in einer ungetrübten, fröhlichen Atmosphäre stattzufinden hätten. Schilder wie „Juden unerwünscht" wurden in der Olympiastadt Berlin vorübergehend entfernt. Im damals größten Stadion der Welt sollte das eindrucksvollste Olympia der Neuzeit ablaufen. Und die Rechnung der Nazis ging auf.

Für Jesse Owens war die nach den Olympischen Spielen von 1936 in der Heimat ausbleibende Anerkennung ein Grund, umso mehr auf die erfolgreichen Tage in Berlin ein Leben lang mit nostalgischer Liebe zurückzuschauen. Er musste mit Schauläufen durch die Staaten tingeln, trat in Nachtclubs auf, war Dirigent einer Jazzband, eröffnete eine Reinigung und ging bankrott. Erst 1955 ernannte ihn US-Präsident Eisenhower zum „Botschafter des Sports" – ein geschickter Schachzug in den Propagandafeldzügen des Kalten Krieges. So stand er mir in einem Sendesaal des SFB, wo sich über Jahre die Prominenz der westlichen Welt ein Stelldichein gab, gegenüber und beendete unser Gespräch mit einem ehrlichen „I love Berlin!".

Autor, Mime, Regisseur: Peter Ustinov (1921–2004)

Der biedere Chronist würde sagen oder schreiben: *Ein Kerl wie ein Baum* oder *Ein Multitalent*. Peter Ustinov war mehr. Er war unbeschreiblich. Er war ein Genie.

Die Begegnung mit ihm im SFB Ostern 1988 war ziemlich unspektakulär. Ein halbstündiges Fernsehinterview in einem Studio mit bombastischen Sesseln. Anekdoten aus seinem Leben und von den Dreharbeiten einiger seiner Filme, Ausschnitte aus den Aufführungen seiner Theaterstücke – dreißig Minuten, wie er sie einige Hundert Mal über sich ergehen ließ. Und doch – da war zwischendrin immer wieder etwas Einmaliges. Wenn er die Ostergrüße des Papstes in diversen Sprachen vorwegnahm (und dabei beim Italienischen aus Versehen auf Pfingsten rutschte) oder wenn er der Frage subtil auswich, ob sein Genie zu Zeiten Shakespeares wohl besser erkannt und gewürdigt worden wäre. Ustinov war zur Deutschland-Premiere seines Theaterstücks *Beethovens Zehnte* (bei dem er natürlich die Titelrolle des schwerhörigen Komponisten spielte) in Berlin und wir hatten ihn aus dem nahe gelegenen „Apart Hotel“ an der Heerstraße kurzerhand zu uns in Fernsehzentrum geholt.

Peter Ustinov war ein ganz ernster Komödiant. Weitverzweigt wie seine Talente war seine Ahnentafel. Die eigene Angabe „Ich wurde in Sankt Petersburg gezeugt, in London geboren und in Schwäbisch Gmünd getauft“ wurde von der Realität noch weit übertroffen. Tatsächlich hatte er Vorfahren aus Russland, Frankreich, Deutschland, der Schweiz, Italien und sogar aus Äthiopien. Mag sein, dass seine umfassende Mehrsprachigkeit darin begründet war. Umwerfend wie alle seine Erzählungen war sein Bericht, wie er als Kind die deutsche Sprache erlernte. Sein Vater Jona von Ustinov hatte als Journalist eine Anstellung bei der deutschen Botschaft in London und gab seine Berichte für das *Wolffsche Telegraphenbüro* in Berlin des Abends, wenn der kleine Peter im Nebenzimmer schon im Bett lag, per Telefon durch: „Lloyd George hat heute im Unterhaus ... Nein, Frollein! ...heute im Unterhaus!“ Durch die ständigen Wiederholungen und Korrekturen erwarb Ustinov als Kind einen umfangreichen deutschen Sprachschatz. Von der Mutter aus Sankt Petersburg erlernte er das Russische.

Wer hat wie Ustinov im 20. Jahrhundert anspruchsvolle Theaterstücke (*Die Liebe der vier Obersten, Endspurt*) geschrieben, Opern inszeniert (in Berlin 1978 *Die Banditen*), als Journalist für die BBC gearbeitet (als Indira Gandhi am 31. Oktober 1984 in ihrem Amtssitz in Neu-Delhi einem Attentat zum Opfer fiel, wartete Ustinov in einem Nebenzimmer mit einem Kamerateam auf das verabredete Interview) und in zahllosen erfolgreichen Filmen mitgespielt? Ustinov war in jeder Beziehung einmalig. Als Nero in *Quo vadis*, als Poirot in den Agatha-Christie-Verfilmungen, als Botschafter in der *Stunde der Komödianten*. Im Schnellgang redeten wir 1988 über den Sauseschritt, der zum Alter führt (Ustinov: „Es hat keinen Zweck, sich ein Leben lang als Jüngling gebärden zu wollen“), und über die Vergänglichkeit des Ruhms.

Seine hervorragenden Theaterstücke der Nachkriegszeit, die in Berlin-West mit riesigem Erfolg aufgeführt wurden, kannte schon 1988 kaum noch jemand in der Stadt.

Bleibend mit Wehmut in der Ahnung des Kommenden dann die letzte Begegnung mit Ustinov im Herbst 2003 bei der Deutschland-Premiere des Films *Luther* im Kosmos-Kino an der Berliner Karl-Marx-Allee. Es war seine letzte Filmrolle und es ging ihm bereits erkennbar schlecht. Die Phrase vom *Kerl wie ein Baum* war verflogen. 82-jährig war er nun auf einen Rollstuhl angewiesen. Am 28. März 2004 starb er in seiner Wahlheimat am Genfer See. In Deutschland sind acht Schulen der Peter Ustinov Stiftung nach ihm benannt.

„Bild ohne Ton, Ton ohne Bild" – Erich Segal (1937–2010)

Früher oder später bastelt sich jede/r Reporter/in in Gedanken ein Ranking, eine Sympathieskala der von ihm oder ihr interviewten Personen. Wer war bescheiden, freundlich, umgänglich, intelligent, verständnisvoll, aufgeschlossen und hat dadurch maßgeblich zum Gelingen des journalistischen Produkts beigetragen? Neben Mario Lanza, James Mason, Walter Gropius, Marlene Dietrich und Werner Finck und Peter Ustinov steht da Erich Segal, der Autor der *Love Story*, ganz obenan.

Ein Literaturprofessor an der Yale-Universität, Fachmann für Euripides und Aristophanes, der durch einen Ausrutscher – ein 160-Seiten-Buch in Großbuchstaben – zum weltberühmten Dollarmillionär wurde. Im Juni 1971 kam er nach Berlin. 1970 war sein Roman *Love Story* erschienen, im gleichen Jahr hatte Segal das Drehbuch für die Verfilmung geschrieben. Vom Buch wurden in kurzer Zeit 11 Millionen Exemplare verkauft, statistisch hatte es jeder vierte Amerikaner bis 1971 gelesen. Der Film spielte schon nach zehn Wochen 20 Millionen Dollar ein.

Was war das für eine Story, die solche Rekorde produzierte? „Ein Märchen", sagte Segal. „Ein Märchen der Liebe von heute." Es war die Geschichte eines jungen College-Paares, dessen Liebe mit dem Krebstod der jungen Frau tragisch endet. Die weibliche Hauptrolle im Film spielte Ali MacGraw, inzwischen 80 Jahre alt und seit 1979 nicht mehr im Filmgeschäft von Hollywood. Es gibt Schriftsteller wie Theodor Fontane oder Graham Greene, deren Werke durch die Verfilmungen bekannt wurden. Bei Erich Segal lässt sich nicht sagen, welche Version ausschlaggebend für den Bekanntheitsgrad war. Das Buch stand in aller Welt monatelang auf Platz eins der Bestseller-Listen. Die Wirkung des Films wurde noch durch den von Francis Lai komponierten Titelsong *Where Do I Begin?* verstärkt, der – gesungen von Andy Williams und Johnny Mathis – wochenlang ganz oben in den Pop-Charts rangierte.

Bei Literatur-Wettbewerben und -Preisen hatte Segals Roman allerdings keine Chance. „Ein banales Buch", lautete das Urteil der amerikanischen Literatur-Päpste. Der große Henry Miller meinte, man habe nichts versäumt, wenn man *Love Story* nicht gelesen habe, und urteilte deshalb auch, ohne den Roman gelesen zu haben. Der Film jedoch erhielt 1970 einen Oscar für die beste Filmmusik und war in sechs weiteren Kategorien für einen Oscar nominiert worden.

Nie mehr wolle er eine Liebesgeschichte schreiben – „nur noch wissenschaftliche Werke", versicherte Segal mir bei seinem Berlin-Besuch. „Meine Studenten waren sauer." Denn laufend kamen die Fernsehsender in die Yale-Universität, um im Hörsaal Aufnahmen mit dem berühmten Professor zu machen. Segal hielt sich allerdings nicht an seine Ankündigung. Zu verlockend war es wohl, ein zweites Mal von den Wellen der Sympathie überrollt zu werden. Die Fortsetzung *Oliver's Story* war 1977 dann bei Weitem nicht so erfolgreich wie der überwältigende Anfang.

Der Segal von 1971 in Berlin genoss sichtlich die Zuwendung und sogar die Tränen, die sein Roman verursacht hatte. Als Widmung schrieb er mir nach Dreharbeiten mein ständiges Dreharbeiten-Kommando in die deutsche Ausgabe seines Buches: „Bild ohne Ton, Ton ohne Bild". Segals Absicht, nach all der Anerkennung und den riesigen Einnahmen nun einmal eine Pause und einen Punkt zu machen, war durchaus glaubwürdig. Er war als vorzüglicher Klavierspieler konzentriert auf Musik, als Professor auf die Wissenschaft und als Marathonläufer auf das regelmäßige Training von Körper und Geist. So jagte ich ihn über die Aschenbahn des menschenleeren Berliner Olympiastadions – Bilder, die Jahrzehnte nach dieser Begegnung anrührend wirkten. Denn die Nachricht, dass er, der Top-Athlet, an Parkinson erkrankte, war ein Schock. Mit 72 Jahren starb Erich Segal in London an einem Herzinfarkt.

„Ich wollte wie Orpheus singen" – Reinhard Mey (*1942)

Es ist der Weg eines Künstlers von der Unverfänglichkeit und Gemütlichkeit zum Hochpolitischen und zur Kompromisslosigkeit. Mit anderen Worten: Der Reinhard Mey, der hier beschrieben wird, ist nicht der Reinhard Mey von heute. Von Album zu Album, zwischen 1967 und 2016, erst im Zwei-, dann im Drei-Jahres-Rhythmus immer im Monat Mai veröffentlicht, wird das hörbar. Ein Entwicklungsband, geprägt vom Leben und vom Erlebten.

1970 war noch die Zeit des ersten Albums *Ich wollte wie Orpheus singen*, veröffentlicht im Jahr 1967. Das Jahr, in dem Mey die Französin Christine heiratete. Frankreich war für ihn der Ausgangspunkt – als Schüler des Französischen Gymnasiums in Berlin mit deutschem Abitur und französischem Baccalauréat. Dort beflügelte ihn der Gesang. Mit Schobert Schulz (später ein autarker Liedermacher im Duo *Schobert & Black*) und einem wechselnden dritten Mann sang Reinhard Mey im Trio als *Les Trois Affamés* (Die drei Verhungerten) englische, französische und spanische Folkmusik. In dieser Zeit begann Mey mit dem Dichten und Komponieren – Balladen von François Villon und Gedichte von Georg von der Vring hat er vertont und er schrieb erste Chansons in französischer Sprache.

Als wir uns begegneten, hatte Mey neben dem ersten Album bereits die Bundesrepublik beim Chanson-Festival im belgischen Knokke vertreten und eine Karriere als „Frédérik Mey" in Frankreich vorbereitet. Dass er inzwischen mit Ehefrau Christine im französischen Sektor von Berlin – in Frohnau – wohnte, komplettierte den frankophilen Kokon, der ihn umhüllte. Die Felder von Gatow, wo ich wohnte, schienen mir die angemessene Weite, um den jungen Sänger mit der Gitarre aus der Ferne ins Bild kommen zu lassen. Es wurden Aufnahmen in einer heilen Welt, in der Liebe und Verständnis zählten. Die ARD war so zufrieden mit dem Beitrag, dass er an einem Sonntag ins *Magazin der Woche* übernommen wurde, das Walter Born – und vor ihm Joachim Cadenbach – im Hessischen Rundfunk bis 1989 moderierte. Es war das erste Mal, dass dem damals 27-jährigen Mey so viel Aufmerksamkeit im deutschen Fernsehen zuteilwurde. 1970/71 war das Jahr seines Durchbruchs.

Nicht wegen der Brille oder durch den Bart, doch als ich vierzig Jahre nach unserer ersten Begegnung mit meiner kleinen Tochter zu Reinhard May in seine Garderobe ging, war er ein anderer. Die erste Ehe mit Christine war nach neun Jahren geschieden worden. Er war wieder verheiratet. Die Zeiten, da der *SPIEGEL* meinte, die Kulturkritik würde Mey als „Spinner" bezeichnen, waren vorbei. Jetzt beschäftigten sich ab und an politische Kommentatoren mit ihm, wenn er Positionen der PDS beziehungsweise der Linkspartei vertrat. Den *Grand Prix du Disque*, die *Goldene Europa* des Saarländischen Rundfunks, den Jubel bei seinen Städte-Tourneen durch Deutschland, Frankreich, Österreich und Schweiz schien er ungerührt mitzunehmen. Meine Einladung zu einem Auftritt beim Berliner Presseball lehnte er ab, denn seine hilfsbedürftigen Schützlinge saßen jetzt woanders. Er spendete Gagen und Zinsen für die „Deutsche Kinderkrebshilfe", für ein Waisenhaus in Rumänien, für leukämie- und tumorkranke Kinder, die Straßenkinder in aller Welt, die Deutsche Kinder-Aids-Hilfe, für „Dunkelziffer" zugunsten sexuell missbrauchter Kinder, für PETA und den Tierschutz unter dem Motto „Lieber nackt als Pelz tragen", 2015 für die Flüchtlingshilfe SOS-Kinderdorf und für das Kinderhospiz „Sonnenhof" in Berlin-Pankow.

Reinhard Mey hatte sich, zumindest nach außen, vom Orpheus zum barmherzigen Samariter gewandelt – besser: entwickelt. Vom begeisterten Piloten über den Wolken wechselte er zum Segeltörn auf Erden und gab seine Fluglizenz zurück, um dann doch wieder alles rückgängig zu machen und erneut den Pilotenschein zu erwerben. Sein Leitsatz blieb trotz allem: *Manche Kinderträume sind nie ausgeträumt*. Und so pflanzte er immer wieder – nicht nur musikalisch – sein Apfelbäumchen. Er kehrte zu „Douce France" zurück wie der verwöhnte Augustus im Märchen von Hermann Hesse. Schicksalsschläge blieben ihm nicht erspart. Nach fünf Jahren im Wachkoma starb sein zweitgeborener Sohn Maximilian 2014 mit 32 Jahren. Sein gegen Krieg und Militarismus gerichtetes Lied *Nein, meine Söhne geb' ich nicht* hatte 1995 den Liederpreis des Südwestfunks erhalten. Am Ende klingt die Wahrheit nur paradox – sie wird bestätigt durch Erfahrung: Ein langes Leben prägt und verändert – und doch bleiben wir immer dieselben. Reinhard Mey ist ein berührendes Beispiel dafür.

Harald Juhnke
im Gespräch

Sir Peter Ustinov
in der Maske des SFB

Love-Story-Autor Erich Segal auf der Aschenbahn des Berliner Olympiastadions

Reinhard Mey am Beginn seiner Laufbahn

35. Leipzig und Lunch bei Meyer

Als Klassenfeind im Heimatland

Leipziger Messe 1967 und 750-Jahr-Feier 1987. Zwanzig Jahre lagen zwischen diesen beiden DDR-Aufenthalten als offizieller SFB-Vertreter. Die Erfahrungen bei Fahrten in die oder durch die DDR – ob als Journalist oder Tourist – waren immer abenteuerlich. Im Bundestagswahlkampf 1965 war ich mit dem Kollegen Gotthard Stelzmann zur Berichterstattung nach Bremen gefahren. Es war das Duell des Adenauer-Nachfolgers Ludwig Erhard gegen den aufstrebenden SPD-Kandidaten Willy Brandt. Die CDU tönte mit ihrem Wahlkampflied „Der Willy ist so gut nich' – besser ist der Ludwig". Die SPD imponierte mit dem Ex-CDU-Mitglied Gustav Heinemann, dessen Veranstaltung im Bremer Saal „Die Glocke" wir besuchten. Bei der Rückfahrt über die Transitstrecke nach Berlin die von den meisten Westberliner Interzonenreisenden befürchtete Prozedur: „Fahren'se mal rechts ran." Aussteigen, Reisegepäck ausladen – darunter ein Berg SFB-Tonbänder mit Aufzeichnungen aus den Bremer Wahlveranstaltungen – und hinein in die Baracke zur Kontrolle. Da auf dem einen Tonbandkarton zur Kennzeichnung das Worte „Glocke" steht, wird der Kontrolleur hellwach und ruft Unheil verkündend: „Aha, Globke!" Vielleicht hätte er eine Brille gebraucht – die Aufklärung fiel einigermaßen schwer. Denn es war ja nicht der Alt-Nazi und Kanzleramtsminister Heinrich Globke gemeint, sondern nur ein gemütlicher Saal in Bremen.

Weitaus angenehmer verlief im März 1967 die Anfahrt zur Leipziger Messe. Mein Messeausweis für das Pressezentrum dokumentierte, dass ich 292 DM (West) mit mir führte und mit einem Pkw „Renault R8" einreiste. Auch meine kleine Reiseschreibmaschine vom Typ „Hermes" wurde im Messeausweis eingetragen. Das Reisebüro der DDR vermittelte eine Unterkunft, erst dann wurde die Aufenthaltsgenehmigung für den Zeitraum der Messe erteilt. Für mich stand ein Privatquartier bereit. Frau Elbe hatte eine Zwei-Zimmer-Wohnung ohne Zentralheizung und es war ein kalter März. Erschwerend kam hinzu, dass mein Zimmer in der Elbe-Wohnung keinen Ofen hatte. Die allabendlich von Frau Elbe vorbereitete Wärmflasche bewahrte mich vor dem Schlimmsten. Selbstverständlich musste ich mich in ein Gästebuch eintragen und auch der Hausobmann – oder wie immer der SED-Kontrolleur des Hauses sich nannte, früher kannten wir diese Funktion als „Blockwart" – machte seine Aufwartung und schien keine wesentlichen Einwände gegen den Logiergast zu haben. Alles in allem ein Abenteuer – wie jede Begegnung mit der Staatsmacht der Deutschen Demokratischen Republik.

Geteilter Jubel – 750 Jahre Berlin

„The winds of change are whispering in the trees" – dramatische Veränderungen kündigten sich an. Seit März 1985 war Michail Gorbatschow in Moskau mit *Glasnost* und *Perestroika* KPdSU-Generalsekretär. Und am 12. Juni 1987 hatte US-Präsident Ronald Reagan bei seinem ersten Berlin-Besuch am Brandenburger Tor den gewichtigen Satz gesagt: „Mister Gorbatschow, tear down this wall – Reißen Sie die Mauer nieder!" Was er wenig später bereute, wie der *SPIEGEL* berichtete. Es hieß, Reagan habe Gorbatschow nicht in Verlegenheit bringen und sich nicht in die inneren Angelegenheiten der DDR einmischen wollen.

Dieses Jahr 1987 war das 750. Jahr Berlins. In beiden Teilen der Stadt fanden Festveranstaltungen statt. Trotz der Teilung bemühten sich beide Seiten im Hauch der Rauchzeichen aus Moskau um Gemeinsamkeiten. Querschüsse gab es dennoch. Wie der damalige Regierende Bürgermeister Eberhard Diepgen (CDU) in seinem aufschlussreichen Buch *Zwischen den Mächten* erzählt, wurde gegen ihn mit Verweis auf die 750-Jahr-Feiern sogar eine Art Einreisesperre verhängt. Zumindest hatte das Ministerium für Staatssicherheit angeordnet, Diepgen sollte beim Versuch der Einreise aufgehalten und das weitere Vorgehen vom Ministerium entschieden werden.

Zu politischen Komplikationen kam es 1987 jedoch nicht, zumal Diepgen bei Jubiläumsveranstaltungen in Ostberlin zumeist Gast der Evangelischen Kirche war. Im Februar hatten er und der Ostberliner Oberbürgermeister Erhard Krack in der Gethsemanekirche in Prenzlauer Berg an einem Konzert teilgenommen. Doch erst im Oktober kam es zwischen den beiden zu einer direkten Begegnung in der Ostberliner Marienkirche, als Diepgen – wie er berichtet – ohne Rücksicht auf das Protokoll auf die gegenüberliegende Kirchenbank zuging und dem Oberbürgermeister ein „Guten Tag" entlockte. Das war es dann aber auch in 1987.

Doch es war spürbar, dass aus Moskau kein eiskalter Ostwind mehr wehte. Der US-Botschafter in Bonn Richard Burt sagte mir in einem *Abendschau*-Interview, dass die Dinge gut liefen, wollte sich jedoch mit öffentlichen Äußerungen nicht in die Zuständigkeiten seines Botschafterkollegen in der DDR einmischen. Seit der Aufnahme beider deutscher Staaten in die Vereinten Nationen war die DDR faktisch völkerrechtlich anerkannt. Die drei Westmächte unterhielten Botschaften in Ostberlin und in der Bundesrepublik waren *Hallstein-Doktrin* und *Alleinvertretungsanspruch* aus dem politischen Vokabular gestrichen. In solch halbwegs entspannter Atmosphäre folgte ich als neuer *Abendschau*-Leiter im Jubiläumsjahr 1987 einer Lunch-Einladung von Wolfgang Meyer, Leiter der Hauptabteilung Presse und Information im DDR-Außenministerium. Ostberlin betrachtete Westberlin ja weiterhin als „besondere Einheit". Alle Genehmigungen zur Berichterstattung und für Dreharbeiten wurden für den SFB – anders als bei den in der DDR akkreditierten Korrespondenten von ARD und ZDF – auf Einzelantrag vom DDR-Außenministerium – also von Wolfgang Meyer – erteilt. Unser Interesse im SFB war es, möglichst viele Eigenberichte im TV- Regionalprogramm aus Ostberlin und den Randgebieten zu bringen. Dafür musste bei Meyer natürlich eine Vertrauensbasis geschaffen werden. Unser Lunch-Gespräch war nicht herzlich, aber sachlich und im Übrigen für den SFB und die *Abendschau* recht erfolgreich. Meyer hat den Inhalt gegenüber der Stasi einigermaßen korrekt wiedergegeben – einschließlich des Honigs, den ich ihm um den nicht vorhandenen Bart schmierte. Warum der rbb mir später den Text des Meyer-Reports zugesandt hat, habe ich – wenn ich mich bei dieser Angelegenheit ein wenig dumm stelle – nicht ganz verstanden. Meine Absichten waren von vornherein klar: Um offene Türen für unsere Berichterstattung zu erreichen, musste ich Meyer mit diplomatischem Geschick über den Tisch ziehen. Was er den Mielke-Leuten mitteilen würde, ließ sich bereits vorab erahnen. Für uns in der Redaktion zählte das Ergebnis: Gerhard Horstmeier und andere lieferten fortan hochinteressante und informative Fernsehbeiträge aus dem anderen Teil der Stadt. Wir konnten uns sogar eines Abends mit Ostberlins Kabarett-Ikone Helga Hahnemann am Kurfürstendamm treffen, um Pläne für unser Programm zu schmieden, die allerdings nicht weiterverfolgt wurden, nachdem ich mich 1988 wieder auf meine damalige Hauptaufgabe, die Leitung der ARD/ZDF-Gemeinschaftseinrichtung Videotext, zurückgezogen hatte. Wolfgang Meyer (1934–2011) verkündete als späterer DDR-Regierungssprecher am 7. November 1989 den Rücktritt der Regierung Stoph. Nach der Wende war Meyer Mitarbeiter des PDS-Ehrenvorsitzenden Hans Modrow und Berater in der Berliner Zentrale der Linkspartei.

36. Intendantenwahl nie ohne Qual

Steigner, Barsig, Haus et cetera

„Der Intendant will Sie sprechen!" Der Intendant – das war (ist?) in einer öffentlich-rechtlichen Rundfunkanstalt überhaupt das Größte und Aufregendste, was es gibt. Wer zu ihm gerufen wurde, dem klopfte das Herz meist vor Freude oder Unsicherheit. Wir hatten nur Männer an der Spitze des SFB – insofern können wir die Gender-Diskussion hier getrost außen vor lassen. In der letzten Phase wurde zwecks Demonstration von Fortschrittlichkeit im SFB zwar der Versuch mit einer Fernsehdirektorin unternommen, die allerdings ihre Arbeit sogleich mit der Vorstellung begann, dass Männer sie nicht ernst nehmen würden. Das traf mich besonders – hatte ich doch mehr als ein Jahrzehnt lang für Frauenrechte gekämpft und war dafür, meist erfolgreich, vor die Gerichte gezogen. Doch Kompetenz lässt sich halt nicht erjagen.

„Der Intendant will Sie sprechen!" – mich traf dieser erschütternde Satz als Student kurz vor meiner Festanstellung 1962. Der freundliche Herr (Walter Steigner) klärte mich zunächst darüber auf, dass die UNESCO in Paris nicht mehr ihren Sitz in der Avenue Kléber habe, wo Steigner einst gearbeitet hatte. Ich hatte die überholte und falsche Adresse in einer Moderation erwähnt. Dann überzeugte er mich, der seit der Schulzeit stets äußerst schwach in Mathematik war, mit einem Rechenexempel: „Wenn Sie Ihr Studium beenden, bekommen Sie einen Arbeitsvertrag mit der gleichen Vergütung, die wir Ihnen heute anbieten." Ich war 23 Jahre alt und zutiefst beeindruckt – besonders als Steigner hinzufügte: „Zum Tarifgehalt von 998 D-Mark gewähren wir Ihnen eine Sonderzulage von 200 D-Mark." Widerstand schien zwecklos und ich habe es nie bereut. Am Monatsende August 1962 konnte ich an der SFB-Kasse im Erdgeschoss des HdR nach Abzug von Lohn- und Kirchensteuer als Redakteur und Reporter genau 1.080,98 D-Mark bar in Empfang nehmen. So wurden damals Gehälter gezahlt. (Die Frage nach der Umrechnung – Wie viele Euro wären das heute? – wird oft gestellt. Wenn wir uns am Preis der *BILD*-Zeitung orientieren, müssten wir die Summe mal 14 nehmen und kämen dann auf den heutigen Euro-Betrag – kaum vorstellbar.)

Die Herren SFB-Intendanten waren tolle Typen, mit denen ich viel Ärger und viel Spaß hatte. Der eine – Walter Steigner, ein feinsinniger Intellektueller – sperrte mich für die Moderation der Morgensendung, weil der britische Stadtkommandant sich beschwert hatte. Seinem Nachfolger – Franz Barsig, einem liebenswerten Bürokraten mit sozialer Kompetenz – habe ich gemeinsam mit der Westberliner Politik eine dritte Amtsperiode vermasselt, was in mir bis heute Spuren von schlechtem Gewissen hinterlassen hat. Ein Dritter – Wolfgang Haus, der Kommunalpolitiker – war nach sorgfältiger Prüfung wahrscheinlich mein größter Förderer – bis zu einem entscheidenden Moment, als er mich im Stich ließ. Darüber war nicht nur ich sauer, sondern auch die tonangebenden politischen Parteien der Stadt und mit ihnen der SFB-Rundfunkrat. Die CDU fühlte sich berufen, mir für die Intendanten-Neuwahl im Juni 1982 die Kandidatur gegen den SPD-Mann Haus anzutragen. (Friedrich Nowottny vom WDR hatte mit dem Argument abgelehnt, er wolle nicht Intendant einer Rundfunkanstalt werden, bei der die Rundfunkratsmitglieder mit der Straßenbahn zu ihren Sitzungen fahren können. Klar, in einem Flächenstaat wie NRW sind die Kontakte und Kungeleien weniger intensiv.) Gemeinsam mit dem Springer-Verlag forderte die CDU einen „Fachmann“ an der Spitze des SFB. Die *Süddeutsche Zeitung* schrieb damals – am 1. März 1982 – unter der Überschrift *Berliner Rezepte für Machtpolitik*: „Da wurden in letzter Zeit zwar allerlei Namen in Umlauf gebracht, die jedoch eher Spielmaterial gewesen sein dürften. Etwas ernster genommen werden allerdings die Namen des ehemaligen Berliner *Tagesschau*-Chefs Alexander Kulpok, des Bonner ARD-Studioleiters Friedrich Nowottny ... und es tauchte der Name des Washingtoner ARD-Korrespondenten Lothar Loewe auf. Er habe jüngst bei einem längeren Berlin-Aufenthalt fleißig Klinken geputzt.“

Als ich gegenüber dem damaligen Rundfunkratsvorsitzenden und CDU-Abgeordneten Karl-Heinz Schmitz abwinkte (als Brutus oder Judas wollte ich beim SFB-Personal und in der Berliner SPD dann doch nicht gelten), war die Vorentscheidung gefallen. Die CDU und mit ihr einige SPD-Mitglieder im Rundfunkrat legten sich auf Loewe fest. Noch am Wahltag versuchte Peter Glotz, der Medienmanager der Bundespartei, diesen oder jenen Genossen oder „Nahe-Steher“ zur Wiederwahl von Haus zu überreden – vergeblich. Lothar Loewe wurde zum sechsten Intendanten des Senders Freies Berlin gewählt. Selbst der ehemalige Abgeordnetenhaus-Präsident Walter Sickert erklärte mir als Rundfunkratsmitglied noch vor der Wahl, er werde Haus nicht wählen. Zu groß war die Verärgerung in beiden großen Berliner Parteien. Nicht wegen der in den beiden letzten Amtsjahren immer stärker auffallenden Entscheidungsschwäche von Haus, die ihm den hochgestochenen Beinamen „Cunctator“ eintrug. Nicht in Vernachlässigung seiner Verdienste um das Programm, das mit dem „Radio-Frühling“, Dieter Hildebrandts *Scheibenwischer* und der geradezu sensationellen Ansiedlung einer Gemeinschaftseinrichtung des Ersten und Zweiten Deutschen Fernsehens beim SFB, der ARD/ZDF-Videotext-Zentrale, wertvolle Impulse erfahren hatte. Ausschlaggebend war die tiefe Verärgerung beider Parteien über Haus' Entscheidungen bei der Besetzung von zwei Direktorenposten, des Programmdirektors und des Chefredakteurs. Die Verträge von Programmdirektor Erich Proebster und Chefredakteur Peter Pechel, beide aus der Ära Barsig, wurden von Haus nicht verlängert. Der ehemalige SPD-Fraktionsvorsitzende Haus glaubte, mit einer politischen Finesse könne er sein Amt und seine Wiederwahl sichern. In Berlin war sein Parteifreund Dietrich Stobbe mit dem SPD-Senat gescheitert. Richard von Weizsäcker, tief verwurzelt in der Evangelischen Kirche Deutschlands, schickte sich an, das Amt des Regierenden Bürgermeisters zu übernehmen. Also wählte Haus – überzeugt von einem guten Schachzug – für die Direktorenposten zwei Männer der Evangelischen Kirche: Joachim Braun als Chefredakteur und Norbert Schneider als Programmdirektor. Ohne jeden Zweifel galten beide als liberal und für die Funktionen qualifiziert. Doch CDU und SPD hatten Haus von Anbeginn einen anderen Vorschlag präsentiert, der eine Außenlösung vermeiden sollte. Bei der Bestätigung von Braun als Chefredakteur kam Haus noch mit einem blauen Auge davon. Bei Schneider gab es ein deutliches Warnzeichen, denn mit der ungewöhnlich niedrigen Stimmenzahl von 14 zu 10 wurde Schneider als Direktor bestätigt. Das war kein Votum gegen Schneiders Qualifikation, sondern eine deutliche Ansage, dass Haus mit einer Wiederwahl als Intendant im Juni 1982 nicht zu rechnen brauche. Denn CDU und SPD – als Parteien ja laut Grundgesetz an der politischen Willensbildung beteiligt – hatten sich ein in seiner Einfachheit bestechend wirkendes Modell für die beiden Direktorenposten ausgedacht: Der *Abendschau*-Chef Harald Karas (CDU) sollte Programmdirektor und der SPD-Mann Kulpok Chefredakteur werden. Dass Haus es wagte, sich diesem Vorschlag zu widersetzen, besiegelte das Ende seiner Amtszeit.

Lothar Loewe, der Nachfolger von Wolfgang Haus, war der Prototyp des „rasenden Reporters". Von der Zeitung zu Radio und Fernsehen – so war früher der Weg eines erfolgreichen Journalisten – hatte Loewe seinen Weg genommen, als Korrespondent in Moskau, Washington und Ostberlin. Aus der DDR hatten sie ihn hinausexpediert, nachdem er in voller Absicht provozierend in einem Fernsehbericht gesagt hatte, die Menschen würden an Mauer und Stacheldraht von den Grenzsoldaten „wie Hasen" abgeknallt. Seine Popularität steigerte dieser Vorgang im Westen ungemein. Bis zu seinem Amtsantritt als Intendant hatte Loewe immer nur mit einer Sekretärin, einem kleinen TV-Team, einer Schreibmaschine und dem Mikrofon kommuniziert. Jetzt saß er im 14. Stock des SFB-Fernsehzentrums als Chef für mehr als 2.500 Mitarbeiterinnen und Mitarbeiter. Er telefonierte häufig mit dem *Tagesschau*-Chefsprecher Karl-Heinz Köpcke oder mit dem Alt-Journalisten Gert von Paczensky. Er machte seinen alten Berliner Bekannten Heinz Drache zum *Tatort*-Kommissar und den Vorsitzenden des Berliner Journalisten-Verbandes Herwig Friedag zu seinem persönlichen Berater und er war sehr darauf bedacht, das Fernsehangebot des SFB in jeder Weise zu stärken. Bei

Friedrich Nowottny und Fritz Pleitgen, die zu hervorragenden Intendanten des Westdeutschen Rundfunks wurden, glückte der Versuch, einen auf Mikrofon und Kamera spezialisierten Journalisten zum Chef einer öffentlich-rechtlichen Rundfunkanstalt zu machen. Bei Lothar Loewe ging das Experiment daneben. Ihm fehlten die Managementqualitäten und das Verständnis für unvermeidliche bürokratische Abläufe. Der RFFU-Vorsitzende Eberhard Kruppa schleuderte ihm in einer überfüllten Personalversammlung im Großen Sendesaal den Satz entgegen: „Herr Loewe, Sie haben einen Scherbenhaufen angerichtet!" Dann folgte die Abstimmung über einen Misstrauensantrag gegen den Intendanten. Alle stimmten dafür (und so war die Stimmung im ganzen Haus). Ich enthielt mich als Einziger der Stimme, was rundum Empörung auslöste. Doch für mich war der langjährige Kollege eher zu bedauern. In diesem Amt war er völlig überfordert. Und zum Intendanten hatten ihn ja schließlich andere gemacht. Gesundheitliche Probleme – darunter ein Herzinfarkt – kamen in der Folgezeit hinzu, sodass sich Loewe nach knapp drei Jahren 1986 selbst zur Aufgabe des Amtes entschloss.

Kleine Wechselbäder bis 2003

Die Folgezeit lässt sich in der Rückschau als Chronik eines angekündigten Abschieds deuten. Klaus-Rüdiger Landowsky (CDU), Freund und engster Vertrauter des Regierenden Bürgermeisters Eberhard Diepgen, ließ sich von seinen Parteifreunden in Nordrhein-Westfalen davon überzeugen, dass der stellvertretende Intendant des Westdeutschen Rundfunks, der Jurist Günter Herrmann, ein geeigneter Kandidat für die Loewe-Nachfolge sei. Immerhin hatte Herrmann als Juraprofessor den bedeutsamen Begriff der „Grundversorgung" im Rundfunkrecht geprägt. Für Landowsky war Herrmann nach dem Pfiffikus Loewe das *Aliud*. Endlich sollten wieder Sachlichkeit und Ordnung in den chaotisch gewordenen SFB-Laden kommen. Landowsky war übrigens nicht die diabolische „Graue Eminenz" im SFB-Rundfunkrat, als die er gern gesehen wird. Er war einer der wenigen Sachkundigen in dem Gremium und er investierte – im Gegensatz zu anderen Ratsmitgliedern und vermeintlichen Medienexperten – viel Zeit in die Beschäftigung mit Rundfunkpolitik. Das machte ihn nahezu zwangsläufig zum Meinungsführer und Taktgeber in der Westberliner Medienlandschaft. Nach der Papierform ließ sich gegen den Kandidaten Herrmann kaum etwas einwenden. Er wurde gewählt – doch die Enttäuschung kam prompt (bei Landowsky hält sie bis heute an). Weihnachten 1988 empfahl der Rundfunkrat dem Intendanten den Rückzug, um einer Abwahl zuvorzukommen.

Herrmann ging. Es folgte ein Vierteljahr, in dem der Technische Direktor Herbert Wolf kommissarisch die Intendantenfunktion übernahm. Wie zu erwarten – eine Zeit der Entspannung und der problemlosen Arbeitsabläufe. Dann legte sich der Berliner Journalisten-Verband bei der Intendantensuche schwer ins Zeug und präsentierte Günther von Lojewski als Favoriten, der gerade vom Rundfunkrat des Bayerischen Rundfunks als Chefredakteur abgelehnt worden war. Das Auswahlverfahren einer Findungskommission verlief nicht unbedingt nach allen Regeln der Transparenz. Die SPD-Seite mit dem Ratsmitglied Detlef Prinz schickte den Juristen Diether Huhn, Mitglied des Rundfunkrats und Vorsitzender der Berliner SPD-Medienkommission, ins Rennen, der von Anfang an erkennbar keine Chancen hatte. Als ARD-Programmdirektor Günter Struve von dem Berliner Verleger Dieter Beuermann zu einer Kandidatur animiert wurde, lehnte es Huhn ab, zugunsten von Struve auf eine Kandidatur zu verzichten. Außerdem hatte Struve am Rande der Gespräche die verständliche, aber taktisch unangebrachte Bemerkung gemacht, er wolle als SFB-Intendant nicht weniger verdienen als bisher – was genüsslich gegen ihn ausgelegt wurde. Selbst eine Intervention von Willy Brandt beim gerade gewählten Regierenden Bürgermeister Walter Momper blieb erfolglos. „Wir wollen uns den öffentlich-rechtlichen Rundfunk nicht zur Beute machen", war die hehre Antwort Mompers, der einige Jahre zuvor bei Versuchen der Einflussnahme schlechte Erfahrungen gemacht hatte.

Lojewski wurde am 19. April 1989 (dem Todestag von Hilde Benjamin) mit 17 von 31 Stimmen der Ratsmitglieder gewählt. Nicht nur der *SPIEGEL* reagierte böse. Als Stimme der Westberliner Intellektuellen schrieb *Liebling-Kreuzberg*-Autor Jurek Becker an die SPD-Kultursenatorin Anke Martiny: „Noch nie hat mich die Berufung eines Fernseh-Intendanten so aus der Fassung gebracht wie diesmal ... Doch plötzlich habe ich den Eindruck, eine Ungeheuerlichkeit sei in Gang gesetzt: Der ‚linkesten' politischen Regierungssituation, die es je in der Stadt gab, wird der reaktionärste Rundfunkchef gegenüber – ja, entgegengestellt, der sich weit und breit finden ließ ... Verstehen Sie das alles bitte nicht nur als Klage; wenn Sie der Meinung sind, ich könnte Ihnen bei der Behebung dieses schwer erträglichen Missstands von Nutzen sein, so wäre ich gern bereit dazu."

Sieben Monate nach der Lojewski-Wahl fiel die Mauer. In Brandenburg wurde der ORB mit dem Programmprofi Hansjürgen Rosenbauer an der Spitze gegründet. Zusammen mit Rosenbauer rief Lojewski an Goethes Geburtstag, am 28. August 1995, als gemeinsames Projekt von SFB und ORB *Inforadio* ins Leben. Bis heute eine Erfolgsstory und damals Vorbote der Fusion von SFB und ORB. Als Lojewski 1997 – wie er sagte, aus gesundheitlichen Gründen – sein Amt aufgab, stand der Rundfunkrat erneut vor der heiklen Aufgabe der Intendantensuche. Charisma und Überzeugungskraft von Klaus-Rüdiger Landowsky hatten offenbar Einbußen erlitten. Sein Kandidat Eckart Bethke – Leiter des NDR-Studios Kiel und ehedem SFB-Redakteur – fiel bei der Abstimmung im Rundfunkrat durch.

Mit der Zusicherung, nach seiner Amtszeit – und damit war 2003 als Datum der bevorstehenden Fusion von ORB und SFB gemeint – nie wieder für den Intendantenposten kandidieren zu wollen, wurde Programmdirektor Horst Schättle in das Amt des letzten Intendanten des Senders Freies Berlin berufen, das er im Februar 1998 antrat und bis Ende April 2003 ausübte. Mit Schättle war am Ende erneut ein international erfahrener Journalist an der Spitze des SFB, der seit seinen ZDF-Zeiten dadurch aufgefallen war, dass er die journalistische Kunst der „heißen Nadel" – die schnelle Reaktion auf aktuelle Ereignisse – perfekt beherrschte.

Dieter Hildebrandt und der *Scheibenwischer* – Intendant Haus holte sie zum SFB. Die Wiederwahl sicherte ihm das nicht

Lothar Loewe wurde überraschend Nachfolger von Wolfgang Haus als SFB-Intendant

Unter Intendant Haus spielte der SFB erstmals eine starke Rolle bei ARD-aktuell – der *Tagesschau* und der neuen Sendung *Tagesthemen*

Epilog

„Eins, zwei, drei im Sauseschritt ..."

Ist alles gesagt oder geschrieben? Natürlich nicht. Thema waren eine Rundfunkanstalt und eine Geschichtsepoche, die uneingeschränkt beanspruchen können, einmalig gewesen zu sein. Es gibt Menschen, die unter den Umständen jener Zeit gelitten haben – aus welchen Gründen auch immer. Und es gibt welche – zu denen gehöre ich –, die an den Herausforderungen und dem Unheil ebenso wie an dem Zauber und dem besonderen Charme jener Tage gewachsen sind und versucht haben, daraus für sich und für ihr Leben in der Gemeinschaft zu lernen.

Selbstverständlich lässt es sich nicht leugnen: Hier erzählt ein Privilegierter über die fast fünfzig Jahre SFB und den politischen Hintergrund. Die Privilegien waren erarbeitet, in wenigen Fällen erkämpft. Einem unehelichen Pflegekind aus dem Arbeiterbezirk Berlin-Neukölln war es nicht vorherbestimmt, in die Spitzen des Rundfunkjournalismus aufzusteigen. Doch es war eine Zeit (und ich behaupte: es lag an der Zeit), in der dies gelang. Auch andere schafften den Aufstieg aus den ärmlichen Verhältnissen Neuköllner Hinterhöfe. Einer wurde Chefredakteur der *WELT*, ein anderer Präsident beim Bundesgrenzschutz. Es war die Zeit nach 1945, in der in Berlin-West von Politik und Gesellschaft die Rahmenbedingungen für Bildung und Chancengleichheit geschaffen wurden. Davon erzählt dieses Buch, denn der Sender Freies Berlin war in der Stadt ein Leuchtturm beim Ringen um demokratische Grundlagen. Deshalb: *SFB – mon amour*. Missstände und Fehlentwicklungen gehörten dazu und müssen nicht verschwiegen werden.

So steht am Ende vor allem Dankbarkeit. Es ist ein Buch, das aus Dankbarkeit ein Denkmal setzen will. Denn es gibt ja zwei Philosophien der Erinnerungskultur. Die eine meint, das Leben, die fortlaufenden Ereignisse überschatten alles Gewesene und löschen es aus dem Gedächtnis der Nachwelt. Die andere Philosophie, die mir zwei recht unterschiedliche Persönlichkeiten – nämlich der Schauspieler Rolf Boysen und der Universalgelehrte Hoimar von Ditfurth („Der Geist war und bleibt immer in unserem Universum") – eingeprägt haben, besagt, dass nichts verloren geht. Es ist an uns, das Geschehene und die Stimmung zu bewahren und zu beschreiben. Natürlich immer von einem subjektiven Standpunkt. Das ist das Problem aller Zeitzeugen.*SFB – mon amour* ist der subjektive Versuch eines aktiven Zeitzeugen, mit persönlichen Erlebnissen und historischen Ereignissen eine aufregende Zeit und eine ungewöhnliche Institution zu beschreiben. Eine Zeit und eine Institution, die der Nachwelt so manchen Hinweis geben können, wie das mitunter schwierige Zusammenleben in einem demokratischen Gemeinwesen gestaltet werden kann. Der SFB – ein Frontstadtsender? Es war Kalter Krieg. Es ging um die ideologische Auseinandersetzung zwischen Ost und West. Darum, welches System das bessere war oder sein könnte – von der Raumfahrt bis zur Lebensqualität. Und selbstverständlich haben wir im SFB ehrlichen Herzens und mit voller Überzeugung unser System vertreten. Dabei hatten es – wie heutzutage – Meinungen, die nicht dem *Mainstream* entsprachen, schwer, Gehör zu finden. Bestes Beispiel dafür war die „Neue Ostpolitik" von Willy Brandt und Egon Bahr. Im SFB und in der Stadt waren die Auffassungen geteilt – mit tiefen Spaltungen und unflätigen Beschimpfungen. Ebenso musste man nicht mit den Parolen und Zielen der Studentenbewegung übereinstimmen, aber nur ein einziges begütigendes Wort mit der Bitte um Verständnis für Rudi Dutschke genügte, um im Haus SFB und im Blätterwald der Stadt Shitstürme auszulösen. Mich hat das nicht angefochten, denn zum Journalisten-Handwerk gehört, die eigene Meinung zu vertreten, selbst oder gerade dann, wenn sie nicht von der Mehrheit geteilt wird. Und das Bemerkenswerte war: Bitten um Verständnis für den Studentenführer Dutschke hatten zwar wüste Beschimpfungen, aber keine disziplinarischen Konsequenzen im SFB zur Folge.

Der Sender Freies Berlin mühte sich, das berühmte „liberale Sprachrohr" zu sein. Engel im Journalisten-Paradies waren wir trotzdem nicht. Wenn es darauf ankam, ging es gegen SED und DDR auch mal hart zur Sache. Und nicht alle beachteten dabei die handwerklichen Grundregeln. Doch wir im Westen hatten einen großen Vorteil: Wir vertraten die intelligenteren Thesen. Was der SFB an politischen Meinungen verbreitete, schien überwiegend einleuchtend. Die Überzeugungskanonaden des Adligen Karl-Eduard von Schnitzler auf der anderen Seite landeten dagegen in der Rubrik „Vergebliche Liebesmüh'".

So war das damals – und es war nicht das Wesentliche unserer Arbeit oder das Herz aller Dinge. Im Mittelpunkt stand eine ungeheure Freude an dem, was wir täglich zu vollbringen hatten. Diese Freude sollte in diesem Buch deutlich werden. Sie ist der magische Inhalt dieses kleinen SFB-Denkmals. Heute wird anders ferngesehen und anders Radio gehört. Per Twitter werden Kriege erklärt und Zölle erhöht. Die sogenannten *sozialen Medien*, die oft ins Asoziale abgleiten, haben den Stammtisch und Londons *Speaker's Corner* ersetzt. Oder wie Nobelpreisträger Marío Vargas Llosa es formuliert: „Was die Intellektuellen für Kultur halten, ist in den vergangenen fünfzig Jahren weitgehend verschwunden. Wir haben eine globale Zerstreuungskultur, ohne Substanz, ohne Würde, *Bildungsbürger* ist ein Schimpfwort." Da tut die Erinnerung an den Medienkonsum früherer Zeiten zuweilen ganz gut. Ohne triefende Nostalgie und ohne Tränen im Knopfloch, denn „eins, zwei, drei im Sauseschritt läuft die Zeit, wir laufen mit ...".

Anhang

Die Intendanten des Senders Freies Berlin

(1954–2003)

Alfred Braun (1954–1957)

Walter Geerdes (1957–1960)

Walter Steigner (1961–1968)

Franz Barsig (1968–1978)

Wolfgang Haus (1978–1983)

Lothar Loewe (1983–1986)

Günter Herrmann (1986–1989)

Günther von Lojewski (1989–1997)

Horst Schättle (1998–2003)

Intendant Geerdes verunglückte 1960 tödlich bei einem Autounfall.

Intendant Steigner wechselte 1968 in die Intendanz der Deutschen Welle.

Die Intendanten Loewe und Herrmann mussten ihre Amtszeit vorzeitig beenden.

Intendant von Lojewski trat 1997 vorzeitig aus Gesundheitsgründen zurück.

Chronik des SFB – Jahr für Jahr

(1954–2003)

1954

26. Februar: Wahl des SFB-Direktoriums: Alfred Braun, Intendant und Programmdirektor, Otto Bach, Wirtschaftsdirektor, Udo Blässer, Technischer Direktor.

1. Juni: 4 Uhr 57 Sendebeginn am Heidelberger Platz. SFB I und SFB II werden ausgestrahlt.

4. Juli: Live-Übertragung des Endspiels der Fußball-WM aus Bern. Deutschland besiegt Ungarn 3:2.

14. September: Der SFB wird in die ARD aufgenommen.

11. November: Die ARD hebt ihr Gemeinschaftsprogramm aus der Taufe.

1955

Die Bundesrepublik Deutschland hat 100.000 Fernsehhaushalte.

1. Mai: Friedrich-Wilhelm von Sell wird SFB-Justitiar.

22. Juni: Der Berliner Werbefunk wird als Tochterunternehmen des SFB gegründet. Der RIAS stellt am 1. Juli seine Werbesendungen ein.

22. Dezember: Der SFB nimmt seinen ersten Fernseh-Übertragungswagen in Betrieb. Er ist elf Meter lang und verfügt über einen Regie- und einen Betriebsraum.

1956

1. April: Rolf Menzel (zuvor bei Radio Bremen) wird Chefredakteur beim Sender Freies Berlin. Er löst Ludwig Eberlein ab.

28. April: Die für Westberliner Familien gedachte Fernsehlotterie *Ein Platz an der Sonne* nimmt ihre Arbeit auf.

5. Juli: Das „Haus des Rundfunks" an der Masurenallee wird von den Sowjets freigegeben.

4. Dezember: Auch der SFB strahlt im *Ersten* zwischen 18.00 und 20.00 Uhr ein Vorabendprogramm mit Werbung aus.

1957

Januar: Das Berliner Abgeordnetenhaus novelliert das SFB-Gesetz. Die „Kollegiale Geschäftsleitung" wird abgeschafft. Ein Intendant wird auf fünf Jahre gewählt.

1. April: Walter Geerdes (bis dahin Intendant von Radio Bremen) tritt sein Amt als neuer SFB-Intendant an.

3. Oktober: Willy Brandt wird zum Regierenden Bürgermeister gewählt. ARD und SFB berichten in Hörfunk und Fernsehen.

Dezember: Nach umfangreichen Renovierungen kann das „Haus des Rundfunks" vom SFB bezogen werden. Künftig sollen im „Haus des Rundfunks" die Hörfunksendungen und im Deutschlandhaus das Fernsehen des SFB produziert werden.

1958

2. Januar: Beginn des SFB-Werbefernsehens gemeinsam mit BR, HR und SWR

13. Mai: Herbert Koch aus der Verwaltung des SFB wird Verwaltungsdirektor.

30. September: Alfred Braun geht in den Ruhestand und produziert für den SFB weiter die Radiosendung *Der Spreekieker*.

1. Oktober: Hans Herbert Fischer (bislang Sendeleiter beim WDR) wird SFB-Programmdirektor.

26. Dezember: Der SFB strahlt im Hörfunk die erste Stereo-Sendung aus.

1959

28. September: Der renovierte Große Sendesaal im HdR (1.205 Sitzplätze) wird mit einem Konzert des Radio-Sinfonie-Orchesters (RSO) unter Ferenc Fricsay eröffnet.

1960

28. Mai: Intendant Walter Geerdes stirbt an den Folgen eines Unfalls. Direktor Udo Blässer übernimmt kommissarisch die Intendanz.

1. August: Der SFB erhält seine erste *Magnetische Aufzeichnung* (MAZ) der Firma Ampex.

10. Oktober: Walter Steigner (bisher Funkhausdirektor in Hannover) wird zum Intendanten des Senders Freies Berlin gewählt.

1961

1. Januar: Walter Steigner tritt sein Amt als Intendant an.

11. April: Beginn des Eichmann-Prozesses in Israel unter starkem SFB-Engagement

13. August: Beginn des Mauerbaus

9. November: Der SFB weigert sich aufgrund der politischen Lage und des Mauerbaus, das Brecht-Stück *Schwejk im Zweiten Weltkrieg* aus dem ARD-Gemeinschaftsprogramm zu übernehmen.

1962

16. Februar: Flutkatastrophe in Hamburg. Am Morgen des 17. Februar Live-Interview mit Hamburgs Innensenator Helmut Schmidt zur aktuellen Lage in der Sendung *Rund um die Berolina*

6. März: Der wegen der Hamburger Flutkatastrophe ausgefallene traditionelle SFB-Fasching wird an diesem Tage nachgeholt.

25. Juli: Erste Live-Radioübertragung von der Berliner Mauer über den neuen Satelliten „Telstar“ in die USA. Reporter: Alexander Kulpok

1. August: Der Sender Freies Berlin schafft aufgrund der durch den Mauerbau veränderten politischen Situation 400 neue Stellen – vornehmlich im Bereich der Politik und der Information.

1. Oktober: Rolf Menzel verlässt seinen Posten als Chefredakteur und wird Hörfunk-Korrespondent in Washington.

1963

15. Mai: Inbetriebnahme des 230 Meter hohen SFB-Sendemastes in der Stallupöner Allee Nähe Scholzplatz

26. Juni: US-Präsident John F. Kennedy besucht Berlin – gemeinsame Hörfunk-Liveübertragung von SFB und RIAS.

1. Juli: Eberhard Schütz (zuvor Programmdirektor des RIAS und Frankreich-Korrespondent des WDR) wird Chefredakteur des Senders Freies Berlin.

Weihnachten/Neujahr: Erste Passierschein-Regelung für Besuche in Ostberlin. Der SFB-Hörfunk berichtet und informiert im 24-Stunden-Betrieb.

1964

1. Juli: Heinrich Lübke wird in Berlin unter Protesten aus Ostberlin und Moskau zum Bundespräsidenten gewählt.

10. bis 25. Oktober: Etliche SFB-Reporter im ARD-Team bei den Olympischen Spielen in Tokio

1965

10. Juni: Der SFB kauft das „Haus des Rundfunks" für 9,2 Millionen D-Mark.

1966

Ab Januar produziert der SFB-Hörfunk mehr Stereo-Sendungen.

1. März: Walter Steigner für weitere fünf Jahre Intendant des SFB

6. April: Ein sowjetischer Düsenjäger stürzt in den Westberliner Stößensee. Der SFB berichtet in seinem *Echo am Mittag* als einziger Sender live.

11. bis 30. Juli: Fußball-WM in England. Der Fernseh-Boom beginnt.
Am 16. Juli im Villa Park von Birmingham ein unbefriedigendes 0:0 der deutschen Elf gegen Argentinien mit SFB-Sonderbericht.
August: Das DFB-Team besucht Berlin – der SFB überträgt im Hörfunk live.

1. September: Peter Pechel (bislang Korrespondent in Washington) wird neuer Chefredakteur des SFB. Eberhard Schütz wechselt auf den Posten des Programmdirektors.

20. November: Die NPD erringt bei der Landtagswahl in Bayern auf Anhieb 7,4 % der Stimmen und kommt neben CSU und SPD in den Landtag. Eine SFB-Radioreportage zu den Hintergründen wird von den Sozialforschern der Freien Universität Berlin ausgewertet.

1. Dezember: Die Große Koalition aus CDU/CSU und SPD wird in Bonn gebildet.

1967

13. Februar: Der WDR startet im 2. Hörfunkprogramm sein Mittagsmagazin. Die Magazinwelle der ARD-Radiosender beginnt.

3. März: Geburt von *s-f-beat* mit den Moderatoren Hans-Rainer Lange, Hans-Dieter Frankenberg und Ulrich Herzog

5. bis 14. März: SFB-Hörfunkberichte von der Leipziger Messe

25. August: Außenminister Willy Brandt gibt auf der Funkausstellung in Berlin den Startschuss für das deutsche Farbfernsehen.

1968

5. Januar bis 21. August: „Prager Frühling" mit intensiver Berichterstattung des SFB (*Kontraste* im Fernsehen, der spätere tschechische Botschafter Frantisek Cerny im SFB-Hörfunk). Radio-Interview mit dem Leiter der bundesdeutschen Handelsmission Otto Heipertz in Prag

18. Januar: Erste *Kontraste*-Sendung im ARD-Abendprogramm. Moderator: Peter Pechel

29. Februar: Nachdem Walter Steigner zum Intendanten der Deutschen Welle berufen wurde, wählt der SFB-Rundfunkrat den bisherigen Chefredakteur des Deutschlandfunks, Franz Barsig, zum neuen Intendanten. Er tritt sein Amt in Berlin am 1. April an.

11. April: Attentat auf Rudi Dutschke am Kurfürstendamm. Danach gewaltsame Ausschreitungen gegen die Auslieferung der Zeitungen des Springer-Verlages. SFB-Intendant Barsig bezieht zunächst Stellung gegen die Demonstranten, diskutiert aber mit der Außerparlamentarischen Opposition in der Technischen Universität.

23. April: Turbulente Personalversammlung im Großen Sendesaal des SFB mit einer Resolution, die zur Besonnenheit aufruft und an alle SFB-Mitarbeiter/innen appelliert, sich von Vereinfachungen und Vergröberungen zu distanzieren. Unterzeichnet u. a. von: Lore Ditzen (Fallada-Tochter „Mücke"), Susanne Fijal

(erste Frau in der höchsten Vergütungsgruppe des SFB und Chefin von *s-f-beat*), Hanspeter Krüger (SFB III), Alexander Kulpok.

6. Oktober: Hörfunk-Programmreform mit dem *Morgenmagazin* von 6.05 bis 8.00 Uhr auf SFB II und dem *Mittagsmagazin* von 12.30 bis 14.30 Uhr auf SFB I. Leitung *Morgenmagazin:* Zeitfunk-Chef Horst Schallon. Moderatoren: Alexander von Bentheim, Heinz Deutschendorf, Herwig Friedag, Hans-Werner Kock, Alexander Kulpok, Günter Marquard, Erich Nieswandt, Gerd Nagel, Rudolf Wagner, Hans Zielinski
Leitung *Mittagsmagazin:* Alexander Kulpok. Moderatoren: Alexander von Bentheim, Alexander Kulpok, Horst Schallon

1969

20. Juli: Erste Mondlandung mit ausführlichen Interviews im SFB-Hörfunk mit dem damals in Berlin lebenden Zukunftsforscher Robert Jungk und dem deutsch-amerikanischen Raumfahrt-Professor Heinz Hermann Koelle.

2. August: US-Vizepräsident Richard Nixon besucht überraschend Rumänien. Live-Hörfunkberichterstattung für den SFB aus Bukarest

14. August: Erste „Pauls Party“ mit der SFB Big Band unter Paul Kuhn

23. bis 27. November: *Prix Futura* im SFB, organisiert von Peter Leonhard Braun

1970

2. Januar: Erich Böhnke (vom Saarländischen Rundfunk kommend) tritt sein Amt als Technischer Direktor des SFB an.

19. März: Ausführliche SFB-Berichterstattung zum Treffen Brandt/Stoph in Erfurt

SFB-Fernsehzentrum wird seiner Bestimmung übergeben.

31. Mai bis 21. Juni: Fußball-WM in Mexiko – mit dem „Jahrhundertspiel“ Deutschland gegen Italien (3:4) im Halbfinale

1. Juli: Hans-Bodo von Dincklage (in früheren Jahren Assistent von Bertolt Brecht) wird Leiter der SFB-Werbung.

6. Oktober: Die Ausbildungsstätte für Fernseh-Fachkräfte der Entwicklungsländer nimmt im Deutschlandhaus ihre Arbeit auf.

1971

15. Februar: Vertrag über die Einrichtung einer Ausbildungsstätte für ausländische Fernsehfachkräfte wird mit dem Bundesministerium für wirtschaftliche Zusammenarbeit unterzeichnet.

1. März: Der SPD-Fraktionsvorsitzende Dr. Wolfgang Haus wird neuer Vorsitzender des SFB-Rundfunkrats, nachdem sein Vorgänger Dr. Franz Suchan im Februar in Frankfurt am Main tödlich verunglückte.

Dr. Peter Pechel, zuvor ARD-Korrespondent in Washington, tritt sein Amt als SFB-Chefredakteur an.

22. März: Das VOX-Haus an der Potsdamer Straße, Geburtsstätte des deutschen Rundfunks, wird gesprengt.

7. April: Das *TV Training Center* beim SFB nimmt im Deutschlandhaus seine Arbeit auf.

1. Juli: Dr. Erich Proebster tritt sein Amt als SFB-Programmdirektor an. Sein Stellvertreter für den Fernsehbereich wird Dieter Finnern.

26. August bis 5. September: IFA unter SFB-Federführung mit einer RIAS-Produktion von *Allein gegen alle* mit Hans Rosenthal

3. September: SFB überträgt live die Unterzeichnung des Vier-Mächte-Abkommens über Berlin aus dem Alliierten Kontrollratsgebäude.

7. November: Franz Dülk wird Leiter des *TV Training Centers.*

25. November bis 3. Dezember: 2. *Prix Futura* im SFB

19. Dezember: Erster SFB-*Tatort* im ARD-Programm: *Der Boss* mit Paul Esser als Kommissar

1972

8. Mai: Verwaltungsdirektor Herbert Koch wird im Amt bestätigt.

15. Juli: SFB I wird auch auf Kurzwelle gesendet.

17. Oktober: Im Alter von 59 Jahren stirbt der Schöpfer der RIAS-„Insulaner" Günter Neumann.

1973

20. Januar: In Kooperation mit dem HR wird das neue Kulenkampff-Quiz *Acht nach 8* aus Wiesbaden gesendet.

1. März: Franz Barsig tritt seine zweite Amtszeit als SFB-Intendant an.

29. März bis 5. April: 3. *Prix Futura* im SFB

1. Juni: Hörfunkreform und Ende der Kooperation mit dem NDR im III. Programm

1974

19. Juli: Die SFB-Satzung wird geändert, der Rundfunkrat von 21 auf 24 Mitglieder erweitert. Die Sitzungen sind künftig öffentlich. Zwei Vertreter des Personalrats (Alexander Kulpok und Hans-Jürgen Meyer) erhalten Sitz und Stimme im SFB-Verwaltungsrat und sind beratende Mitglieder (ohne Stimmrecht) im SFB-Rundfunkrat.

12. Dezember: Unter Federführung von WDR, NDR und SFB nimmt das ARD-Büro/Fernsehen in Ostberlin seine Arbeit auf. Erster Korrespondent ist Lothar Loewe.

31. Dezember: Verwaltungsdirektor Herbert Koch geht vorzeitig in den Ruhestand.

1975

20. Januar: Der SFB-Verwaltungsrat wählt Werner Laude erneut zu seinem Vorsitzenden und den Personalvertreter Alexander Kulpok zum stellvertretenden Vorsitzenden.

Februar: Entführung des CDU-Politikers Peter Lorenz mit 24-Stunden-Berichterstattung des SFB

1. April: Dr. Hans-Joachim Lehmann (bisher SR) tritt sein Amt als neuer Verwaltungsdirektor des SFB an.

27. August bis 7. September: IFA unter SFB-Federführung

19. Dezember: Dr. Erich Proebster wird als SFB-Programmdirektor vom Rundfunkrat bestätigt.

1976

16. Juni: Dagmar Berghoff spricht als erste Frau die Nachrichten der ARD-*Tagesschau* um 20.00 Uhr.

24. September: ARD und ZDF beschließen die Einrichtung einer „Zentralen Fortbildung der Programm-Mitarbeiter“ (ZFP).

22. Dezember: ARD-Korrespondent Lothar Loewe wird von den DDR-Behörden ausgewiesen.

1977

25. Januar: Werner Laude (Vorsitzender) und Alexander Kulpok (Stellvertreter) werden an die Spitze des SFB-Verwaltungsrats gewählt.

15. Februar: Der SFB erhält mit Hans-Joachim Bargmann die Federführung des ARD-Büros in Peking.

27. März: Der *Prix Futura* startet mit 38 Bewerbern aus 31 Ländern beim SFB.

10. Mai: Dieter Gütt (bisher Korrespondent in New York) wird von den ARD-Intendanten zum künftigen Chefredakteur von ARD-aktuell (*Tagesschau* und *Tagesthemen* ab Januar 1978) gewählt.

6. Juni: Die Zeitungsverleger (BDZV) beanspruchen Videotext/Teletext als Printmedium und entsenden ein Redaktionsteam nach London zum privaten Teletext-Anbieter *Oracle* zur Vorbereitung einer Präsentation auf der IFA 1977.

Juni/Juli: Die ARD-Intendanten beschließen bei ihrer Sitzung in Frankfurt am Main eine gemeinsame Videotext-Präsentation mit dem ZDF bei der IFA 1977 und bestimmen in Absprache mit dem ZDF Alexander Kulpok zum Leiter der ARD/ZDF-Videotext-Redaktion. Ein ARD/ZDF-Team reist zur Vorbereitung zur BBC nach London.

6. Juni: Der SFB-Rundfunkrat wählt seinen Vorsitzenden Wolfgang Haus zum künftigen Intendanten (Gegenkandidaten: Franz Barsig und Edmund Gruber).

26. August bis 4. September: IFA 1977, auf der ARD und ZDF mit einer gemeinsamen Redaktion in Konkurrenz zu den Zeitungsverlegern erstmals den Fernsehtext-Dienst Videotext/Teletext präsentieren

5. September: Der CDU-Parlamentarier Karl-Heinz Schmitz wird zum neuen Vorsitzenden des SFB-Rundfunkrats gewählt.

7. September: Die ZFP von ARD und ZDF nimmt in Mainz ihre Arbeit auf. Franz Wördemann ist ab 1. Oktober ZFP-Leiter.

1978

2. Januar: ARD-aktuell nimmt in Hamburg unter starker SFB-Beteiligung (im Moderatoren-Team: Alexander von Bentheim, im Redaktionsteam: Alexander Kulpok) seine Arbeit auf. Die erste Sendung der *Tagesthemen* wird von deren Redaktionsleiter Klaus Stephan moderiert.

1. März: Wolfgang Haus tritt sein Amt als neuer SFB-Intendant an.

6. Mai: Die TV-Sendung *Wo uns der Schuh drückt* wird vom SFB mit Zustimmung des Regierenden Bürgermeisters Dietrich Stobbe eingestellt.

25. Oktober: Die ARD-Intendanten fassen – in Übereinstimmung mit dem ZDF – den Beschluss für einen bundesweiten Videotext-Feldversuch und eine weitere VT-Präsentation auf der Internationalen Funkausstellung 1979.

1979

1. Januar: Zum ersten Mal strahlt die ARD *Wir über uns* aus.

1. April: Start des von Intendant Haus ausgerufenen „Radio-Frühlings" mit drei Hörfunk-Programmen. Das Frauenmagazin *Zeitpunkte* (Leitung: Magdalena Kemper), das *Journal in 3* (Leitung: Klaus Schulz) und die *Klassik zum Frühstück* sind neu im Programm.

25. Mai: Das mit den Bundesländern ausgehandelte „Würzburger Papier" bereinigt fürs Erste den Streit zwischen ARD/ZDF und den Zeitungsverlegern um Videotext. Der Textdienst ist dem Fernsehen „inhärent" – der BDZV darf sich am VT-Feldversuch beteiligen.

24. August bis 2. September: IFA in Berlin mit erneuter – diesmal bundesweiter – Videotext-Ausstrahlung

11. Dezember: ARD, ZDF, die Bundespost und die Geräte-Industrie einigen sich auf einen zweijährigen Videotext-Feldversuch, der am 1. Juni 1980 beginnen soll. Die VT-Zentrale von ARD und ZDF hat ihren Sitz in Berlin beim SFB. Die Begleitforschung übernimmt der Süddeutsche Rundfunk. ARD und ZDF schließen hierzu eine Verwaltungsvereinbarung.

1980

1. Januar: Herbert Wolf wird als Nachfolger von Erich Böhnke Technischer Direktor im SFB.

1. Juni: Beginn des bundesweiten Videotext-Feldversuchs. Überregionale Tageszeitungen liefern der VT-Zentrale in Berlin Pressevorschauen zu.

12. Juni: Erste SFB-Sendung des *Scheibenwischer* mit Dieter Hildebrandt im ARD-Programm

1981

16. März: Joachim Braun mit 16:8 Stimmen vom SFB-Rundfunkrat auf Vorschlag von Intendant Haus zum neuen Chefredakteur gewählt

Berlins ehemaliger Regierender Bürgermeister Klaus Schütz wird zum künftigen Intendanten der Deutschen Welle in Köln gewählt (Amtsantritt am 1. Juli 1981).

22. September: Turbulenzen in Westberlin wegen der Berichterstattung des SFB über die Hausbesetzer, nachdem Klaus-Jürgen Rattay bei einem Polizei-Einsatz ums Leben kommt

1982

7. Juni: Mit 10:14 Stimmen unterliegt der bisherige SFB-Intendant Wolfgang Haus seinem Gegenkandidaten, dem Washington-Korrespondenten Lothar Loewe.

10. Dezember: Durch Gesetzesänderung wird der SFB-Rundfunkrat von 24 auf 31 Mitglieder erweitert.

1983

1. März: Lothar Loewe tritt sein Amt als neuer SFB-Intendant an.

18. Juni: Der ehemalige SFB-Intendant Walter Steigner stirbt.

1984

1. März: Das SFB-Regionalprogramm erhält eine neue Struktur. Hinzu kommt wochentags um 18.00 Uhr das zehnminütige *Tele-Journal* mit Alexander von Bentheim.

10. Juni: Nach Erkundungen bei der BBC und in den USA wird die 20-Uhr-Ausgabe der *Tagesschau* mit VT-Untertiteln für Hörbehinderte gesendet.

1985

18. Februar: Dirk-Jens Rennefeld (bislang RIAS) wird zum neuen Verwaltungsdirektor des SFB gewählt.

28. Juni: Im Alter von 68 Jahren stirbt der ehemalige Technische Direktor des SFB Erich Böhnke.

26. Juli: Im Alter von 74 Jahren stirbt der ehemalige Chefredakteur und Programmdirektor des SFB Eberhard Schütz.

29. August bis 8. September: IFA mit erneutem Videotext-Schwerpunkt durch die Beteiligung ausländischer Dienste

1986

17. Februar: Erste Staffel von *Liebling Kreuzberg* (Hauptdarsteller: Manfred Krug, Drehbuch: Jurek Becker) wird vom SFB in der ARD ausgestrahlt.

31. Mai: Lothar Loewe gibt das Intendantenamt aus gesundheitlichen Gründen auf.
23. Juni: Der bisherige WDR-Justitiar Günter Herrmann wird vom SFB-Rundfunkrat mit 28:1 Stimmen zum neuen Intendanten gewählt. Er tritt sein Amt am 1. September an.

29. September: Auf Vorschlag des Intendanten bestätigt der SFB-Rundfunkrat Kurt Rittig als Fernseh- und Wolfgang Seifert als Hörfunkdirektor.

1987

Das Jahr der 750-Jahr-Feiern Berlins mit zahlreichen Sondersendungen des SFB aus West- und Ostberlin

1. Januar: Mit dem neuen Hörfunkdirektor Seifert erhält der SFB wiederum eine neue Hörfunkstruktur.

19. Februar: Hugh Carleton Greene, der Begründer des öffentlich-rechtlichen Nachkriegsrundfunks in der Bundesrepublik, stirbt im Alter von 76 Jahren in London.

Frühjahr/Sommer: Durch die Berufung von Gerd Ellinghaus zum Leiter des Fernseh-Vorabendprogramms *(Berliner Abendschau)* entstehen intern schwerwiegende Turbulenzen und persönliche Konflikte.

Oktober: Programmdirektor Rittig entschließt sich, Ellinghaus abzuberufen und den Leiter der ARD/ZDF-Videotext-Zentrale, Alexander Kulpok, zusätzlich vorübergehend mit der Leitung des SFB-Vorabendprogramms und der *Berliner Abendschau* zu beauftragen.

1988

2. Januar: SFB-Vorabendprogramm im neuen Gewand in den ersten Sendungen an diesem Tage mit den Moderatoren Angelika Neumann *(Tele-Journal)* und Alexander von Bentheim *(Berliner Abendschau)*

14. Januar: Die CDU-Abgeordnete Gabriele Wiechatzek wird zur neuen Vorsitzenden des SFB-Rundfunkrats gewählt.

Sommer: Der Rundfunkrat und die Mitarbeiterschaft des SFB geraten in erhebliche Konflikte mit SFB-Intendant Herrmann. Die Ratsmitglieder Detlef Prinz, Ulrich Gerhardt, Rainer K. G. Ott und Klaus Weber leiten eine Initiative zur Ablösung Herrmanns ein.

20. Dezember: Der ehemalige SFB-Intendant Franz Barsig stirbt im Alter von 64 Jahren.

1989

31. März: Der Vertrag mit Intendant Herrmann wird vorzeitig beendet.

18. April: Günter von Lojewski (vom Bayerischen Rundfunk) wird unter heftigem Protest linksintellektueller Kreise – darunter Jurek Becker – zum neuen SFB-Intendanten gewählt. Zwei Ratsmitglieder fechten die Wahl beim Verwaltungsgericht an.

7. Juli: Horst Schättle (zuvor ZDF) wird auf Vorschlag des Intendanten zum Programmdirektor gewählt und tritt sein Amt am 1. Oktober an.

25. August bis 3. September: Internationale Funkausstellung

9. November: Mauerfall

1990

24. Januar: Der frühere Verwaltungsdirektor des SFB, Herbert Koch, stirbt im Alter von 79 Jahren.

18. März: Erste freie Volkskammer-Wahl in der DDR

30. April: Eine erneute SFB-Hörfunkreform tritt in Kraft (SFB I: Stadtsender – SFB II: Information – SFB III: Kultur – Radio 4U: Jugend).

1991

5. Dezember: Mit dem gesamtdeutschen Rundfunkstaatsvertrag erhält der SFB Programmvermögen und Archive des DDR-Funks.

1. Februar: Lea Rosh (vormals RIAS und SFB) wird Direktorin des ARD-Funkhauses Hannover.

23. November: Ex-SDR-Intendant Hans Bausch stirbt mit 69 Jahren.

1. Dezember: Hans-Jürgen Rosenbauer wird zum Intendanten des neuen Ostdeutschen Rundfunks (ORB) in Potsdam gewählt.

1992

1. Januar: Der erste gesamtdeutsche Rundfunkstaatsvertrag tritt in Kraft.

Wilhelm Sommerhäuser tritt sein Amt als (letzter) Technischer Direktor des SFB an.

SFB I wird in „Berlin 88.8" umbenannt.

8. Mai: Der Medienstaatsvertrag zwischen Berlin und Brandenburg wird abgeschlossen, der die Zusammenarbeit von SFB und ORB regelt und eine Medienanstalt mit Sitz in Berlin vorsieht.

30. Juni: Endgültiges Ende der Kooperation des SFB mit dem NDR in seinem III. TV-Programm

6. Juli: BR-Intendant Albert Scharf wird erneut für zwei Jahre zum Präsidenten der Europäischen Rundfunkunion (UER/EBU) gewählt. Als EBU-Koordinator für Textdienste fungiert Alexander Kulpok (ARD/ZDF im SFB).

29. September: Edmund Gruber, der sich ehedem auch im SFB um die Position des Intendanten beworben hatte, wird in einem bis dahin einmaligen Vorgang vorzeitig als Intendant des Deutschlandfunks vom Rundfunkrat mit 2/3-Mehrheit abgewählt.

1. Oktober: SFB und MDR senden tagsüber ein gemeinsames Drittes Fernsehprogramm.

25. Oktober bis 1. November: *Prix Europa* im SFB

31. Dezember: Die Jugendwelle Radio 4U wird vom SFB eingestellt. Ein neues gemeinsames Jugendprogramm von SFB und ORB soll folgen.

1993

1. Januar: Jens Wendland, vordem beim HR, der *F.A.Z.,* an der Entwicklung des ARD/ZDF-Videotextes beteiligt und seit 1989 beim SFB, tritt sein neues Amt als SFB-Hörfunkdirektor an.

18. Januar: Marianne Brinckmeier, Vizepräsidentin des Berliner Abgeordnetenhauses, wird als Nachfolgerin von Gabriele Wiechatzek für zwei Jahre zur neuen Vorsitzenden des SFB-Rundfunkrats gewählt.

22. Februar: Gemeinsam mit dem ORB startet der SFB die neue Informations- und Servicewelle Radio B2.

26. März: Udo Blässer, von 1954 bis 1969 erster Technischer Direktor des SFB, stirbt im Alter von 88 Jahren.

27. März bis 4. April: SFB und ZDF veranstalten im SFB den *Prix Futura*.

1. Mai: Zehnjähriges Bestehen der Sendung *Passagen* auf SFB III

1. Juni: SFB und ORB senden ein gemeinsames Fernseh-Vorabendprogramm.

14. August: Am SFB-Vorabendprogramm werden Korrekturen vorgenommen – u. a. wird die *Abendschau* jetzt auch sonntags gesendet.

27. August bis 5. September: IFA unter ARD-Federführung des SFB

1994

19. Januar: Rolf Schäfer wird als Nachfolger von Hans-Bodo von Dincklage Geschäftsführer der SFB-Werbung.

1. Mai: Magnus Schiebe, seit 1969 beim SFB, wird neuer SFB-Justitiar als Nachfolger von Wolfgang Mittas, der in den Ruhestand geht.

1. Juli: Günther von Lojewski wird vom SFB-Rundfunkrat für weitere fünf Jahre als Intendant bestätigt, um – wie es heißt – im Sender Rationalisierungsmaßnahmen umzusetzen.

1. September: Das Fernseh-Vorabendprogramm von SFB und ORB wird ab 17.40 Uhr bundesweit über Satellit ausgestrahlt.

18. September: Radio MultiKulti startet auf SFB IV mit zwölf Fremdsprachen, wobei Deutsch im Tagesprogramm die dominierende Sprache bleibt.

24. September bis 1. Oktober: *Prix Futura* im SFB als von ARTE und SFB gemeinsam veranstalteter Fernsehwettbewerb

1995

25. März bis 2. April: *Prix Futura* im SFB

26. Juni: Zweites *ARD-Forum* beim SFB mit Schwerpunkt auf Informationsprogramme

26. August bis 3. September: IFA unterm Funkturm

26. August: Der von einer Arbeitsgruppe der Europäischen Rundfunkunion (UER/EBU) unter Vorsitz von Alexander Kulpok (ARD/ZDF) erarbeitete *TV Guide* wird vorgestellt.

29. August: Inforadio von SFB und ORB geht auf Sendung.

1996

5. Juli: BR-Intendant Albert Scharf wird als EBU-Präsident für weitere zwei Jahre bestätigt. Die EBU-Koordination der Teletext/Videotext-Dienste liegt weiterhin in Händen von Alexander Kulpok (ARD/ZDF).

28. September bis 6.Oktober: SFB und ORB veranstalten erstmals gemeinsam den *Prix Europa.*

31. Dezember: Wilhelm Sommerhäuser, der letzte Technische Direktor des SFB, geht in den Ruhestand.

1997

20. Januar: Marianne Brinckmeier wird als Vorsitzende des SFB-Rundfunkrats bestätigt. Stellvertreter wird Jacov Rabau (Jüdische Gemeinde).

27. August: Das vom ORB in Kooperation mit dem SFB ausgestrahlte Radio Eins startet.

30. August bis 7. September: IFA unterm Funkturm

30. August: In Zusammenarbeit mit dem Bayerischen Blindenverband starten ARD und ZDF einen „Videotext für Blinde" – eine technische Kombination von Telefon und Fernsehgerät.

1. September: Jürgen Engert vom SFB wird zum Gründungsdirektor des künftigen ARD-Hauptstadtstudios bestimmt.

15. September: Richtfest im ARD-Hauptstadtstudio

17. September: SFB-Intendant Günther von Lojewski tritt zurück.

November: Turbulenzen um die Nachfolge des SFB-Intendanten. Der Kandidat Eckart Bethke (NDR-Studio Kiel, zuvor SFB) fällt im ersten Wahlgang durch.

1998

16. Februar: Horst Schättle, seit 1989 SFB-Fernsehdirektor, wird im zweiten Wahlgang zum künftigen Intendanten gewählt.

1. September: Barbara Groth, zuvor bei ZDF, SFB und Phoenix, wird neue SFB-Fernsehdirektorin.

17. bis 24. Oktober: *Prix Europa* im SFB

1. November: Petra Lidschreiber, zuvor ARD-Büro New York, wird neue Hauptabteilungsleiterin Politik im SFB.

28. Dezember: Der bis 1967 als Leiter des RIAS-Tanzorchesters mit Berlin und dem Berliner Radioleben eng verbundene Werner Müller, zuletzt Chef des WDR-Tanzorchesters, verstirbt in Köln im Alter von 78 Jahren.

1999

1. Januar: Albert Scharf als EBU-Präsident bestätigt. Auch die Koordination der Textdienste in der EBU bleibt bei ARD und ZDF.

18. Januar: Marianne Brinckmeier wird erneut zur Vorsitzenden des SFB-Rundfunkrats gewählt, ihr Stellvertreter wird der von den Berliner Hochschulen entsandte Hans Meyer.

1. April: Ab 7.00 Uhr morgens wird die *Abendschau* im Dauertakt stündlich auf B 1 gesendet.

22. Mai: In Anwesenheit des Bundespräsidenten und des Regierenden Bürgermeisters eröffnet die ARD ihr Hauptstadtstudio.

28. August bis 5. September: IFA mit dem Schwerpunkt auf die Informationsangebote der ARD

16. bis 23. Oktober: Prix Europa im SFB

29. Dezember: Die Videotext-Angebote von ARD und ZDF werden getrennt. Die ARD betreibt ab 2000 den ARD-Text mit Sitz im SFB.

2000

Januar 2000: Der ARD-Text ist nach der Trennung vom ZDF Marktführer unter den deutschen Videotext-Angeboten.

1. April: SFB-Verwaltungsdirektor Dirk-Jens Rennefeld tritt seine vierte Amtsperiode an.

2001

22. Januar: Der SFB-Rundfunkrat wählt erneut Marianne Brinckmeier zur Vorsitzenden und Monika Grütters zu ihrer Stellvertreterin.

25. August bis 2. September: IFA mit dem ARD-Slogan „Erfolg durch Qualität"

13. bis 20. Oktober: *Prix Europa* erstmals mit Online-Beiträgen

2002

1. November: Beginn der Umstellung auf das digitale DVB-T-Verfahren zur Ausstrahlung von Fernsehsendungen in der Region Berlin/Potsdam

5. Dezember: Letzte Wiederwahl von SFB-Intendant Horst Schättle mit Amtszeitbegrenzung bis 1. Juni 2003

18. Dezember: Der Rundfunkrat des aus SFB und ORB zu bildenden rbb konstituiert sich.

2003

24. März: Dagmar Reim (Direktorin des NDR-Funkhauses Hamburg) wird im vierten Wahlgang zur künftigen Intendantin des Rundfunks Berlin-Brandenburg (rbb) gewählt.

30. April: Der Sender Freies Berlin geht ab 1. Mai 2003 gemeinsam mit dem ORB im rbb auf.

ALEXANDER KULPOK (Jg. 1938) kam durch Heinz Ullstein zum Journalismus, war Reporter, Redakteur, Moderator und Kommentator für Hörfunk und Fernsehen des SFB und der ARD. SFB-Personalratsvorsitzender (1971–80), stellvertretender SFB-Verwaltungsratsvorsitzender (1976–80), Leiter des Berliner Büros von ARD-aktuell/Tagesschau & Tagesthemen (1978–80), Leiter ARD/ZDF-Videotext-Zentrale (1990–2000). 1998 bis 2006 war er Vorsitzender des Deutschen Journalisten-Verbandes (DJV) Berlin. Zahlreiche Veröffentlichungen zu medienpolitischen und kulturellen Themen. Er war Dozent am Publizistischen Institut der Freien Universität Berlin und Redenschreiber für Willy Brandt.